De Gruyter Studium

Hebräisches und Aramäisches Wörterbuch zum Alten Testament

Begründet von Georg Fohrer

4., völlig neu bearbeitete Auflage

Herausgegeben von
Johannes Friedrich Diehl und Markus Witte

DE GRUYTER

ISBN 978-3-11-019552-1
e-ISBN (PDF) 978-3-11-037245-8
e-ISBN (EPUB) 978-3-11-038615-8

Library of Congress Control Number: 2021946983

Bibliografische Information der Deutschen Nationalbibliothek
Die Deutsche Nationalbibliothek verzeichnet diese Publikation in der Deutschen
Nationalbibliografie; detaillierte bibliografische Daten sind im Internet
über http://dnb.dnb.de abrufbar.

Die dritte Auflage von *Hebräisches und Aramäisches Wörterbuch zum Alten Testament* (1997)
wurde von Hans Werner Hoffmann, Friedrich Huber, Jochen Vollmer und Gunther Wanke
bearbeitet.

The NewJerusalemU font used in this work is available from
https://www.linguistsoftware.com/lhebu.htm

© 2021 Walter de Gruyter GmbH, Berlin/Boston
Umschlagabbildung: The Aleppo Codex, 27-242r. Courtesy of the Ben-Zvi Institute,
Jerusalem. Photographer: Ardon Bar Hama.
Druck und Bindung: CPI books GmbH, Leck

www.degruyter.com

Vorwort

Fünfzig Jahre nach der Publikation der ersten Auflage und 24 Jahre nach der letzten Durchsicht erscheint das HAW in einer Neubearbeitung. Das seinerzeit von Georg Fohrer und seinen Mitarbeitern angestrebte Ziel, ein handliches Wörterbuch zum Alten Testament zu bieten, das eine schnelle Orientierung über die wichtigsten Bedeutungen eines Lexems erlaubt und bei Lektüreübungen begleitet, ist ebenso geblieben wie die grundsätzliche Anlage des Wörterbuchs. Neu ist hingegen die Berücksichtigung der althebräischen Inschriften, des Sirach- und des Tobitbuches sowie der Schriftrollen von Qumran. So wird nun bei allen hebräischen Lexemen des Alten Testaments vermerkt, wenn diese auch inschriftlich (I), bei Sirach (S), bei Tobit (T) oder in Schriften aus Qumran oder der Umgebung von Qumran (Q) belegt sind.[1] Hebräische Hapaxlegomena aus den althebräischen Inschriften, aus Sirach, aus Tobit und aus dem Qumranschrifttum sind gleichfalls aufgenommen und in eckige Klammern gesetzt. Dagegen musste auf die Aufnahme aramäischer Lexeme aus diesen Corpora, die *nicht* in den aramäischen Teilen des Alten Testaments vorkommen, aus Platzgründen verzichtet werden. Eine Ausnahme bilden die aramäischen Belege im Tobitbuch.

Der vom alten HAW gebotene Bestand an Lexemen wurde durchgehend überprüft und mit dem Bestand und den Bedeutungen abgeglichen, welche die wichtigsten seither erschienenen großen wissenschaftlichen Wörterbücher bieten (*Gesenius* 18. Auflage, 2013; *Hebräisches und Aramäisches Wörterbuch zum Alten Testament*, 1995; *Konzise und Aktualisierte Ausgabe des Aramäischen Lexikons zum Alten Testament*, 2013; *The Dictionary of Classical Hebrew*, 2011; *The Concise Dictionary of Classical Hebrew*, 2009). Für die althebräischen Inschriften wurden zudem das *Handbuch der althebräischen Epigraphik* (1995.2003) und die *Ancient Hebrew Inscriptions* (1991.2004) zugrundegelegt, für das Qumranschrifttum die bisher erschienenen zwei Bände des *Hebräischen und aramäischen Wörterbuchs zu den Texten vom Toten Meer* (2017.2018) und die vollständige Lexemliste dieses Wörterbuchs. Wir danken herzlich Ingo Kottsieper und den Mitarbeitern und Mitarbeiterinnen der Göttinger Qumranforschungsstelle, dass sie uns diese Liste zur Verfügung gestellt haben.

---

1 Die eigene Indizierung des Sirach- und des Tobitbuches, obgleich sich die entsprechenden Belege teilweise (so im Fall von S) oder ganz (so im Fall von T) in Schriftrollen vom Toten Meer finden, ist der kanonsgeschichtlichen Bedeutung dieser Bücher geschuldet.

Bei der Neubearbeitung des HAW, vor allem bei der Aufnahme aller Lexeme samt Bedeutungen und Indizierung in eine Datenbank, haben uns zu unterschiedlichen Zeiten viele Mitarbeiter und Mitarbeiterinnen in Frankfurt am Main und in Berlin unterstützt: Sven Behnke, Sophie Holland, Miriam von Nordheim-Diehl, Johanna Kappelt, Lucas Müller, Daniela Opel, Brinthanan Puvaneswaran und Walburga Zumbroich. Ihnen allen sei herzlich gedankt. Die Frankfurter *Erich und Maria Russell-Stiftung* hat seinerzeit durch die Finanzierung einer zusätzlichen studentischen Hilfskraftstelle den Start für die Neubearbeitung erleichtert. Auch ihr sei dafür herzlich gedankt. Schließlich danken wir dem Verlag *de Gruyter*, dass er das Wagnis einer erneuten Publikation eines gedruckten Wörterbuchs in Zeiten digitaler Medien und entsprechender Apps auf sich genommen hat, dass er an dem Vertrag mit uns festgehalten hat, auch als wir das ursprüngliche Abgabedatum längst überschritten hatten, und dass er die verlegerische Betreuung in die guten Hände von Alice Meroz und Florian Ruppenstein gelegt hat.

Frankfurt am Main und Berlin, im September 2021
    Johannes F. Diehl und Markus Witte

Inhalt

Vorwort —— V

Abkürzungen —— IX

Hinweise zur Benutzung —— XIII

Hebräischer Teil —— 1

א —— 3	ט —— 125	פ —— 273
ב —— 37	י —— 130	צ —— 290
ג —— 58	כ —— 152	ק —— 301
ד —— 72	ל —— 166	ר —— 316
ה —— 81	מ —— 173	שׂ —— 333
ו —— 89	נ —— 212	שׁ —— 340
ז —— 89	ס —— 233	ת —— 366
ח —— 97	ע —— 245	

Aramäischer Teil —— 379

א —— 381	ט —— 392	פ —— 403
ב —— 384	י —— 392	צ —— 404
ג —— 386	כ —— 394	ק —— 405
ד —— 387	ל —— 395	ר —— 406
ה —— 388	מ —— 396	שׂ —— 407
ו —— 389	נ —— 398	שׁ —— 408
ז —— 389	ס —— 400	ת —— 411
ח —— 390	ע —— 401	

Abkürzungen

Hebräische Aktionsarten

af	ʾafʿel	*peal*	peʿalal
hi	hifʿil	*pi*	piʿel
hišt	hištafʿel	*pil*	pilel
hitp	hitpaʾel	*pilp*	pilpel
hitpal	hitpalel	*poal*	poʿal
hitpalp	hitpalpel	*poalal*	poʿalal
hitpo	hitpoʿel	*poel*	poʿel
hitpol	hitpolel	*pol*	polel
ho	hofʿal	*polal*	polal
hotpaal	hotpaʿal	*polp*	polpal
iftael	iftaʿel	*pu*	puʿal
itpa	itpaʿal	*pul*	pulal
ni	nifʿal	*q*	qal
nitp	nitpaʿel	*tifal*	tifʿal
pal	palel	*tifel*	tifʿel

Aramäische Aktionsarten

(h)af	hafʿel bzw. ʾafʿel	*itpol*	ʾitpole/al
hišt	hištafʿal	*pa*	paʿel
hitpa	hitpaʿal	*pe*	peʿal/peʿïl
hitpe	hitpeʿel	*po*	poʿe/al
hitpol	hitpolel	*pol*	polel
itpa	ʾitpaʿal	*sa*	safʿel
itpe	ʾitpeʿel	*ša*	šafʿel

Allgemeine Abkürzungen

>	im Sinne von/daraus entwickelt sich	*	Wort/Wurzel so nicht belegt/erschlossene Form/Wurzel
→	siehe zu		

Abkürzungen

?	unsicher/unsichere Bedeutung	*I*	Inschriften, inschriftlich
abs.	absolutus → inf. abs.	*i.*	in
adj.	Adjektiv/adjektivisch	*imp.*	Imperativ
		impf.	Imperfekt
adv.	Adverb/adverbiell	*inf.*	Infinitiv
aram.	aramäisch	*inf. abs.*	Infinitivus absolutus
assyr.	assyrisch	*inf. cs.*	Infinitivus constructus
b.	bei		
bab.	babylonisch	*Interj.*	Interjektion
bes.	besonders	*interr.*	interrogativ
Bez.	Bezeichnung	*intr.*	intransitiv
bzw	beziehungsweise	*jmd.*	jemand
c.	mit (cum)	*Konj.*	Konjunktion
cj.	konjiziert	*l.*	lies
coll.	kollektiv	*loc.*	(ה) locale; Lokativ
comp.	comparativ	*m.*	maskulin
comm.	communis	*metaph.*	metaphorisch
cond.	konditional	*milit.*	militärisch
corr.	corruptus	*musik.*	musikalisch
cs.	constructus → inf. cs.; st. cs.	*MT*	Masoretischer Text
		n.	Nomen
d.	der/die/das	*n. d.*	nomen dei/deae (Name eines Gottes/einer Göttin)
d.h.	das heißt		
dem.	demonstrativ		
du.	Dual	*n. f.*	nomen femininum
eig.	eigentlich	*n. fl.*	nomen fluminis (Flussname)
entw.	entweder		
etw.	etwas	*n. gent.*	nomen gentilicium (Geschlechterverbandsname)
evtl.	eventuell		
f.	feminin		
fut.	futurisch	*n. l.*	nomen loci (Ortsname)
𝔊	Septuaginta		
g	Gramm	*n. m.*	nomen masculinum
gen.	Genitiv	*n. pr.*	nomen proprium (Eigenname)
geogr.	geographisch		
hebr.	hebräisch	*n. t.*	nomen territorii (Gebietsname)
herk.	herkömmlich		

n. tr.	nomen tribus (Stammesname)	*sg.*	Singular
Nf.	Nebenform	*spez.*	speziell, spezial
o.	oder	*st. cs.*	status constructus
P.	Pausa	*subst.*	substantiviert
pass.	Passiv	*T*	Tobit
pers.	persisch	*text.*	Text verderbt
pf.	Perfekt	*corr.*	
pl.	Plural	*term.*	terminus technicus
poet.	poetisch	*tech.*	
polit.	politisch	*u.*	und
prn.	Pronomen	*u.a.*	unter anderen – und andere
proph.	prophetisch	*u.ä.*	und ähnlich
prp.	Präposition	*übertr.*	übertragen
pt.	Partizip	*uns.*	unsicher
Q	Qumran	*v.*	von
rhet.	rhetorisch	*z.*	zu(r); zum
S	Ben Sira / Jesus Sirach	*z.B.*	zum Beispiel
		zeitl.	zeitlich
s.	sein, sich; siehe	*zus.*	zusammen
Sf.	(mit) Suffix		

Hinweise zur Benutzung

1) Wenn ein hebräisches Lemma *zusätzlich* zu seinem Vorkommen im Alten Testaments in einer althebräischen Inschrift, in den Schriften aus Qumran und Umgebung, im Sirachbuch und/oder im Tobitbuch vorkommt, so ist dies durch eine runde Klammer angezeigt: (I), (Q), (S), (T). Im Fall der biblisch-aramäischen Belege beschränkt sich die Indizierung auf Q und T.
Bsp.: ברא I (QS) *q* erschaffen: Das Wort ist biblisch-hebräisch belegt und darüber hinaus auch in Qumran und in Sirach.

2) Wenn ein Lemma in eckigen Klammern steht, so ist dieses nur in den angegebenen Corpora (I, Q, S und/oder T), aber nicht im MT belegt.
Bsp.: [בריה] (Q) Schöpfung: Das Wort ist nur in Qumran belegt.

3) Lemmata, die nur in einer Inschrift, in Qumran, bei Sirach oder in Tobit belegt sind, werden unvokalisiert angegeben. Im Fall von Eigennamen wird wegen der Ungewissheit der genauen Vokalisation auf eine Transkription verzichtet und nur die (mutmaßliche) Art des Namens angegeben.

4) In einzelnen Fällen ist vermerkt, wenn ein Wort an einer bestimmten Bibelstelle eine besondere Bedeutung hat.

5) Es wurde bei der Aufnahme der Lemmata der masoretische Text zugrunde gelegt. Dementsprechend erscheinen die Mischformen aus Ketib und Qere als solche im Wörterbuch, sofern sie im Text überwiegend oder ausschließlich vorliegen.

6) In wenigen Fällen wird für das Vorkommen eines Wortes im MT eine andere Lesart vorgeschlagen.

7) Verbindungen von mehreren hebräischen Wörtern sind alphabetisch nach dem ersten Wort der Verbindung eingeordnet.

8) Die Wiedergabe der Eigennamen stellt ein bleibendes Problem dar; sie entspricht weitestgehend der Schreibweise im „alten" HAW, das mit einigen Abweichungen den Vorschlägen der evangelisch-katholischen Übersetzungskommission folgte. In der Regel werden Namen, die auf (הו)ָ- enden, mit *-ja(hu)* widergegeben. Ausnahmen bilden Namen wie z.B. Elia, hier werden beide Versionen angegeben: *Elia, Elijahu*.

9) Kursivdruck wird für erklärende und umschreibende Angaben verwendet.

Hebräischer Teil

א

א		*Bedeutet seit hellen.-röm. Zeit den Zahlenwert eins.*
אָב	(IQST)	Vater, Stammvater (*auch im weitesten Sinn*); II Chr 2,12; 4,16 Ehrentitel?
אֵב*	(Q)	Trieb, Knospe.
אב		→ אוֹב.
[אבא]	(I)	*n. pr. m.*
[אבבעל]	(I)	*n. pr. m.*
אֲבַגְתָא		*n. pr. m.*
אבד	(QS)	*q* umherirren, sich verirren, verlorengehen, zugrunde gehen. *pi* in die Irre gehen lassen, zugrunde richten, ausrotten. *hi* vernichten, ausrotten.
אֹבֵד		Untergang > עֲדֵי אֹבֵד *für immer.*
אֲבֵדֹה		Unterwelt.
אֲבֵדָה	(Q)	Verlorenes.
אֲבַדּוֹן	(Q)	Untergang, Ort des Untergangs (*vom Totenreich*), Abgrund.
אָבְדָן, אִבְדָן	(Q)	Vertilgung, Untergang.
אבה	(QS)	*q* willig sein, wollen.
אָבֶה		Schilf, Papyrus.
אֲבוֹי		*Interj.:* wehe!
אֵבוּס		*herk.* Futtertrog, *besser:* Stall.
[אבות]	(Q)	Vaterschaft.
אִבְחָה*		*ist viell. ein Schreibfehler von* טִבְחַת־חֶרֶב *o.* טֶבַח־חֶרֶב *das Schlachten des Schwertes Ez 21,20.*
אֲבַטִּיחַ*		Wassermelone.
אֲבִי		*Interj.:* o dass doch!
אֲבִי	(I)	*n. pr. f. u. m.* Abi < אֲבִיָּה.
אֲבִי הָעֶזְרִי		*n. gent.* Abiësriter.
אֲבִי־עַלְבוֹן		*n. pr. m.* Abialbon.

אֲבִיאֵל		n. pr. m. Abiël.
אֲבִיאָסָף		n. pr. m. Abiasaf.
אָבִיב	(Q)	coll. Ähren; Abib (Monatsname, März/April).
אֲבִיגַיִל	(I)	n. pr. f. Abigajil (auch אֲבִיגַל).
אֹבִידָה		Jer 46,8 → אבד I hi.
אֲבִידָן		n. pr. m. Abidan.
אֲבִידָע		n. pr. m. Abida.
אֲבִיָּה	(IQ)	n. pr. m. u. f. Abija.
אֲבִיהוּ, אביו	(I)	n. pr. m.u. f. Abijahu.
אֲבִיהוּא		n. pr. m. Abihu.
אֲבִיהוּד		n. pr. m. Abihud.
אֲבִיהַיִל		n. pr. f. Abihajil.
אֶבְיוֹן	(QS)	arm, bedürftig, elend.
אֲבִיּוֹנָה		Kaper.
[אביחין]	(I)	n. pr. m.
אֲבִיחַיִל		n. pr. m. Abihail.
אֲבִיטוּב		n. pr. m. Abitub.
אֲבִיטַל		n. pr. f. Abital.
אֲבִיָּם		n. pr. m. Abijam.
אֲבִימָאֵל		n. pr. m. Abimaël.
אֲבִימֶלֶךְ		n. pr. m. Abimelech.
אֲבִינָדָב		n. pr. m. Abinadab.
אֲבִינֹעַם, אבנעם	(I)	n. pr. m. Abinoam.
אֲבִינֵר		n. pr. m. Abiner.
אֶבְיָסָף		n. pr. m. Ebjasaf.
אֲבִיעֶזֶר		n. pr. m. Abiëser.
אָבִיר*	(S)	Starker; c. יַעֲקֹב o. יִשְׂרָאֵל Starker Jakobs/Israels?, Verteidiger Jakobs/Israels? (Benennung eines Gottes).
אַבִּיר	(QS)	stark, mächtig, vornehm; subst. Starker; übertr. für Himmelswesen, Hengst, Stier.
אֲבִירָם	(S)	n. pr. m. Abiram.
אֲבִישַׁג		n. pr. f. Abischag.
אֲבִישׁוּעַ		n. pr. m. Abischua.
אֲבִישׁוּר		n. pr. m. Abischur.

אֲבִישַׁי	(Q)	n. pr. m. Abischai.
אֲבִישָׁלוֹם		n. pr. m. Abschalom.
אֶבְיָתָר		n. pr. m. Abjatar.
אבך		hitp aufwirbeln.
אבל	(QS)	q klagen, übertr. auf die Natur vertrocknen. hi trauern lassen. hitp trauern.
אָבֵל I	(QS)	trauernd.
אָבֵל II		Wasserlauf, Bach, nur in n. l.
אֲבָל	(QS)	Interj.: ach, leider; adversativ: nein, vielmehr, aber, dennoch, doch.
אֵבֶל	(QS)	Trauerbräuche, Trauer; יְמֵי אׁ Trauerzeit, c. gen. Trauer um jmd.
אָבָל		Wasserlauf, Kanal.
[אבמען]	(I)	n. pr. m.
אֶבֶן	(QST)	f. Stein, Gewicht(stein); Gen 49,24 Fels.
אֹבֶן, אֲבָנַיִם*	(Q)	du. Jer 18,3 Töpferscheibe; Ex 1,16 Steine des Gebärstuhls o. d. weibl. Genitalien.
אֶבֶן הָעֵזֶר		n. l. Eben-Haëser.
אֲבָנָה		n. fl. Abana.
אַבְנֵט	(Q)	Schärpe, Gürtel.
אַבְנֵר	(I)	n. pr. m. Abner.
אבס		q pt. pass. gemästet.
אֲבַעְבֻּעֹת		Geschwüre.
[אבעזר]	(I)	n. l.
אֶבֶץ		n. l. Ebez.
אִבְצָן		n. pr. f. Ibzan.
אבק	(Q)	ni ringen.
אָבָק	(Q)	Staub (aufgewirbelt); Ex 9,9 Ruß.
אֲבָקָה*		Gewürzpulver.
אבר		hi sich emporschwingen.
אֵבֶר	(QS)	Flügel, Schwinge.
אֶבְרָה		Flügel, Schwinge.
אַבְרָהָם	(QS)	n. pr. m. Abraham.
[אבריהו]	(I)	n. pr. m.

אַבְרֵךְ		Gen 41,43 Bedeutung umstritten: Großwesir?; Interj.: aufgepasst?
אַבְרָם	(Q)	n. pr. m. Abram.
אַבְשַׁי		n. pr. m. Abschai.
אַבְשָׁלוֹם	(Q)	n. pr. m. Abschalom.
[אבשעל]	(I)	n. pr. m.
אֹבֹת I		n. l. Obot.
אֹבֹת II		→ אוֹב.
אָגֵא		n. pr. m. Age.
אֲגַג, אֲגָג	(I)	n. pr. m. Agag.
אֲגָגִי		n. gent. Agagiter.
[אגד*]	(Q)	binden.
אֲגֻדָּה		Ex 12,22 Büschel; II Sam 2,25 Schar; Jes 58,6 Strick; Am 9,6 Gewölbe.
אֱגוֹז		Nuss.
אָגוּר	(I)	n. pr. m. Agur.
אֲגוֹרָה*	(T)	Geldstück o. Bezahlung.
אֱגֶל*	(Q)	Tropfen.
אֶגְלַיִם		n. l. Eglajim.
אָגֵם*	(Q)	traurig, betrübt.
אֲגַם	(Q)	Schilftümpel; Jer 51,32 Vorwerk?
אַגְמוֹן, אַגְמֹן		Binsen, Schilfhalm.
אַגָּן	(IQ)	Schale.
אֲגַף* I		Schar, Heer.
אֲגַף* II	(Q)	Ufer.
אגר	(Q)	q ernten. pi sammeln.
אֲגַרְטָל*		Gefäß, Korb.
אֶגְרֹף	(Q)	Faust.
אִגֶּרֶת	(Q)	Brief.
אֵד		Grundwasser, Wasserstrom, Nebel/Tau.
אדב		hi I Sam 2,33 verschmachten lassen.
אַדְבְּאֵל		n. terr. u. n. pr. m. Adbeel.
אֲדַד		n. pr. m. Adad.
אֲדַדִּים*		Ps 42,5 → דדה.

אִדּוֹ		*n. pr. m.* Iddo.
אֱדוֹם	(IQ)	*n. pr. m., n. gent., n. terr.* Edom.
אָדוֹם	(Q)	→ אָדֹם.
אֲדוֹמִי*		*n. gent.* Edomiter.
אָדוֹן	(IQST)	Herr; אֲדֹנָי Herr (*nur von Gott gebraucht*).
אַדּוֹן		*n. l.* Addon.
אֲדוֹרַיִם		*n. l.* Adorajim.
אֹדוֹת		→ אוֹדֹת.
אַדִּיר	(QS)	1. *Adj.* groß, gewaltig, hoch, herrlich, majestätisch (*v. Bäumen*); 2. *subst.* Vornehmer, Machthaber, Führer.
אֲדַלְיָא		*n. pr. m.* Adalja.
אדם	(IQ)	*q* rot sein. *pu pt.* rot gefärbt. *hi* rot sein/werden. *hitp* rot schillern.
אָדָם I	(IQS)	*coll.* Mensch (*oft* בֶּן־אָדָם *u.ä.*); Menschen, Menschheit, Leute; *Koh 7,28* Mann.
אָדָם II	(QS)	*n. pr. m.* Adam; *n. l. Jos 3,16* Adam; *Hos 6,7* l. בְּאָדָם.
אָדֹם	(Q)	rot, rotbraun.
אֱדֹם	(I)	→ אֱדוֹם.
אֹדֶם	(QS)	*Edelstein*: Rubin *o.* Karneol.
אֲדַמְדָּם		rötlich.
אַדְמָה		*n. l.* Adma.
אֲדָמָה I	(QS)	Erdoberfläche, Erdboden, Ackerboden.
אֲדָמָה II		*n. l.* Adama.
אַדְמוֹנִי		rot, rotbraun.
אֲדֹמִי	(I)	*n. gent.* Edomiter; edomitisch.
אֲדָמִי הַנֶּקֶב		*n. l.* Adami-Hannekeb.
אֲדֻמִּים		*n. l.* Adummim.
אַדְמֹנִי		→ אַדְמוֹנִי.
אַדְמָתָא		*n. pr. m.* Admata.
אַדָּן		*n. l.* Addan.
אֶדֶן*		Fußgestell; *Hi 38,6* Sockel.
אֲדֹנָי	(QS)	→ אָדוֹן.

אֲדֹנִי־בֶזֶק, אֲדֹנִי בֶזֶק		n. pr. m. Adonibesek.
אֲדֹנִי־צֶדֶק		n. pr. m. Adonizedek.
אֲדֹנִיָּה	(I)	n. pr. m. Adonija.
אֲדֹנִיָּהוּ, אדניו	(I)	n. pr. m. Adonijahu.
[אדניחי]	(I)	n. pr. m.
אֲדֹנִיקָם		n. pr. m. Adonikam.
אֲדֹנִירָם		n. pr. m. Adoniram.
אדר	(QS)	ni pt. herrlich. hi verherrlichen, als herrlich erweisen.
אַדָּר		n. pr. m., n. l. Addar.
אֲדָר		Adar (Monatsname, Februar/März).
אֶדֶר	(Q)	Herrlichkeit.
אֲדַרְכּוֹן		Dareike (pers. Goldmünze).
אֲדֹרָם		n. pr. m. Adoram.
אַדְרַמֶּלֶךְ		n. pr. m., n. d. Adrammelech.
אֶדְרֶעִי		n. l. Edreï.
אַדֶּרֶת		Pracht, Herrlichkeit; Prachtgewand.
אדש*		q? Jes 28,28 evtl. דוש dreschen?
[אדשך]	(Q)	Dachsparren.
[אדתא]	(I)	n. pr. f.
אהב	(IQS)	q gern haben, lieben; pt. Freund. ni pt. liebenswert. hi beliebt machen. pi pt. Liebhaber.
אַהַב*		Liebesgeschenk; Lieblichkeit.
אֹהַב*		Liebesfreude.
אַהֲבָה	(QS)	Liebe.
אֹהַד		n. pr. m. Ohad.
אֲהָהּ		Interj.: ach! wehe!
אַהֲוָא		n. l. u. n. fl. Ahawa.
אֵהוּד	(I)	n. pr. m. Ehud.
אֱהִי		l. אַיֵּה (Hos 13,10.14).
אהל I		hi Hi 25,5 hell sein.
אהל II	(Q)	q zelten, Weiderecht erhalten. pi zelten.

אָהָל		→ אֲהָלוֹת.
אֹהַל		→ Qere הָאֵלָה.
אֹהֶל I	(IQS)	Zelt.
אֹהֶל II		n. pr. m. Ohel.
אָהֳלָה		n. pr. f. Ohola.
אֲהָלוֹת		Aloeholz.
אָהֳלִיאָב		n. pr. m. Oholiab.
אָהֳלִיבָה		n. pr. f. Oholiba.
אוֹ	(IQST)	oder; oder gar, wenn gar; אוֹ ... אוֹ entweder ... oder; אוֹ ... אִם ob ... oder; אוֹ ... הֲ ist ... oder?
אָהֳלִיבָמָה		n. pr. m.; n. pr. f. u. n. tr. Oholibama.
אֲהָלִים		Aloeholz; Num 24,6 uns.
אַהֲרֹן	(QS)	n. pr. m. Aaron.
אוּ		Prov 31,4 text. corr.
אוּאֵל		n. pr. m. Uël.
אוֹב I	(S)	Totengeist; Grube.
אוֹב* II		Hi 32,19 Schlauch.
אוֹבִיל		n. pr. m. Obil.
אוּבָל*		→ אָבֵל.
אוּד	(Q)	Holzscheit.
אוֹדֹת		Veranlassung; immer c. עַל wegen.
אוה	(QS)	ni → נאה (נאו) q. pi wünschen, begehren. hitp wünschen, begehren, gelüsten; Num 34,10 evtl. Form von תאה?
אַוָּה*	(Q)	Begehren, Verlangen.
אוּזַי		n. pr. m. Usai.
אוּזָל		n. l. u. n. pr. m. Usal.
[אוֹט]	(Q)	Vorratshaus?; Bedarf?
[אוטרפלוס]	(Q)	n. pr. m.
אֵוִי		n. pr. m. Ewi.
אוֹי	(Q)	Interj.: wehe! (Angstruf).
אוֹיֵב		→ אֹיֵב.
אוֹיָה		Interj.: wehe!

אֱוִיל I	(QS)	töricht; Tor, Dummkopf (*oft mit derNebenbedeutung* Gottloser).
אֱוִיל II		*II Reg 24,15 uns., l. evtl. Qere* אֵילֵי הָאָרֶץ die starken des Landes.
אֱוִיל מְרֹדַךְ		*n. pr. m.* Ewilmerodach (*bab.* Amel Marduk).
אֱוִילִי		→ אֱוִלִי.
[אוין]	(S)	Begierde.
אוּל*		*Ps 73,4* Leib?
אֱוִלִי		töricht.
אֱוִלִי		*l. Qere II Reg 24,15; o.* → אֱוִיל II.
אוּלַי I		vielleicht.
אוּלַי II		*n. fl.* Ulai.
אוּלָם I	(S)	dagegen, hingegen, nichtsdestoweniger, aber.
אוּלָם II		*n. pr. m.* Ulam.
אוּלָם III	(Q)	Vorhalle; richtig → אֵילָם.
אִוֶּלֶת	(QS)	Torheit, Dummheit (*oft mit der Nebenbedeutung* Gottlosigkeit).
אוֹמָר		*n. pr. m.* Omar.
אוֹמֶר		→ אֹמֶר.
אָוֶן	(QS)	Unheil; Unrecht, Frevel; Trug, Nichtiges.
אוֹן I	(QS)	Zeugungskraft, Kraft; Vermögen, Reichtum.
אוֹן II		*n. pr. m.* On; *n. l. Gen 41,45.50* (*Ez 30,17*) On, Heliopolis.
אוֹנוֹ		*n. l.* Ono.
אוֹנִי*		→ בֶּן־אוֹנִי.
אוֹנִיּוֹת		→ אֳנִיָּה.
אוֹנִים*		*pl. von* → אֹנֶה I, אוֹן I, אָוֶן.
אוֹנָם		*n. pr. m.* Onam.
אוֹנָן		*n. pr. m.* Onan.
[אונס]	(S)	Stärke.
אוּפָז		*n. l.* Ufas.
אוֹפִיר	(IQS)	*n. terr.* Ofir; *n. m.*
אוֹפָן	(QS)	Rad.
אוֹפֶר		→ אוֹפִיר.

אוּץ	(IQS)	q drängen, sich drängen, eilen; *Jos 17,15* zu eng sein. *hi c.* בְּ dringen in jmd.; *c.* לְ dringen auf etwas.
אוֹצָר	(QS)	Vorrat, Schatz, Schatzkammer, Schatzhaus.
[אוצרה]	(Q)	*f.* Schatz.
אוּר	(IQS)	q hell werden/sein, leuchten. *ni?* erleuchtet werden *Hi 33,30* לְהֵאוֹר ← לָאוֹר; *pt.* נָאוֹר *Ps 76,5 l.* נוֹרָא. *hi* hell machen, erleuchten, anzünden; Licht verbreiten, leuchten.
אוֹר	(QS)	Licht, Tageslicht, Tagesanbruch; *Jdc 19,26* עַד־הָאוֹר bis zum hellen Tage.
אוּר I		(Licht)schein, Feuer.
אוּר* II	(Q)	*nur pl., meist zus. mit* תֻּמִּים Losorakelmittel.
אוּר III	(Q)	*n. l.* Ur (*der Chaldäer*); *n. pr. m.* Ur.
אוֹרֵב		→ אָרַב.
אוֹרָה I	(Q)	Licht; (*übertragen*) Glück.
אוֹרָה* II		*II Reg 4,39* Kräuter, Gemüse.
אֲוֵרוֹת		(*Schreibf. für* אֲרָוֹת) *II Chr 32,28* → אֻרְוָה.
אוּרִי		*n. pr. m.* Uri.
אוּרִיאֵל		*n. pr. m.* Uriël.
אוּרִיָּהוּ, אריהו	(IQ)	*n. pr. m.* Urijahu.
אֲוַרְנָה		*l. Qere (II Sam 24,16)* → אֲרַוְנָא.
[אורתום]	(Q)	vollkommenes Licht.
[אוש]	(Q)	Fundament.
אוּת	(Q)	q zustimmen, willfahren.
אוֹת I	(IQS)	Zeichen, (Vor-, Feldzeichen; Wunder).
אוֹת II		*c. Sf.* → I אֵת.
אָז	(IQST)	damals; dann (*fut. und cond.*); dann; אָז ... אִם wenn ... dann; לוּלֵי ... אָז wenn nicht ... dann; לֹא ... אָז כִּי wenn nur ... dann; מֵאָז früher; längst; seit; seitdem.
אֵזוֹב		→ אֵזוֹב.
אֶזְבַּי		*n. pr. m.* Esbai.
[אזה]	(I)	*n. l.*
אֵזוֹב	(QS)	Ysop.

אֵזוֹר	(QS)	(Hüft-)Schurz.
אֲזַי	(Q)	→ אָז dann.
אַזְכָּרָה	(QS)	Azkara (der vom Speisopfer verbrannte Teil).
אזל		q weggehen, schwinden.
אֱזֶל*		l. הַלָּאז (I Sam 20,19) der da.
אזן I	(IQS)	hi (hin)hören.
אזן II		pi abwägen.
אֹזֶן*		Gerät.
אֹזֶן	(QS)	f. Ohr.
אֹזֶן שְׁאֵרָה		n. l. Usen-Scheëra.
אַזְנוֹת תָּבוֹר*		n. l. Asnot-Tabor.
אזנח		hi von זנח I.
אָזְנִי	(I)	n. pr. m. Osni; n. gent. Osniter.
אֲזַנְיָה		n. pr. m. Asanja.
אֲזִקִּים		Handfesseln.
אזר	(QS)	q umgürten, schürzen, schnüren. ni Ps 65,7 pt. נֶאְזָר umgürtet. pi jmd. gürten. hitp sich gürten; rüsten.
[אזר]	(Q)	Außenlinie, Umfang.
אֶזְרוֹעַ	(Q)	f. Arm.
אֶזְרָח	(Q)	Einheimischer.
אֶזְרָחִי		n. gent. Esrahiter.
אֶזְרֹעַ		→ אֶזְרוֹעַ.
אָח I	(IQST)	Bruder (auch im weitesten Sinn: Blutsverwandter, Verwandter; Stammesgenosse; Freund, Gefährte).
אָח II		Interj.: ach!, wehe!
אָח*		Kohlenbecken.
אֹחַ*	(Q)	Bedeutung umstritten: Jes 13,21; 4Q510 f1,5; herk. heulendes Wüstentier: Eule, Adlereule; Hyäne?
[אחא]	(I)	n. pr. m.
אַחְאָב	(I)	n. pr. m. Ahab.
[אחאמה]	(I)	n. pr. m.
אֶחָב		→ אַחְאָב.

אַחְבָּן		n. pr. m. Achban.
אחד		hitp lies entw. mit 𝔊 הִתְחַדִּי sei schneidig o. mit MSS הִתְאָחֲרִי wende dich rückwärts *Ez 21,21*.
אֶחָד	(IQS)	eins, einziger, einzelner, erster, irgendeiner, einmal; *pl.* einige, wenige; כְּאֶחָד (*aram.*) in einem, gleichzeitig.
אָחוּ		Sumpf-, Riedgras.
אֵחוּד		n. pr. Ehud.
אַחֲוָה I	(Q)	Darlegung.
אַחֲוָה* II		Bruderschaft.
אָחוּז*		(*pt. pass. zu* אחז) Auflager (*bautechnischer Ausdruck*).
אֲחוֹחַ		n. pr. m. Ahoach.
אֲחוֹחִי		n. gent. Ahochiter.
אֲחוּמַי		n. pr. m. Ahumai.
אָחוֹר	(QS)	hinten, Westen; nachher, künftig, später; *pl.* Rückseite, Hinterteil.
אָחוֹת	(QT)	Schwester (*auch im weitesten Sinn*: Halbschwester; Blutsverwandte; Stammes- u. Volksgenossin); Geliebte.
אחז	(QS)	q packen, fassen, festhalten; eingreifen, verbinden (*bautechnisch*); *Est 1,6* einfassen; *Neh 7,3* verriegeln (*aram.*). ni gepackt, festgehalten werden; ansässig sein. pi verbergen. ho II *Chr 9,18* uns., *pt.* ho evtl. verbunden.
אָחָז	(I)	n. pr. m. Ahas.
אָחֻז		haltend.
אֲחֻזָּה	(Q)	Besitz *bes. von Grund u. Boden*.
אַחְזַי	(I)	n. pr. m. Achsai.
אֲחַזְיָה(וּ)	(I)	n. pr. m. Ahasjahu.
אֲחֻזָּם		n. pr. m. Ahusam.
[אחזר]	(Q)	n. l. Hazor.
אֲחֻזַּת		n. pr. m. Ahusat.
אֲחֹחִי		→ אֲחוֹחִי.
אֲחִי	(I)	n. pr. m. Ahi.
אֵחִי		n. pr. m. Ehi.

[אֲחִיאֵל]	(J)	n. pr. m.
אֲחִיאָם	(J)	n. pr. m. Ahiam.
אֲחִיָּה(וּ)	(J)	n. pr. m. Ahija(hu).
אֲחִיהוּד		n. pr. m. Ahihud.
אַחְיוֹ	(J)	n. pr. m. Achjo.
אֲחִיחָד		n. pr. m. Ahihud.
אֲחִיטוּב		n. pr. m. Ahitub.
אֲחִילוּד		n. pr. m. Ahilud.
אֲחִימוֹת		n. pr. m. Ahimot.
אֲחִימֶלֶךְ, אחמלך	(J)	n. pr. m. Ahimelech.
אֲחִימַן	(J)	n. pr. m. Ahiman.
אֲחִימַעַץ		n. pr. m. Ahimaaz.
אַחְיָן		n. pr. m. Achjan.
אֲחִינָדָב		n. pr. m. Ahinadab.
אֲחִינֹעַם, אחנעם	(J)	n. pr. f. Ahinoam.
אֲחִיסָמָךְ		n. pr. m. Ahisamach.
אֲחִיעֶזֶר		n. pr. m. Ahiëser.
אֲחִיקָם, אחקם	(J)	n. pr. m. Ahikam.
אֲחִירָם		n. pr. m. u. n. tr. Ahiram.
אֲחִירָמִי		n. gent. Ahiramiter.
אֲחִירַע		n. pr. m. Ahira.
אֲחִישַׁחַר		n. pr. m. Ahischahar.
אֲחִישָׁר		n. pr. m. Ahischar.
אֲחִיתֹפֶל		n. pr. m. Ahitofel.
אחך		n. pr. m.
אַחְלָב		n. l. Achlab.
אַחְלַי		n. pr. m. Achlai.
אַחֲלַי, אַחֲלֵי		Interj.: ach dass doch!
אַחְלָמָה	(Q)	Edelstein: Amethyst o. roter Jaspis.
[אחמא]	(J)	n. pr. m.
אֲחַסְבַּי		n. pr. m. Ahasbai.
אחר	(IQS)	q verweilen. pi aufhalten; zögern, auf sich warten lassen; verweilen, lange aufbleiben; jmd. aufhalten, zurückhalten.

		hitp sich verspäten, sich entziehen, nachhinken. *hi* versäumen.
אַחַר	(IQST)	*sg.* hinten, hinter, nach, nachdem; *pl.* Ende, hinter, Westen, nach, nachdem.
אַחֵר I	(QS)	folgender, zweiter, anderer, fremd, אֱלֹהִים אֲחֵרִים andere Götter.
אַחֵר II		*n. pr. m.* Aher.
[אַחְרַאי]	(Q)	Bürge, Garant.
אַחֲרוֹן	(QS)	hinter, westlich, letzter; später, künftig; *f.* zuletzt.
אַחְרַח		*n. pr. m.* Achrach.
אֲחַרְחֵל		*n. pr. m.* Aharhel.
אַחֲרֵי	(QS)	Ende, Rückseite; *prp.* hinter, mit, bei; *zeitl.* nach; nachdem.
אַחֲרֵי		*Neh 3,30* hernach?
אַחֲרֵיכֶן		→ *Esr 3,5; I Chr 20,4* אַחַר II.
אַחֲרִית	(QS)	Ende, Ausgang (*räumlich, zeitlich, wertend*); Überrest; Nachkommenschaft.
אֲחֹרַנִּית		rückwärts.
אֲחַשְׁדַּרְפְּנִים*		Satrapen, persische Statthalter.
אֲחַשְׁוֵר(וֹ)שׁ		*n. pr. m.* Ahasver, Xerxes I.
אֲחַשְׁרֵשׁ		*n. pr. m. Est 10,1* Qere: אֲחַשְׁוֵרוֹשׁ.
אֲחַשְׁתָּרִי		*n. gent.* Ahaschtariter.
אֲחַשְׁתְּרָנִים*		herrschaftlich, königlich.
[אֲחֹתְמֶלֶךְ]	(I)	*n. pr. f.*
אַט I, אָט		leise, sanft; *Gen 33,14* Gemächlichkeit.
אַט II		→ נטה *hif.*
אָטָד		*dorniger Strauch*, Bocksdorn.
אֲטוּן*		Leinwand.
אִטִּים		Totengeist.
אטם	(Q)	*q* verstopfen, verschließen; *I Reg 6,4; Ez 40,16.26* vergittern?, einfassen? *hi* versperren, verstopfen; *Ps 58,5* evtl. als *hi* fehlpunktiertes *q*?
אטר		*q* schließen.
אָטֵר		*n. pr. m.* Ater.

אִטֵּר		Jdc 3,15; 20,16 יַד־יְמִינוֹ אִ׳ linkshändig (rechts gehemmt).
אֵי	(Q)	wo?; אֵי־זֶה welcher?, wo?, אֵי־מִזֶּה woher?, אֵי־לָזֹאת weshalb?
אִי I	(QS)	Küste, Insel.
*אִי II	(Q)	Schakal.
אִי III	(Q)	Interj. wehe!; bei Hi 22,30 entw. Verneinungspartikel nicht-/un- o. Indefinitpronomen o. cj. אֶת נָ׳ o. אִישׁ נָקִי.
אִי(־)(כָבוֹד)		n. pr. m. Ichabod.
איב	(QS)	q Ex 23,22 c. Akk. jmd. feind sein; pt. auch Feind.
אֹיֵב		feindlich, Feind; Gegner; Widersacher; Feind (Jahwes); f. Feindin.
אֵיבָה	(Q)	Feindschaft, Feindseligkeit.
אֵיד	(Q)	Unglück, Not, Verderben.
אַיָּה I		Gattungsname für verschiedene Arten von Stoßvögeln: Geier, Schwarzer Milan, Falke, Bussard o. Habicht.
אַיָּה II		n. pr. m. Aja.
אַיֵּה	(QS)	wo?
אַיּוּ		l. Qere (Jer 37,19): וְאַיֵּה.
אִיּוֹב	(S)	n. pr. m. Hiob.
אִיזֶבֶל		n. pr. f. Isebel.
[אֵיזֶה]	(QS)	welcher, welches.
אֵיךְ	(Q)	wie?; wie!
אֵיכָה	(QT)	wie?; wie!; Cant 1,7 wo?
אֵיכֹה		wo?
אֵיכָכָה	(QS)	wie?
אַיָּל	(Q)	Hirsch.
אַיִל I	(Q)	Widder; übertr. Mächtiger, Gewalthaber.
אַיִל II		großer, gewaltiger Baum.
*אַיִל III	(Q)	bautechnisch: vorspringender Wandpfeiler, Torpfeiler.
אֱיָל	(Q)	Kraft.
אֵיל פָּארָן		n. l. El-Paran.

אַיָּלָה	(Q)	Hirschkuh.
אִילוֹ		l. אִי לוֹ (Koh 4,10).
אַיָּלוֹן	(I)	n. pr. m., n. l. Elon.
אַיָּלוֹן		n. l. Ajalon.
אֱיָלוּת*	(Q)	Kraft.
אֵילוּת		→ אֵילַת.
אֵילָם*	(Q)	Vorhalle.
אֵילִם		n. l. Elim.
[אִילָן]	(Q)	Baum.
אֵילָן		→ אַיָּלוֹן.
אֵילַת		n. l. Elath.
אַיֶּלֶת		→ אַיָּלָה.
אָיֹם	(Q)	schrecklich, furchtbar.
אֵימָה	(QS)	Schrecken; Jer 50,38 Schreckgestalt.
אֵימִים		n. gent. Emiter.
אַיִן I	(IQST)	Nichtvorhandensein > nicht, kein, ohne, -los, nichts.
אַיִן II	(QS)	wo?, immer מֵאַיִן woher?
אִין		l. אַיִן (I Sam 21,9).
[אִיעֲדָה]	(I)	n. pr.
אִיעֶזֶר		n. pr. m. Iëser.
אִיעֶזְרִי		n. gent. Iësriter.
אֵיפָה	(QS)	Getreidemaß Epha.
אֵיפֹה	(Q)	wo?
[אִיץ]	(QS)	q drängen.
אִישׁ	(IQS)	Mann, Mensch; einer, jemand, jeder; pl. Leute.
אִישׁ טוֹבָב, אִישׁ־טוֹב		n. pr. m. Ischtob.
אִישׁ(־)בֹּשֶׁת		n. pr. m. Ischboschet; Schimpfform für אֶשְׁבַּעַל.
אִישְׁהוֹד		n. pr. m. Ischhod.
אִישׁוֹן		→ אָשׁוּן.
אִישׁוֹן	(QS)	Pupille.
אִישַׁי		n. pr. m. Isai.
אִיתוֹן		Ez 40,15 Qere Eingang.
אִיתַי		n. pr. m. Itai.

אִיתִיאֵל		n. pr. m. Itiël.
אִיתָמָר	(Q)	n. pr. m. Itamar.
אֵיתָן I	(QS)	immer wasserführend; beständig; pl. Etanim (*Monatsname, September/Oktober*).
אֵיתָן II		n. pr. m. Etan.
אַךְ	(QS)	nur; ja, gewiss; jedoch.
אַכַּד		n. l. Akkad.
אַכְזָב		trügerisch (*von intermittierenden Bächen*).
אַכְזִיב, אכזב	(*l*)	n. l. Achsib.
אַכְזָר, אַכְזָרִי	(Q)	tapfer, tollkühn; hart, unbarmherzig; grausam, Verderben bringend.
אַכְזְרִיּוּת		Grausamkeit.
אֲכִילָה		Speise, Essen.
אָכִישׁ		n. pr. m. Achisch.
אכל	(QST)	q essen, fressen; schmecken, genießen. ni gegessen, verzehrt werden. pu gefressen, verzehrt werden. hi zu essen geben, genießen lassen.
אֹכֶל	(QS)	Essen, Speise, Nahrung.
אֻכָל		n. pr. m. Prov 30,1 Uchal o. Traditionsfehler: l. evtl. וָאֵכָל dass ich's begreifen könnte.
אָכְלָה	(Q)	Speise, Nahrung.
אָכֵן		gewiss; aber, dennoch, allerdings.
[אכסדרן]	(Q)	Vorhalle, Vorhof, Verbindungsgang.
אכף	(S)	q jmd. bedrängen.
אֶכֶף*		Drängen.
אִכָּר	(Q)	Bauer, Landarbeiter.
אַכְשָׁף		n. l. Achschaf.
אַל	(IQST)	nicht; *I Sam 27,10* l. אָן o. אֶל־מִי.
אֶל	(IQST)	nach - hin, auf - zu, gegen, im Hinblick auf; an, auf; *oft für* עַל; c. *anderen prp*. אֶל־אַחֲרֵי hinter; אֶל־בֵּין zwischen, unter; אֶל־מִבֵּית ל innerhalb, hinter; אֶל־מִחוּץ ל vor; אֶל־מוּל außerhalb, draußen; אֶל־פְּנֵי vor, gegenüber; אֶל־תּוֹךְ innerhalb, inmitten von; אֶל־תַּחַת unter, unterhalb von.
אֵל I	(QS)	Macht.

אֵל II	(IQS)	Gottheit, Gott, El.
אֵל III		st. cs. von אַיִל.
אֵלָא	(I)	n. pr. m. Ela.
[אלאמר]	(I)	n. pr. m.
[אלבא]	(I)	n. pr. m.
אֶלְגָּבִישׁ	(Q)	Eiskörner, Hagel.
אַלְגוּמִּים		l. אַלְמֻגִּים.
אֶלְדָּד		n. pr. m. Eldad.
אֶלְדָּעָה		n. pr. m. Eldaa.
אלה I	(Q)	q fluchen. hi verfluchen, unter Fluch stellen (bedingte Verfluchung).
אלה II		q wehklagen.
אלה III		q unfähig sein.
אָלָה	(QS)	Fluch, Verfluchung; Selbstverfluchung als Gottesurteil; v. Fluch, der mit einem Eid verbunden ist.
אַלָה		großer Baum.
[אלה]	(Q)	nur, außer.
אֵלָה I		großer Baum.
אֵלָה II		n. pr. m. u. n. l. Ela.
אֵלֶּה	(IQS)	Demonstrativpronomen pl. c. → זֶה u. → זֹאת diese, daneben auch neutr. dies, das, solches; הָאֵלֶּה jene; בָּאֵלֶּה auf diese Weise; עַד־אֵלֶּה auch dann; עַל־אֵלֶּה deswegen; אֵלֶּה ... אֵלֶּה diese ... jene.
[אלהות]	(Q)	Gottheit.
אֱלֹהִים	(IQST)	Gott, Götter; בְּנֵי־הָאֱלֹהִים Göttersöhne > Gottessöhne > die Engel; אִישׁ אֱלֹהִים Gottesmann, Prophet.
אִלוּ		wenn beim Irrealis.
[אלו]	(QS)	diese.
[אלוא]	(Q)	Aloe.
אֱלוֹהַּ	(IQS)	Gott.
אֱלוּל	(Q)	Elul (Monatsname, August/September).
[אלולי]	(Q)	wenn nicht → אִלוּ.

אַלּוֹן I	(Q)	großer Baum.
אַלּוֹן II		n. pr. m. Allon.
אֵלוֹן		→ אֵילוֹן.
אַלּוּף I	(S)	zutraulich; *subst.* Vertrauter; *Ps 144,14; Sir 38,25* (zahmes) Rind.
אַלּוּף II		Stammeshaupt, Häuptling.
אָלוּשׁ		n. l. Alusch.
אֵלוֹת		→ אֵילַת.
אֶלְזָבָד		n. pr. m. Elsabad.
[אלזכר]	(I)	n. pr. m.
אלח		*ni* verdorben sein.
אֶלְחָנָן	(I)	n. pr. m. Elhanan.
אֱלִי		→ אוּלַי.
אֱלִיאָב		n. pr. m. Eliab.
אֱלִיאֵל		n. pr. m. Eliël.
[אליאר]	(I)	n. pr. m.
אֱלִיאָתָה		n. pr. m. Eliata.
[אליבר]	(I)	n. pr. m.
אֱלִידָד		n. pr. m. Elidad.
אֶלְיָדָע		n. pr. m. Eljada.
אַלְיָה	(Q)	Fettschwanz (*des Schafes*).
אֵלִיָּה(וּ)	(IS)	n. pr. m. Elia, Elijahu.
אֱלִיהוּ		n. pr. m. Elihu.
[אליהו]	(I)	n. pr.
אֱלִיהוּא, אלהוא	(I)	n. pr. m. Elihu.
אֶלְיְהוֹעֵינַי		n. pr. m. Eljehoënai.
[אליו]	(S)	*Sir 51,24* an diesem und jenem → אֵלֶּה.
אֶלְיוֹעֵינַי		n. pr. m. Eljoënai.
אֶלְיַחְבָּא		n. pr. m. Eljachba.
אֱלִיחֹרֶף		n. pr. m. Elihoref.
אֱלִיל	(QS)	Nichtigkeit; *i. Gen. qual.* nichtig, bedeutungslos; Götze, Abgott, Nichts.
אֱלִימֶלֶךְ		n. pr. m. Elimelech.
אֶלְיָסָף		n. pr. m. Eljasaf.
אֱלִיעֶזֶר	(Q)	n. pr. m. Eliëser.

אֱלִיעָם	(I)	n. pr. m. Eliam.
אֶלְיעֵנַי		n. pr. m. Eliënai.
אֱלִיפַז		n. pr. m. Elifas.
אֱלִיפָל		n. pr. m. Elifal.
אֱלִיפְלֵהוּ		n. pr. m. Elifelehu.
אֱלִיפֶלֶט	(I)	n. pr. m. Elifelet.
אֱלִיצוּר	(I)	n. pr. m. Elizur.
אֱלִיצָפָן		n. pr. m. Elizafan.
אֱלִיקָא		n. pr. m. Elika.
אֶלְיָקִים	(I)	n. pr. m. Eljakim.
[אליקם]	(I)	n. pr. m.
[אלירב]	(I)	n. pr.
[אלירם]	(I)	→ אלרם.
אלישב	(I)	→ אֶלְיָשִׁיב.
אֱלִישֶׁבַע		n. pr. f. Elischeba.
אֱלִישָׁה		n. pr. m. Elischa.
אֱלִישׁוּעַ		n. pr. m. Elischua.
אֶלְיָשִׁיב	(IQ)	n. pr. m. Eljaschib.
אֱלִישָׁמָע	(I)	n. pr. m. Elischama.
אֱלִישָׁע	(IQS)	n. pr. m. Elisa.
אֱלִישָׁפָט		n. pr. m. Elischafat.
אֶלְיָתָה		n. pr. m. Elijata.
[אלכסא]	(Q)	n. pr. m.
אֱלָל*		→ אֱלִיל.
אַלְלַי		Mi 7,1; Hi 10,15 Interj. c. לִי wehe mir!
אלם	(Q)	pi binden (Garben).
		ni gebunden, stumm werden/sein.
אֵלָם*		→ אֵילָם.
אֵלֶם		Verstummen? Stille? l. אֵלֶם (Ps 56,1 große Bäume; Ps 58,2 Götter).
אִלֵּם	(Q)	stumm.
אֻלָם		→ אוּלָם I.
[אלמא]	(Q)	n. pr. m.
אַלְמֻגִּים		Almuggimholz (Holzart des Libanon).
אֲלֻמָּה*	(Q)	Garbe.

אֶלְמוֹדָד		n. pr. m. Almodad.
אַלַּמֶּלֶךְ		n. l. Alammelech.
אַלְמָן		Witwer o. adj. verwitwet.
אַלְמֹן		Witwenstand.
אַלְמָנָה	(QS)	Witwe; pl. auch Witwenstand.
אַלְמָנוּת*	(Q)	Witwenstand.
אַלְמֹנִי		ein bestimmter, ein gewisser.
[אלמתן]	(I)	n. l.
אֵלֹנִי		n. gent. Eloniter.
אֶלְנַעַם		n. pr. m. Elnaam.
אֶלְנָתָן	(I)	n. pr. m. Elnatan.
[אלסמך]	(I)	n. pr. m.
[אלסמכי]	(I)	n. pr. m.
אֶלָּסָר		n. l. Ellasar, Larsa.
אֶלְעָד		n. pr. m. Elad.
אֶלְעָדָה	(I)	n. pr. m. Elada.
אֶלְעוּזַי		n. pr. m. Elusai.
[אלעז]	(I)	n. pr. m.
אֶלְעָזָר	(IQS)	n. pr. m. Elasar.
אֶלְעָלֵא, אֶלְעָלֵה		n. l. Eleale.
[אלעש]	(I)	n. pr. m.
אֶלְעָשָׂה		n. pr. m. Eleasa.
[אלף]	(Q)	Alef.
אלף I		q kennenlernen. pi (aram.) lehren, belehren.
אלף II	(I)	hi sich tausendfach mehren.
אֶלֶף* I	(S)	Rind.
אֶלֶף II	(IQS)	tausend; Tausendschaft > Sippe, Stamm, Gau; du. 2000; pl. Tausende; größerer Verband, milit. Tausendschaft; geogr.-polit. Ortsverband.
אֶלֶף III		n. l. Elef.
אֶלְפַּעַל*		n. pr. m. Elpaal.
אֶלְפֶּלֶט*	(I)	→ אֱלִיפֶלֶט.
אלץ		pi bedrängen.
אֶלְצָפָן		n. pr. m. Elzafan.

[אֶלְצָר]	(I)	n. pr.
אַלְקוּם		Aufgebot? (Prov 30,31; corr.).
אֶלְקָנָה		n. pr. m. Elkana.
אֶלְקֹשִׁי		n. gent. Elkoschiter.
[אֶלְרָם]	(I)	n. pr. m.
[אֶלְשָׁגֻב]	(I)	n. pr. f.
אֶלְתּוֹלַד		n. l. Eltolad.
אֶלְתְּקֵא, אֶלְתְּקֵה		n. l. Elteke.
אֶלְתְּקֹן		n. l. Eltekon.
אֵם	(QST)	Mutter (auch im weitesten Sinn: Großmutter, Familienmutter, Stiefmutter); Ez 21,26 אֵם הַדֶּרֶךְ Scheideweg.
אִם	(IQST)	wenn, wenn auch, ach wenn doch, wann, als; ob; אִם ... הֲ ob ... oder; אִם ... אִם sei es ... sei es; אִם *leitet einen negativ zu übersetzenden,* אִם לֹא *einen positiv zu übersetzenden Schwursatz ein.* אִם כִּי außer wenn; vielmehr; außer; sondern.
אָמָה	(IQ)	Sklavin; Nebenfrau; Magd.
אָמָה*		→ אֵימָה.
אַמָּה I	(IQ)	Jes 6,4 Zapfen des Türflügels; II Sam 8,1 מֶתֶג הָאַמָּה uns., viell. n. l.
אַמָּה II	(Q)	Elle.
[אמה III]	(Q)	n. f. Röhre, Kanal, Leitung.
אַמָּה III		n. l. Amma.
אֻמָּה	(Q)	Volk, Stamm.
אָמוֹן I		Handwerker(in); Liebling, Vertraute; Jer 52,15 Vielheit, Menge.
אָמוֹן II		n. pr. m. u. n. d. Amon (auch Name eines ägypt. Gottes).
אָמוּן*	(QS)	treu, zuverlässig.
אֱמוּנָה	(QS)	Festigkeit, Zuverlässigkeit, Treue; pl. Treuerweise; Redlichkeit.
אָמוֹץ, אמץ	(IQ)	n. pr. m. Amoz.
[אמורה]	(S)	gesprochen.
אֲמוֹת		l. מֵאוֹת (Ez 42,16).

אֲמִי		n. pr. m. Ami.
[אֲמִיָּה]	(I)	n. pr. f.
אֲמִילָם		Ps 118, 10-12 → מוּל II hi.
אֵמִים		→ אֵימִים.
אֲמִינוֹן		n. pr. m. Aminon.
אַמִּיץ	(QS)	stark.
אָמִיר		Ast, Zweig.
אמל		pul vertrocknen, verwelken; dahinschwinden.
אָמֵל		schmachtend?
[אֲמַלְיוֹס]	(Q)	n. pr. m.
[אֲמַלֵל]	(Q)	pul verwelken.
אֲמֵלָל*		hinfällig, elend.
אֻמְלַל	(Q)	hinfällig, schwach.
אָמָם	(I)	n. l. Amam.
אמן	(QST)	q → אֹמֵן; pt. pass. Thr 4,5 gestützt, getragen. ni fest, sicher sein; dauerhaft, beständig sein; zuverlässig, treu sein o. sich so erweisen; als wahr befunden werden; eine Vertrauensstellung erhalten; getragen, gewartet werden. pi gründen. hi trauen; abs. glauben, vertrauen; jmd. o. etw. für glaubwürdig bzw. vertrauenswürdig halten, glauben, trauen mit לְ; sicher sein; glauben, meinen mit כִּי u. pf.; Hi 39,24 stillhalten. ho betraut, ermächtigt werden.
אָמָּן		Handwerker, Künstler.
אָמֵן	(IQ)	fest, sicher; zuverlässig; adv., Zustimmungspartikel wahrlich!, gewiß!
אֹמֶן	(QS)	Zuverlässigkeit, Treue.
אֹמֶן		Zuverlässigkeit, Wahrheit, Treue.
אֹמֵן		Erzieher, Pfleger; f. Amme.
אָמְנָה I		in Wahrheit, wirklich.
אָמְנָה II		Erziehung, Pflege.
אֲמָנָה I	(Q)	feste Abmachung.
אֲמָנָה II		n. l. u. n. fl. Amana.
אֲמֶנָה		→ אֱמוּנָה.

אָמְנָה*		II Reg 18,16 Tragendes, *herk.* Türpfosten.
אַמְנוֹן		*n. pr. m.* Amnon.
אָמְנָם		gewiss, wirklich.
אֻמְנָם		gewiss, *immer mit* הַ *interr.* הַאֻמְנָם wirklich?
אַמְנֹן		→ אַמְנוֹן.
אמץ	(IQS)	*q* stark sein. *pi* stärken; heranwachsen lassen, großziehen; II Chr 24,13 instand setzen; *übertr. c.* לֵב verhärten, verstocken. *hi* stark, unverzagt sein, sich stark erweisen. *hitp* sich als stark erweisen; Rut 1,18 fest entschlossen sein.
אָמֹץ		graugelb; fleischfarben, gescheckt.
אַמִּץ		→ אַמִּיץ.
אֹמֶץ	(QS)	Stärke, Kraft.
אַמְצָה		Kraft, Stärke.
אַמְצִי		*n. pr. m.* Amzi.
אֲמַצְיָה(וּ)		*n. pr. m.* Amazja(hu).
[אמצע]	(Q)	Mitte.
אמר I	(IQST)	*q* sagen, sprechen; nennen; אָמַר בְּלִבּוֹ innerlich sagen, denken, nachdenken, sinnen; לֵאמֹר um zu sagen, indem er/sie sagte, mit den Worten, das heißt. *ni* gesagt, gesprochen werden; man sagt; versprechen lassen. *hi* erklären lassen.
אמר II		*hitp* sich groß machen.
אֹמֶר*		Spruch, Wort.
אִמֵּר I	(Q)	*n. pr. m., n. l.?* Immer.
אֹמֶר	(QS)	Spruch, Kunde.
אִמְרָה, אֶמְרָה*	(QS)	Wort, Ausspruch.
אֱמֹרִי	(Q)	*n. gent.* Amoriter.
אִמְרִי		*n. pr. m.* Imri.
אמריו, אֲמַרְיָה(וּ)	(I)	*n. pr. m.* Amarja(hu).
אַמְרָפֶל		*n. pr. m.* Amrafel.
אֶמֶשׁ	(IQ)	gestern abend.

אֱמֶת	(QST)	Zuverlässigkeit; Beständigkeit, Dauer; Treue; Wahrheit; wahr; wirklich.
אַמְתַּחַת*		Sack, Ladung, Last.
אֲמִתַּי		n. pr. m. Amittai.
אָן		wo?, wohin?; מֵאָן woher?; עַד־אָן wie lange?
אן		→ אוֹן.
אָנָּא, אָנָּה	(Q)	Interj.: ach doch.
אנה I		q klagen.
אנה II	(S)	pi jmd. etw. zustoßen lassen. pu begegnen, widerfahren. hitp Gelegenheit (zum Streit) suchen.
אָנָה, אָנֶה	(Q)	wo?, wo(hin)?; temp. עַד־אָ׳ wie lange?
אֲנֶה*	(Q)	Trauerzeit, Trauer.
אָנוּ	(Q)	comm. pl. prn.: wir.
אָנוּשׁ	(Q)	unheilbar; heillos, unheilvoll.
אֱנוֹשׁ I	(QS)	Menschen, Mensch (als Gattungsbegriff); jedermann.
אֱנוֹשׁ II	(S)	n. pr. m. Enosch.
אנח	(QS)	ni seufzen, stöhnen. hitp seufzen.
אֲנָחָה	(QS)	Seufzen, Stöhnen.
אֲנַחְנוּ	(Q)	comm. pl. prn.: wir.
אֲנָחֲרַת		n. l. Anaharat.
[אני]	(I)	n. pr. m.
אֲנִי	(IQST)	comm. sg. prn.: ich.
אֳנִי	(Q)	Flotte (coll.).
אֲנִיָּה		Trauer, Klage.
אֳנִיָּה	(Q)	(einzelnes) Schiff.
[אניהו]	(I)	n. pr. m.
[אנין]	(Q)	Klagen, Seufen.
אֲנִיעָם		n. pr. m. Aniam.
אֲנָךְ		Senkblei.
אָנֹכִי	(IQ)	comm. sg. prn.: ich.
אנן	(S)	hitpo klagen.

אנס	(QS)	q nötigen. ni belästigt werden.
אנף	(QS)	q zürnen. hitp zürnen.
אֲנָפָה	(Q)	Vogelgattung der Reiher.
אנק	(Q)	q stöhnen. ni stöhnen.
אֲנָקָה I	(QS)	Stöhnen.
אֲנָקָה II		Eidechsenart: Gecko?
אנש I	(Q)	ni erkranken.
[אנש II]	(S)	Krankheit.
[אנתיכוס]	(Q)	n. pr. m.
אָסָא		n. pr. m. Asa.
אָסוּךְ		kleiner Krug.
אָסוֹן	(S)	Unfall (oft tödlich).
אָסוּר	(S)	Fessel, בֵּית הָאֵסוּר Gefängnis.
[אסטאן]	(Q)	Portikus, Begräbnisfeld?
אָסִיף	(IQ)	Einsammeln, Lese.
אָסִיר	(Q)	Gefangener.
אַסִּיר I		Gefangener.
אַסִּיר II		n. pr. m. Assir.
[*אסם]	(I)	speichern.
*אָסָם	(IQ)	Vorrat; Vorratskammer, Speicher.
אַסְנָה		n. pr. m. Asna.
אָסְנַת		n. pr. f. Asenat.
אסף	(IQS)	q sammeln, einsammeln, versammeln, zu seinen Väter versammeln, übertr. bestatten; auf-, wegnehmen; Jes 58,8 den Zug beschließen. ni sich versammeln; eingesammelt werden; weggenommen werden, verschwinden. pi (ein)sammeln: ernten, Nachlese halten; c. הַבַּיְתָה bei sich aufnehmen, Unterkunft gewähren; einen Zug beschließen, die Nachhut bilden. pu eingesammelt, weggenommen werden. hitp sich versammeln.
אָסָף	(I)	n. pr. m. Asaf.
[אספף]	(Q)	Schwelle.

אָסֹף		→ אָסִיף.
אֹסֶף*	(Q)	Vorrat; Magazin(e).
אֹסֶף	(I)	Einsammeln, Obstlese.
אֲסֵפָה		Einkerkerung.
אֲסֻפָּה*		Sammlung.
[אספ(י)]	(I)	n. pr. m.
אֲסַפְסֻף*	(Q)	Gesindel, hergelaufenes Volk.
אַסְפָּתָא		n. pr. m. Aspata.
אָסֹק		impf. q. von סלק.
אסר	(Q)	q fesseln, binden, anspannen; Num 30,3ff. sich auferlegen; c. מִלְחָמָה den Kampf beginnen. q pass. gefangen genommen werden. ni gefesselt werden. pu → q pass.
אָסֻר		→ אַסִּיר I.
אִסָּר	(Q)	Enthaltungsgelübde.
אֵסַר חַדֹּן, אֵסַר־חַדֹּן		n. pr. m. Asarhaddon.
אֶסְתֵּר		n. pr. f. Ester.
[אסתר]	(Q)	f. Stater (Münze hohen Wertes).
אַף I	(QST)	auch, noch, sogar, ja, fürwahr; vielmehr; אַף כִּי selbst wenn, ja sogar, wieviel mehr, wieviel weniger, geschweige denn. אַף־אָמְנָם ja wahrlich, הַאַף־אָמְנָם sollte denn wirklich? אַף בַּל noch gar nicht, אַף כִּי ja wenn; sollte ... wirklich?
אַף II	(QS)	Nase; Zorn; du. Nasenlöcher, Nase; auch Gesicht.
אפד	(Q)	q jmd. etw. (ein Kleidungsstück) anlegen.
אֵפֹד I		→ אֵפוֹד.
אֵפֹד II		n. pr. m. Efod.
אֲפֻדָּה	(Q)	Überzug.
אַפֶּדֶן*		Palast.
אפה	(I)	q backen. ni gebacken werden.
אֵפָה		→ אֵיפָה.
אֹפֶה		Bäcker.
אֵפוֹ, אֵפוֹא	(Q)	denn, also; אֵפוֹא אַיֵּה wo denn? מַה־לָּךְ אֵפוֹא was hast du denn? אִם־כֵּן אֵפוֹ זֹאת עֲשׂוּ muss es

		denn sein, so tut dieses; *rhet.* וְאִם־לֹא אֵפוֹ ist es denn nicht so?
אֵפוֹד	(QS)	Efod (*Priestergewand, Kultgegenstand, Orakelgerät*).
[אֲפוּרָה]	(Q)	Amphore.
אֲפִיחַ		*n. pr. m.* Afiach.
אָפִיל*		spätzeitig.
אַפַּיִם		*n. pr. m.* Appajim.
אָפִיק* I	(QS)	Flussbett, Rinne; *Hi* 40,18 Röhre; *Hi* 41,7 Rille.
אָפִיק* II		stark.
אָפִיק		*n. l.* Afik.
אוֹפִיר	(I)	*n. terr. I Reg* 10,11 Ofir; → *auch* אוֹפִיר.
אָפֵל		*adj.* dunkel; *viell. n.*: Dunkelheit, Finsternis.
אֹפֶל	(Q)	Dunkel; Dunkelheit, Finsternis.
אֲפֵלָה	(Q)	Dunkel; Dunkelheit, Finsternis.
[אפלי]	(I)	*n. pr. m.*
אֶפְלָל		*n. pr. m.* Eflal.
אֹפֶן*	(S)	passend.
אפס	(QS)	*q* aufhören, ein Ende haben, zu Ende, nicht mehr da sein.
אֶפֶס	(QS)	Ende, Nichtsein, Nichts; nicht mehr, nicht, nur; אֶפֶס כִּי nur dass, aber, jedoch.
אֹפֶס*		Fußgelenk, -knöchel.
אֶפֶס דַּמִּים		*n. l.* Efes-Dammim.
אָפַע*		*l.* אֶפֶס (*Jes* 41,24).
אֶפְעֶה I	(Q)	Schlangenart?
[אפעה II]	(Q)	Nichts?
אפף	(Q)	*q* umgeben.
[אפצח]	(I)	*n. pr.*
[אפף]	(Q)	*q* umgeben.
אפק	(QS)	*hitp* sich stark machen, sich zusammennehmen, wagen.
אֲפֵק		*n. l.* Afek.
אֲפֵקָה		*n. l.* Afeka.
אֵפֶר		Binde.

אֵפֶר	(QS)	f. lockere Erde, Staub; Asche.
אפר	(I)	n. l. → אוֹפִיר.
[אפרח]	(I)	n. pr. m.
אֶפְרֹחַ*	(Q)	junge Vögel, Brut.
אַפִּרְיוֹן		Tragsessel, Sänfte.
אֶפְרַיִם	(QS)	n. pr. m., n. gent., n. terr., n. l. Efraïm.
אֶפְרָת		n. pr. f. Efrat.
אֶפְרָתָה		n. l., n. pr. f. Efrata.
אֶפְרָתִי		n. gent. Efratiter.
אֶצְבּוֹן, אֶצְבֹּן		n. pr. m. Ezbon.
אֶצְבַּע	(Q)	f. Finger; Zehe.
אָצִיל* I	(Q)	entlegener Teil, angrenzender Bereich.
אָצִיל II		vornehm, edel.
[אציל III]	(S)	Gelenk, Ellbogen.
אַצִּיל, אַצִּילָה*	(S)	Jer 38,12 אַצִּילוֹת יָדַיִם Achselhöhle; Ez 13,18 אַצִּילֵי יָדָיִם (Hand-)Gelenk; הטה אציל Ellenbogen aufstützen; Ez 41,8 Winkelmaß, im Seitenmaß; in Terrassenhöhe.
אצל	(S)	q auf die Seite tun, wegnehmen; mit מִן versagen. ni verkürzt, eingezogen sein (bautechnisch); vermindert sein.
אָצַל		Sach 14,5 text. corr., n.pr. m. Azel.
אֵצֶל*	(QS)	Seite; neben.
אֲצַלְיָהוּ	(I)	n. pr. m. Azaljahu.
אֹצֶם		n. pr. m. Ozem.
אֶצְעָדָה		Schrittkettchen; Armspange.
אצר	(I)	q anhäufen. ni angehäuft werden. hi Neh 13,13 וָאוֹצְרָה עַל־אוֹצָרוֹת und ich bestellte zu Schatzmeistern.
אֶצֶר		n. pr. m. Ezer.
[אצרה]	(Q)	Schatz.
אֶקְדָּח		Edelstein: Beryll?
אַקּוֹ		Wildziege.
אר		l. יְאֹר (Am 8,8).
אֲרָא	(I)	n. pr. m. Ara.

אֲרִיאֵל		→ אֲרִיאֵל I.
אֲרִאֵל		→ אֲרִיאֵל II.
אַרְאֵלִי		n. pr. m. Areli; n. gent. Areliter.
אֶרְאֶלָּם		l. אֲרִאֵלִים (Jes 33,7) Leute aus Ariël.
ארב	(QS)	q im Hinterhalt liegen, auflauern. pi pt. pl. Wegelagerer, Leute im Hinterhalt. hi einen Hinterhalt legen.
אֲרָב		n. l. Arab.
אֶרֶב*	(Q)	Hinterhalt, Schlupfwinkel.
אֹרֶב*		Hinterhalt.
אֹרֶב		Hinterhalt.
אַרְבֵּאל		→ בֵּית אַרְבֵּאל.
אָרְבָּה*		Können?; Machenschaften? < Ränkespieler?
אֲרֻבָּה	(Q)	Öffnung, Fenster, Luke.
אַרְבֶּה	(QS)	Wanderheuschrecke.
אֲרֻבּוֹת		n. l. Arubbot.
אַרְבִּי		n. gent. Arbiter.
אַרְבַּע I	(IQST)	vier; du. vierfach; pl. vierzig.
אַרְבַּע II		n. pr. m. Arba.
[ארבעה]	(S)	vier.
ארג	(QS)	q weben.
אֶרֶג		Weberschiffchen.
אַרְגֹּב		n. terr. Argob; II Reg 15,25 n. pr. m.?
אַרְגְּוָן		II Chr 2,6 → אַרְגָּמָן.
אַרְגָּז		Behälter, Sack.
אַרְגָּמָן	(QS)	mit rotem Purpur gefärbte Wolle.
אַרְדְּ		n. pr. m. Ard.
אַרְדּוֹן		n. pr. m. Ardon.
אַרְדִּי		n. gent. Arditer.
אֲרִידַי		n. pr. m. Aridai.
ארה		q pflücken, sammeln.
אֹרָה		→ אוֹרָה II.
אַרְוַד		n. l. Arwad (Insel und Stadt).
אֲרוֹד		n. pr. m. Arod.
אַרְוָדִי		n. gent. Arwaditer.

אֲרוֹדִי		n. pr. m. Arodi; n. gent. Aroditer.
אָרְוָה*		Stallung.
אָרוּז*		fest.
אֲרוּכָה		Heilung; Ausbesserung (bautechnisch).
ארומה		II Reg 16,6 l. Qere אֲדוֹמִים → אֲדוֹמִי.
אֲרוּמָה		n. l. Aruma.
אָרוֹן	(IQ)	Kasten, Lade; Gen 50,26 Sarg.
אֲרַוְנָה		n. pr. m. Arauna.
אֶרֶז	(QS)	Zeder.
אַרְזָה		Zederngetäfel.
ארח	(QS)	q unterwegs sein, wandern; pt. Reisender.
אָרַח		n. pr. m. Arach.
אֹרַח	(QST)	Weg, Pfad (auch im weitesten Sinn als Verhalten und metaphorisch).
אֲרֻחָה		Unterhalt, Wegzehrung, Portion.
אֹרְחָה*		Karawane.
אֲרִי	(QS)	Löwe.
אֲרִי		→ אוּרִי.
אֲרִיאֵל I		n. pr. m. Ariël.
אֲרִיאֵל II		Opferherd > Name für Jerusalem.
אֲרִידָתָא		n. pr. m. Aridata.
אַרְיֵה I	(S)	Löwe.
אַרְיֵה II		II Reg 15,25 uns.
אַרְיָה*		→ אָרְוָה*.
[אריו]	(I)	n. pr.
אַרְיוֹךְ		n. pr. m. Arjoch.
[אריח]	(Q)	Halbziegel.
אָרִים		pl. von אוּר I.
[אריסטבולוס]	(Q)	n. pr. m.
אֲרִיסַי		n. pr. m. Arisai.
ארך	(QS)	q lang sein/werden. hi lang machen, verlängern; lang sein/dauern.
אָרֵךְ*	(I)	lang; אֶרֶךְ אַפַּיִם langmütig.
אָרֹךְ, אָרוֹךְ*	(QS)	lang, langdauernd.
אֶרֶךְ		n. l. Erech, Uruk.

אֶרֶךְ	(QST)	Länge; אֶרֶךְ אַפַּיִם Geduld, Langmut.
אֲרָכָה		→ אֲרוּכָה.
אַרְכִּי		n. gent. Arkiter.
אֲרָם	(Q)	n. pr. m., n. terr. Aram.
אֲרַם נַהֲרַיִם		n. terr. Aram-Naharajim (Gebiet am mittleren Eufrat).
אַרְמוֹן	(Q)	befestigtes Haus, Wohnturm, Palast.
אֲרַמִּי		n. gent. Aramäer.
אֲרָמִית*		auf aramäisch.
[ארמל]	(Q)	hitp Witwe werden.
[ארמלות]	(Q)	Witwenschaft.
אַרְמֹנִי		n. pr. m. Armoni.
אֲרָן		n. pr. m. Aran.
אֹרֶן I		Lorbeer.
אֹרֶן II		n. pr. m. Oren.
אַרְנֶבֶת		Hase.
אַרְנוֹן		n. fl. Arnon.
אֲרַנְיָה		l. אֲרַוְנָה.
אָרְנָן		n. pr. Ornan.
אַרְנָן		n. pr. Arnan.
אַרְנֻן		→ אַרְנוֹן.
[ארעיבות]	(Q)	Wachholder.
אַרְפָּד		n. l. Arpad.
אַרְפַּכְשַׁד	(Q)	n. pr. m. Arpachschad.
אֶרֶץ	(IQS)	Erde, Land, Grundstück, Boden, Erdboden.
אַרְצָא		n. pr. m. Arza.
[ארצטון]	(Q)	n. pr. m.
ארר	(IQ)	q verfluchen. ni verflucht werden. pi verfluchen, Fluch wirken. ho mit einem Fluch belegt sein.
[אררה]	(Q)	f. Fluch.
אֲרָרַט		n. terr. Ararat.
אֲרָרִי*		n. gent. Arariter.

ארשׂ	(Q)	*pi* sich verloben.
		pu verlobt sein.
[ארשׁ]	(Q)	*q* begehren.
אֲרֶשֶׁת		Verlangen, Begehren.
אֹרַת		→ אוֹרָה.
אַרְתַּחְשַׁסְתְּא, אַרְתַּחְשַׁשְׂתְּא		*n. pr. m.* Artaxerxes.
[אשחר]	(*I*)	*n. pr.*
אֲשַׂרְאֵל		*n. pr. m.* Asarel.
אֲשַׂרְאֵלָה		*n. pr. m.* Asarela.
אַשְׂרִאֵלִי		*n. gent.* Asriëliter.
אַשְׂרִיאֵל		*n. pr. m.* Asriël.
אֵשׁ	(QS)	*f.* Feuer; *übertr.* Glanz, Schimmer.
אֵשׁ		Vorhandensein; es gibt.
[אשא]	(*I*)	*n. pr. m.*
אַשְׁבֵּל		*n. pr. m.* Aschbel.
אַשְׁבֵּלִי		*n. gent.* Aschbeliter.
אֶשְׁבָּן		*n. pr. m.* Eschban.
אַשְׁבֵּעַ		*n. pr. m.* Aschbea.
אֶשְׁבַּעַל		*n. pr. m.* Ischbaal.
אֶשֶׁד*		(Ab)hang.
אַשְׁדּוֹד		*n. l.* Asdod.
אַשְׁדּוֹדִי		*n. gent.* Asdoditer.
אַשְׁדּוֹדִית		auf asdodisch.
אֶשְׁדָּת		Dtn 33,2 *text. corr. l.* אֵשׁ דָּת ein Feuer des Gesetzes.
אָשָׁה		Jer 6,29 *text. corr.*
אִשָּׁה	(IQS)	Frau; jede.
אִשֶּׁה	(QS)	Feueropfer, Opfer.
[אשוח]	(QS)	Zisterne.
אשויה*		*l. Qere* (Jer 50,15) → אָשְׁיָה.
אֵשׁוּן		Prov 20,20 *cj.* Anfang, Beginn, Zeit(anbruch).
אַשּׁוּר	(QS)	*n. pr. m. u. n. fl.* Assur; *n. gent.* Assyrer; *n. terr.* Assyrien.
אֲשׁוּרִי		*n. gent.* Aschuriter.

אֲשׁוּרִים		n. gent. Aschuriter.
אַשְׁחוּר	(I)	n. pr. m. Aschhur.
אֲשִׁיָה*		Turm.
[אשיהו]	(I)	n. pr. m.
[אשיח]	(QS)	→ אשוח.
אֲשִׁימָא		n. pr. f. Aschima.
אֲשֵׁירָה		→ אֲשֵׁרָה.
אָשִׁישׁ*	(Q)	Erwachsener, Mann.
אֲשִׁישָׁה		Traubenkuchen (aus getrockneten, zusammenge-pressten Trauben).
[אשישים]	(Q)	Männer.
אֶשֶׁךְ*		Hode.
אֶשְׁכּוֹל, אֶשְׁכֹּל I	(IQ)	Traube.
אֶשְׁכּוֹל, אֶשְׁכֹּל II	(Q)	n. pr. m., n. l. Eschkol.
אַשְׁכְּנַז, אַשְׁכֲּנַז		n. pr. m., n. gent. Aschkenas.
אֶשְׁכָּר		Abgabe, Tribut.
אֵשֶׁל		Tamariske.
[אשם]	(QS)	q sich verschulden, Schuld büßen. ni zugrunde gehen. hi büßen lassen.
אָשָׁם	(IQ)	Verschuldung, Schuldbetrag, Schuldopfer, Sühnegabe, Entschädigung.
אָשֵׁם	(Q)	schuldbeladen.
אַשְׁמָה	(QS)	Verschuldung, Schuld.
[אשמור]	(Q)	Nachtwache.
אַשְׁמוּרָה	(QS)	Wache, Nachtwache.
אַשְׁמַנִּים*		Jes 59,10 gesund?
אַשְׁמֹרֶת	(QS)	Nachtwache.
[אשנא]	(I)	n. pr. m.
אֶשְׁנָב	(S)	Fenster, Fenstergitter.
אַשְׁנָה		n. l. Aschna.
אֶשְׁעָן		n. l. Eschan.
אַשָּׁף		Beschwörer.
אַשְׁפָּה	(IQ)	Köcher.
אַשְׁפּוֹת	(Q)	→ אַשְׁפֹּת.

אַשְׁפְּנַז		n. pr. m. Aschpenas.
אֶשְׁפָּר		Dattelkuchen.
אַשְׁפֹּת	(Q)	Aschengrube; Abfallhaufen.
אַשְׁקְלוֹן	(Q)	n. l. Askalon.
אֶשְׁקְלוֹנִי		n. gent. Askaloniter.
אשׁר I	(S)	q einhergehen. pi einhergehen; führen, zurechtweisen. pu geführt werden.
אשׁר II	(QS)	pi glücklich preisen. pu glücklich gepriesen werden.
[אשׁר]	(S)	Ort.
אָשֵׁר	(Q)	n. pr. m., n. gent. Asser.
אֲשֶׁר	(IQST)	Relativpartikel; Jon 1,8 לְמִי בַּאֲשֶׁר durch wen; Konjunktion dass, so dass, weil, damit, wenn, als, wie. Mit anderen prp.: בַּאֲשֶׁר da wo, das was, כַּאֲשֶׁר so wie, מֵאֲשֶׁר von wo, als das, עַל אֲשֶׁר wozu, עִם אֲשֶׁר bei wem, תַּחַת אֲשֶׁר anstatt, אֶת אֲשֶׁר wen, לַאֲשֶׁר zu denen die (Jes 49,9).
אָשֻׁר, אַשֻּׁר* I		f. Schritt.
אַשֻּׁר II		→ אַשּׁוּר.
אֹשֶׁר*	(QS)	Glück.
אֲשֵׁרָה	(IQ)	Aschere (Kultpfahl), n. d. Aschera.
[אשׁרחי]	(I)	n. pr. m.
אַשְׁרֵי, אשׁר	(QS)	glücklich! (Einleitungswort der Makarismen).
אֵשְׁרִי		n. gent. Asseriter.
אשׁשׁ		hitpo uns. l. הִתְבּוֹשָׁשׁוּ (Jes 46,8): sich ermutigen (?), Betrübnis empfinden.
אֶשֶׁת		→ אִשָּׁה.
אֶשְׁתָּאֹל, אֶשְׁתָּאוּל		n. l. Eschtaol.
אֶשְׁתָּאֻלִי		n. gent. Eschtaoliter.
אֶשְׁתּוֹן		n. pr. m. Eschton.
אֶשְׁתְּמֹה		n. l. Eschtemo.
אֶשְׁתְּמֹעַ		n. l.; n. pr. m. Eschtemoa.
אַתְּ	(Q)	f. sg. prn. du.
אַתְּ	(IQ)	→ אַתָּה.
אֵת I	(IQS)	nota accusativi.

אֵת II	(IQST)	zusammen mit, bei, neben; מֵאֵת von ... weg.
אֵת III		Pflugschar o. Erdhacke.
אֹת	(I)	→ אוֹת.
אתא	(S)	→ אתה.
אֶתְבַּעַל		n. pr. m. Etbaal.
אתה	(QS)	q kommen. hi bringen.
אַתָּה	(IQS)	m. sg. prn. du.
אָתוֹן		f. Eselin.
אַתּוּק*		l. Qere (Ez 41,15).
אַתִּי		l. Qere.
אִתַּי		n. pr. m. Ittai.
אַתִּיק		Galerie, Absatz, Stufe?
אַתֶּם	(QT)	m. pl. prn. ihr.
עֵיטָם		n. l. Etam.
אֶתְמוֹל, אֶתְמוּל, אִתְּמוֹל	(QS)	gestern, längst.
אַתֵּן, אַתֵּנָה		f. pl. prn. ihr.
אֵתָן		→ אֵיתָן.
אֶתְנָה		Geschenk.
אֶתְנִי		n. pr. m. Etni.
אֵתָנִים		→ אֵיתָן I.
[אתנם]	(Q)	Dirnenlohn.
אֶתְנָן I	(Q)	Geschenk.
אֶתְנָן II		n. pr. m. Etnan.
אֲתָרִים		n. l.? Atarim.

ב

בְּ	(IQST)	in; unter, auf, in - hinein; an, bei, mit; wegen; um, für (בְּ pretii); in Gestalt von; c. inf. als, wenn, während; בְּשֶׁלְּמִי → שֶׁ.
בָּאָה	(Q)	Eingang.
באר	(Q)	pi deutlich machen; Hab 2,2 einritzen.
בְּאֵר I	(Q)	f. Brunnen; Grube.

בְּאֵר II		n. l. Beer.
בֹּאר		→ בּוֹר.
בְּאֵר אֵילִים		n. l. Beer-Elim.
בְּאֵר לַחַי רֹאִי		n. l. Beer-Lachai-Roi.
בְּאֵר שֶׁבַע	(IQ)	n. l. Beerseba.
בְּאֶרָא		n. pr. m. Bera.
בְּאֵרָה		n. pr. m. Bera.
בְּאֵרוֹת		n. l. Berot.
בְּאֵרִי		n. pr. m. Beri.
[באֲרִים]	(I)	n. l.
בְּאֵרֹת בְּנֵי־יַעֲקָן		n. l. Berot-Bene-Jaakan.
בְּאֵרֹתִי		n. gent. Berotiter.
באש	(QS)	q verfaulen, stinken. ni sich verhasst machen. hi stinkend, verhasst machen; stinken, verhasst sein. hitp sich verhasst machen.
באש II		hi demütig handeln.
בְּאֵשׁ, בֹּאשׁ	(Q)	Gestank.
בְּאֻשׁ, בֹּאשׁ*	(Q)	unreife/faulende Beere.
בָּאְשָׁה		Taumellolch (Stinkkraut).
בַּאֲשֶׁר		weil.
בָּבָה*		בָּבַת הָעַיִן Augapfel.
בֵּבַי		n. pr. m. Bebai.
בָּבֶל	(Q)	n. l. Babel; n. terr. Babylonien.
בַּג		l. Qere (Ez 25,7).
בגד	(QS)	q treulos handeln.
[בגד]	(I)	n. pr. m.
בֶּגֶד I		Treulosigkeit.
בֶּגֶד II	(IQS)	Kleid; Decke.
בֹּגְדָה		n. f. Verrat.
בֹּגְדוֹת	(Q)	Treulosigkeit.
בָּגוֹד*		treulos.
בִּגְוַי	(Q)	n. pr. m. Bigwai.
בִּגְלַל	(QS)	wegen.

בִּגְתָא	(Q)	n. pr. m. Bigta.
בִּגְתָן, בִּגְתָנָא		n. pr. m. Bigtan, Bigtana.
בַּד I	(QS)	Teil, Stück; Stück > Lappen, Linnen; לְבַד allein, gesondert, für sich, c. מִן außer, abgesehen von; pl. Stangen, Tragstangen, Triebe.
‎*בַּד II		Geschwätz, Lüge.
בַּד III		Orakelpriester.
‎*בד IV	(Q)	Leinen.
בדא		q ersinnen.
בדד	(QS)	q einsam sein.
בְּדַד		n. pr. m. Bedad.
בָּדָד	(Q)	allein; Einsamkeit.
בְּדֵי		→ דַּי.
בְּדְיָה		n. pr. m. Bedeja.
[בדיהו, בדיו]	(I)	n. pr. m.
[בדיחבל]	(I)	n. pr. m.
בְּדִיל	(Q)	Zinn, Schlacke.
בדל	(QS)	ni sich absondern, übergehen zu; ausgesondert werden. hi voneinander trennen, scheiden, unterscheiden; aussondern, auswählen.
‎*בָּדָל		Teil, Stück, Ohrläppchen.
בְּדֹלַח		Bdellionharz.
בְּדָן I		n. pr. m. Bedan.
[בדן II]	(Q)	Form, Gestalt, Figur.
בדק		q ausbessern.
בֶּדֶק		Riss, durchlässige Stelle.
בִּדְקַר		n. pr. m. Bidkar.
בֹּהוּ	(Q)	Leere, Öde.
‎*בֹּהֶן		Daumen, große Zehe.
בַּהַט		Edelstein: Bahat.
בָּהִיר		glänzend?, verfinstert?
בהל	(Q)	ni erschreckt, bestürzt werden/sein; eilen (aram.). pi erschrecken, jmd. bestürzen; hasten (aram.). pu pt. eiligst, rasch gewonnen (aram.).

		hi erschrecken, jmd. bestürzen; sich beeilen; II Chr 26,20 eilig fortschaffen (aram.).
בֶּהָלָה	(Q)	Bestürzung, Schrecken.
בְּהֵמָה	(QS)	Vieh, Tiere; Hi 40,15 בְּהֵמוֹת „Riesentier"/ „Behemot", Flusspferd.
בֹּהַן		n. pr. m. Bohan.
בֹּהֶן*	(Q)	Daumen.
בֹּהַק		gutartiger Hautausschlag.
בהר*		hi erhellen, erleuchten.
בַּהֶרֶת		Hautfleck (Symptom einer Hautkrankheit).
בוא	(IQST)	q hineingehen, kommen; untergehen (Sonne). hi hineinführen, bringen. ho hineingeführt, gebracht werden.
בּוֹגְדִים		n. m. Betrug (nur im pl.).
בוז	(QS)	q geringschätzig behandeln, verachten.
בּוּז I	(QS)	Geringschätzung, Verachtung.
בּוּז II		n. pr. m., n. gent., n. l. Bus.
בּוּזָה		Geringschätzung, Verachtung.
בּוּזִי	(J)	n. pr. m. Busi; n. gent. Busiter.
[בוט]	(J)	n. pr. m.
בַּוַּי		n. pr. m. Bawai.
[ביש]	(Q)	zurückhaltend.
בוך	(Q)	ni aufgeregt sein, umherirren.
בּוּל I		dürres Holz.
בּוּל II		Bul (Monatsname, Oktober/November).
בּוּל III		Tribut.
בון I		→ בין.
[בון] II	(J)	n. pr. m.
בּוּנָה		n. pr. m. Buna.
בֻּנִּי		n. pr. m. Bunni.
בוס	(Q)	q zertreten, niedertreten. pol zertreten > entweihen. ho pt. zerstampft. hitpol strampeln.
[בוסר]	(Q)	unreife Weinbeere, Traube.

[בוע]	(S)	q sich freuen.
		hitp sich freuen.
[בוע]	(I)	n. pr. m.
בוּץ*		q vorauseilen.
בּוּץ		Byssus (feines, weißes Gewebe).
בּוֹצֵץ		n. l. Bozez.
בּוּקָה	(Q)	Öde, Leere.
בוּקֵר	(IQS)	→ בֹּקֶר.
בּוֹקֵר		Rinderhirt.
בוּר		q erklären, prüfen.
בַּוְר		l. Qere (Jer 6,7) Brunnen.
בּוֹר	(Q)	Zisterne, Grube; Grab; Gefängnis.
[בוּר]	(Q)	Lauterkeit, Unschuld.
בּוֹר הַסִּרָה		→ סִרָה.
בּוֹר־עָשָׁן		n. l. Bor-Aschan.
בּוּרִי		Gesundheit.
בושׁ I	(QS)	q sich schämen, beschämt sein, zuschanden werden; Esr 8,22 sich scheuen.
		hi zuschanden machen, schändlich handeln; beschämt werden, beschämt dastehen.
		hitpol sich voreinander schämen.
בושׁ II		pol zögern, verziehen.
בּוּשָׁה		Beschämung, Scham.
[בות]	(Q)	hi wohnen lassen.
בַּז	(Q)	Plünderung, Plündergut.
בזא		q fortschwemmen.
[בזא]	(Q)	Schwemmland.
בָּזָא		n. m. Hohn, Spott.
[בזא]	(I)	n. pr.?
בזה	(QS)	q geringschätzen.
		ni geringgeschätzt, verachtet werden.
		hi verächtlich machen.
בִּזָּה		Plünderung, Beute.
בזז	(Q)	q plündern, ausplündern, Beute machen.
		ni ausgeplündert werden.
		pu ausgeplündert werden.

בִּזָּיוֹן		Geringschätzung, Verachtung.
בִּזְיוֹתְיָה		l. בְּנוֹתֶיהָ (Jos 15,28).
בָּזָק		Blitz.
בֶּזֶק		n. l. Besek.
בזר	(Q)	q ausstreuen, austeilen. pi zerstreuen.
בִּזְתָא		n. pr. m. Biseta.
בַּחוּן*		n. m. Wachturm o. Belagerungsturm.
בָּחוֹן		Metallprüfer; Wachtturm.
I בָּחוּר	(QS)	junger Mann (erwachsen, kräftig, noch ledig), Krieger.
בְּחוּרוֹת*		Zeit, Alter, Stand des jungen Mannes.
בְּחוּרִים*		m. pl. Zeit, Alter, Stand des Jungen Mannes > Jugend.
בַּחִין*	(Q)	l. Qere (Jes 23,13) Belagerungsturm?
בָּחִיר*	(QS)	auserwählt.
בחל		q Ekel haben, verachten. pu l. Qere (Prov 20,21 → בהל).
בחן	(QS)	q prüfen, auf die Probe stellen. ni geprüft, auf die Probe gestellt werden. pu Ez 21,18 text. corr.
בַּחַן, בֹּחַן	(Q)	Wartturm.
בֹּחַן	(Q)	Erprobung?; אֶבֶן בֹּחַן harter Stein? (Schiefergneis?).
בחר	(QS)	q auswählen, erwählen; vorziehen; prüfen (aram.). ni erwählt, vorgezogen werden; geprüft werden (aram.); untersuchen, prüfen, läutern. pu untersuchen, prüfen, läutern; l. Qere (Koh 9,4).
בַּחֲרוּמִי		n. gent. Baharumiter.
I בְּחָרִים		→ בְּחוּרִים.
II בְּחָרִים		n. l. Bahurim.
בטא, בטה	(S)	q unbesonnen reden. pi unbesonnen reden.
בָּטוּחַ		vertrauensvoll.
בָּטֻחַ		→ בָּטוּחַ.

בטח I	(QS)	*q* sich sicher fühlen, trauen, vertrauen. *hi* Vertrauen einflößen.
בטח II		*q* niederfallen; niederlegen.
בֶּטַח I	(QS)	Sicherheit, Vertrauen; *meist adv.* sicher, sorglos.
בֶּטַח II		*n. l.* Betach.
בִּטְחָה* II		Tal.
בִּטְחָה		Vertrauen.
בִּטָּחוֹן		Vertrauen.
בַּטֻּחוֹת*		Sicherheit.
בטל	(Q)	*q* untätig sein, aufhören.
בֶּטֶן I	(QS)	Bauch, Leib, Mutterleib, Inneres; *I Reg 7,20* Ausbauchung? (*bautechnisch*).
בֶּטֶן II		*n. l.* Beten.
בָּטְנָה*		*n.* [*m.*] Pistazie.
בְּטֹנִים		*n. l.* Betonim.
בָּטְנִים*		→ בָּטְנָה.
בִּי		bitte (*zur Gesprächseröffnung*).
[בִּיאָה]	(Q)	Eingang.
[בִּיב, בִּיבָה]	(Q)	Leitung; Röhre.
[בִּיטָה]	(S)	unbedachte Rede.
בין	(QS)	*q* unterscheiden, bemerken, achtgeben, merken, verstehen, einsehen. *ni* einsichtig, kundig sein. *pol* achtgeben. *hi* unterscheiden können, Einsicht haben; zur Einsicht, Unterscheidung bringen, belehren. *hitpol* sich einsichtig verhalten, achtgeben.
[בִּין]	(Q)	Tamariske.
בֵּין*	(Q)	Zwischenraum; *st. cs. überwiegend als prp.* zwischen.
בִּין I	(Q)	*n.* [*m.*] Verstehen, Einsicht.
בִּין II		*n.* [*m.*] Fläche, Feld.
בִּינָה	(QS)	Unterscheidungsvermögen, Einsicht, Verstehen.
בֵּינָה		Innenteil.
בֵּיצָה*	(Q)	Ei.
בֵּיצִים*	(Q)	→ בֵּיצָה.

בִּירָה		Zitadelle; *I Chr 29,1.19* vom Tempel.
בִּירָנְיָה		befestigter Platz.
[בִּישׁ]	(S)	schamhaft; anständig; schicklich?
[בִּישְׁנִי]	(I)	n. gent.
בַּיִת	(IQS)	Haus, Aufenthaltsort, Inneres; Hausgemeinschaft, Familie, Besitz.
בֵּית*		*prp.* zwischen, unter.
בֵּית אָוֶן		n. l. Bet-Awen.
בֵּית אַחְצָר		n. l. Bet-Hazor.
[בֵּית אכזב]	(I)	n. l.
בֵּית(־)אֵל	(Q)	n. l. Bet-El.
בֵּית־אֵלִי		n. gent. Beteliter.
בֵּית־אֵצֶל		n. l. Bet-Ezel.
בֵּית אַרְבֵּאל		n. l. Bet-Arebel.
בֵּית אַשְׁבֵּעַ		n. l.? Bet-Aschbea.
[בית אשדתי]	(Q)	n. l.
בֵּית אֶשְׁדָּתִין		n. l. Bet-Eschdatin.
בֵּית בַּעַל מְעוֹן		n. l. Bet-Baal-Meon.
בֵּית בִּרְאִי		n. l. Bet-Biri.
בֵּית בָּרָה		n. l. Bet-Bara.
בֵּית־גָּדֵר		n. l. Bet-Gader.
בֵּית גָּמוּל		n. l. Bet-Gamul.
בֵּית דִּבְלָתַיִם		n. l. Bet-Diblatajim.
בֵּית־דָּגוֹן, בֵּית דָּגֹן		n. l. Bet-Dagon.
בֵּית הָאֱלִי		n. gent. aus Betel.
בֵּית הָאֵצֶל		n. l. Bet-Haëzel.
בֵּית הַגִּלְגָּל		n. l. Bet-Haggilgal.
בֵּית הַגָּן		n. l. Bet-Haggan.
בֵּית הַיְשִׁ(י)מֹת		n. l. Bet-Hajeschimot.
בֵּית הַכֶּרֶם		n. l. Bet-Hakkerem.
בֵּית הַלַּחְמִי		n. gent. aus Bethlehem.
בֵּית הַמֶּרְחָק		n. l. Bet-Hammarrah.
בֵּית הַמַּרְכָּבוֹת		n. l. Bet-Hammarkabot.
בֵּית הָעֵמֶק		n. l. Bet-Haëmek.

בֵּית הָעֲרָבָה		n. l. Bet-Haaraba.
בֵּית הָרָם		n. l. Bet-Haram.
בֵּית הָרָן		n. l. Bet-Haran.
[בית־הרפד]	(I)	n. l. Bet-Harafid.
בֵּית הַשִּׁטָּה		n. l. Bet-Haschitta.
בֵּית הַשִּׁמְשִׁי		n. gent. aus Bet-Schemesch.
בֵּית(־)חָגְלָה		n. l. Bet-Hogla.
בֵּית(־)ח(ו)ר(ו)ן	(IQ)	n. l. Bet-Horon.
בֵּית(־)חֹר(ו)ן	(IQ)	n. l. Bet-Horon.
בֵּית חָנָן		n. l. Bet-Hanan.
בֵּית יוֹאָב		n. l.? Bet-Joab.
בֵּית כַּר		n. l. Bet-Kar.
בֵּית לְבָאוֹת		n. l. Bet-Lebaot.
בֵּית לֶחֶם		n. l. Bethlehem.
בֵּית־לַחְמִי		n. gent. Bethlehemiter.
בֵּית לְעַפְרָה		n. l. Bet-Leafra.
בֵּית מִלּ(וֹ)א		n. l.? Bet-Millo.
בֵּית מְעוֹן		n. l. Bet-Meon.
בֵּית מַעֲכָה		n. l. Bet-Maacha.
בֵּית מַרְכָּבוֹת		n. l. Bet-Markabot.
בֵּית נִמְרָה		n. l. Bet-Nimra.
בֵּית עֵדֶן		n. l. Bet-Eden.
בֵּית עַזְמָוֶת		n. l. Bet-Asmawet.
בֵּית־עֲנוֹת		n. l. Bet-Anot.
בֵּית־עֲנָת		n. l. Bet-Anat.
בֵּית־עֵקֶד (הָרֹעִים)		n. l. Bet-Eked (-Haroïm).
בֵּית פֶּלֶט		n. l. Bet-Pelet.
בֵּית פְּעוֹר		n. l. Bet-Peor.
בֵּית פַּצֵּץ		n. l. Bet-Pazzez.
בֵּית־צוּר		n. l. Bet-Zur.
[בית צפור]	(Q)	n. l. Bet-Zippor.
בֵּית רְחוֹב		n. l. Bet-Rechob.
בֵּית־רֶכָב		→ רֵכָב.
בֵּית־רִמּוֹן		n. l. Bet-Rimmon.

בֵּית רָפָא		→ רָפָא.
בֵּית־שְׁאָן		n. l. Bet-Schean.
[בית שם]	(Q)	n. l.
בֵּית(־)שֶׁמֶשׁ		n. l. Bet-Schemesch.
בֵּית־שִׁמְשִׁי		n. gent. Bet-Schemeschiter.
בֵּית(־)שָׁן		n. l. Bet-Schan.
בֵּית תּוֹגַרְמָה		→ תּוֹגַרְמָה.
[בית תמר]	(Q)	n. l. Bet Tamar.
בֵּית־תַּפּוּחַ		n. l. Bet-Tappuach.
בִּיתָן	(S)	Palast.
בָּכָא		Bakastrauch.
בכה	(QS)	q weinen. pi beweinen.
בֶּכֶה		Weinen.
בְּכוֹר		→ בְּכֹר.
[בכורה]	(QS)	Erstgeborener.
בִּכּוּרָה		Frühfeige.
בִּכּוּרִים	(Q)	Frühfrüchte, Erstlinge.
בְּכוֹרַת		n. pr. m. Bechorat.
בָּכוּת		Weinen.
בְּכִי	(QS)	Tränen, Weinen.
[בכי]	(I)	n. pr. m.
בֹּכִים		n. l. Bochim.
בְּכִירָה*		die Ältere; erstgeborene Tochter.
בְּכִית*	(I)	Beweinung.
[בכן]	(T)	dann.
בכר	(IQ)	pi erste Früchte tragen; als Erstgeborenen behandeln. pu als Erstgeborener bestimmt sein. hi zum ersten Mal gebären.
בְּכֹר	(QS)	erstgeboren; *Umschreibung des Superlativs*.
בֶּכֶר		n. pr. m. Becher.
בֶּכֶר*		junger Kamelhengst.
בִּכְרָה		junge Kamelstute.
בֹּכְרוּ		n. pr. m. Bocheru.

בַּכְרִי		n. gent. Bachriter.
בִּכְרִי		n. pr. m., n. gent. Bichri.
בַּל I	(QS)	Abnutzung, Nichtsein > nicht.
בַּל II		tatsächlich, wirklich, in der Tat.
בֵּל		n. d. Bel (Name des Gottes Marduk).
בַּלְאֲדָן		n. pr. m. Baladan.
בֵּלְאשַׁצַּר		→ בֵּלְשַׁאצַּר.
בלג		hi heiter werden; Am 5,9 aufblitzen.
בִּלְגָּה		n. pr. m. Bilga.
בִּלְגַּי	(I)	n. pr. m. Bilgai.
בִּלְדַּד		n. pr. m. Bildad.
בלה	(QS)	q abgenutzt, verbraucht sein; zerfallen, verfallen. pi verbrauchen, genießen; schwinden lassen; unterdrücken.
[בלה]	(Q)	n. f. Mischung.
בלה		pi abschrecken.
בָּלָה		n. l. Bala.
בָּלֶה*		abgenutzt, verbraucht.
בַּלָּהָה		Schrecken.
בִּלְהָה	(Q)	n. pr. f., n. l. Bilha.
בִּלְהָן		n. pr. m. Bilhan.
[בלו]	(Q)	Abgabe, Steuer.
בְּלוֹא, בְּלוֹי*		Abgenutztes, Lumpen.
[בלט]	(I)	n. pr. m. (wahrscheinlich Kurzform von סַנְבַלַּט Sanballat).
בֵּלְטְשַׁאצַּר		n. pr. m. Beltschazzar.
בְּלִי	(Q)	Jes 38,17 Abnutzung, Vernichtung; Negation nicht, un-, -los, ohne, ohne dass.
בְּלִיל		Mengfutter.
בְּלִימָה		Nichts.
בְּלִיַּעַל	(QS)	Nichtsnutzigkeit, Verderben; nichtsnutzig; Heilloser, Nichtswürdiger.
בלל	(Q)	q vermengen, verwirren; Jdc 19,21 Futter geben. hitpo sich vermischen. Jes 64,5 l. וַנָּבֶל (siehe → נבל).

בלם		q bändigen?, zäumen?
בלס		q Maulbeerfeigen ritzen.
בלע I	(Q)	q verschlingen, hinunterschlucken. ni verschlungen werden. pi verschlingen, vertilgen.
בלע II		pi mitteilen, verbreiten. pu mitgeteilt werden.
בלע III	(Q)	ni verwirrt werden. pi verwirren. pu pt. verwirrt. hitp sich verwirrt zeigen.
בֶּלַע* I		Verschlungenes.
בֶּלַע II		Verwirrung.
בֶּלַע III		n. pr. m., n. l. Bela.
בִּלְעֲדֵי, בַּלְעֲדֵי*	(Q)	ohne, abgesehen von, außer.
[בלעה]	(Q)	Abfluss.
בַּלְעִי		n. gent. Baliter.
בִּלְעָם	(Q)	n. pr. m. Bileam.
בלק		q verwüsten. pu pt. verwüstet.
בָּלָק		n. pr. m. Balak.
בֵּלְשַׁאצַּר		n. pr. m. Belschazzar.
בִּלְשָׁן		n. pr. m. Bilschan.
בִּלְתִּי	(QS)	Nichtmehrsein, Nichtsein > un-, außer, ohne, nicht; בִּלְתִּי אִם außer; לְבִלְתִּי c. inf. verneint Nebensätze.
בָּמָה	(QS)	Rücken; Anhöhe, Kulthöhe.
בִּמְהָל		n. pr. m. Bimhal.
בְּמוֹ		gleichbedeutend mit בְּ.
בָּמוֹת		n. l. Bamot.
בָּמוֹת בַּעַל		n. l. Bamot-Baal.
[במלך]	(I)	n. pr.
בֵּן I	(IQST)	Sohn (auch im weitesten Sinn); Ausdruck der Zugehörigkeit im weitesten Sinn.
בֵּן II		n. pr. m. Ben.
בֶּן־אֲבִינָדָב		n. pr. m. Ben-Abinadab.

בֶּן־אוֹנִי		n. pr. m. Ben-Oni.
בֶּן־גֶּבֶר		n. pr. m. Ben-Geber.
בֶּן־דֶּקֶר		n. pr. m. Ben-Deker.
בֶּן־הֲדַד		n. pr. m. Ben-Hadad.
בֶּן־זוֹחֵת		I Chr 4,20 n. pr. m.? text. corr.?
בֶּן־חוּר		n. pr. m. Ben-Hur.
בֶּן־חַיִל		n. pr. m. Ben-Hajil.
בֶּן־חָנָן		n. pr. m. Ben-Hanan.
בֶּן־חֶסֶד		n. pr. m. Ben-Hesed.
בֶּן־יְמִינִי		n. gent. Benjaminiter.
בנה	(QST)	q bauen, erbauen, ausbauen, wieder aufbauen. ni gebaut, wiedererbaut werden; übertr. ein Kind erhalten, (in den Kindern) weiterleben.
בְּנוֹ		n. pr. m. Beno.
בִּנּוּי		n. pr. m. Binnui.
בְּנָי		n. pr. m. Benai.
בָּנִי		n. pr. m. Bani.
בֻּנִּי		n. pr. m. Bunni.
בְּנֵי־בְרַק		n. l. Bene-Berak.
בְּנֵי יַעֲקָן		n. l. Bene-Jaakan.
בִּנְיָה	(Q)	Gebäude.
בְּנָיָה(וּ)	(I)	n. pr. m. Benaja(hu).
בֵּנַיִם	(Q)	אִישׁ הַבֵּנַיִם Vorkämpfer, Einzelkämpfer (zwischen zwei Schlachtreihen).
בִּנְיָמִ(י)ן, בֶּן־יָמִין	(Q)	n. pr. m., n. gent. Benjamin.
בָּנִימִן		n. pr. m. Banimin.
בִּנְיָן	(Q)	Bau, Gebäude.
בְּנִינוּ		n. pr. m. Beninu.
[בנסמרנר]	(I)	n. pr. m.
בִּנְעָא		n. pr. m. Bina.
[בנענת]	(I)	n. pr. m.
בְּסוֹדְיָה		n. pr. m. Besodja.
בֵּסַי	(I)	n. pr. m. Besai.
בסס		→ בוס.
בֹּסֶר	(Q)	noch nicht reife, säuerliche Trauben/Früchte.

[בעבע]	(S)	*hitp* erfreuen.
בַּעַד	(QS)	*n. m.* Abstand; Preis; *prp.* durch ... hindurch, aus ... heraus, hinter, um ... her, zugunsten von, für; *Prov 6,26* uns.
[בעדאל]	(I)	*n. pr. m.*
בעה I	(QS)	*q* suchen, fragen. *ni* durchsucht werden; *Sonderbedeutung Q:* weiden, abweiden. *hitp* erfragt werden.
בעה II		*q* zum Kochen bringen. *ni* heraustreten.
בְּעוֹר		*n. pr. m.* Beor.
בְּעוּת*		Schrecknis.
בֹּעַז		*n. pr. m.* Boas (*auch Name der linken Säule vor dem Jerusalemer Tempel*).
בעט		*q* ausschlagen; *I Sam 2,29* verschmähen.
[בעדיהו]	(I)	*n. pr. m.*
בַּעְיָם		*l.* בְּעֶצֶם (*Jes 11,15*).
בְּעִיר*	(Q)	Vieh, Besitz.
בעל	(Q)	*q* besitzen, beherrschen; (eine Frau) in Besitz nehmen, heiraten. *ni* (als Frau) in Besitz genommen werden, geheiratet werden.
בַּעַל I	(IQS)	Besitzer, Bürger (*als Grundbesitzer*), Eheherr; *Ausdruck der Verfügungsgewalt über bzw. der Teilhabe an etw.*; häufig Bezeichnung der Gottheit; Baal (*Benennung eines kanaanäischen Gottes*).
בַּעַל II	(I)	*n. pr. m., n. d.* Baal.
בַּעַל בְּרִית		*n. pr. m.* Baal-Berith.
בַּעַל־גָּד		*n. l.* Baal-Gad.
בַּעַל חָמוֹן		*n. l.* Baal-Hamon.
בַּעַל זְבוּב		*n. d.* Baalzebub (*Fliegenherr*). *Kanaanäische Gottheit. Entstellt aus* בַּעַל זְבוּל?
[בעל־זמר]	(I)	*n. pr. m.*
בַּעַל חָנָן	(I)	*n. pr. m.* Baal-Hanan.
בַּעַל חָצוֹר		*n. l.* Baal-Hazor.

בַּעַל חֶרְמוֹן	n. l. Baal-Hermon.
בַּעַל מְעוֹן	n. l. Baal-Meon.
בַּעַל פְּעוֹר	n. pr. m. Baal-Peor.
בַּעַל(־)פְּרָצִים	n. l. Baal-Perazim.
בַּעַל צְפ(וֹ)ן	n. l. Baal-Zefon.
בַּעַל שָׁלִשָׁה	n. l. Baal-Schalischa.
בַּעַל תָּמָר	n. l. Baal-Tamar.
[בעלא] (I)	n. pr. m.
בַּעֲלָה I (Q)	Besitzerin.
בַּעֲלָה II	n. l. Baala.
בְּעָלוֹת	n. l. Bealot.
[בעלזכר] (I)	n. pr.
בַּעֲלֵי יְהוּדָה	l. בַּעֲלַת יְהוּדָה (II Sam 6,2).
בְּעֶלְיָדָע	n. pr. m. Beeljada.
בְּעַלְיָה	n. pr. m. Bealja.
בַּעֲלִיס	n. pr. m. Baalis.
[בעלמעני] (I)	n. pr. (m.).
[בעלנתן] (I)	n. pr. m.
[בעלעזכר] (I)	n. pr. (m.).
[בעלשמע] (I)	n. pr.
בַּעֲלָת	n. l. Baalat.
בַּעֲלַת בְּאֵר	n. l. Baalat-Beer.
בְּעֹן	n. l. Beon.
בַּעֲנָא, בַּעֲנָה	n. pr. m. Baana.
בער I (QS)	q in Brand stehen, brennen, verbrennen (auch transitiv).
	pi in Brand setzen, anzünden, niederbrennen.
	pu angezündet werden.
	hi in Brand setzen, einäschern.
בער II (QS)	pi wegschaffen; verwüsten.
	hi wegräumen?
בער* III	q viehisch, dumm sein.
	ni sich als viehisch, dumm erweisen.
בַּעַר	viehisch, dumm.
בַּעֲרָא (I)	n. pr. (f.) Baara.

בְּעֵרָה	(Q)	Brand.
בַּעֲשֵׂיָה		n. pr. m. Baaseja.
בַּעְשָׁא		n. pr. m. Baëscha.
בְּעֶשְׁתְּרָה		n. l. Beeschtera.
בעת	(Q)	ni vom Schrecken überwältigt werden. pi erschrecken.
בְּעָתָה		Schrecken.
בֹּץ	(Q)	Schlamm.
בָּץ		→ בּוּץ.
בִּצָּה		Sumpf.
בָּצוּר		fest, unzugänglich; Jer 33,3 Unbegreifliches.
בָּצוֹר		l. Ketib (Sach 11,2).
[בצור]	(Q)	unmöglich.
[בצורת]	(Q)	Dürre.
בֵּצַי		n. pr. m. Bezai.
בָּצִיר I		Weinlese.
בָּצִיר II		unzugänglich.
בָּצָל I		Zwiebel.
[בצל II]	(I)	n. pr. m.
בְּצַלְאֵל		n. pr. m. Bezalel.
בַּצְלוּת		n. pr. m. Bazlut.
בַּצְלִית		n. pr. m. Bazlit.
בצע	(QS)	q abschneiden; Gewinn machen; pt. ein Habsüchtiger. pi abschneiden, beenden, erfüllen; übervorteilen.
בֶּצַע	(QS)	Schnitt > Gewinn. bei Sir Fehler; Mangel.
בְּצַעֲנַנִּים		l. Qere (Jdc 4,11).
בצק		q anschwellen.
בָּצֵק	(I)	Teig.
בִּצְקָלוֹן*		Pflanze, Getreideähre? → auch צִקָלוֹן.
בָּצְקַת		n. l. Bozkat.
בצר	(QS)	q Trauben lesen; demütigen. ni unzugänglich, unmöglich sein. pi unzugänglich machen.

בֶּצֶר I		Golderz.
בֶּצֶר II	(I)	n. pr. m., n. l. Bezer.
בָּצְרָה		n. l. Bozra.
בַּצָּרָה		Regenmangel, Dürre.
בִּצָּרוֹן		Sach 9,12 fester Platz? text. corr.
בַּצֹּרֶת	(S)	Regenmangel, Dürre.
בַּקְבּוּק		n. pr. m. Bakbuk.
בַּקְבֻּק		Flasche.
בַּקְבֻּקְיָה		n. pr. m. Bakbukja.
בַּקְבַּקַּר		n. pr. m. Bakbakkar.
[בקד]	(I)	Arad(6):24,14f. → פקד hi.
בֻּקִּי	(I)	n. pr. m. Bukki.
בֻּקִּיָּהוּ	(I)	n. pr. m. Bukkija(hu).
בָּקִיעַ*	(Q)	Riss, Bruchstück.
בקע	(QS)	q spalten, teilen; Bresche schlagen, eindringen; Jes 34,15 ausbrüten; Am 1,13 aufschlitzen; Ps 74,15 aufbrechen. ni sich spalten, aufbrechen, hervorbrechen; erobert werden; Jes 59,5 ausgebrütet werden. pi spalten, aufschlitzen, hervorbrechen lassen; in Stücke reißen; Jes 59,5 ausbrüten. pu Jos 9,4 zerrissen sein; Ez 26,10 erobert sein; Hos 14,1 aufgeschlitzt werden. hi II Reg 3,26 durchbrechen; Jes 7,6 erobern. ho erobert werden. hitp sich spalten, zerreißen.
בֶּקַע	(I)	Gewichtseinheit: Beka (Halbschekel, 5,712 g).
בִּקְעָה	(Q)	Talebene.
בִּקְעַת־אָוֶן		n. l. Bikat-Awen.
בקק I		q verheeren, zunichte machen. ni verheert, verstört werden. poel verheeren.
בקק II		q Hos 10,1 üppig sein.
בקר I	(QS)	pi genau ansehen; sich kümmern, sich Gedanken machen; Ps 27,4 Freude haben.
בקר II		q pt. Hirte.
בָּקָר	(Q)	coll. Rinder, Rinderherde.

בֹּקֶר	(IQS)	Morgen.
בִּקָּרָה*		Fürsorge.
בִּקֹּרֶת		Schadenersatz.
בקש	(IQST)	pi suchen, sich zu verschaffen suchen; aufsuchen, befragen; verlangen, fordern. pu gesucht werden.
[בקש]	(I)	n. pr. (m.).
בַּקָּשָׁה	(Q)	Verlangen, Begehren.
בֵּר I	(IQT)	Sohn.
בַּר II	(QS)	rein, lauter, ungetrübt.
בָּר III, בַּר	(Q)	Getreide, Weizen.
בַּר IV*		freies Feld.
בֵּר		l. בְּכֹרִים (II Sam 20,14).
בֹּר I	(Q)	Reinheit; Pottasche, Lauge (Reinigungsmittel).
בֹּר II		→ בּוֹר.
ברא I	(QS)	q erschaffen (nur von Gott). ni geschaffen werden.
ברא II	(Q)	hi mästen.
ברא III		pi abholzen, roden; übertr. zerhauen.
ברא IV		II Sam 12,17 → ברה I.
[ברא]	(I)	n. pr. (m.).
בְּרָא		→ בָּרִיא.
בְּרֹאדַךְ		n. pr. m. Berodach.
בִּרְאִי		→ בֵּית בִּרְאִי.
בְּרָאיָה		n. pr. m. Beraja.
בַּרְבֻּר*		Kuckuck.
ברד		q hageln.
בָּרָד	(QS)	Hagel.
בָּרֹד		scheckig.
בֶּרֶד		n. pr. m., n. l. Bered.
ברה I		q speisen, sich stärken. hi jmd. speisen, stärken.
ברה II		q sich ausersehen, bestimmen?
בָּרוּךְ, ברך	(IQ)	n. pr. m. Baruch.
בָּרוּר		rein, deutlich.

בְּרוֹשׁ	(Q)	Wacholder.
בְּרוֹת*		Wacholder.
בָּרוּת, בָּרוֹת*		Speise, Stärkung.
בֵּרוֹתָה		n. l. Berota.
בִּרְזַוְת, בִּרְזַיִת		n. pr. m. o. n. l. (?) Birsawit (Ketib), Birsaith (Qere).
בַּרְזֶל	(QS)	Eisen.
בַּרְזִלַּי		n. pr. m. Barsillai.
ברח	(QS)	q entlaufen, fliehen; Ex 36,33 durchgehen, gleiten. hi vertreiben, in die Flucht schlagen; Ex 26,28 durchgehen, gleiten; I Chr 12,16 unpassierbar machen. ni verwunden.
בָּרִיחַ, בָּרַח		gleitend, flüchtig, schnell.
בַּרְחֻמִי		n. gent. Barhumiter.
בְּרִי		Hi 37,11 → רִי.
בֵּרִי		n. pr. m. Beri.
בָּרִיא	(Q)	gemästet, fett.
בְּרִיאָה	(Q)	Schöpfung, Schöpfungswerk.
[בריאה]	(Q)	Verzehr.
[בריה]	(Q)	Schöpfung, Geschöpf.
בָּרִיחַ		n. pr. m. Bariach.
בְּרִיחַ	(QS)	Riegel.
בְּרִיָה		Speise, Stärkung.
בְּרִיעָה		n. pr. m. Beria.
בְּרִיעִי		n. gent. Beriiter.
בְּרִית	(IQS)	Bund, Vertrag, Zusicherung, Verpflichtung.
בֹּרִית		Laugensalz.
ברך I	(Q)	q niederknien. hi niederknien lassen.
ברך II	(IQST)	q preisen, segnen. ni sich Segen wünschen/verschaffen; gesegnet werden. pi segnen, preisen; *euphemistisch für* lästern, fluchen. pu gesegnet, gepriesen werden/sein.

		hitp sich Segen wünschen, sich glücklich preisen.
בֶּרֶךְ	(QS)	f. Knie.
בַּרַכְאֵל		n. pr. m. Barachel.
בְּרָכָה I	(IQS)	Segen; Segensspruch, Segenswunsch, Segensformel; (*mit Segenswunsch begleitendes*) Geschenk; II Reg 18,31; Jes 36,16 Kapitulation.
בְּרָכָה II	(I)	n. pr. m. Beracha.
בְּרֵכָה	(IQ)	Teich.
[ברכי]	(I)	n. pr. m.
בֶּרֶכְיָה(וּ)	(I)	n. pr. m. Berechja(hu).
בְּרֻמִּים		zweifarbiges Gewebe.
בַּרְנֵעַ		→ קָדֵשׁ בַּרְנֵעַ.
בֶּרַע		n. pr. m. Bera.
בִּרְעָה		→ בְּרִיעָה.
ברק	(Q)	*q* blitzen.
בָּרָק		→ בְּנֵי בְרָק.
בָּרָק I	(QS)	Blitz.
בָּרָק II		n. pr. m. Barak.
[ברקה]	(Q)	n. [f.] Blitz.
בַּרְקוֹס		n. pr. m. Barkos.
בַּרְקֹן*		n. [m.] Dornenstrauch.
בַּרְקֳנִים*		Dornen?, Dreschschlitten?
בָּרֶקֶת, בָּרְקַת	(QS)	grüner Edelstein: Beryll o. Smaragd.
ברר	(QS)	*q* absondern, ausscheiden; prüfen; schärfen. *ni* sich rein halten; rein, lauter sein. *pi* sichten. *hi* reinigen; schärfen. *hitp* gesichtet werden, sich als rein erweisen.
בִּרְשַׁע		n. pr. m. Birscha.
בֵּרֹתַי		n. l. Berotai.
בֵּרֹתִי		n. gent. Berotiter.
בְּשׂוֹר		n. fl. Besor.
בְּשׂוֹרָה		→ בְּשׂרָה.
בֹּשֶׂם, בֶּשֶׂם, בָּשָׂם	(Q)	Balsamstrauch, Balsamöl; Wohlgeruch.
בָּשְׂמַת		n. pr. f. Basemat.

בָּשַׂר	(Q)	*pi* melden, benachrichtigen, verkünden; gute Nachricht überbringen. *hitp* sich melden lassen.
בָּשָׂר	(QS)	Fleisch; Leib; *euphemistisch für* Genital; *Jes 58,7* Angehöriger.
בְּשׂרָה		Meldung, Nachricht; Botenlohn.
[בשרון]	(Q)	Verachtung.
בְּשַׁגַּם		weil (< בְּ, שֶׁ, גַּם).
בשל	(QS)	*q* reifen, kochen. *pi* kochen. *pu* gekocht werden. *hi* reifen lassen.
בָּשֵׁל	(Q)	gekocht.
בִּשְׁלָם		*n. pr. (m.)* Bischlam.
בָּשָׁן I	(S)	*n. terr.* Baschan.
בָּשְׁנָה		Scham.
בסס		*poel? Am 5,11* Pachtgeld erheben.
בֹּשֶׁת	(QS)	Sichschämen, Scham; Schande (*auch als Schimpfwort für Baal*).
[בת]	(I)	*n. pr.*
בַּת I	(IQST)	Tochter (*auch im weitesten Sinn*); Ausdruck der Zugehörigkeit im weitesten Sinn; Einwohnerschaft; *Ps 17,8* בַּת־עַיִן Augapfel.
בַּת II	(IQ)	Flüssigkeitsmaß Bat (*zwischen 22 l und 45 l*).
בַּת־רַבִּים		*n. l.* Bat-Rabbim.
בַּת־שֶׁבַע		*n. pr. f.* Batseba.
בַּת־שׁוּעַ		*n. pr. f.* Batschua.
בָּתָה		Öde.
בַּתָּה*		Schlucht.
בֹּתָה*		*II Chr 34,6 text. corr.*
בְּתוּאֵל		*n. pr. m., n. l.* Betuël.
בְּתוּל		*n. l.* Betul.
בָּתוּל	(QS)	→ בְּתוּלִים.
בְּתוּלָה	(QS)	Jungfrau, heiratsfähiges Mädchen.
בְּתוּלִים	(QS)	Zeit, Stand der Jungfrau; Zeichen der Jungfräulichkeit.

בִּתְיָה		n. pr. f. Bitja.
בתק		pi niedermetzeln.
בתר	(I)	q zerschneiden. pi zerschneiden.
בֶּתֶר I	(Q)	Stück, Teil (vom Opferfleisch).
בֶּתֶר* II		Cant 2,17 Felsklüfte?, Wohlgeruch?
בִּתְרוֹן		II Sam 2,29 Schlucht?, halber Tag?

ג

גֵּא	(Q)	hochmütig.
גאה	(QS)	q hoch sein/werden; erhaben sein, sich überheben.
גֵּאָה		Hochmut.
גֵּאֶה	(QS)	hoch, erhaben; hochmütig.
גְּאוּאֵל		n. pr. m. Gëuël.
גַּאֲוָה	(QS)	Hoheit; Hochmut; Ps 46,4 Aufwallen.
גְּאוּלִים		Befreiung?, Rächeramt?
גָּאוֹן	(QS)	Höhe; Dickicht; Hoheit; Hochmut.
גֵּאוּת	(Q)	Aufsteigen; Erhabenheit; Hochmut.
גַּאֲיוֹן*		Ps 123,4 hochmütig.
גֵּאָיוֹת, גֵּאָיֹת		→ גַּיְא.
גאל I	(IQS)	q auslösen, befreien; erlösen; zurückfordern; גֹּאֵל הַדָּם Bluträcher; גֹּאֵל Erlöser. ni eingelöst, zurückgekauft werden.
גאל II	(Q)	ni unrein gemacht werden (kultisch). pi verunreinigen. pu als unrein erklären. hif (af) Jes 63,3 beflecken. hitp sich verunreinigen.
גֹּאַל*	(Q)	pl. Verunreinigung.
גְּאֻלָּה	(IQ)	Rückkauf; Rückkaufsrecht, -pflicht.
[גְּאָלִיהוּ]	(I)	n. pr. m.
גַּב I	(Q)	Wulst, Erhöhung; Buckel, Rücken; Felge.
גֵּב* II		Antwort.
גֵּב* I		Wassergrube.

גֵּב* II		*I Reg 6,9* Balken.
גֶּבֶא	(Q)	Tümpel, Sumpf.
גבה	(Q)	*q* hoch, erhaben sein; hochmütig sein. *hi* hoch machen.
גָּבֶהּ*		hoch; hochfahrend.
גָּבֹהַּ	(Q)	hoch, erhaben; hochmütig.
גֵּבֶה*		(Heuschrecken-)Schwarm.
גֹּבַהּ	(IQS)	Höhe, Erhabenheit; Hochmut.
[גבהה]	(Q)	Höhe.
גַּבְהוּת	(Q)	Hochmut.
[גבהן]	(S)	prahlerisch?
גְּבוֹל		*l. Qere* גָּדוֹל (*Jos 15,47*).
גְּבוּל	(Q)	Grenze, Gebiet.
גְּבוּלָה*	(Q)	Grenze, Gebiet.
[גבור]	(S)	*n.* [*m.*] Macht, Gewalt.
גִּבּוֹר	(QS)	mannhaft, kraftvoll; Krieger, Held; *I Chr 9,26* Vorsteher.
[גבור*]	(Q)	Macht.
גְּבוּרָה	(QS)	Kraft, Macht, Machterweisungen, Stärke.
[גבח]	(I)	*n. pr. m.*
גִּבֵּחַ		stirnglatzig.
גַּבַּחַת		Stirnglatze; Kahlheit.
גַּבַּי		*n. pr. m.* Gabbai.
גֹּבַי		Heuschreckenschwarm.
גֵּבִים		*n. l.* Gebim.
גְּבִינָה		*n. f.* Käse, geronnene Milch.
גָּבִיעַ		Becher, Kelch.
גְּבִיר		Herr, Herrscher.
גְּבִירָה	(S)	Herrin, Gebieterin (*auch Titel der Königinmutter*).
גָּבִישׁ		Bergkristall.
גבל I	(Q)	*q* begrenzen; angrenzen. *hi* eingrenzen.
גבל II		*q* geschmiedet werden. *pu* geschmiedet werden.
גְּבָל		*n. terr.* Gebal.

גְּבַל		n. l. Byblos.
גְּבָל		→ גְּבוּל.
גִּבְלִי		n. gent. Bewohner von Byblos; Gebaliter.
גַּבְלֻת		Drehung, Schweißung.
גִּבֵּן	(I)	bucklig.
גַּבְנֹן*		(Berg)kuppe.
גֶּבַע*		→ גָּבִיעַ.
גֶּבַע	(I)	n. l. Geba.
גִּבְעָא		n. pr. (m.) Gibea.
גִּבְעָה I	(Q)	Hügel.
גִּבְעָה II		n. l. Gibea.
גִּבְעוֹן	(I)	n. l. Gibeon.
גִּבְעוֹנִי		n. gent. Gibeoniter.
גִּבְעֹל		Blütenknospe?, Samenkapsel?
גִּבְעֹנִי		→ גִּבְעוֹנִי.
גִּבְעַת		n. l. Gibea.
גִּבְעַת הַמּוֹרֶה		n. l. Gibeat-Hammoreh, wenn nicht: Hügel von Moreh o. Hügel des Lehrers.
גִּבְעַת הָעֲרָלוֹת		n. l. Gibeat-Haaraloth, wenn nicht: Hügel von Araloth o. Hügel der Vorhäute.
גִּבְעָתִי		n. gent. Gibeatiter.
גבר	(QS)	q überlegen, stark sein; zunehmen; etw. ausrichten. pi überlegen machen; anstrengen. hi sich überlegen zeigen. hitp sich als überlegen gebaren.
גֶּבֶר I	(QST)	junger, kräftiger Mann; Mann > jeder.
גֶּבֶר II	(I)	n. pr. m. Geber. → auch בֶּן־גֶּבֶר.
גִּבָּר		n. l. Gibbar.
גִּבֹּר		→ גִּבּוֹר.
גַּבְרִיאֵל	(Q)	n. pr. m. Gabriël.
[גבריהו]	(I)	n. pr. (m.).
[גברת]	(S)	Herrin.
גְּבֶרֶת		→ גְּבִירָה.
גִּבְּתוֹן		n. l. Gibbeton.

גַּג	(QS)	Flachdach, Deckplatte.
[גַּגִּי]	(I)	n. pr. m.
גַּד I		Koriander.
גַּד II		Glück; *Jes 65,11* Gottheit.
גָּד, גַּד III	(Q)	n. pr. m., n. gent. Gad.
[גְּדָא]	(I)	n. pr. m.
גֻּדְגֹּד		→ חֹר הַגִּדְגָּד.
גֻּדְגֹּדָה		n. l. Gudgoda.
גדד I	(Q)	*hitpo* sich Einschnitte machen.
גדד II	(Q)	*q* sich zusammenrotten.
גְּדָדָה*		Einschnitt.
גָּדָה	(Q)	n. f. Flussbank, Ufer.
גְּדוּד I		*vom Pflug aufgeworfene* Erde.
גְּדוּד II	(QS)	Streifzug, Raubzug; Heerschar, Horde, Räuberbande.
גָּדוֹל	(IQST)	groß (*im weitesten Sinn*).
גְּדוּלָה, גְּדֻלָּה	(QS)	Größe; Großtaten.
גִּדּוּף*	(Q)	Lästerwort, Schmähung.
גִּדּוּפָה, גִּדֻּפָה*		Lästerwort, Schmähung.
גָּדוֹר		→ גָּדֵר.
גְּדוֹת*		→ גָּדְיָה.
גְּדִי	(QS)	Böckchen.
גָּדִי		n. gent. Gaditer; n. pr. m. *II Reg 15,14.17* Gadi.
גַּדִּי	(I)	n. pr. m. Gaddi.
גַּדִּיאֵל		n. pr. m. Gaddiël.
גְּדִיָּה*		Zicklein.
גִּדְיָה*		Ufer.
[גדיהו, גדיו]	(I)	n. pr. m.
גָּדִיל	(Q)	Quaste; Troddel.
גָּדִישׁ		Garbenhaufen; *Hi 21,32* Grabhügel.
גדל	(IQS)	*q* groß werden/sein (*auch im weiteren Sinn*). *pi* groß machen, großziehen; auszeichnen, erheben, preisen; erziehen. *pu pt.* großgezogen.

		hi groß machen; Größe entfalten; sich groß machen, großtun.
		hitp sich groß machen, sich als groß erweisen.
גָּדֵל		groß werden, groß.
גָּדֵל		→ גָּדִיל.
גָּדֵל		→ גָּדוֹל.
גִּדֵּל	(I)	*n. pr. m.* Giddel.
גֹּדֶל	(QS)	Größe; Ehre, Preis; *c.* לֵבָב Übermut.
גְּדֻלָּה	(S)	→ גְּדוּלָה.
גְּדַלְיָה(וּ)	(I)	*n. pr. m.* Gedalja(hu).
גִּדַּלְתִּי		*n. pr. m.* Giddalti.
גדע	(QS)	*q* abhauen, fällen, zerbrechen, abschneiden. *ni* abgehauen, zerbrochen werden. *pi* abschlagen, zerschlagen. *pu* gefällt werden.
גִּדְעוֹן		*n. pr. m.* Gideon.
גִּדְעוֹנִי		→ גִּדְעֹנִי.
גִּדְעֹם		*n. l.* Gidom.
גִּדְעֹנִי		*n. pr. m.* Gidoni.
גדף	(QS)	*pi* lästern.
[גֹדֵף]	(Q)	Lästerer.
גִּדֻּפָה		→ גִּדוּפָה.
גדר		*q* einen Steinwall errichten, mauern.
גָּדֵר	(IQS)	Steinwall, Mauer.
גֶּדֶר		*n. l.* Geder.
גְּדֵרָה* I		Steinwall, Pferch.
גְּדֵרָה II		*n. l.* Gedera.
גְּדֵרוֹת		*n. l.* Gederot.
גְּדֵרִי		*n. gent.* Gederiter.
גְּדֶרֶת		Mauer.
גְּדֵרָתִי		*n. gent.* Gederatiter.
גְּדֵרֹתַיִם		*n. l.* Gederotajim.
גֵּה		*l.* זֶה (*Ez 47,13*).
נגה	(QS)	*q* heilen. *hi* Sir 43,18 niederschlagen lassen, schwach werden.

גֵּהָה		Heilung.
גהר		q sich beugen, kauern.
גַּו		Rücken; c. הִשְׁלִיךְ אַחֲרֵי verschmähen.
גֵּו* I	(Q)	Rücken, Körper.
גֵּו II	(Q)	Gemeinschaft.
גּוֹב I		n. l. Gob.
גּוֹב II		→ גֹּבַי.
גּוֹג	(Q)	n. pr. m. Gog.
גוד	(Q)	q einen Raubzug unternehmen, angreifen.
[גודל I]	(Q)	n. m. Daumen.
[גודל II]	(Q)	Größe, Majestät.
גֵּוָה I		Rücken.
גֵּוָה II	(Q)	Hochmut, Stolz.
[גוה]	(Q)	erhaben, hervorragend.
גוז		q hertreiben, dahintreiben.
גּוֹזָל	(Q)	junger Vogel.
גּוֹזָן		n. terr. Gosan uns.
גוח		→ גיח.
[גוי]	(S)	Körper.
גּוֹי	(QS)	Schar, Volk.
גְּוִיָּה	(QS)	Leib; Leichnam.
גּוֹיִם		n. pr. m. Goiim.
[גויע]	(S)	Tod.
[גויעה]	(S)	Tod.
גול		→ גיל.
גּוֹלָה I	(Q)	Deportation; Deportierte.
[גולה II]	(Q)	Runde, Becken.
גּוֹלָן		n. l. Golan.
גּוּמָץ		Grube.
גּוּנִי		n. pr. m. Guni; n. gent. Guniter.
גוע	(QS)	q umkommen, sterben.
גוף		hi schließen.
גּוּפָה*		Leichnam.

גּוּר I	(QS)	q als Schutzbürger, Fremdling sich aufhalten; Sir 42,9 im Sinne von: fremdgehen, Unzucht treiben.
		hitpol als Schutzbürger, Fremdling sich aufhalten.
גּוּר II	(QS)	q angreifen.
גּוּר III	(QS)	q zurückschrecken, sich fürchten.
גּוּר*	(Q)	Löwenjunges.
גּוּר I		Junges (noch saugend).
גּוּר II		n. l. Gur.
גּוּר־בַּעַל		n. l. Gur-Baal.
גּוֹרָל	(QS)	Los, Losteil, Geschick.
[גורף]	(Q)	Faust.
גּוּשׁ		Schorf; Grind.
גֵּז	(Q)	Schur, Wolle, Mahd.
גִּזְבָּר		Schatzmeister.
גזה	(I)	q abschneiden.
גִּזָּה		Schur, Wolle.
גִּזוֹנִי		n. gent. Gisoniter.
גזז	(Q)	q abschneiden, scheren.
		ni beseitigt, vertilgt werden.
גֶּזֶז		n. pr. m. Gases.
גָּזִית	(Q)	Quader; Schnitt.
גזל	(QS)	q wegreißen, an sich reißen, rauben, berauben; Mi 3,2 abziehen.
		ni geraubt werden.
גֶּזֶל	(QS)	Raub, Geraubtes.
גֶּזֶל	(S)	Raub.
גְּזֵלָה		Raub, Geraubtes.
גָּזָם		Heuschrecke?, Raupe?
גַּזָּם		n. pr. m. Gasam.
גֶּזַע	(Q)	Baumstumpf; Schößling.
גזר		q zerschneiden, fällen; Hi 22,28 entscheiden.
		ni abgeschnitten, getrennt sein; verloren sein; Est 2,1 entschieden sein.
גֶּזֶר* I		Abgeschnittenes, Stück.

גֶּ֫זֶר II	(l)	n. l. Gezer.
גְּזֵרָה		unfruchtbar.
גְּזֵרָה		abgetrennter Raum; *Thr 4,7* Schnitt?, Gestalt?
גִּזְרִי		n. gent. Gisriter.
גחה		q Ps 22,10 hervorziehen?
גָּחוֹן		Bauch.
גֵּחֲזִי		→ גֵּיחֲזִי.
גִּחוֹן		→ גִּיחוֹן.
[גחל]	(Q)	q hell brennen, glühen.
גֶּחָל, גַּחַל, גַּחֶלֶת	(QS)	Kohle, Glut.
גַּחַם	(l)	n. pr. (m.) Gaham.
גַּחַר		n. pr. m. Gahar.
גַּי, גֵּי		Tal.
גֵּי(א) (בֶּן־)הִנֹּם		n. l. Hinnomtal.
גֵּי הַצֹּבְעִים		n. l. Tal Zeboïm.
גֵּי יִפְתַּח־אֵל		n. l. Tal Jiftach-El.
גַּיְא, גֵּיא, גֵּיא	(Q)	Tal.
גֵּיא(־)(הַ)מֶּלַח		n. l. Salztal.
גֵּיא חֲרָשִׁים		n. l. Ge-Haraschim, Handwerkertal.
גֵּיא צְפָתָה		n. l. Tal Zefata.
גִּיד	(Q)	Sehne, Ader.
גיח	(Q)	q hervorbrechen. hi hervorbrechen; *Ez 32,2* prusten?
גִּיחַ		n. l. Giach.
גִּיחוֹן		n. l. Gichonquelle; n. fl. Gichon.
גֵּיחֲזִי		n. pr. m. Gehasi.
גיל	(QS)	q jubeln, sich freuen, jauchzen.
גִּיל* I		Alter(sstufe).
גִּיל II	(QS)	Jubel, Jauchzen.
גִּילָה	(Q)	Jubel, Jauchzen.
גִּילֹנִי		n. gent. Giloniter.
[גִּילֹת]	(Q)	n. l.
גִּנָּה		*Ez 42,12* Schutzmauer, Einhegung.
גִּינַת		n. pr. (m.) Ginat.

גֵּירִים		→ גֵּר.
גִּישׁ		l. Qere (Hi 7,5) → גּוּשׁ.
גֵּישָׁן		n. pr. m. Geschan.
גַּל I	(Q)	Steinhaufen.
גַּל* II	(Q)	Welle.
גֵּל*		Mist; Dung.
גֹּל*		Becken.
גַּלָּב*		Barbier.
גִּלְבֹּעַ		n. l. Gilboa.
[גלגולה]	(Q)	n. pr. m.
גַּלְגַּל I	(Q)	Rad, Schöpfrad.
גַּלְגַּל II		radförmige Distelreste.
[גלגל]	(I)	n. pr.
גִּלְגָּל* I		Rad.
גִּלְגָּל II		n. l. Gilgal.
גֻּלְגֹּלֶת	(Q)	Schädel, Kopf.
גֶּלֶד*		Haut.
גלה	(IQS)	q entblößen, aufdecken; in die Verbannung gehen (müssen).
		ni sich entblößen, sich aufdecken, sich zu erkennen geben; entblößt, bloßgelegt, offenbar werden; in die Verbannung gebracht werden.
		pi entblößen, aufdecken, öffnen; enthüllen, offenbaren.
		pu entblößt werden, offen sein; pt. offen.
		hi in die Verbannung führen.
		ho in die Verbannung geführt werden.
		hitp sich entblößen, sich kundtun.
גִּלֹה		n. l. Gilo.
גֹּלָה		→ גּוֹלָה.
גֻּלָּה		Becken; Wulst; Brunnen; Jos 15,19b; Jdc 1,15b n. l.
גִּלּוּל	(QS)	Götze, Götzenbild.
גְּלוֹם*		Mantel.
גָּלוֹן		l. Qere (Jos 20,8; 21,27).
גָּלוּת	(Q)	Verbannung, Deportation; Deportierte.

גָּלַח	(Q)	*pi* scheren.
		pu geschoren werden.
		hitp sich scheren (lassen).
גִּלָּיוֹן		Schreibtafel; Spiegelchen; Schleier.
גָּלִיל* I	(Q)	Zapfen, Walze; Ring; *adj.* drehbar, klappbar.
גָּלִיל II		*n. terr.* Galiläa.
גְּלִילָה	(Q)	Kreis, Bezirk.
גְּלִילוֹת		*n. l.* Gelilot.
[גְּלִילִי]	(Q)	*n. gent.* Galiläer.
גַּלִּים		*n. l.* Gallim.
גָּלְיָת	(QS)	*n. pr. m.* Goliat.
גָּלַל	(QS)	*q* rollen, wälzen.
		ni zusammengerollt werden; sich wälzen, strömen.
		poal pt. gewälzt; besudelt.
		hitpo sich stürzen auf, sich wälzen; besudeln.
		pilp wegwälzen.
		hitpalp sich heranwälzen.
		hi → *q*.
גָּלָל I		Kot.
גָּלָל* II		*n. pr. m.* Galal.
גָּלָל III	(S)	nur c. בְּ wegen.
גְּלָלוֹ, גְּלָלֵי		*Formen von* גָּלָל I.
גִּלֲלַי		*n. pr. m.* Gilalai.
גלם		*q* zusammenwickeln.
גֹּלֶם		Formloses, Unfertiges, Embryo.
גַּלְמוּד		unfruchtbar.
גִּלֹנִי		→ גִּילֹנִי.
גלע	(QS)	*ni* sich bloßstellen.
		pi aufdecken.
		hitp losbrechen.
גַּלְעֵד		*n. l.* Galed.
גִּלְעָד	(Q)	*n. pr. m., n. l., n. terr.* Gilead.
גִּלְעָדִי		*n. gent.* Gileaditer.
גלש		*q* herabziehen.
גַּם I	(IQS)	samt, auch, selbst, sogar, doch; גַּם ... גַּם sowohl ... als auch, *negativ* weder ... noch.

גָּמָא		*pi* in sich schlürfen. *hi* schlürfen lassen.
גֹּמֶא		Papyrus.
גֹּמֶד		*Längenmaß* Gomed (*2/3 Elle?*).
גַּמָּדִים		*n. gent.* Gammaditer.
גְּמוּל	(QS)	Tat, Vergeltung.
גְּמוּל	(Q)	*n. pr. m.* Gamul.
גְּמוּלָה	(QS)	Tat, Vergeltung.
גִּמְזוֹ		*n. l.* Gimso.
[גמילות]	(S)	*n. f.* Belohnung.
גמל	(QS)	*q* fertig, reif werden; zur Reife bringen; entwöhnen; antun, erweisen; vergelten. *ni* entwöhnt werden.
גָּמָל		Kamel.
גְּמַלִּי		*n. pr. m.* Gemalli.
גַּמְלִיאֵל		*n. pr. m.* Gamliël.
[גמליהו]	(I)	*n. pr. m.*
גמר I	(IQS)	*q* zu Ende sein, zu Ende bringen.
[גמר II]	(QS)	*pi* verbrennen.
[גמר]	(Q)	*n. m.* Abschluss, Beendigung.
[גמר]	(Q)	glühende Kohle.
גֹּמֶר	(I)	*n. pr. f., n. gent.* Gomer.
[גמרי]	(Q)	gesprenkelt.
גְּמַרְיָה(וּ)	(I)	*n. pr. m.* Gemarja(hu).
גַּן	(Q)	Garten.
גנב	(Q)	*q* stehlen; täuschen. *ni* gestohlen werden. *pi* stehlen; täuschen. *pu* gestohlen werden; *Hi 4,12* sich stehlen. *hitp* sich fortstehlen.
גַּנָּב	(QS)	Dieb.
גְּנֵבָה	(Q)	Gestohlenes.
גְּנֻבַת		*n. pr. m.* Genubat.
גַּנָּה, גַּנָּה	(Q)	Garten.
גֶּנֶז*		Schatz, Schatzhaus; kostbarer, bunter Stoff, Teppiche?

גִּנְזַךְ*		Schatzkammer.
גנן		q umgeben, schützen.
גִּנְּתוֹי		n. pr. m. Ginnetoj.
גִּנְּתוֹן		n. pr. m. Ginneton.
[גנתל]	(I)	n. pr. m.
[גע גע]	(S)	Interj. Unsinn!
געה		q brüllen.
גֻּעָה*		n. l. Goa.
געל	(QS)	q verabscheuen. ni besudelt werden. hi Hi 21,10 (die Befruchtung) verfehlen.
גַּעַל		n. pr. m. Gaal.
גֹּעַל*	(Q)	Abscheu.
[גְעָלִי]	(I)	n. pr. m.
גער	(Q)	q schelten, bedrohen.
גְּעָרָה	(QS)	Schelten, Drohen.
געש	(Q)	q schwanken. pu geschüttelt werden. hitp schwanken. hitpo schwanken.
גַּעַשׁ*		n. l. Gaasch.
גַּעְתָּם		n. pr. m. Gatam.
גַּף* I		Rücken.
גַּף* II	(Q)	Seite, בְּגַפּוֹ er allein.
[גפה]	(S)	Ufer.
גֶּפֶן	(Q)	f. Ranke, Rebe; Weinstock.
גֹּפֶר		Holzart: Gofer.
גָּפְרִית	(Q)	Schwefel.
גֵּר	(QS)	Schutzbürger, Fremdling.
גִּר	(Q)	Kalk.
[גר פלע]	(Q)	n. l. Ger Pela.
גֵּרָא	(I)	n. pr. m. Gera.
גָּרָב		Ausschlag.
גָּרֵב		n. pr. m., n. l. Gareb.
גַּרְגַּר*	(QS)	Olive, Beere.

גַּרְגְּרוֹת*	(S)	Gurgel, Hals, Kehle.
[גרגרן]	(S)	Schlund; Vielfraß?
גִּרְגָּשִׁי	(Q)	n. gent. Girgaschiter.
גרד	(Q)	hitp sich schaben.
גרה	(Q)	pi erregen. hitp sich erregen, sich (in Streit, Krieg) einlassen; Dan 11,10a rüsten, 11,10b l. Qere vordringen.
גֵּרָה I		Gekautes.
גֵּרָה II	(IQ)	Gewichtseinheit: Gera (1/20 Schekel, 0,572 g).
גָּרוֹן	(S)	Kehle, Hals.
גֵּרוּת		Herberge.
גרז		ni weggenommen, abgeschnitten werden.
גִּזְרִי		l. Qere (I Sam 27,8) n. gent. Geseriter.
גְּרִזִים		n. l. Garizim.
גַּרְזֶן	(I)	Beil, Meißel; Hacke.
[גרי]	(I)	n. pr. m.
[גריהו]	(I)	n. pr. m.
[גריס]	(Q)	n. pr. m.
גּוֹרָל		→ גּוֹרָל.
גרם		q uns. pi abnagen.
גֶּרֶם	(Q)	Knochen; II Reg 9,13 selbst.
גַּרְמִי		n. gent. Garmiter.
גֹּרֶן	(Q)	f. Dreschplatz.
גֹּרֶן הָאָטָד		n. l. Goren-Haatad.
גֹּרֶן כִּידֹן		n. l. Goren-Kidon.
גֹּרֶן נָכוֹן		n. l. Goren-Nakon.
גרס		q zermürbt sein. hi sich zerreiben lassen.
גרע I	(QS)	q scheren, stutzen; verkürzen, abziehen, wegnehmen. ni verkürzt, abgezogen, weggenommen werden. pi entziehen.
גרע II		pi tropfen, triefen.
גרף		q fortschwemmen.

גרר	(Q)	q fortreißen; c. גֵּרָה wiederkäuen. poal pt. zersägt.
גְּרָר		n. l. Gerar.
גֶּרֶשׂ	(Q)	zerstoßene Getreidekörner: Grieß.
גרשׁ	(Q)	q vertreiben, verstoßen; Jes 57,20 auswerfen. ni verstoßen werden; aufgewühlt sein. pi vertreiben. pu vertrieben werden.
גֶּרֶשׁ		Ertrag.
גְּרֻשָׁה*		Enteignung.
גֵּרְשׁוֹם		n. pr. m. Gerschom.
גֵּרְשׁוֹן		n. pr. m. Gerschon.
גֵּרְשֹׁם		→ גֵּרְשׁוֹם.
גֵּרְשֻׁנִּי		n. gent. Gerschoniter.
גְּשׁוּר, גְּשׁוּרָה		n. terr., n. gent. Geschur.
גְּשׁוּרִי		n. gent. Geschuriter.
גשׁם		hi regnen lassen. pu beregnet werden.
גֶּשֶׁם I	(Q)	Regenguss, Regen; pl. auch Regenzeit.
גֶּשֶׁם II		n. pr. m. Geschem.
גֹּשֶׁם		Regen → גשׁם pu.
גַּשְׁמוּ		n. pr. m. Gaschmu.
[גשׁמי]	(I)	n. pr. m.
גֹּשֶׁן		n. l., n. terr. Goschen.
גִּשְׁפָּא		n. pr. m. Gischpa.
[גשׁר]	(Q)	Brücke.
גשׁשׁ	(Q)	pi tasten.
גַּת I	(Q)	f. Kelter.
גַּת II	(I)	n. l. Gat.
גַּת הַחֵפֶר		n. l. Gat-Hacheper.
[גת פראן]	(I)	n. l.
[גת פרח]	(I)	n. l. Gat-Perach.
גַּת־רִמּוֹן		n. l. Gat-Rimmon.
גִּתִּי		n. gent. Gattiter.
גִּתַּיִם*		n. l. Gittajim.

| נְתִית | | musikalischer Ausdruck. |
| גֶּתֶר | | n. pr. m. Geter. |

ד

דאב	(QS)	q schmachten, verschmachten.
דְּאָבָה		Angst, Verzagen.
דְּאָבוֹן*	(Q)	Verzagen, Verschmachten.
דאג	(QS)	q scheuen; in Sorge sein, sorgen für, bangen.
דָּאג		→ דָּג.
דֹּאֵג		n. pr. m. Doëg.
דְּאָגָה	(S)	Besorgtsein.
דאה	(Q)	q fliegen, herabstoßen (Raubvögel); schweben (Gott).
דָּאָה	(Q)	Milan, Gabelweihe.
דֹּאר		n. l. Dor.
דֹּב	(S)	Bär, Bärin.
דֹּבֶא*		Stärke.
דְּבָאָה*		Hi 41,14 Kraft, Stärke.
דבב	(Q)	q netzen? tropfen? gleiten? reden?
דִּבָּה	(QS)	Gerede, Nachrede.
[דבוב]	(Q)	Verleumder.
דְּבוֹרָה I	(QS)	Biene.
דְּבוֹרָה II	(Q)	n. pr. f. Deborah.
דִּביוֹנִים		Taubenmist.
דְּבִיר I	(QS)	hinterer Raum (des Tempels).
דְּבִיר II		n. pr. m., n. l. Debir.
דְּבֵלָה		Feigenkuchen (aus gepressten Feigen).
דִּבְלָה		l. רִבְלָה (Ez 6,14).
דִּבְלַיִם		n. pr. m. Diblajim.
דבק	(QST)	q haften, hängen an; an etw. festhalten, kleben. pu zusammengehalten werden. hi zu fassen bekommen, einholen; haften lassen; verfolgen. ho pt. angeklebt.

דָּבֵק		anhänglich.
דֶּבֶק	(Q)	Verklebung, Lötung; *I Reg 22,34; II Chr 18,33* Tragegurt?
דבר I		*pi* sich abwenden; wegtreiben; ausrotten. *hi* c. תַּחַת vertreiben, unterwerfen.
דבר II	(IQS)	*q* reden. *ni* sich besprechen. *pi* reden, sprechen. *pu* geredet werden. *hitp* sich besprechen.
דְּבִר		*n. l.* Debir.
דָּבָר	(IQS)	Wort; Sache, Begebenheit, Angelegenheit; Anteil, Leistung; etwas, *negativ* nichts.
דֶּבֶר	(QS)	Pest; Stachel.
דִּבֵּר		Wort.
דֹּבֶר*	(Q)	Trift, Steppe.
דְּבֹרָה		→ דְּבוֹרָה.
דִּבְרָה*		*Hi 5,8* Rechtssache; *Ps 110,4* Art; c. עַל־ auch wegen, damit, nach der Art.
דֹּבְרוֹת		Flöße.
דִּבְרִי		*n. pr. m.* Dibri.
דַּבֶּרֶת*		Wort.
דָּבְרַת		*n. l.* Daberat.
דְּבַשׁ	(QS)	Honig.
דַּבֶּשֶׁת I		Höcker.
דַּבֶּשֶׁת II		*n. l.* Dabbeschet.
דָּג	(QT)	Fisch; *Neh 13,16* coll.
דגה		*q* zahlreich werden.
דָּגָה	(Q)	coll. Fische; *Jon 2,2* Fisch.
דָּגוֹן		*n. d.* Dagon.
דגל I		*q* das Feldzeichen erheben. *ni pt.* um Feldzeichen Gescharte.
דגל II		*q* sichtbar, *pt. pass. Cant 5,10.*
דֶּגֶל I	(Q)	Feldzeichen > Abteilung.
דֶּגֶל II		Glanz?
דָּגָן	(Q)	Getreide, Korn.

דגר		q brüten?
דַּד*		du. Brüste.
דֹּד*		→ דּוֹד.
דדה		hitp wandeln?
דֹּדוֹ		→ דּוֹדוֹ.
דֹּדָוָהוּ		n. pr. m. Dodawa(hu).
דֹּדִי		l. Qere (II Sam 23,9).
[דְּדִיהוּ]	(I)	n. pr. m.
דְּדָן		n. gent. Dedaniter; n. terr. Dedan.
דְּדָנִים		n. gent. Dedaniter.
דֹּדָנִים		n. gent. Dodaniter.
דהם	(I)	q untätig sein? ni bestürzt sein, schweigen.
דהר	(Q)	q jagen, galoppieren.
דַּהֲרָה*		Jagen.
דּוֹאֵג		→ דֹּאֵג.
דוב	(QS)	hi zehren, dahinschwinden lassen.
דֹּב		→ דֹּב.
דַּוָּג*		Fischer.
דּוּגָה		Am 4,2 c. סִירוֹת Fischerhaken, Angel.
דָּוִד	(QS)	n. pr. m. David.
דּוֹד	(S)	Liebhaber, Geliebter; Onkel (väterlicherseits); pl. auch Liebe, Liebesgenuss.
דּוּד	(Q)	Kochtopf; Korb.
דּוּדָאִים I		Jer 24,1 Körbe.
דּוּדָאִים II		Alraune, Liebesapfel.
דּוֹדָה*		Tante (väterlicherseits).
דּוֹדוֹ		n. pr. m. Dodo.
דּוֹדַי		n. pr. m. Dodai.
דוה	(IQ)	q unwohl sein, menstruieren.
דָּוֶה	(IQS)	unwohl, menstruierend; krank, elend.
[דוה]	(Q)	Krankheit.
דוח		hi abspülen.
דְּוַי*		Krankheit.
דַּוָּי		krank, elend.

דּוֹיֵג		n. pr. m. I Sam 22,22 Dojeg.
דָּוִיד		→ דָּוִד.
דּוּךְ	(S)	q zerstoßen.
[דּוּכִי]	(Q)	Reinheit.
דּוּכִיפַת	(Q)	Wiedehopf.
[דּוּם]	(Q)	hi schweigen.
דּוּמָה I	(Q)	Schweigen (Benennung der Unterwelt).
דּוּמָה II		n. gent. Dumaïter; n. l., n. terr. Duma/Idumäa.
דּוּמִיָּה		Schweigen, Ruhe.
דּוּמָם		still.
דּוּמֶשֶׂק		n. l. Damaskus.
דּוּן		q stark sein, bleiben.
[דּוּן]	(Q)	Leid, Kummer.
דּוּן		Hi 19,29 (Ketib) Gericht; Rechtsspruch.
דּוּנַג	(Q)	Wachs.
[דּוֹסְתַס]	(Q)	n. pr. m.
[דּוּקִין]	(S)	Makel.
דּוּץ	(T)	q hüpfen, jauchzen.
[דּוּק]	(Q)	n. l. Dok.
[דּוּקָה]	(Q)	n. f. Neumond.
דּוּר I	(QS)	q Ez 24,5 im Kreise schichten, aufhäufen.
דּוּר II	(QS)	q Ps 84,11 wohnen.
דּוֹר I	(IQS)	Menschenalter, Generation, Geschlecht; Versammlung, Gemeinschaft.
דּוֹר II		Zeltlager.
דּוֹר III	(I)	n. l. Dor → דֹּאר.
דּוּר		Jes 22,18 Ball; Jes 29,3 c. כְּ ringsum.
דּוֹשׁ	(QS)	q niedertreten, dreschen. ni niedergetreten werden. ho gedroschen werden.
דָּחָה	(QS)	q stoßen, ein-, umstoßen. ni umgestoßen werden. pu umgestoßen werden.
דָּחַח		ni gestoßen, verstoßen werden.
דְּחִי		Anstoß, Straucheln.

דֹּחַן		Hirse.
דחף	(S)	q Sir 36,12 wegstoßen; pt. pass. eilig. ni sich beeilen.
דחק	(Q)	q drängen, bedrängen.
דַּי*	(QS)	Ausreichendes, Bedarf; genug; c. בְּ für, sooft; c. כְּ entsprechend, soviel; c. מִן sooft; מִדֵּי שָׁנָה בְשָׁנָה jedes Jahr; לְמַדֵּי genug.
דִּי זָהָב		n. l. Di-Sahab.
[דִּיאָט]	(Q)	Wohnstätte?
דִּיבוֹן, דִּיבֹן		n. l. Dibon.
דיג		q herausfischen.
דַּיָּג*	(Q)	Fischer.
דַּיָּה		unreiner Vogel, Raubvogel.
דְּיוֹ		Tinte.
דִּימוֹן		n. l. Dimon.
דִּימוֹנָה		n. l. Dimona.
דין	(Q)	q Recht schaffen, Recht durchsetzen, Gericht halten. ni sich zanken.
דַּיָּן	(Q)	Richter.
דִּין	(QS)	Gericht, Rechtssache, Rechtsanspruch, Rechts- streit, Rechtsspruch; Est 1,13 Recht.
[דִּין]	(S)	Trauer.
דִּינָה		n. pr. f. Dina.
[דִּינָר]	(Q)	Denar.
דִּיפַת		n. pr. m. Difat.
דָּיֵק		Belagerungswerk.
דַּיִשׁ	(Q)	Dreschzeit.
דִּישׁוֹן I		Wisent?
דִּישׁוֹן, דִּישֹׁן II		n. pr. m. Dischon; n. gent. Dischoniter.
דִּישָׁן		n. pr. m. Dischan; n. gent. Dischaniter.
דַּךְ	(QS)	unterdrückt.
דכא	(QS)	ni pt. unterdrückt. pi zerschlagen, zermalmen. pu zerschlagen sein/werden. hitp zermalmt daliegen/werden.

דַּכָּא	(S)	zerschlagen, verzagt; *Dtn 23,2* Zerquetschung; *Ps 90,3* Staub.
[דכדך]	(Q)	Gewichtssteinchen?
דכה	(IQ)	*q l. ni* (*Ps 10,10*). *ni* zerschlagen sein. *pi* zerschlagen.
דְּכִי I		Klatschen.
[דכי II]	(Q)	rein.
[דכך]	(S)	*q* zermalmen, zerstampfen. *pilpal Sir 4,4* zerschlagen sein.
דַּל* I		Tür.
דַּל II	(QS)	gering; unansehnlich, hilflos, machtlos, besitzlos.
[דל III]	(I)	*n. pr. m.*
דלג	(QS)	*q* springen. *pi* springen, ersteigen.
דלה		*q* schöpfen. *pi* heraufziehen, retten.
דַּלָּה I		*Jes 38,12* Faden, Kette.
דַּלָּה II		*coll. u. pl.* Geringe.
[דלה]	(I)	*n. pr.*
[דלוי]	(Q)	*n. pr. m.*
[דלות]	(S)	*f.* Armut.
דלח		*q* trüben.
דְּלִי		Eimer.
דְּלָיוּ, דְּלָיָה(וּ)	(IQ)	*n. pr. m.* Delaja(hu).
דְּלִילָה		*n. pr. f.* Delila.
דָּלִית*	(Q)	Ranken, Laubwerk.
דלל I	(Q)	*q* klein, gering sein/werden. *pol* erniedrigen, schwächen.
דלל II		*q Hi 28,4* schwanken.
דִּלְעָן		*n. l.* Dilan.
דלף I		*q* durchlässig sein.
דלף II		*q* schlaflos sein.
דֶּלֶף		durchlässiges Dach.
דַּלְפוֹן		*n. pr. m.* Dalfon.

דָּלַק	(QS)	q in Brand setzen, brennen; hitzig verfolgen. hi anzünden, erhitzen.
[דֶּלֶק]	(Q)	n. [m.] Brand.
דַּלֶּקֶת		Fieberglut.
[דָּלַת]	(Q)	pu pt. Türen haben, mit Türen versehen.
[דָּלֶת]	(Q)	n. f. Dalet (hebräischer Buchstabe).
דֶּלֶת	(IQS)	Türflügel, Tür; II Reg 12,10 Deckel; Jer 36,23 Kolumne, Spalte.
[דְּלָתִיהוּ]	(I)	n. pr. m.
דָּם	(QS)	Blut; Bluttat, Blutschuld.
דמה I	(QST)	q ähnlich sein, gleichen. ni gleich werden. pi vergleichen, erwägen, planen. hitp sich gleichsetzen.
דמה II	(Q)	q still sein/werden; (Jer 6,2; Hos 4,5 uns.).
דמה III	(Q)	ni zum Schweigen gebracht werden, schweigen müssen; vernichtet werden.
דָּמָה		Ez 27,32 text. corr. → דמה I o. II.
דְּמוּת	(Q)	Nachbildung, Abbild, Gestalt.
[דְּמִי]	(Q)	Wert, Nutzen.
דְּמִי		Jes 38,10 Hälfte.
דֳּמִי		Ruhe.
דְּמִיָּה		→ דּוּמִיָּה.
[דִּמְיוֹן]	(QS)	Ähnlichkeit; Gedanke?
[דְּמִיטְרוֹס]	(Q)	n. pr. m.
דְּמִין*	(QS)	Ähnlichkeit.
[דָּמַךְ]	(S)	Zeit verbringen, liegen, schlafen.
[דִּמְלָא]	(I)	n. pr. m.
[דְּמַלְיָהוּ]	(I)	n. pr. m.
דמם I	(Q)	q stillstehen, sich still halten, starr sein, stumm sein. ni sich still halten müssen; verwüstet werden. poel beruhigen. hi zum Stillstehen bringen.
דמם II		q weinen; stöhnen, flüstern.

דמם III		q aufhören, umkommen. ni umkommen. hi umkommen lassen.
דְּמָמָה	(Q)	Windstille.
דֹּמֶן	(Q)	Dünger.
דִּמְנָה		n. l. Dimna.
דמע	(S)	q weinen.
דֶּמַע	(Q)	Überfluss?, Saft?
דִּמְעָה	(QS)	coll. Tränen.
דַּמֶּשֶׂק	(Q)	n. l. Damaskus.
דְּמֶשֶׁק		Damast?
דָּן	(Q)	n. pr. m., n. gent., n. l., n. terr. Dan.
דָּנֵאל		→ דָּנִיֵּאל.
דַּנָּה		n. l. Danna.
דִּנְהָבָה		n. l. Dinhaba.
דָּנִי		n. gent. Daniter.
דָּנִיֵּאל	(Q)	n. pr. m. Daniël.
דֵּעַ*	(IS)	Wissen; Wort.
דעה		q fragen, wünschen.
דֵּעָה	(QS)	Wissen.
דְּעוּאֵל		n. pr. m. Dëuël.
דעך	(S)	q erlöschen. ni versiegen. pu ausgelöscht werden.
דַּעַת	(QS)	Wissen, Können, Erkenntnis, Einsicht; Vertrautsein, Gemeinschaft.
דֳּפִי*	(S)	Makel.
דפק		q zu heftig antreiben; anklopfen. hitp einander drängen, (an die Tür) schlagen.
דָּפְקָה		n. l. Dofka.
דַּק	(Q)	dünn, fein, leise.
דֹּק		Schleier?
דִּקְלָה		n. pr. m. Dikla.
דקק	(Q)	q zermalmen; zerstoßen sein. hi zermalmen; zerstoßen.

		ho zermalmt werden; zerstoßen werden.
		polpal dargestellt werden (Q).
דָּקַר		*q* durchbohren.
		ni durchbohrt werden.
		pu pt. durchbohrt.
דֶּקֶר		*n. pr. m.* Deker, → *auch* בֶּן־דֶּקֶר.
[דר]	(Q)	Krieger.
דַּר		kostbarer Bodenbelag.
דֹּר		→ דּוֹר II.
דֵּרָאוֹן		Abscheu.
דָּרְבָן, דָּרְבֹן		Stachel.
דַּרְדַּע		*n. pr. m.* Darda.
דַּרְדַּר	(Q)	Disteln.
דָּרוֹם	(Q)	Süden; Südwind.
[דרומי]	(Q)	*adj.* südlich.
דְּרוֹר I		Schwalbe.
דְּרוֹר II		Tropfen.
דְּרוֹר III	(Q)	Freilassung.
[דריון]	(Q)	Abscheu.
דָּרְיָוֶשׁ		*n. pr. m.* Darius.
דָּרְיוֹשׁ		*l.* דְּרוֹשׁ (*Esr 10,16*) → דרשׁ.
דרך	(QS)	*q* treten; keltern; spannen (*Bogen*).
		hi betreten lassen; festtreten; spannen (*Bogen*);
		Jdc 20,43 uns.
דֶּרֶךְ	(QS)	*m. u. f.* Weg, Wegstrecke, Reise; Art, Brauch, Verhalten, Wandel, Ergehen.
דַּרְכְּמוֹנִים		Drachmen.
דַּרְמֶשֶׂק		*n. l.* Damaskus.
דָּרַע		*n. pr. m.* Dara.
דַּרְקוֹן		*n. pr. m.* Darkon.
דרשׁ	(QS)	*q* suchen, forschen, befragen, auslegen, fordern, sich kümmern um.
		ni gesucht werden; sich suchen lassen.
[דרשיהו]	(*l*)	*n. pr. m.*
[דשׁא]	(Q)	Fettasche.

דשׁא		q grünen.
		hi Grünes hervorbringen.
דֶּשֶׁא	(Q)	frisches Grün, Gras.
דשׁן	(QS)	q fett werden.
		pi fett machen, einfetten; von Fettasche säubern; Ps 20,4 für fett erklären.
		pu fett gemacht werden.
		hotpaal mit Fett gesättigt > triefen.
		hitp fett.
דֶּשֶׁן	(QS)	Fett, Fettasche.
דָּשֵׁן		fett, saftig.
דִּשׁוֹן, דּשֹׁן		→ דִּישׁוֹן.
[דְּשָׁן]	(I)	n. pr. m.
דָּת		f. Anordnung, Gesetz.
דֹּתַיִן		n. l. Dotajin.
דָּתָן	(S)	n. pr. m. Datan.
דֹּתָן		n. l. Dotan.

ה

הַ⊙	(IQS)	der, die, das.
הֲ	(IQS)	Fragepartikel.
הָא		Interj.: da!; siehe!
הֶאָח	(S)	Interj. ha!, ei!
[הָאֳמָן]	(I)	n. pr. m.
הָאֲרָרִי		→ אֲרָרִי.
הַב (הָבָה, הָבִי, הָבוּ)		imp. von יהב gib!, Interj. auf!
[הבאיה*]	(Q)	Ertrag.
[הבב*]	(Q)	pil zögern, sich zögerlich aufmachen.
הַבְהַב*		n. m. Hos 8,13 Leidenschaft?
הָבוּ		→ הַב.
הֵבוּ		Hos 4,18 uns.
הָבִי		→ הַב.
הבל		q leer, nichtig sein/werden.
		hi leer, nichtig machen.

הֶבֶל I	(QS)	Hauch > Nichtigkeit, Vergänglichkeit; *auch von Götzen.*
הֶבֶל II	(Q)	*n. pr. m.* Abel.
הָבְנִים		*n.* [*m.*] *pl.* Ebenholz.
הבר		*q* verneigen, verehren; *pt. c.* שָׁמַיִם Sterndeuter.
הֵגֵא		*n. pr. m.* Hege.
[הגבה]	(*I*)	*n. pr. m.*
הַגְּדֻּדָה		→ גְּדֻדָה.
[הגדל]	(Q)	Lobpreis.
הגה I	(QS)	*q* gurren, knurren, murmeln; sinnen, nachdenken; halblaut lesen; reden. *hi* zum Murmeln bringen; murmeln. *poel? Jes 59,13* reden.
הגה II		*q* ausscheiden, entfernen.
הֶגֶה		Gemurmel, Wimmern; Grollen (*Donner*).
הָגוּת*		Sinnen.
הֵגַי		*n. pr. m.* Hegai.
[הגי]	(Q)	Meditation, Nachdenken, Offenbarung; Knurren, Seufzen.
הָגִיג*		Seufzen.
הִגָּיוֹן	(Q)	Gemurmel, Nachsinnen; Klingen?; *Ps 9,17 liturgische Angabe.*
הָגִין		*Ez 42,12* geziemend?
[הגלניה]	(*I*)	*n. pr. m.*
הָגָר		*n. pr. f.* Hagar.
הַגְרִי		*n. gent.* Hagriter.
[הגשה]	(S)	Herbeiführen.
הֵד		Freudengeschrei (*eig. Interj.*).
הֲדַד		*n. pr. m.* Hadad. → *auch* בֶּן־הֲדַד.
הֲדַד־רִמּוֹן		*Sach 12,11 n. d. o. n. l.* Hadad-Rimmon.
הֲדַדְעֶזֶר		*n. pr. m.* Hadadezer.
הדה		*q* ausstrecken.
הֹדּוּ		*n. terr.* Hoddu, Indien.
[הדום]	(Q)	Fußschemel.
הֲדוּרִים		*Jes 45,2* uns.

הֲדוֹרָם		n. pr. m., n. gent., n. pr. Hadoram.
הִדַּי		n. pr. m. Hiddai.
הוֹדַיְוָהוּ		l. Qere (I Chr 3,24) n. pr. m. Hodawjahu.
הדך		q niedertreten.
הֲדֹם*	(Q)	Schemel.
הֲדַס		Myrte.
הֲדַסָּה		n. pr. f. Hadassa.
הדף	(S)	q stoßen, wegdrängen.
הדר	(QS)	q auszeichnen, vorziehen, schmücken. ni ausgezeichnet werden. hitp sich brüsten.
הָדָר	(QS)	Auszeichnung, Schmuck, Herrlichkeit, Erhabenheit.
הֲדַר		n. pr. m. Hadar.
הֲדָרָה*		Schmuck.
הֲדֹרָם		→ הֲדוֹרָם.
הָהּ		Interj. oh!, ach!
הוֹ		Interj. wehe!
הוּא I		→ הוה I.
הוּא	(IQST)	m. sg. prn. er; jener.
הוֹד I	(QS)	Hoheit, Pracht.
הוֹד II		n. pr. m. Hod.
[הוֹדָאָה]	(S)	f. Dank, Danklied.
[הוֹדוֹת]	(QS)	f. Dankbarkeit, Dank; Lob; Dank- u. Loblied.
הוֹדְוָה		n. pr. m. Hodwah.
הוֹדַוְיָה		n. pr. m. Hodawjah.
הוֹדַוְיָהוּ	(I)	n. pr. m. Hodawjahu.
הוֹדִיָּה		n. pr. m. Hodijah.
הוה I		q fallen.
הוה II	(QT)	q werden; sein, bleiben.
הַוָּה I	(Q)	Verderben; Frevel.
הַוָּה II	(Q)	Begierde, Verlangen, Leidenschaft.
הֹוָה, הוה	(Q)	Unfall, Verderben.
הוֹהָם		n. pr. m. Hoham.
הוֹי, [הוֹה]	(QS)	wehe! (in Totenklage, proph. Weheruf).

[הוֹלֵל]	(Q)	Torheit.
הוֹלֵלוֹת, הוֹלֵלוּת	(Q)	Torheit.
הוֹלֵם		pt. q von הלם.
הוּם	(S)	q in Verwirrung bringen. ni außer sich geraten. hi in Verwirrung bringen; außer sich geraten.
הוֹמָם		n. pr. m. Homam.
הוּן	(S)	hi für leicht halten, sich rüsten.
הוֹן	(QS)	Güter, Vermögen; adv. genug.
[הוֹרָה]	(Q)	n. m./f. Empfängnis.
[הוֹרוֹת]	(Q)	n. f. Lehre, Unterricht.
[הוֹרִיָּה]	(Q)	n. f. Lehre.
[הוֹרָרֻט]	(Q)	n. l. Hurarat (Ararat).
הוֹשָׁמָע		n. pr. m. Hoschama.
הוֹשֵׁעַ	(IQ)	n. pr. m. Hosea.
הוֹשַׁעְיָה(וּ)	(I)	n. pr. m. Hoschaja(hu).
הוֹת*		→ התת.
הוֹתִיר		n. pr. m. Hotir.
הזה		q japsen, nach Luft schnappen.
הִי		Interj. wehe!
הִיא	(QST)	f. sg. prn. sie; jene.
הֵידָד		Freudengeschrei; Kriegsgeschrei.
הֵידוֹת		Lobgesänge.
היה	(IQS)	q geschehen, werden, sein, entstehen; c. לְ dienen als. ni sich begeben, sich zutragen; c. לְ zu etwas werden.
הַיָּה*		Verderben, Unfall.
[הַיְהֻדִי]	(I)	n. pr.
הֵיךְ	(Q)	wie?
הֵיכָל	(QS)	Palast; Tempel, Hauptraum des Tempels.
[הֵיכָן]	(Q)	prn. interr. wo?
הֵילֵל		Morgenstern.
הֵימָם		n. pr. m. Hemam.
[הֵימָן]	(Q)	prp. von.

הֵימָן		n. pr. m. Heman.
הִין I	(IQ)	Flüssigkeitsmaß Hin (zwischen 3,66 l und 7,5 l).
[הכוס]	(I)	n. pr. m.
[הכן]	(Q)	adv. hier.
הכר		q zusetzen, misshandeln.
הַכָּרָה*		c. פָּנִים Parteilichkeit.
הלא		ni pt. weit entfernt.
הָלְאָה		weiter, fortan.
הִלּוּלִים	(Q)	Fest, Festjubel.
הַלָּז		m. u. f. der da, die da; dort.
הַלָּזֶה		der da.
הַלֵּזוּ		die da.
הָלִיךְ*	(Q)	Schritt; Fuß.
הֲלִיכָה*	(Q)	Weg; pl. Weg, Bahn, Treiben, Karawane, Prozession.
הלך	(IQST)	q gehen, wandeln, sich verhalten; weggehen, dahingehen. ni dahingehen müssen. pi gehen, wandeln, umhergehen; vergehen; Prov 6,11 pt. Wegelagerer. hi gehen lassen, führen; bringen. hitp hin und her gehen, sich ergehen, wandeln, sich verlaufen (Wasser).
הֵלֶךְ		I Sam 14,26 Fließen; II Sam 12,4 Besucher.
[הלכה]	(Q)	n. f. Gang, Wandel.
[הלכוס]	(Q)	n. pr. m.
הלל I	(S)	hi leuchten, leuchten lassen.
הלל II	(QS)	pi jauchzen, rühmen, preisen, loben. pu gerühmt, gepriesen werden; hitp sich rühmen; Prov 31,30 gelobt werden.
הלל III	(QS)	q verblendet sein. poel zum Toren, Gespött machen. poal pt. sinnlos. hitpo sich verrückt benehmen.
[הלל]	(Q)	Lobpreis.
הִלֵּל	(Q)	n. pr. m. Hillel.
הלם		q hämmern, schlagen; stampfen; bezwingen.

הֲלֹם		hierher, hier.
הֵלֶם		n. pr. m. Helem.
הַלְמוּת		Hammer.
חָם		n. l. Ham.
הֵם	(IQS)	m. pl. prn. sie.
הַמְּדָתָא		n. pr. m. Hammedata.
המה	(QS)	q lärmen, brausen; brummen, knurren, gurren, kläffen; tönen; stöhnen; unruhig sein.
הֵמָּה	(QST)	m. pl. prn. sie.
הֲמוּלָה		→ הָמֻלָּה.
הָמוֹן	(QS)	Lärm, Getümmel; Menge, Reichtum; Erregung, Aufregung.
הֲמוֹנָה		n. l. Hamona.
הֶמְיָה*		Rauschen, Klang.
הָמֻלָּה		Getöse?, Volksmenge?
המם	(QS)	q verwirren, aufreiben; Jes 28,28 antreiben; Jer 51,34 uns.
[המן]	(Q)	→ prp. מִן.
הָמָן		n. pr. m. Haman.
הֲמָנְכֶם		→ הָמוֹן.
הָמָסִים		Reisig.
[המצה]	(I)	n. l. → מֹצָה.
[המראה]	(S)	Auflehnung, Widerstreben.
הֵן	(IQS)	Interj. siehe!; wenn (aram.).
הן	(I)	→ הִין.
[הנה]	(QS)	ni Nutzen haben, genießen.
הֵנָּה I	(IQS)	hier, hierher; bis jetzt.
הֵנָּה II	(Q)	f. pl. prn. sie.
הִנֵּה	(IQ)	Interj. siehe!; wenn; c. Sf. 1. sg. hier bin ich.
הֲנָחָה		Erlass, Amnestie.
[הניפה]	(Q)	Schwingen.
הִנֹּם*		n. l. Hinnom → גֵּיא בֶן־הִנֹּם.
[הנמי]	(I)	n. pr. m.
הֵנַע		n. l. Hena.
[הנף]	(Q)	Schwenken.

הֲנָפָה		das Schwingen.
הַס	(Q)	Interj. still!
הסה	(Q)	q schweigen. hi beschwichtigen.
הָסוּרִים		pt. pass. q von אסר.
[הסס]	(Q)	q schweigen.
[הע]	(Q)	Interj. ha!
הָפָנָה*		Aufhören.
הפך	(QS)	q wenden; umstürzen, zerstören; verwandeln; sich wenden, sich ändern, werden. ni sich wenden; umgestürzt, zerstört werden; verwandelt werden; sich wandeln. ho sich wenden. hitp Gen 3,24 zucken; Jdc 7,13 rollen; Hi 37,12 sich hin und her wenden; Hi 38,14 sich verwandeln.
הֶפֶךְ		Gegenteil, Verkehrtheit.
הֲפֵכָה	(Q)	Zerstörung.
הֲפַכְפַּךְ		gewunden.
[הפלא]	(Q)	Tun von Wundern, Wundertat, Aufweis von Wundern.
הַצָּלָה		Rettung.
[הצליהו]	(I)	n. pr. m.
הַצְלֶלְפּוֹנִי		n. pr. f. Hazlelponi.
הֹצֶן		Haufe? Waffen?
הַר	(IQS)	Berg, Gebirge; adv. loc. bergwärts.
הֹר		n. l. Hor.
הַר־חֶרֶס		n. l. Har-Heres.
הָרָא		n. terr. Hara.
הַרְאֵל		l. אֲרִיאֵל I (Ez 43,15).
הַרְבֵּה		Menge, viel.
הַרְבִּית*		l. Qere (II Sam 14,11) inf. cs. hi von רבה.
הרג	(QS)	q töten, totschlagen; schlachten. ni getötet werden. pu getötet werden.
הֶרֶג		Töten, Morden.
הֲרֵגָה	(Q)	Töten, Schlachten.

[הרדיס]	(Q)	→ הרודיס.
הרה	(Q)	*q* empfangen, schwanger werden/sein; *pt.* Mutter, Eltern.
		pu empfangen werden.
		poel? Jes 59,13 empfangen.
הָרָה	(Q)	*adj.* schwanger.
[הָרוֹדִיס]	(Q)	*n. l.* Herodion.
הָרוּם		*n. pr. m.* Harum.
הֵרוֹן		*n.* [*m.*] Schwangerschaft, Verlangen.
הֲרוֹרִי		*n. gent.* Haroriter.
[הריה]	(Q)	Schwangere, Schwangerschaft.
[הריהו]	(J)	*n. pr. m.*
הֵרָיוֹן		Empfängnis, Schwangerschaft.
הֲרִיסָה*	(S)	*n. f.* Ruin.
הֲרִיסוּת*		*n. f.* Trümmer.
הָרָם		→ בֵּית הָרָם.
הוֹרָם		*n. pr. m.* Horam.
הַרְמוֹן		*Am 4,3 ungedeutet.*
הָרָן		*n. pr. m.* Haran.
הָרָן		→ הָרוֹן.
הרס	(QS)	*q* einreißen, wegreißen, zerstören; durchbrechen, vordringen; *Ps 58,7* ausschlagen.
		ni niedergerissen werden.
		pi zerstören.
הֶרֶס I	(S)	Zerstörung.
הֶרֶס II		→ עִיר הַהֶרֶס.
הֲרָסֻת		Zerstörung.
[הרקנוס]	(Q)	*n. pr. m.*
הֲרַר		→ הַר.
הֲרָרִי, הֲרָרִי		*n. gent.* Harariter.
[השרק]	(J)	*n. pr.*
[השגה]	(S)	Erreichen, Einholen.
הָשֵׁם		*n. pr. m.* Haschem.
הַשְׁמָעוּת		Mitteilung.
הָשְׁפוֹת		אַשְׁפֹּת *c. art.*

[הִשְׁתַּחֲוֹת]	(Q)	n. f. pl. Kniefall, Niederwerfung.
הִתּוּךְ		Schmelzen.
הִתְחַבְּרוּת		inf. hitp von חבר II.
הֲתָךְ		n. pr. m. Hatach.
התל	(S)	pi verspotten.
הֲתָלִים		Gespött.
התת		poel mit Vorwürfen überhäufen.

ו

וְ, וּ	(IQS)	und; auch, samt; und zwar; oder; ו ... ו sowohl - als auch, sei es ... sei es.
וְדָן		n. l. Wedan.
וָהֵב		n. l. Waheb.
וָו*		Nagel.
וָזָר		schuldig.
וַיְזָתָא		n. pr. m. Waisata.
וָלָד	(Q)	Kind.
[וְנִי]	(Q)	n. pr. m.
וַנְיָה		n. pr. m. Wanja.
וָפְסִי		n. pr. m. Wofsi.
וַשְׁנִי		n. pr. m. Waschni.
וַשְׁתִּי		n. pr. f. Waschti.
[וָתִיק]	(S)	adj. erfahren, sachkundig.

ז

זְאֵב I	(QS)	Wolf.
זְאֵב II		n. pr. m. Seëb.
זֹאת	(IQS)	f. sg. prn. diese.
זבד	(QS)	q beschenken.
זָבָד		n. pr. m. Sabad.
זֶבֶד	(QS)	Geschenk.
זַבְדִּי		n. pr. m. Sabdi.

זַבְדִיאֵל		n. pr. m. Sabdiël.
זְבַדְיָה(וּ)	(I)	n. pr. m. Sebadja(hu).
זְבוּב		coll. Fliegen.
זָבוּד		n. pr. m. Sabud.
זְבוּדָה		n. pr. f. Sebuda.
[יבול]	(Q)	Wohnung.
זְבוּלוּן, זְבוּלֻן	(Q)	n. pr. m., n. gent. Sebulon.
זְבוּלֹנִי		n. gent. Sebuloniter.
זבח	(Q)	q schlachten, opfern. pi opfern, Schlachtopfer darbringen.
זֶבַח I	(QS)	Schlachtopfer.
זֶבַח II		n. pr. m. Sebach.
זַבַּי		n. pr. m. Sabbai.
זְבִידָה		n. pr. f. l. Qere (II Reg 23,36) Sebuda → זְבוּדָה.
זְבִינָא		n. pr. m. Sebina.
זבל		q anerkennen, erheben, beiwohnen.
זְבֻל I	(Q)	Wohnung.
זְבֻל II		n. pr. m. Sebul.
זְבֻלוּן		→ זְבוּלוּן.
זָג		Schale o. Kern; Beeren.
זֵד	(QS)	frech, vermessen; Frecher, Frevler.
[זדה]	(I)	Riss, Spalt.
זָדוֹן	(QS)	Vermessenheit.
זֶה	(IQST)	dieser; hier; nun; in der Poesie auch Relativpartikel.
זֹה	(S)	f. sg. diese.
זָהָב	(IQS)	Gold.
[זהוב]	(S)	Goldmünze.
[זהיר]	(S)	adj. vorsichtig.
[זהירה]	(S)	n. pr. f.
זהם		pi verleiden.
זַהַם*		n. pr. m. Saham.
זהר I	(QS)	q strahlen. hi glänzen. pi strahlen lassen.

זהר II	(QS)	*ni* sich warnen lassen. *hi* warnen.
זֹהַר	(Q)	Glanz.
זוֹ	(I)	*f. sg.* diese.
זוּ	(Q)	*Relativpartikel*; *Hab 1,11 text. corr.?*; *Ps 62,12* dieses.
זִו		Siw (*Monatsname, April/Mai*).
זוב	(QS)	*q* fließen; *Thr 4,9* dahinfließen (= verenden). *hi* fließen lassen.
זוֹב	(Q)	Ausfluss.
[זוג]	(Q)	*uns. hitp* verbunden werden.
זוד	(S)	→ זיד.
[זוז]	(Q)	Sus (*Silbermünze, Wert eines viertel Schekel*).
זוּזִים		*n. gent.* Susiter.
[זוח]	(S)	*q* stolz sein.
זוֹחֵת		*n. pr. m.* Sohet → *auch* בֶּן־זוֹחֵת.
זָוִית*		Ecke.
זול		*q* ausschütten.
זוּלַת, זוּלָה*	(QS)	außer; *Jos 11,13* ausgenommen dass.
זון	(QS)	*Prov 17,4 hi von* אזן I, *Jer 5,8* (*Ketib*) → יוֹ.
זוֹנָה		Hure.
[זונות]	(Q)	*n. pr. f.*
זוע I	(QS)	*q* zittern. *pilp* zittern machen.
[זוע II]	(S)	*hitp* rinnen lassen, schwitzen lassen.
זְוָעָה, זַוֲעָה, זַוֲעָה		Zittern, Schrecken.
זור I	(S)	*q* ausdrücken, zerdrücken.
זור II	(QS)	*q* sich abwenden, fremd sein. *ni* sich abwenden. *ho pt.* entfremdet.
[זור III]	(S)	*hi* fremd machen. *ho* als fremd erachtet werden.
זָזָא		*n. pr. m.* Sasa.
זחח	(S)	*q* zurückweichen. *ni* sich verrücken, rutschen.
[זחט]	(I)	*n. pr. m.*

זָחַל I	(Q)	q kriechen, sich verkriechen.
זָחַל II		q fürchten.
זֹחֶלֶת		Schlange.
זִיד	(QS)	q vermessen sein. hi frech handeln, vermessen handeln; sich erhitzen, erregen; *Gen 25,29* kochen.
[זִידָה]	(Q)	Unverschämtheit, Anmaßung, Frevel.
זֵידוֹן*		überschäumend.
[זָידֹן*]	(Q)	Frechheit, Vermessenheit.
[זִיו*]	(Q)	Glanz.
זִיז I		Gewimmel, ein Insekt.
זִיז II	(Q)	Euter, Zitze.
זִיזָה, זִיזָא		*n. pr. m.* Sisa.
זִינָא		*n. pr. m.* Sina.
זִיעַ		*n. pr. m.* Sia.
זִיף		*n. pr. m., n. l.* Sif.
זִיפָה		*n. pr.* Sifa.
זִיפִי*		*n. gent.* Sifiter.
זִיקָה, זִיק	(QS)	Bogen; Feuerbrand; *pl.* Brandpfeile.
[זִיר]	(S)	Ring, Ringfassung.
זַיִת	(QS)	Ölbaum; *coll.* Oliven.
זֵיתָן		*n. pr. m.* Setan.
זַךְ	(Q)	rein, lauter.
[זַכָּא]	(J)	*n. pr.*
זכה	(Q)	q rein sein. pi rein halten. hitp sich reinigen.
זְכוֹכִית		Glas.
זָכוּר*	(Q)	was männlich ist.
זָכוּר	(Q)	eingedenk.
זַכּוּר	(J)	*n. pr. m.* Sakkur.
זַכַּי		*n. pr. m.* Sakkai.
[זַכִּי]	(Q)	rein, schuldlos.
זכך	(Q)	q hell sein; lauter, rein sein. hi reinigen.

זָכַר	(IQST)	q sich erinnern, denken an, gedenken. ni gedacht, erwähnt werden. hi erinnern, erwähnen; bekennen, preisen.
זֵכֶר	(QS)	Gedenken, Erwähnung, Nennung, Anrufung.
זָכָר	(QS)	Mann; männlich.
זֶכֶר		n. pr. m. Secher.
[זכר]	(I)	→ זָכוּר.
זִכָּרוֹן	(QS)	Gedenken, Erinnerung, Erwähnung.
זִכְרִי	(I)	n. pr. m. Sichri.
[זכריאל]	(Q)	n. pr.
זְכַרְיָה(וּ)	(IQ)	n. pr. m. Sacharja(hu).
זָלוּת		Gemeinheit.
זַלְזַלִּים		Ranken.
זלל I	(QS)	q leichtfertig, gemein sein; verachtet sein. hi verachten.
זלל II		ni beben, wanken.
זַלְעָפָה, זִלְעָפָה	(QS)	Heftigkeit, Erregung; Sturmwind.
זִלְפָּה	(Q)	n. pr. f. Silpa.
זִמָּה I	(QS)	Schandtat, Schande; Plan, schändlicher Plan.
זִמָּה II		n. pr. m. Simma.
זְמוֹרָה		Ranke, Rebe; *Ez 8,17* Schande, Gestank?
זַמְזֻמִּים		n. gent. Samsummiter.
זָמִיר I	(I)	Beschneiden (*der Reben*), Schneiteln.
זָמִיר II, זמירה	(Q)	Gesang.
זְמִירָה		n. pr. m. Semira.
זמם	(QS)	q sinnen, trachten.
זָמָם		n. [m.] Plan, Vorhaben.
זמן	(Q)	q festsetzen. pu pt. festgesetzt.
זְמָן	(QS)	Zeit (*abgegrenzt*), Datum.
זמר I	(IQ)	q beschneiden (*der Reben*), schneiteln. ni beschnitten werden (*der Reben*), geschneitelt werden.
זמר II	(Q)	pi singen, spielen; preisen.
[זמר]	(Q)	n. [m.] (Lob-)Lied.

[זמר]	(I)	Beschneiden?
זָמֶר*		Wildziege?, Gazellenart?
[זמר]	(I)	n. pr.
זְמֹרָה		→ זְמוֹרָה.
זִמְרָה I	(Q)	Gesang, Klang.
זִמְרָה II		Schutz, Stärke.
זִמְרָה III		Frucht, Erzeugnis.
זִמְרִי		n. pr. m., n. terr. Simri.
[זמריה(ו)]	(I)	n. pr. m.
זִמְרָן		n. pr. m. Simran.
זִמְרָת		→ II זִמְרָה.
[זן]	(Q)	prn. dem, dieser.
זַן	(S)	Art, Sorte.
זנב		pi die Nachhut vernichten.
זָנָב	(Q)	Schwanz, Stummel.
זנה	(QS)	q huren; treulos sein; bildl. für: Götzendienst betreiben.
		pu gehurt werden.
		hi zur Unzucht verleiten; huren.
[זנה]	(Q)	dieser.
זֹנָה		→ זוֹנָה.
זָנוֹחַ		n. pr. m., n. l. Sanoach.
זְנוּנִים	(Q)	Unzucht, Hurerei; Untreue.
זְנוּת	(QS)	Unzucht, Hurerei; Untreue.
זָנֹחַ		→ זָנוֹחַ.
זנח I	(Q)	hi stinken.
זנח II	(QS)	q verwerfen, verstoßen.
		hi für verworfen erklären, verwerfen.
זנק		pi hervorspringen.
זֵעָה*		Schweiß.
זַעֲוָה	(Q)	Zittern, Schrecken.
זַעֲוָן		n. pr. m. Saawan.
זעזע		pilp von זוע.
[זעטוט]	(Q)	n. m. Jüngling, Junge.
זְעֵיר	(S)	ein wenig.

זָעַךְ		*ni* ausgelöscht sein.
זָעַם	(QS)	*q* verwünschen, schelten, zürnen. *ni pt.* erzürnt. *hi* erschüttern.
זַעַם	(QS)	Verwünschung, Zorn.
[זַעֲמָה]	(Q)	Zorn, Fluch.
זָעַף		*q* erbittert sein, zürnen; *Dan 1,10* schlecht aussehen.
זָעֵף		wütend.
זַעַף	(Q)	Wut, Zorn.
זָעַק	(Q)	*q* schreien, anrufen. *ni* aufgeboten werden; *I Sam 14,20* sich versammeln. *hi* schreien; (Heerbann) aufbieten; *Jon 3,7* ausrufen lassen; *Sach 6,8* laut zurufen.
זְעָקָה	(Q)	Geschrei, Klagegeschrei.
זִפְרוֹן, זְפְרֹן*		*n. l.* Sifron.
זֶפֶת	(QS)	*f.* Pech.
זִקִּים* I	(Q)	Fesseln.
זִקִּים* II	(QS)	Brandpfeile.
זָקֵן	(QS)	*q* alt werden/sein. *hi* alt werden.
[זָקֵן]	(I)	*n. pr. m.*
זָקָן	(Q)	*m. u. f.* Bart.
זָקֵן	(IQS)	alt; Greis; Ältester.
זֹקֶן		Greisenalter.
זִקְנָה		Altern.
זְקֻנִים		Zeit, Zustand des Alterns, Greisenalter.
זָקַף	(Q)	*q* aufrichten.
זָקַק	(Q)	*q* seihen, waschen. *pi* läutern. *pu pt.* geseiht, geläutert.
זָר	(QS)	fremd; Fremder; andersartig, befremdlich, seltsam; unerlaubt, verboten.
זֵר*	(S)	Einfassung, Randleiste.
זָרָא	(S)	Übelkeit, Brechruhr.

זרב		*pu* wasserarm werden.
[זרב]	(Q)	Rinne; Gosse.
זְרֻבָּבֶל		*n. pr. m.* Serubbabel.
זֶרֶד*		*n. l.* Sered.
זרה I	(QS)	*q* streuen, worfeln. *ni* zerstreut werden. *pi* streuen, zerstreuen, ausstreuen; *Prov 20,8.26* worfeln. *pu* gestreut, bestreut werden.
זרה II		*pi* abmessen.
זְרוֹעַ	(IQS)	Arm, Unterarm; Macht, Streitkraft.
זֵרוּעַ		Saat.
[זרז]	(S)	*pi* stark machen.
זַרְזִיף		Regenguss.
זַרְזִיר*		*Prov 30,31 text. corr.*
זרח	(IQS)	*q* aufgehen, hervorbrechen.
זֶרַח* I	(Q)	Aufgang (der Sonne).
זֶרַח II	(I)	*n. pr. m.* Serach.
זַרְחִי		*n. gent.* Serachiter.
זְרַחְיָה	(I)	*n. pr. m.* Serachja.
זרם	(Q)	*q* wegschwemmen; zerstören. *poel* ausgießen.
זֶרֶם	(Q)	Wolkenbruch.
זִרְמָה*		Penis; Ejakulat.
זרע	(IQS)	*q* säen. *ni* gesät werden; befruchtet werden. *pu* gesät werden. *hi* Samen bilden; *Lev 12,2* Nachkommenschaft hervorbringen.
זֶרַע	(IQS)	Aussaat, Saat; Same; Nachkommenschaft; Geschlecht.
[זרע]	(I)	Arm; *metaph*. Truppen.
זֵרְעִים, זֵרְעֹנִים	(Q)	Gemüse.
זרק	(Q)	*q* streuen, sprengen; *Hos 7,9* eingesprengt sein. *pu* besprengt werden.
[זרק]	(Q)	Speer, Wurflanze.

זָרַר I		q pass.? ausgedrückt werden.
זָרַר II		polel niesen.
זֶרֶשׁ		n. pr. f. Seresch.
זֶרֶת	(Q)	Spanne (der Hand: ca. 22 cm).
זַתּוּא		n. pr. m. Sattu.
זֵתָם		n. pr. m. Setam.
זֵתַר		n. pr. m. Setar.

ח

[חאב]	(I)	n. pr. (m.), evtl. → חאה.
[חאה]	(I)	n. pr. (m.), evtl. → חאב.
חֹב*		Hemdtasche.
חבא	(Q)	ni sich verstecken; versteckt, geborgen sein. pi verstecken. pu sich versteckt halten. hi verstecken, versteckt halten. ho versteckt gehalten werden. hitp sich versteckt halten.
[חבא]	(I)	n. pr. m.
חבב	(QS)	q lieben. pi lieben.
חֹבָב		n. pr. m. Hobab.
חָבָּה	(Q)	l. Qere (I Chr 7,34) n. pr. m. Hubbah?
חָבוֹר		n. fl. Habor.
[חבורה I]	(Q)	Gemeinschaft.
חַבּוּרָה II	(Q)	Wunde, Beule.
חבט	(S)	q abschlagen, ausklopfen. ni ausgeklopft werden.
חביב	(Q)	adj. geliebt; als Nomen: Geliebter.
חֲבַיָּה		n. pr. m. Hobaja.
חֶבְיוֹן*		Hülle.
חבל I		q pfänden. ni gepfändet werden.
חבל II	(QS)	q böse handeln. ni c. לְ: es geht ihm schlecht.

		pi verderben, zugrunde richten.
		pu vernichtet werden; zerstört sein.
חבל III		*pi* empfangen.
חבל IV	(Q)	*q* binden.
חֲבֹל		Pfand.
חֶבֶל I	(Q)	Seil, Strick, Schnur; Schlinge, Fangstrick; Feldstück; Bezirk, Landstrich; *I Sam 10,5.10* Bande.
חֶבֶל II	(Q)	Verderben.
חֵבֶל	(Q)	Wehen, Schmerzen; Leibesfrucht.
חִבֵּל		Mastbaum?
חֹבֵל	(Q)	Matrose.
[חבלה]	(QS)	*n. f.* Seil; Tau.
חֲבֹלָה*	(S)	Pfand.
[חבלין]	(I)	*n. pr.*
חֹבְלִים		Verbindung.
חֲבַצֶּלֶת		Lilie (*Affodil*).
חֲבַצִּנְיָה		*n. pr. m.* Habazzinja.
חבק	(QS)	*q* umarmen; *Koh 4,5* (*die Hände*) ineinander legen.
		pi umarmen; Schutz suchen.
חִבֻּק		Ineinanderlegen.
חֲבַקּוּק	(Q)	*n. pr. m.* Habakuk.
חבר I		*hi* glänzen, künsteln.
חבר II	(QS)	*q* verbunden sein; bannen.
		pi verbinden, verbünden.
		pu verbunden sein/werden.
		hitp sich verbünden; Handelsgemeinschaft haben.
חבר III	(QS)	*q* bannen, erstarren lassen.
חָבֵר	(QS)	Gefährte; Anhänger.
חַבָּר		Zunftgenosse.
חֶבֶר I	(IQ)	Verbindung, Gemeinschaft; Bindung, Bann.
חֶבֶר II		*n. pr. m.* Heber.
[חבר III]	(Q)	Beschwörung, Bann.
חֲבַרְבֻּרֹת*		Flecken.
חֲבָרָה		→ חֲבוּרָה.

חֶבְרָה		Gemeinschaft.
חֶבְרוֹן	(I)	n. pr. m., n. l. Hebron.
חֶבְרוֹנִי		n. gent. Hebroniter.
חֶבְרִי		n. gent. Hebriter.
חֶבְרֹנִי		→ חֶבְרוֹנִי.
חֲבֶרֶת*	(Q)	Gefährtin.
חֹבֶרֶת		Reihe; Behang; Verbindungsstück.
חבשׁ	(Q)	q binden, umbinden, verbinden; satteln; bildl. für herrschen; einschließen. pi verbinden; eindämmen. pu verbunden werden.
חֲבִתִּים		Pfannen, Backwerk.
חָג, חַג	(QS)	Fest, Wallfahrtsfest.
חָגָא		Beschämung.
חָגָב I	(Q)	Heuschrecke.
חָגָב II	(I)	n. pr. m. Hagab.
חֲגָבָה		n. pr. m. Hagaba.
חגג I	(Q)	q ein Wallfahrtsfest feiern; Ps 107,27 taumeln.
חגג II	(Q)	q stoßen, herumwirbeln.
חָגוּ*		Schlupfwinkel.
חֲגוֹר*		Gürtel.
חָגוֹר*		gegürtet.
חֲגוֹרָה		Gürtel; Schurz.
חַגַּי	(I)	n. pr. m. Haggai.
חַגִּי		n. pr. m. Haggi; n. gent. Haggiter.
חַגִּיָּה		n. pr. m. Haggija.
חַגִּית	(I)	n. pr. f. Haggit.
חָגְלָה	(I)	n. pr. f. Hogla.
חגר	(Q)	q gürten; sich gürten.
[חגר]	(Q)	adj. humpelnd.
חָגָר, חֲגֹרָה		→ חֲגוֹר, חֲגוֹרָה.
חַד* I	(Q)	scharf.
חַד II		Ez 33,30 einer.
חדד	(Q)	q scharf sein; angriffslustig sein. ho geschärft, geschliffen sein.

חֲדַד		n. pr. m. Hadad.
חדה I		q sich freuen. pi erfreuen.
חדה II		q sehen.
[חדוד]	(Q)	Splitter; Sonnenstrahl.
חַדּוּדִים*	(Q)	Spitze, Zacke.
חֶדְוָה	(S)	Freude.
חָדִיד		n. l. Hadid.
[חדיתא]	(Q)	n. l. Hadita.
חדל I	(IQS)	q aufhören, ablassen, unterlassen; aufgeben; ausbleiben, fehlen; ruhen.
חדל II		q fett sein, Erfolg haben.
חָדֵל		Ps 39,5 aufhörend, vergänglich; Ez 3,27 unterlassend; Jes 53,3 uns.
חֶדֶל*		Totenreich.
חַדְלַי		n. pr. m. Hadlai.
חֶדֶק		Nachtschattengewächs.
חִדֶּקֶל		n. fl. Tigris.
חדר	(S)	q umkreisen, eindringen.
חֶדֶר	(IQS)	Innenraum, Kammer; Innerstes.
חַדְרָךְ		n. l. Hadrach.
חדש	(QS)	pi neu machen, erneuern. hitp sich erneuern, verjüngen.
חָדָשׁ	(QS)	neu, frisch.
חֹדֶשׁ I	(IQS)	Neumond, Monat; Jer 2,24 Brunstzeit.
חֹדֶשׁ II		n. pr. f. Hodesch.
חֲדָשָׁה		n. l. Hadascha.
חָדְשִׁי		n. l. Hodschi.
חֲדַתָּה		→ חָצוֹר חֲדַתָּה.
חוב	(QS)	pi schuldig sein, schuldig sprechen, in Schuld bringen.
חוֹב		Schuld, Sünde.
[חובה]	(Q)	n. f. Verurteilung; Verdammung.
חוֹבָה		n. l. Hoba.
חוג	(S)	q einen Kreis ziehen.

חוּג	(QS)	Kreis, Horizont.
חוּד	(S)	q ein Rätsel aufgeben.
חוֹדֶשׁ		→ חוֹדֶשׁ.
חוה I	(QS)	pi verkünden, unterrichten.
חוה II		hišt sich neigen, sich niederwerfen.
חַוָּה I		Zeltlager, Zeltdorf.
חַוָּה II	(Q)	n. pr. f. Eva.
חוֹזֶה		→ חֹזֶה I.
חוֹזַי		n. pr. m. Hosai.
חוֹחַ I		Dornen; Dorn, Haken.
*חוֹחַ II		n. [m.] Loch, Höhle, Kluft, Spalte.
חוט		hi abwiegen.
חוּט		Faden.
חִוִּי	(Q)	n. pr. m. Hiwwi; n. gent. Hiwwiter (Hewwiter).
חֲוִילָה		n. pr. m., n. terr. Hawila.
חול I	(QS)	q Reigen tanzen, sich wenden. pol Reigen tanzen. hitpol wirbeln.
חול II		→ חיל I.
חוֹל I	(QS)	Sand.
חוֹל II		Hi 29,18 Phönix.
חוּל	(Q)	n. pr. m. Hul.
[חוֹלֹן]	(Q)	n. pr. m.
חוּם		dunkelfarbig.
חוֹמָה	(Q)	Mauer.
חוֹמֶץ		→ חֹמֶץ.
חוֹמֶשׁ		→ חֹמֶשׁ I.
[חוּנִי]	(Q)	n. pr. m.
[חוּנָן]	(I)	n. pr. m.
חוס	(Q)	q betrübt sein; sich erbarmen, schonen.
חוֹף		Ufer, Küste.
חוּפָם		n. pr. m. Hufam.
חוּפָמִי		n. gent. Hufamiter.
חוּץ	(Q)	Gasse; draußen.
*חוּקֹק		n. l. Hukok.

חוּר	(Q)	q erbleichen.
חֹור		→ חֹר I.
חוּר I	(Q)	weiß, Linnen.
חוּר II		n. pr. m. Hur. → בֶּן־חוּר.
חוֹרֵב	(S)	→ חֹרֵב.
[חוֹרוֹן]	(Q)	n. l. Horon.
חוֹרָי		Linnen.
חוֹרִי		→ חֹרִי II.
חוּרַי		n. pr. m. Hurai.
חוּרִי		n. pr. m. Huri.
חוּרָם		n. pr. m. Huram.
חַוְרָן		n. terr. Hauran.
חוֹרֹנַיִם		n. l. Horonajim.
[חוּרָץ]	(I)	n. pr. m.
חוּשׁ I	(QS)	q eilen. hi eilen, beschleunigen; weichen.
חוּשׁ II		q empfinden, besorgt sein.
[חוּשׁ III]	(Q)	q aufhören, schweigen.
חוּשָׁה		n. pr. m. Huscha.
חוּשַׁי, חֻשַׁי	(I)	n. pr. m. Huschai.
חֻשִׁים		n. pr. f. Huschim.
חוֹשֶׁךְ		→ חֹשֶׁךְ.
חוּשָׁם		→ חֻשָׁם.
חוֹתָם I	(IQS)	Siegel.
חוֹתָם II		n. pr. m. Hotam.
חוֹתֵן		→ חֹתֵן.
חֲזָאֵל		n. pr. m. Hasaël.
חזה	(QS)	q sehen, schauen; term. tech. für Offenbarungserlebnis („Vision"); Ex 18,21 sich aussersehen, auswählen.
חָזֶה	(Q)	Brust, Brustkern.
חֹזֶה I	(QS)	Seher, Prophet.
חֹזֶה II		Abmachung; Übereinkunft, Vertrag.
חֲזָהאֵל		→ חֲזָאֵל.
חֲזוֹ		n. pr. m. Haso.

חָזוֹן	(IQS)	Vision, Erscheinung.
[חִזּוּק]	(Q)	Stärkung.
חָזוּת	(QS)	Visionsbericht.
חָזוּת		Vision; *Dan 8,5.8* Auffälligkeit.
חֲזִיאֵל		n. pr. m. Hasiël.
חֲזָיָה		n. pr. m. Hasaja.
חֶזְיוֹן		n. pr. m. Hesjon.
חִזָּיוֹן	(Q)	Vision, Erscheinung.
*חֲזִיז I	(S)	Gewitterwolke, Regenwolke.
חֲזִיר	(Q)	Wildschwein.
חֵזִיר	(IQ)	n. pr. m. Hesir.
חזק	(QS)	q fest, stark werden/sein; c. עַל drängen; c. בְּ hängen bleiben, festhalten; c. לֵב verstockt sein. pi fest, stark machen; c. לֵב u. פָּנִים verhärten, verstocken; *Jes 33,23* festhalten; *Jes 22,21*; *Nah 2,2* umgürten (*aram.*). pu ausgebessert werden. hi fest, stark machen; ergreifen, festhalten; sich mächtig zeigen. hitp sich stark machen/zeigen.
[חִזְקִי]	(I)	n. pr. m.
חָזָק	(QS)	fest, hart, stark; heftig.
חָזֵק		stark, kräftig.
*חֵזֶק		Stärke.
חֹזֶק	(QS)	Stärke.
חָזְקָה		Gewalt, Stärke; *II Reg 12,13* Ausbesserung (*bautechnisch*).
*חָזְקָה	(Q)	Erstarken; *Jes 8,11* Zupacken.
חִזְקִי		n. pr. m. Hiski.
חִזְקִיָּ(הוּ)	(IQS)	n. pr. m. Hiskia, Hiskijahu.
[חזר]	(QS)	q umdrehen, herumgehen.
חָח		Dorn, Haken; *Ex 35,22* Spange.
חטא	(QS)	q verfehlen; schuldig sein, verschulden, sündigen; *Hab 2,10*; *Prov 20,2* verwirken. pi entsündigen, Sündopfer darbringen; *Gen 31,39* ersetzen müssen. hi zur Sünde veranlassen, verführen; *Jdc 20,16*

verfehlen; *Jes 29,21* als schuldig hinstellen. *hitp* sich entsündigen; *Hi 41,17* sich zurückziehen.

חַטָּא	(Q)	sündigen; Sünder.
חֵטְא	(QS)	Verfehlung, Schuld, Sünde.
[חטא]	(QS)	sündig.
חֶטְאָה		Verfehlung, Sünde; Sündopfer.
חַטָּאָה	(Q)	Verfehlung, Sünde; Schuld gegenüber Gott > Sündenstrafe, Sündopfer, Reinigung von Sünden.
חֲטָאָה	(Q)	Verfehlen.
חַטָּאת, חַטָּאת I	(QS)	Verfehlung, Sünde; Sündenstrafe; Sündopfer.
חטב I		*q* hauen, fällen. *pu pt.* geschnitzt.
חטב II		*q pt. pass.* bunt.
חִטָּה	(IQ)	Weizen.
חַטּוּשׁ	(I)	*n. pr. m.* Hattusch.
חֲטִיטָא		*n. pr. m.* Hatita.
חַטִּיל		*n. pr. m.* Hattil.
חֲטִיפָא		*n. pr. m.* Hatifa.
חטם		*q* sich bezähmen.
חטף		*q* rauben.
חֹטֶר	(QS)	Spross, Rute.
חַטָּת		→ חַטָּאת.
חַי I	(IQST)	*adj.*: lebendig, frisch; *subst.*: das Lebendige, Leben כָּעֵת חַיָּה übers Jahr; *als Schwurpartikel*: beim Leben von.
חַי II		*I Sam 18,18* Sippe?
חִיאֵל		*n. pr. m.* Hiël.
[חיב]	(IQS)	Schuld; Schuldner?
חִידָה	(QS)	Rätsel, Rätselspruch; *Hab 2,6* versteckte Anspielung; *Dan 8,23* Ränke.
חיה	(QST)	*q* leben, am Leben bleiben, aufleben, genesen. *pi* leben lassen, am Leben erhalten; lebendig machen, ins Leben rufen; wieder beleben; *Hos 14,8* (*Korn*) anbauen. *hi* am Leben erhalten; beleben.

חָיָה*		Ex 1,19 leicht gebärend.
חַיָּה I	(QS)	Tier (meist nicht domestiziert); Wesen.
חַיָּה II	(QS)	Leben; Hi 38,39 Gier.
חַיָּה* III		Schar, Heer.
חַיָּה IV		n. f. Wohnsitz, Wohnung, o. viell. Land.
[חיהוּ]	(I)	n. pr. m.
חַיּוּת		Lebensdauer; II Sam 20,3 bei Lebzeiten (des Mannes).
חַיִּים	(IQST)	→ pl. חַי.
חִיל I	(QS)	q Wehen haben, kreißen; sich winden, beben. pol zum Kreißen bringen; hervorbringen. polal geboren werden. hi beben machen. ho geboren werden. hitpol sich vor Angst winden. hitpalp von Schrecken ergriffen werden.
חִיל II		q Dauer, Bestand haben.
חִיל III	(Q)	q warten. pol warten. hitpol warten.
חַיִל	(IQS)	Kraft, Tüchtigkeit; Vermögen, Habe; Streitmacht, Heer; Neh 3,34 Oberschicht.
חֵיל	(Q)	Vormauer?, Ringmauer?
חִיל		Wehen.
[חִילָא]	(I)	n. pr. m.
חִילֵז		n. l. Hiles.
חִילֵךְ		n. terr. Helech, Kilikien.
חֵילָם		n. l. Helam.
חִילֵן		n. l. Hilen.
[חִים]	(I)	n. pr. m.
חִין		Hi 41,4 text. corr.
חַיִץ	(Q)	Wand.
חִיצוֹן	(IQ)	außen gelegen, äußerer; c. לְ außerhalb.
חֵיק	(QS)	Schoß; Gewandbausch; Nierengegend; f. Höhlung, Inneres.
חִירָה		n. pr. m. Hira.

חִירוֹם		n. pr. m. Hirom.
חִירָם		n. pr. m. Hiram.
חִירֹת		→ פִּי הַחִירֹת.
חִישׁ		eilends.
חֵךְ	(QS)	Gaumen.
חכה	(QT)	q warten auf. pi warten, harren; zaudern.
חַכָּה		Angelhaken.
[חכור]	(Q)	Pacht; Darlehen.
חֲכִילָה		n. l. Hachila.
[חכירות]	(I)	Miete; Pacht.
[חכל]	(I)	n. pr. m.
חֲכַלְיָה(וּ)	(I)	n. pr. m. Hachalja(hu).
חַכְלִילִי*		dunkel, trübe.
חַכְלִלוּת		Trübheit.
חכם	(QS)	q weise werden/sein; sich weise verhalten. ni sich als weise darstellen. pi weise machen; unterweisen. pu pt. belehrt, erfahren. hi weise machen. hitp sich weise, klug zeigen.
חָכָם	(QS)	kundig, geschickt, kunstfertig; erfahren, klug, weise.
חָכְמָה	(QS)	Fertigkeit, Geschick; Erfahrung, Klugheit, Weisheit (*göttliche Weisheit, menschliche Weisheit, personifizierte Weisheit*).
חַכְמוֹנִי		n. pr. m. Hachmoni.
חָכְמוֹת	(S)	Weisheit.
[חכר* I]	(Q)	q pachten, leihen.
חכר II		q unterdrücken; *Nebenform zu* הכר.
[חכרה]	(Q)	Pacht.
חֵל		→ חיל.
חֹל	(Q)	profan.
חלא I	(S)	q erkranken. hi krank machen.
חלא II	(S)	hi rosten, rosten lassen.

[חֲלָא]	(I)	n. pr. m.
חֶלְאָה* I		Rost.
חֶלְאָה II		n. pr. f. Hela.
חֲלָאִים		pl. von חֲלִי I.
חֶלְאָמָה		→ חֵילָם.
חָלָב	(QS)	Milch.
חֵלֶב I	(QS)	Fett; Bestes, Erlesenes.
חֵלֶב II		n. pr. m. Heleb.
חֶלְבָּה		n. l. Helba.
חֶלְבּוֹן		n. l. Helbon.
חֶלְבְּנָה		n. f. Galbanharz, Galbanum.
חֶלֶד		Lebensdauer; Welt.
חֶלֶד		n. pr. m. Heled.
חֹלֶד	(Q)	Maulwurf.
חֻלְדָּה		n. pr. f. Hulda.
חֶלְדַּי	(I)	n. pr. m. Heldai.
חלה	(QS)	q schwach, krank sein/werden.
		ni schwach, krank werden, bekümmert sein; pt. schlimm, unheilbar.
		pi krank machen; beschwichtigen, besänftigen.
		pu schwach werden.
		hi krank machen; pt. Krankheit.
		ho entkräftet sein.
		hitp sich krank fühlen/stellen.
חַלָּה	(Q)	Brot (ringförmig).
חֲלוֹם	(QS)	Traum.
[חלום]	(Q)	kräftig.
חַלּוֹן	(QS)	Fensteröffnung, Fenster.
חֹלוֹן		n. l. Holon.
חֲלוֹף		Dahinschwinden?
חלוקה		→ חֲלֻקָּה.
חֲלוּשָׁה		Niederlage.
חֲלַח		n. l. Halach.
חַלְחוּל		n. l. Halhul.
חַלְחָלָה	(Q)	Beben, Schmerz.
חלט		q als unwiderruflich, gültig annehmen.

חֳלִי	(QS)	Krankheit, Leiden.
חֲלִי I		Schmuck.
חֲלִי II		n. l. Hali.
[חליה]	(Q)	n. f. Sediment; Niederschlag.
חֶלְיָה		Schmuck.
[חליו]	(I)	n. pr. m.
חָלִיל	(QS)	Flöte.
חָלִילָה		es sei fern!
[חליפא]	(Q)	n. pr. m.
חֲלִיפָה	(QS)	Wechsel, Ablösung; pl. auch im Wechsel; (Wechsel-)Kleid; Ps 55,20 gegenseitige Verpflichtung.
חֲלִיצָה*		Kleidung, Rüstung (< Ausziehbares).
חֶלְקָאִים, חֶלְכָה	(Q)	ungedeutet: Schurke?
חלל I	(QS)	ni entweiht werden; sich entweihen, sich entweihen lassen. pi entweihen; in (profanen) Gebrauch nehmen; Ez 28,16 verstoßen. pu pt. entweiht. hi anfangen; Ez 39,7 entweihen lassen; Num 30,3 (das Wort) brechen. ho angefangen werden.
חלל II	(Q)	q durchbohrt sein. pi durchbohren, verwunden. pu pt. durchbohrt. poel durchbohren. poal pt. durchbohrt.
חלל III		pi Flöte blasen.
חָלָל	(QS)	durchbohrt; getötet; defloriert.
חֲלָלָה		→ חָלִילָה.
חלם I	(QS)	q kräftig werden. ni gewiss sein. hi erstarken lassen.
חלם II	(Q)	q träumen. hi? träumen lassen.
חֲלֹם		→ חֲלוֹם.
חֵלֶם		n. pr. m. Helem.
[חלמה]	(Q)	n. f. gesäumte Robe; Ton, Lehm?

חֲלָמוּת		*Pflanzenart* Eibisch *o.* Ochsenzunge.
חַלָּמִישׁ	(Q)	Kiesel, Fels(gestein).
חֵלֹן		*n. pr. m.* Helon.
חֹלֹן		→ חַלּוֹן.
חלף I	(QS)	*q* vorüberziehen, dahinfahren; *I Sam 10,3* wegziehen. *pi* wechseln, ändern. *hi Gen 31,7.41* ändern; *Gen 35,2; Ps 102,27* wechseln; *Lev 27,10* ersetzen; *Jes 9,9* an die Stelle setzen; *Jes 40,31; 41,1* neu erhalten; *Hi 14,7* neu ausschlagen.
חלף II	(S)	*q* durchbohren, vernichten.
חֵלֶף I	(Q)	Ersatz (> anstatt/für).
חֵלֶף II		*n. l.* Helef.
[חלפתא]	(I)	*n. pr. m.*
חלץ I	(Q)	*q* ausziehen, entblößen; darbieten; *Hos 5,6* sich entziehen. *ni* gerettet werden. *pi* herausbrechen; retten; *Ps 7,5* plündern.
חלץ II	(Q)	*q pt. pass.* gerüstet. *ni* sich rüsten. *hi* ausrüsten.
חֶלֶץ I	(Q)	Lende, Hüfte.
חֶלֶץ II	(I)	*n. pr. m.* Helez.
[חלציהו]	(I)	*n. pr. m.*
חלק I	(Q)	*q* glatt, falsch sein. *hi* glätten; *c.* לָשׁוֹן *o.* אֲמָרִים schmeicheln.
חלק II	(QS)	*q* teilen, verteilen, zuteilen; Anteil erhalten; Anteil geben; *II Chr 28,21* ausrauben. *ni* verteilt werden; sich teilen. *pi* teilen, verteilen, zuteilen; zerstreuen. *pu* verteilt werden. *hi* an einer Erbteilung teilnehmen. *hitp* untereinander teilen.
חָלָק	(QS)	glatt, einschmeichelnd; *Ez 12,24* trügerisch; *pl. f. auch* Falschheit, Schmeichelhaftes; *Ps 73,18* Schlüpfriges.
חָלָק*		glatt.

חֵלֶק I		Schmeichelei.
חֵלֶק II	(QS)	Teil, Anteil, Besitz, Gewinn; Geschick.
חֵלֶק III	(I)	n. pr. m u. n. l. Helek.
[חלקא]	(I)	n. pr. m.
חֲלָקָה*	(Q)	Abteilung.
חֲלָקָה* I		Glätte, Schmeichelei.
חֶלְקָה II	(Q)	Feld, Grundstück.
חֲלָקוֹת		Glätte.
חֶלְקַי		n. pr. m. Helkai.
חֶלְקִי		n. gent. Helkiter.
חִלְקִיָּה(וּ)	(I)	n. pr. m. Hilkija(hu).
חֲלַקְלַקּוֹת*		glatte Stellen; Glätte, Falschheit.
חֶלְקַת		n. l. Helkat.
חֶלְקַת הַצֻּרִים		n. l. Helkath-Hazzurim.
חלש		q besiegen.
חלש II		q schwach sein, kraftlos sein, dahinscheiden, versterben.
חַלָּשׁ		Schwächling.
חָם I	(QS)	Schwiegervater (*Vater des Mannes*).
חָם II	(Q)	heiß.
חָם III	(IQ)	n. pr. m. Ham > Ägypten.
חֹם	(IQS)	Hitze.
חֵמָא*		→ חֵמָה I.
חֶמְאָה		Butter, Dickmilch.
חמד	(QS)	q begehren, gieren nach; schätzen; *pt. pass.* Jes 44,9 Liebling; Ps 39,12; Hi 20,20 Kostbarkeit. ni pt. begehrenswert. pi begehren.
חֶמֶד	(Q)	Anmut, Schönheit; Freude; Verlangen.
[חמדא]	(I)	n. pr. m.
חֶמְדָּה	(QS)	Begehrenswertes, Kostbarkeit, Lieblichkeit.
חֲמֻדוֹת	(QS)	Kostbarkeiten; lecker; liebenswert.
חֶמְדָּן		n. pr. m. Hemdan.
חֲמֻדֹת		→ חֲמֻדוֹת.
[חמה]	(S)	q sehen.

חַמָּה	(S)	Glut; Sonne.
חֵמָה I	(QS)	Hitze, Erregung, Zorn; Gift.
חֵמָה II		→ חֶמְאָה.
חֹמָה		→ חוֹמָה.
חַמּוּאֵל		n. pr. m. Hammuël.
חֲמוּדוֹת, חֲמוּדֹת		→ חֲמָדוֹת.
חֲמוּטַל		n. pr. f. Hamutal.
חָמוּל		n. pr. m. Hamul.
חָמוּלִי		n. gent. Hamuliter.
חַמּוֹן	(I)	n. l. Hammon.
חָמוֹץ*	(Q)	Bedrücker, Unterdrückung.
חָמוּץ*		grell (rot).
חַמּוּק*		Rundung.
חֲמוֹר I	(IQS)	Esel.
חֲמוֹר II		I Sam 16,20 Haufe; Jdc 15,16 c. du. haufenweise.
חֲמוֹר III		n. pr. m. Hamor.
חָמוֹת*	(S)	Schwiegermutter (Mutter des Mannes).
חֹמֶט	(Q)	ein Reptil: Eidechse?
חָמְטָה		n. l. Humta.
[חמיאהל]	(I)	n. pr. f..
חֲמִיטַל		II Reg 24,18; Jer 52,1 l. Qere.
[חמיעדן]	(I)	n. pr. f.
חָמִיץ		Sauerampfer.
חֲמִישִׁי(ת)	(Q)	fünfter; f. auch fünfter Teil; I Reg 6,31 fünfeckig.
חמל	(QS)	q Mitleid haben; schonen, sparen; II Sam 12,4 nicht über sich bringen können; c. לֹא auch mitleidlos.
[חמל]	(I)	n. pr. m.
חֶמְלָה*		Mitleid.
חָמְלָה		Mitleid.
חמם	(S)	q warm werden, sich wärmen; heiß, erregt werden. ni pt. glühend, brünstig. pi wärmen. hitp sich wärmen.

חַמָּן*	(Q)	Kultbau, Kultgegenstand; Räucheraltar?
חמס I	(QS)	q gewalttätig behandeln, bedrücken; verletzen; Hi 15,33 abwerfen; niederreißen. ni bedrückt werden.
חָמָס	(QS)	Gewalttat, Unrecht.
חמץ I		q durchsäuert werden/sein. hi sauer schmecken. hitp verbittert sein.
חמץ II		q unterdrücken.
חָמֵץ	(Q)	Gesäuertes.
חֹמֶץ	(IQ)	Essig.
חַמְצָה		inf. q von חמץ I.
חמק		q abbiegen, weggehen. hitp hin und her laufen, schwanken.
חמר I	(IS)	q schäumen. poalal gären.
חמר II		q Ex 2,3 verpichen. poalal gerötet sein.
חֲמוֹר		→ חֲמוֹר I.
חֶמֶר	(IS)	Wein (fermentiert?).
חֵמָר		Asphalt, Erdpech.
חֹמֶר I	(QS)	Lehm, Ton; Kot.
חֹמֶר II	(J)	Hohlmaß Homer (zwischen 220 l und 450 l); Ex 8,10 Haufe.
חֹמֶר III		Wogenschwall.
חַמְרָן		n. pr. m. Hamran.
חמש		q pt. pass. in Kampfgruppen geordnet. pi den fünften Teil erheben.
חָמֵשׁ	(IQ)	fünf; pl. fünfzig.
חֹמֶשׁ I	(Q)	Gen 47,26 Fünftel.
חֹמֶשׁ II		Unterleib, Bauch.
חֲמִישִׁי, חֲמִישִׁית		→ חֲמִישִׁי.
חֲמִשִּׁים	(T)	fünfzig.
חַמַּת		n. pr. m., n. l. Hammat.
חֲמָת		n. l. Hamat.
חֵמֶת		Schlauch.

חֲמֹת דֹּאר		n. l. Hammot-Dor.
חֲמָת צוֹבָה		n. l. Hamat-Zobah.
חֲמָתִי		n. gent. Hamatiter.
חֵן	(QS)	Anmut, Schönheit; Gunst, Geneigtheit, Beliebtheit; Gnade, Mitleid.
[חנא]	(I)	n. pr. (m.).
[חנג I]	(S)	hitp stürzen auf; tanzen?
[חנג II]	(S)	hitp leiden.
חֵנָדָד		n. pr. m. Henadad.
חנה I	(QS)	q sich neigen; sich lagern, Kriegslager aufschlagen. pi gnädig sein.
חנה II		pi Mitgefühl/Mitleid haben.
חַנָּה	(IQ)	n. pr. f. Hanna.
חֲנוֹךְ	(QS)	n. pr. m., n. l. Henoch.
חַנּוּן	(Q)	freundlich, huldvoll, gnädig.
חָנוּן	(S)	n. pr. m. Hanun.
חָנוּת*		Gewölbe.
חנט I		q Gen 50,2.26 einbalsamieren.
חנט II		q Cant 2,13 reif werden.
חֲנָטִים		Einbalsamierung.
[חני]	(Q)	n. pr.
[חניא]	(I)	n. pr. m.
חַנִּיאֵל		n. pr. m. Hanniël.
[חניהו]	(I)	n. pr. m.
חֲנִיּוֹת		pl. von חָנוּת.
חָנִיךְ*		Gefolgsmann?; erprobt?
[חנין]	(IQ)	n. pr. m.
[חנינא]	(Q)	n. pr. m.
חֲנִינָה	(Q)	Freundlichkeit, Huld.
חֲנִית	(QS)	Speer, Lanze, Ochsenstachel.
חנך		q anleiten, einweihen, erziehen.
חֲנֻכָּה		Einweihung.
חֲנֹכִי		n. gent. Henochiter.

חִנָּם	(QS)	unentgeltlich, ohne Entschädigung; vergeblich; ohne Grund, ohne Verschuldung.
חֲנַמְאֵל		n. pr. m. Hanamel.
חֲנָמָל	(Q)	Wasserflut.
[חנמלך]	(I)	n. pr. m.
חנן I	(IQST)	q gnädig, gütig sein. ni Jer 22,23 von אנח. pi lieblich machen. poel Erbarmen haben. ho Erbarmen finden. hitp um Gnade, Erbarmen flehen.
חנן II		q stinken.
[חנן]	(I)	gnädig.
חָנָן	(I)	n. pr. m. Hanan. → בֶּן־חָנָן.
חֲנַנְאֵל		n. l. Hananel.
[חננאל]	(I)	n. pr. m.
[חננה]	(I)	n. pr. f.
חֲנָנִי	(I)	n. pr. m. Hanani.
חֲנַנְיָה(וּ)	(IQ)	n. pr. m. Hananja(hu).
חָנֵס	(Q)	n. l. Hanes.
חנף	(S)	q entweiht, gottlos sein; entweihen. hi entweihen; abtrünnig machen.
חָנֵף	(QS)	gottlos.
חֹנֶף	(Q)	Gottlosigkeit.
חֲנֻפָה	(Q)	Gottlosigkeit.
חנק	(Q)	ni sich erdrosseln. pi erwürgen.
חַנָּתוֹן		n. l. Hannaton.
חסד I	(I)	hitp sich verbunden erweisen, fromm sein.
חסד II		pi schmähen.
חֶסֶד I	(IQS)	Gemeinschaftspflicht, Loyalität, Treue, Verbundenheit, Solidarität; pl. auch Gnadenerweise, Frömmigkeitserweise.
חֶסֶד II	(QS)	Schmach, Schande.
חֶסֶד III		n. pr. m. Hesed. → בֶּן־חֶסֶד.
[חסדא]	(I)	n. pr. m.

חֲסַדְיָה(וּ)	(I)	n. pr. m. Hasadja(hu).
חסה	(QS)	q sich bergen, Zuflucht suchen, auf jmd. vertrauen.
חֹסָה		n. pr. m., n. l. Hosa.
חָסוּת	(Q)	Zuflucht.
חָסִיד	(QS)	treu, fromm, loyal; Frommer.
חֲסִידָה		Storch?, Reiher?
חָסִיל, חסל	(Q)	Heuschrecke?, (Küchen-)Schabe?
חָסִין		stark.
חַסִיר	(S)	Mangel leidend, fehlend → auch חָסֵר.
חסל		q abfressen.
חסם	(QS)	q zubinden, versperren.
חסן		ni aufbewahrt, gespeichert werden.
חָסֹן	(Q)	stark.
חֹסֶן	(Q)	Vorrat, Schatz.
חספס		pualal pt. (pass.) flockig? knisternd?
חסר	(IQS)	q abnehmen; leer sein; fehlen, entbehren; Mangel leiden.
		pi fehlen lassen, entbehren lassen.
		hi mangeln lassen, Mangel haben.
חָסֵר	(IQS)	ermangelnd, fehlend.
חֶסֶר		Mangel.
חֹסֶר	(QS)	Mangel.
חַסְרָה		n. pr. m. Hasra.
חֶסְרוֹן		Mangel.
חַף		rein.
חפא		pi II Reg 17,9 ungedeutet, evtl. bedecken, verhüllen?
חפה		q verhüllen.
		ni bedeckt sein.
		pi überziehen.
חֻפָּה I	(S)	Schutzdach; Baldachin, Brautgemach.
חֻפָּה II	(Q)	n. pr. m. Huppa.
חפז	(Q)	q (ängstlich) fort hasten.
		ni sich (ängstlich) beeilen; fliehen.
חִפָּזוֹן		eilige Flucht, Hast.

חֻפִּים, חֻפָּם		n. pr. m. Huppim.
חֹפֶן*		hohle Hand.
חָפְנִי		n. pr. m. Hofni.
חפף		q (be)schirmen.
[חפפיו]	(I)	n. pr. m.
חפץ I	(QS)	q gern haben, Gefallen haben; wollen; willens sein, Lust haben.
חפץ II		q Hi 40,17 hängen lassen?, ausstrecken?
חָפֵץ		Gefallen habend, willig.
חֵפֶץ	(QS)	Freude, (Wohl-)Gefallen; Wunsch, Anliegen; Geschäft, Angelegenheit, Plan, Sache (aram.).
חֶפְצִי־בָהּ		n. pr. f. Hefziba.
חפר I	(IQ)	q graben, scharren; ausfindig machen, erforschen.
חפר II	(QS)	q sich schämen, beschämt sein. hi sich beschämt wissen; schändlich handeln.
חֵפֶר	(I)	n. pr. m., n. l. Hefer.
חֲפֹר פֵּרוֹת*	(Q)	l. חֲפַרְפָּרוֹת Spitzmäuse.
חֶפְרִי		n. gent. Hefriter.
חֲפָרַיִם		n. l. Hafarajim.
חָפְרַע		n. pr. m. Hofra.
חפש*	(Q)	q erforschen, durchsuchen. ni durchsucht werden. pi suchen, durchsuchen, forschen. pu sich suchen lassen, ersonnen werden? hitp sich unkenntlich machen, sich entstellen.
חֵפֶשׂ		Anschlag, Plan.
חפש	(S)	pu freigelassen werden.
חֹפֶשׁ I	(S)	Freiheit.
חֹפֶשׁ II	(S)	Stoff.
חֻפְשָׁה		Freilassung.
חָפְשׁוּת		l. Qere (II Chr 26,21).
חָפְשִׁי		freigelassen, frei.
חָפְשִׁית		Freilassung; Freiheit von.
חֵץ	(QS)	Pfeil.

חָצַב	(IQS)	q brechen, aushauen, behauen; spalten, zerschlagen; pt. Steinhauer.
		ni eingemeißelt werden.
		pu ausgehauen werden.
		hi zerhauen.
חַצָבִי*		Steinhauer.
[חצד]	(Q)	Dattel?
חָצָה	(Q)	q teilen, verteilen, abteilen; Jes 30,28 c. עַד reichen bis.
		ni sich teilen.
חֲצוֹצְרָה	(QS)	→ חֲצֹצְרָה.
חָצוֹר I		n. l. Hazor.
חָצוֹר II		die sesshaften Araber.
חָצוֹר חֲדַתָּה		n. l. Hazor-Hadatta.
חֲצוֹת		Mitte, Hälfte.
[חצי]	(I)	n. pr. m.
חֵצִי, חֲצִי	(IQ)	Hälfte; Mitte, halbe Höhe.
חֵצִי		Pfeil.
חָצִין*		Streitaxt.
חָצִיר	(QS)	Gras, Schilf; Num 11,5 Lauch.
חֵצֶן, חֹצֶן		Kleiderbausch, Busen.
[חצף]	(S)	adj. dreist; unverschämt - o. als Verb q unverschämt sein.
חָצַץ		q Abstand halten.
		pi verteilen.
		pu abgeschnitten, vollendet sein.
חָצָץ		Steinchen, Kiesel.
חַצְצוֹן תָּמָר, חַצְצֹן תָּמָר		n. l. Hazezon-Tamar.
חצצר		pi blasen, trompeten.
חֲצֹצְרָה	(QS)	Trompete.
חָצֵר	(Q)	Siedlung, Hof, Gehöft, eingehegter Raum.
חָצֹר		→ חָצוֹר.
חֲצַר־אַדָּר		n. l. Hazar-Addar.
[חצר אסם]	(I)	n. l. Hazar-Asam.
חֲצַר הַתִּיכוֹן		n. l. Hazer-Hattikon.

חֲצַר גַּדָּה   n. l. Hazar-Gadda.
חֲצַר סוּסָה, חֲצַר סוּסִים   (I)   n. l. Hazar-Susa, Hazar-Susim.
חֲצַר עֵינוֹן, חֲצַר עֵינָן   n. l. Hazar-Enon, Hazar-Enan.
חֲצַר שׁוּעָל   n. l. Hazar-Schual.
חֶצְרוֹ   n. pr. m. Hezro.
חֶצְרוֹן   n. pr. m., n. l. Hezron.
חֶצְרוֹנִי   n. gent. Hezroniter.
חֲצֵרוֹת   (I)   n. l. Hazerot.
חֶצְרַי   n. pr. m. Hezrai.
חֲצַרְמָוֶת   n. pr. m. Hazarmawet.
חֶצְרֹן   → חֶצְרוֹן.
חֶצְרֹנִי   → חֶצְרוֹנִי.
חֲצֵרֹת   → חֲצֵרוֹת.
חֵק   → חֵיק.
חֹק   (QS)   Festgesetztes, Bestimmtes; Maß, Ziel; bestimmte Zeit; zukommende Gebühr, Verpflichtung, Anspruch; Bestimmung, Regel, Vorschrift, Ordnung, Gesetz.

חקה   (Q)   pu pt. eingeritzt, gezeichnet.
hitp einzeichnen.

חֻקָּה   (Q)   Festgesetztes, Bestimmtes; Vorschrift, Satzung, Ordnung, Gesetz; Jer 5,24 Zeit.

חֲקוּפָא   n. pr. m. Hakufa.

חקק   (IQS)   q einritzen, einzeichnen; festsetzen, bestimmen, anordnen; Jes 22,16 (Grab) aushauen.
pu pt. vorgeschrieben.
ho aufgezeichnet werden.
poel ordnen, bestimmen; pt. auch Kommandostab; Führer.

חִקְקֵי   pl. cs. von חֹק.

חקר   (QS)   q erforschen, auskundschaften, prüfen.
ni erforscht werden, sich erforschen lassen; berechnet werden; durchdringlich sein.
pi forschen, prüfen.

[חקר]   (Q)   n. l. Hikkar.

חֵקֶר	(QS)	Forschen; Erforschung; Erforschtes; Grund, Tiefe.
חֹר* I	(QS)	Freier, Vornehmer.
חֹר II	(Q)	Loch, Höhle.
חָר		Loch, Versteck.
חֹר הַגִּדְגָּד		n. l. Hor-Haggidgad.
חֲרָאִים*		Kot, Mist.
חרב I	(IQS)	q austrocknen, vertrocknet sein; wüst, öd daliegen. ni verwüstet sein. pu ausgetrocknet sein. hi vertrocknen lassen; verwüsten, öde machen. ho verwüstet worden sein.
חרב II		q niederstoßen, niedermachen. ni einander niedermachen. ho II Reg 3,23 inf. abs. c. ni.
חָרֵב	(Q)	trocken; verwüstet, verödet.
חֶרֶב	(QS)	Messer, Dolch, Schwert; Meißel; Ez 26,9 Eisen?
חֹרֶב	(S)	Trockenheit, Hitze; Verwüstung, Öde.
חֹרֵב	(S)	n. l. Horeb.
חָרְבָּה	(QS)	verödetes Land, Trümmerstätte; Ruinen.
חֲרָבָה	(Q)	Trockenes, das trockene Land.
חֲרָבוֹן*		trockene Hitze.
חַרְבוֹנָא, חַרְבוֹנָה		n. pr. m. Harbona.
[חרבן]	(Q)	Verwüstung; Trostlosigkeit.
חרג		q (ängstlich) herauskommen.
חַרְגֹּל	(Q)	Heuschreckenart, Grille?
חרד	(Q)	q zittern, beben. hi jmd. schrecken, in Schrecken versetzen.
חָרֵד		bebend, ängstlich, bange.
חֲרָדָה I		Beben, Angst, Schrecken.
חֲרָדָה II		n. l. Harada.
חֲרֹדִי		n. gent. Haroditer.
חרה I	(QS)	q brennen, entbrennen; zornig werden. ni pt. zornig. hi sich erhitzen; eifrig tätig sein.

		hitp sich erzürnt zeigen.
		tifal wetteifern.
חרה II		*q* dahinschwinden.
חַרְהָיָה		*n. pr. m.* Harhaja.
[חרוב]	(Q)	Johannesbrotbaum.
[חרובה]	(Q)	*n. f.* Festung, Bollwerk.
חֲרוֹדִי		→ חֲרֹדִי.
חֲרוּזִים		Kette.
חָרוּל	(Q)	Unkraut, Distelkraut.
חֲרוּמַף		*n. pr. m.* Harumaf.
חָרוֹן	(QS)	Glut, Zorn.
חרון		→ בֵּית חֹרוֹן.
חֹרוֹנַיִם		*n. l.* Horonajim.
[חֲרוּפִי]	(Q)	*n. gent.* Haruphiter.
חָרוּץ I	(S)	Gold.
חָרוּץ II	(Q)	Graben; Einschnitt; verstümmelt.
חָרוּץ III		Einschnitt, Entscheidung, *Joel 4,14* Strafgericht.
חָרוּץ IV		einschneidend, Dreschschlitten.
חָרוּץ V		fleißig.
חָרוּץ VI		*n. pr. m.* Haruz.
חַרְחוּר		*n. pr. m.* Harhur.
חַרְחַס		*n. pr. m.* Harhas.
חַרְחַר	(QS)	Fieberhitze, Entzündung.
חֶרֶט	(Q)	Griffel.
חַרְטֹם	(Q)	Gelehrter, Magier, Wahrsagepriester.
חֲרִי*	(Q)	Glut, Hitze.
חֲרֵי		*st. cs. von* חֲרָאִים.
חֹרִי I		Gebäck.
חֹרִי II		*n. pr. m.* Hori; *n. gent.* Horiter.
[חריבה]	(Q)	*n. f.* Untergang; Ende; Trümmerstätte.
חָרִיט		Behälter, Geldbeutel.
חִרְיֹונִים		*l.* חֲרֵי יוֹנִים (*II Reg 6,25*).
חָרִיף		*n. pr. m.* Harif.
חֲרִיפִי		*l. Ketib* (*I Chr 12,6*) *n. gent.* Chariphiter.

חָרִיץ* I	(S)	Schnitte, Stück.
חָרִיץ* II		Pickel, Hacke.
חריץ III]	(S)	Gold.
חָרִישׁ*		Pflügezeit; zu Pflügendes > Ackerland.
חֲרִישִׁי	(Q)	ungedeutet, evtl. schneidend?, scharf?, Sturm?
חרך		q ungedeutet, evtl. rösten, braten?
חֲרַכִּים		Gitterfenster.
חרם I	(QS)	hi bannen, durch den Bann weihen; vernichten. ho gebannt werden.
חרם II		q pt. pass. mit gespaltener Nase. hi Jes 11,15 spalten.
חָרִם	(Q)	n. pr. m. Harim.
חֶרֶם		n. l. Horem.
חֵרֶם I	(QS)	Bann, Gebanntes, Banngut.
חֵרֶם II	(Q)	Netz.
חָרְמָה		n. l. Horma.
חֶרְמוֹן		n. l. Hermon.
חֶרְמוֹנִים		Hermongipfel.
חֶרְמוֹן		→ חֶרְמוֹן.
חֶרְמֵשׁ		Sichel.
חָרָן	(Q)	n. pr. m., n. l. Haran.
חֹרֹנִי		n. gent. Horoniter.
חֹרֹנַיִם		→ חֹרוֹנַיִם.
חַרְנֶפֶר		n. pr. m. Harnefer.
חֶרֶס* I		f. Schorf, Krätze.
חֶרֶס II		Sonne.
חֶרֶס* III		n. l. Heres.
חַרְסוּת		l. Qere (Jer 19,2) Scherbe.
חרף I	(S)	q überwintern.
חרף II	(IQST)	q schmähen, verhöhnen. pi schmähen, verhöhnen; reizen; gering achten.
חרף III	(Q)	q pass. bestimmt sein. ni pt. Lev 19,20 (zur Ehe) bestimmt.
חָרֵף	(I)	n. pr. m. Haref.
חֹרֶף	(Q)	Frühzeit, Jugend; Herbst; Winter.

חֶרְפָּה	(QST)	Schmähung; Schmach, Schande.
חרץ I	(Q)	q bestimmen, festsetzen; c. לָשׁוֹן bedrohen. ni pt. Beschlossenes, Entscheidung.
חרץ II		q sich beeilen.
חַרְצֹב*	(Q)	Fessel; Qual.
חַרְצָן*		Kern.
חרק	(QT)	q knirschen; schmerzen, brennen. ni Koh 12,6 gebrochen sein.
[חרר]	(Q)	Streit; Disput, Einspruch.
חרר		q glühen, brennen. ni angebrannt, versengt, entzündet sein. pilp in Glut bringen.
חֲרֵרִים		Steinwüste, Lavafelder.
חֶרֶשׂ	(Q)	Tonerde; Tongeschirr, Scherbe.
חֲרֹשֶׁת		→ קִיר חֲרֹשֶׁת.
חרשׁ I	(QS)	q eingraben; bearbeiten, schneiden; pflügen; bereiten. ni gepflügt werden.
חרשׁ II	(QS)	q taub sein, stumm sein. hi stumm sein, schweigen, verschweigen; unterlassen, untätig sein; zum Schweigen bringen. hitp sich still verhalten.
חרשׁ III	(QS)	q planen, bereiten. hi bereiten, planen.
חָרָשׁ	(QS)	Handwerker.
חֶרֶשׁ* I		Zauberkunst, Magie.
חֶרֶשׁ II		heimlich.
חֶרֶשׁ III		n. pr. m. Heresch.
חֵרֵשׁ	(Q)	taub.
חֹרֶשׁ		Wald.
חַרְשָׁא		n. pr. m. Harscha.
חֹרְשָׁה		n. l. Horescha.
חֲרֹשֶׁת		Bearbeitung.
חֲרֹשֶׁת הַגּוֹיִם		n. l. Haroschet-Haggojim.
חרת	(QS)	q eingraben.
[חרת]	(Q)	n. f. Tinte, Inschrift.

חֲרֵת*		n. l. Heret.
חֲשׂוּפָא		n. pr. m. Hasufa.
חָשִׂיף		kleine Herde.
חשׂךְ I	(QS)	q zurückhalten, schonen, sparen; ausbleiben. ni zurückgehalten, geschont werden.
חשׂף	(S)	q abschälen, entblößen; schöpfen.
חֲשַׂפָא		→ חֲשׂוּפָא.
חשׁב	(QS)	q anrechnen, für wertvoll halten/achten; für etw. halten; beabsichtigen, ersinnen, planen; Ps 40,18 sorgen; pt. auch Stoffwirker, Techniker. ni angerechnet werden, geachtet werden, gelten als. hi rechnen. ho gezählt werden. pi berechnen; bedenken; ersinnen, planen; Jon 1,4 im Begriff sein. hitp sich zählen unter.
חֵשֶׁב	(Q)	Gurt.
חֲשַׁבַּדָּנָה		n. pr. m. Haschbaddana.
חֲשֻׁבָה		n. pr. m. Haschuba.
חִשָּׁבוֹן*	(QS)	pl. Erfindung, Künste; Belagerungsmaschine.
חֶשְׁבּוֹן I	(QS)	Berechnung, Denken, Planen, Erkenntnis.
חֶשְׁבּוֹן II		n. l. Hesbon.
חֲשַׁבְיָה(וּ)		n. pr. m. Haschabja(hu).
חֲשַׁבְנָה		n. pr. m. Haschabna.
חֲשַׁבְנְיָה		n. pr. m. Haschabneja.
חשׁה	(QS)	q untätig sein; schweigen. hi schweigen heißen; untätig sein; schweigen; zaudern.
חַשּׁוּב		n. pr. m. Haschub.
חָשׁוּק		Querstange.
חִשֻּׁק		Speiche.
חִשּׁוּר		Radnabe.
[חשׁי]	(I)	→ חוּשַׁי.
חֲשֵׁיכָה		→ חֲשֵׁכָה.
חָשִׁים		→ חוּשִׁים.

חָשַׁךְ	(Q)	q dunkel sein/werden. hi verdunkeln, verfinstern; dunkel sein.
חָשֹׁךְ*		dunkel > gering.
חֹשֶׁךְ	(QS)	Dunkelheit, Finsternis, Verfinsterung.
חֲשֵׁכָה		Finsternis.
חשל		ni pt. Nachzügler.
חָשֻׁם		n. pr. m. Haschum.
חֻשָׁם		n. pr. m. Huscham.
חֻשָׁם		n. gent. Huschiter.
חֶשְׁמוֹן		n. l. Heschmon.
חַשְׁמַל		Silberlegierung.
חַשְׁמֹנָה		n. l. Haschmona.
חַשְׁמַנִּים*		Bronzesachen.
חֹשֶׁן	(QS)	Brustschild.
חשק	(QS)	q an jmd. hängen, lieben. ni anhänglich. pi verbinden. pu pt. Verbindung o. verbunden.
חֵשֶׁק		Begehren.
חִשֻּׁק*		Radspeiche.
חִשֻּׁר		Radnabe.
חֲשָׁרָה*		Ansammlung? Wasser(sieb)?
חֲשַׁשׁ		dürres Gras; Laub.
חֻשָׁתִי		n. gent. Huschatiter.
חַת* I		Schrecken; schreckerfüllt.
חַת II		adj. zerschmettert, zerbrochen, bestürzt.
חֵת		n. pr. m. Het.
חתה I	(Q)	q Ps 52,7 niederschlagen, zerstören.
חתה II		q zusammenkratzen, -schütten.
חִתָּה*		Schrecken.
חִתּוּל		Binde, Schiene.
חֲתַחְתִּים		Schrecken.
חִתִּי	(Q)	n. gent. Hittiter.
חִתִּית		Schrecken, Erschrecken.
חתך	(Q)	ni bestimmt sein.

חתל		*pu* gewickelt werden. *ho* Ez 16,4 *inf. abs. c. pu.*
חֲתֻלָּה*		Windel.
חֶתְלֹן		*n. l.* Hetlon.
חתם	(IQ)	*q* siegeln, versiegeln, verschließen; *Dan 9,24* bestätigen. *ni* versiegelt werden. *pi* sich einschließen. *hi* verstopft sein.
חֹתָם		→ חוֹתָם I.
חֹתֶמֶת		Siegelgerät.
חתן		*q pt.* Schwiegervater; *Dtn 27,23* Schwiegermutter (*Eltern der Frau*). *hitp* sich verschwägern.
חָתָן		Schwiegersohn; Bräutigam; *II Reg 8,27* verwandt.
חֹתֵן		*n. m.* Schwiegervater.
חֲתֻנָּה*		Hochzeit.
חֹתֶנֶת		*n. f.* Schwiegermutter.
[חתס]	(I)	*n. pr. m.*
חתף	(QS)	*q* hinwegraffen, jmd. überantworten.
חֶתֶף	(S)	Räuber, Raub.
חתר		*q* durchbrechen; *Jona 1,13* rudern.
חתת	(Q)	*q* mutlos, erschrocken sein. *ni* zerschlagen sein; niedergeschlagen, erschreckt sein; fürchten, verehren. *pi Jer 51,56* zerbrochen werden; *Hi 7,14* erschrekken. *hi* zerschmettern; erschrecken, mutlos machen.
חֲתַת I		Schrecken.
חֲתַת II		*n. pr. m.* Hatat.

ט

טאטא I		*pilp* wegfegen. *polp* schmutzig sein.
[טאטאים]	(Q)	Trampeln, Kehren.

טֵב	(I)	→ טוֹב I.
[טָב]	(I)	n. pr.
טָבְאַל	(I)	n. pr. m. Tabeal.
טָבְאֵל		n. pr. m. Tabeël.
טבב		q sprechen.
טָבוּל		Turban.
טַבּוּר		Nabel, Mitte.
טבח	(Q)	q schlachten, abschlachten.
טַבָּח	(Q)	sg. Schlächter, Koch; pl. Leibwache.
טֶבַח I		Schlachten.
טֶבַח II		n. pr. (m.) Tebach.
טַבָּחָה*		Köchin.
טִבְחָה		Schlachten; Schlachtfleisch.
טִבְחַת		n. l. Tibhat.
טֹבִיָּה		→ טוֹבִיָּה.
[טְבִילָה]	(Q)	n. f. Eintauchen; Untertauchen.
טבל	(Q)	q ein-, untertauchen. ni eingetaucht werden.
טְבַלְיָהוּ		n. pr. m. Tebaljahu.
טבע	(Q)	q eindringen, einsinken. pu versenkt werden. ho eingesenkt werden; Jer 38,22 eingesunken sein.
טַבָּעוֹת		n. pr. m. Tabbaot.
טַבַּעַת	(Q)	Siegelring, Ring.
טַבְרִמּוֹן		n. pr. m. Tabrimmon.
[טבשלם]	(I)	n. pr. m.
טַבָּת		n. l. Tabbat.
טֵבֵת		Tebet (Monatsname, Dezember/Januar).
טָהוֹר	(Q)	rein.
טהר	(QS)	q rein sein. pi reinigen, für rein erklären. pu pt. gereinigt. hitp sich reinigen.
טֹהַר*		Glanz, Reinheit.
טָהֹר		→ טָהוֹר.

טֹהַר	(QS)	Reinheit; Reinigung.
טָהֳרָה	(QS)	Reinwerden; Reinigung; Reinigungsvorschrift.
טוֹב	(S)	q gut, schön, froh, beliebt sein. hi gut handeln, schön machen.
טוֹב I	(IQST)	gut; angenehm, brauchbar, zweckmäßig, schön, freundlich; gütig.
טוֹב II	(IQ)	Gut, Wohl, Glück, Heil, Reichtum, Wohlstand, Wohlsein, Wohlbefinden, gute Nachricht(en), gute Taten, gute Lage, Güte.
טוֹב III		n. terr. Tob.
טוֹב IV		n. [m.] Wort.
טוּב	(QS)	Gut, Wohlstand, Glück, Güte, Schönheit.
טוּב II		n. [m.] Wort.
טוֹב אֲדֹנִיָּה		n. pr. m. Tob-Adonija.
טוֹבָה	(QS)	Gutes, Güte, Glück, Wohlwollen.
[טוֹבִי]	(T)	n. pr. m.
טוֹבִיָּה(וּ)	(IT)	n. pr. m. Tobija(hu).
טוה		q spinnen.
טַוָּה		Kleidung.
טוח	(Q)	q bestreichen, überstreichen, verputzen. ni überstrichen werden.
טוֹטָפֹת	(S)	Zeichen, Merkzeichen.
טול	(Q)	pilp hinwerfen. hi schleudern, werfen. ho hingeworfen werden.
טוּר	(Q)	Lage, Reihe.
טוש		q umherfliegen.
טחה		pil pt. Schussweite.
טְחוֹן		Handmühle.
טְחוֹת		Ps 51,8 text. corr. Inneres, Verborgenes, Dunkel(heit); Hi 38,36 Ibis.
טחח		q verklebt sein.
טחן		q mahlen, zerreiben, zermalmen; Koh 12,3 pt. f. Mahlzahn.
טַחֲנָה		Mühle.
טְחֹרִים		Hämorrhoiden.

טוֹטָפֹת		→ טוֹטָפֹת.
[טִיב]	(Q)	Qualität.
טִיחַ		Lehmüberzug.
טִיט	(Q)	Schlamm, Lehm.
[טִיף]	(Q)	ein wenig; Platz; Standort.
טִירָה*	(Q)	Steinlager, Zeltlager; *Cant 8,9* Zinne.
טַל	(QS)	Tau; Nieselregen.
טָלָא	(Q)	*q pt. pass.* gefleckt. *pu pt.* geflickt.
טְלָאִים I		*n. l.* Telaïm.
טְלָאִים II		*pl. von* טָלֶה.
טָלֶה	(Q)	Lamm.
טַלְטֵלָה		weiter Wurf.
טלל		*pi* überdachen.
טֶלֶם		*n. pr. m.* (*aram.*), *n. l.* Telem.
טַלְמוֹן, טַלְמֹן		*n. pr. m.* Talmon.
טמא	(Q)	*q* unrein sein, werden. *ni* sich verunreinigen. *pi* verunreinigen, für unrein erklären. *pu pt.* verunreinigt. *hitp* sich verunreinigen. *hotpaal* verunreinigt werden.
טָמֵא	(Q)	unrein.
טֻמְאָה		Unreinheit.
טֻמְאָה*	(Q)	Unreinheit.
טמה		*ni* als unrein betrachtet werden.
[טמטם]	(S)	verwischen?
טמם*	(S)	*ni* dumm sein; verstopft werden. *pilp* verstopfen; einfüllen.
טמן	(QS)	*q* verstecken, versteckt anbringen; verscharren. *ni* sich verstecken. *hi* sich versteckt halten.
טֶנֶא	(QS)	Korb.
טנף		*pi* beschmutzen.
[טס]	(S)	Platte.
טעה	(Q)	*hi* verleiten, umherirren.

טָעַם	(QS)	q kosten, schmecken, genießen; empfinden.
טַעַם	(S)	Geschmack, Empfindung; Verstand; *Jona 3,7* Befehl, Erlass (*aram.*).
טען I		*pu pt.* durchbohrt.
טען II		q beladen.
טַף	(Q)	coll. Kinder; nicht Marschfähige; Familie.
טפח I		*pi* ausbreiten.
טפח II		*pi* pflegen; gebären.
טֶפַח	(Q)	Handbreit; *I Reg 7,9* Querträger? Kragstein?
טֹפַח		Handbreit.
טִפֻּחִים		Pflegen; Geburt.
טפל	(S)	q beschmieren, besudeln, zuschmieren; *übertr.* andichten.
טַפְסָר, טִפְסָר		*Amtsbezeichnung*: Tafelschreiber? Beamter?
טפף		q trippeln.
[טפש]	(S)	*adj.* dumm.
טפשׁ	(S)	q unempfindlich sein.
טָפַת		*n. pr. f.* Tafat.
[טקח]	(I)	*n. pr.*
טרד	(QS)	q rinnen; fortdauern.
[טרוד]	(Q)	anhaltend, wiederholend handelnd.
טְרוֹם		ehe noch.
טרח		*hi* belasten.
טֹרַח	(Q)	Last.
טָרִי*		frisch, feucht.
טֶרֶם	(IQS)	Anfang; noch nicht; ehe noch, bevor (*auch c.* בְּ).
טרף	(Q)	q reißen, zerreißen. *ni* zerrissen werden. *pu* zerrissen werden.
טָרָף	(Q)	frisch gepflückt, frische Sprossen.
טֶרֶף	(QS)	Raub; Nahrung.
טְרֵפָה	(Q)	Zerrissenes.

י

יאב	(Q)	*q* sich sehnen, verlangen.
יֹאָב		→ יוֹאָב.
יאה		*q* gebühren; jmd. zustehen.
יְאֹר	(S)	→ יְאֹר.
[יאוש]	(I)	*n. pr. m.*
[יאזן]	(I)	*n. pr. m.*
יַאֲזַנְיָה(וּ)	(I)	*n. pr. m.* Jaasanja(hu).
[יאחז]	(I)	*n. pr. m.*
יָאִיר	(I)	*n. gent.* Jaïr.
יאל I	(QS)	*ni* töricht handeln, sich als Tor erweisen.
יאל II	(Q)	*hi* auf etw. aus sein; sich entschließen; anfangen.
[יאר]	(I)	→ יָאִיר.
יְאֹר	(QS)	Fluss, Strom; *meist* Nil; *pl. meist* Nilarme; (Bergwerks-)Stollen?
יָאִרִי		*n. gent.* Jaïriter.
יאש	(QS)	*ni* verzweifeln > ablassen; *pt.* (*als Interj.*) *auch* vergeblich. *pi* verzweifeln lassen.
יֹאָשׁ		→ יוֹאָשׁ.
יֹאשִׁיָּה(וּ)	(S)	*n. pr. m.* Josia, Josijahu.
יִאתוֹן		*l. Qere* (*Ez 40,15*) Eingang?
יְאָתְרַי		*n. pr. m.* Jeaterai.
יבב		*pi* klagen.
יְבוּל	(QS)	Ertrag.
יְבוּס		*n. l.* Jebus.
יְבוּסִי	(Q)	*n. gent.* Jebusiter.
יִבְחָר		*n. pr. m.* Jibhar.
יָבִין		*n. pr. m.* Jabin.
יָבֵישׁ		→ יָבֵשׁ II.
יבל	(QS)	*hi* bringen, tragen. *ho* gebracht, getragen werden.
יָבָל* I	(S)	Graben, Fluss.

יָבָל II		n. pr. m. Jabal.
יְבֻל		→ יְבוּל.
יֹבֵל		→ יוֹבֵל.
יִבְלְעָם		n. l. Jibleam.
יַבֶּלֶת		Warze?
יבם		pi Leviratsehe vollziehen.
יָבָם		Schwager (Bruder des Ehemannes).
יְבָמָה*	(Q)	Schwägerin.
יַבְנְאֵל		n. l. Jabneël.
יַבְנֶה		n. l. Jabne.
יִבְנְיָה		n. pr. m. Jibneja.
יִבְנִיָּה		n. pr. m. Jibnija.
יְבָסִי	(Q)	→ יְבוּסִי.
יַבֹּק	(Q)	n. fl. Jabbok.
יְבֶרֶכְיָהוּ	(I)	n. pr. m. Jeberechjahu.
יִבְשָׂם		n. pr. m. Jibsam.
יבשׁ I	(QS)	q austrocknen, trocken werden, verdorren, absterben. pi austrocknen. hi vertrocknen lassen, verdorren lassen; austrocknen.
יבשׁ II		→ בושׁ hi.
יָבֵשׁ I	(QS)	vertrocknet, verdorrt.
יָבֵשׁ II	(I)	n. pr. m., n. l. Jabesch.
יַבָּשָׁה	(Q)	Trockenes, trockenes Land, Festland.
יַבֶּשֶׁת		trockenes Land.
יִגְאָל	(I)	n. pr. m. Jigal.
יגב		q pt. Ackerbauer?
יָגֵב*		Acker?
יָגְבְּהָה		n. l. Jogboha.
יִגְדַּלְיָהוּ	(I)	n. pr. m. Jigdaljahu.
יגה I	(QS)	ni pt. betrübt. pi jmd. betrüben. hi jmd. plagen, betrüben.
יגה II	(Q)	hi II Sam 20,13 wegschaffen.

יָגוֹן	(Q)	Kummer, Qual.
יָגוֹר		(sich) fürchtend.
יָגוּר		n. l. Jagur.
יְגִיעַ*	(S)	Mühe, Arbeit; Ertrag, Erwerb, Besitz.
יָגִיעַ*	(QS)	erschöpft, um jmd. besorgt sein.
יְגִיעָה*		n. f. Ermüdung.
יָגְלִי		n. pr. m. Jogli.
יגע	(QS)	q müde sein; sich mühen um, sich abmühen. pi müde machen, bemühen. hi ermüden, lästig fallen.
יָגָע	(QS)	Arbeitsertrag.
יָגֵעַ		müde, sich abmühend.
יגר		q fürchten.
יְגַר	(Q)	→ יְגַר aram.
יגר	(I)	n. l. → יָגוּר.
יָד	(IQST)	Hand; Seite, Ufer; Bereich, Platz; Kraft, Macht, Gewalt; Denkmal, Denkzeichen; pl. Handgriffe, Armlehnen, Zapfen; mit Zahlwort Teile, -mal soviel; Jes 57,8 männliches Glied; Ez 21,24 Wegzeichen.
יִדְאֲלָה		n. l. Jidala.
יִדְבָּשׁ		n. pr. m. Jidbasch.
ידד		q werfen.
יְדִדוּת		Liebling.
ידה I	(QS)	q (auf jmd.) schießen. pi werfen, niederwerfen.
ידה II	(QST)	hi loben, preisen, bekennen, danken. hitp bekennen, beichten.
יִדּוֹ	(I)	n. pr. m. Jiddo.
יַדּוּ		n. pr. m. l. Qere (Esr 10,43) Jaddai.
יָדוֹן		n. pr. m. Jadon.
יַדּוּעַ	(I)	n. pr. m. Jaddua.
יְדוּתוּן		n. pr. m. Jedutun.
יָדִיד	(Q)	Liebling; lieblich.
יְדִידָה		n. pr. f. Jedida.
יְדִידְיָה		n. pr. m. Jedidja.

יְדִידֹת		Liebe.
יְדָיָה		n. pr. m. Jedaja.
יְדִיעֲאֵל		n. pr. m. Jediaël.
יְדִיתוּן		n. pr. m. Jeditun, → יְדוּתוּן.
יִדְלָף		n. pr. m. Jidlaf.
[יִדְנִיָהוּ]	(I)	n. pr. m.
ידע I	(IQST)	q wahrnehmen, merken; erfahren, erkennen, verstehen, wissen; sich kümmern, kennen lernen, kennen, vertraut sein, achten auf; beiwohnen. ni sich zeigen, sich zu erkennen geben, sich kund tun; sichtbar sein; bekannt sein/werden, erkannt werden; *Jer 31,19* zur Einsicht gelangen. pi wissen lassen. pu pt. bekannt, vertraut. poel (*I Sam 21,3* l. הוֹעַדְתִּי) → יעד hi. hi wissen lassen, mitteilen, kund tun. ho bekannt werden. hitp sich zu erkennen geben.
יָדָע	(I)	n. pr. m. Jada.
יְדַעְיָה(וּ), ידעיו	(I)	n. pr. m. Jedaja(hu).
יִדְּעֹנִי	(Q)	Wahrsagegeist, Wahrsager.
יְדָתוּן		→ יְדוּתוּן.
יָהּ	(IQS)	Kurzform von Jahwe: Jah.
[יְהֹאָר]	(I)	n. pr. m.
יהב	(QS)	q geben; → הַב.
יְהָב		Last, Sorge.
יהד		hitp sich zum Judentum bekennen.
יְהֻד*	(I)	n. l. Jehud.
יָהְדַי		n. pr. m. Johdai.
יֵהוּ	(I)	n. pr. m. Jahu.
יֵהוּא	(I)	n. pr. m. Jehu.
[יְהוֹאָב]	(I)	n. pr. m.
[יְהוֹאָח]	(I)	n. pr. m.
יְהוֹאָחָז	(I)	n. pr. m. Joahas.
[יְהוֹאֵל]	(I)	n. pr. m.
יְהוֹאָשׁ		n. pr. m. Joas.

[יְהוֹבִנָה]	(I)	n. pr. (m.).
[יְהוֹבַעַל]	(I)	n. pr. (m.).
יְהוּד		→ יָהָד.
יְהוּדָה	(IQS)	n. pr. m., n. gent., n. terr. Juda.
יְהוּדִי	(IQ)	n. pr. m. Jehudi; n. gent. Judäer, Jude.
I יְהוּדִית		adv. auf judäisch.
II יְהוּדִית		n. pr. f. Judit.
יהוה	(IQS)	n. d. Jahwe.
יְהוֹזָבָד		n. pr. m. Josabad.
[יְהוֹזֶרַח]	(I)	n. pr. m.
[יְהוֹחִי]	(I)	n. pr. m.
[יְהוֹחִיל]	(I)	n. pr. m.
יְהוֹחָנָן	(IQ)	n. pr. m. Johanan.
יְהוֹיָדָע		n. pr. m. Jojada.
יְהוֹיָכִין, יְהוֹיָכֻן		n. pr. m. Jojachin.
יְהוֹיָקִים, יְהוֹיָקֻם	(I)	n. pr. m. Jojakim.
יְהוֹיָרִיב	(Q)	n. pr. m. Jojarib.
[יהוישמע]	(I)	n. pr. f.
יְהוּכַל	(I)	n. pr. m. Juchal.
[יְהוּמֶלֶךְ]	(I)	n. pr. m.
יְהוֹנָדָב	(I)	n. pr. m. Jonadab.
יְהוֹנָתָן	(IQ)	n. pr. m. Jonatan.
[יהוסחר]	(I)	n. pr.
יְהוֹסֵף	(IQ)	n. pr. m. Josef.
יְהוֹעַדָּ(י)ן		n. pr. f. Joaddan.
יְהוֹעַדָּה		n. pr. m. Joadda.
[יהועז]	(I)	n. pr. m.
[יהועזר]	(I)	n. pr. m.
[יהועלי]	(I)	n. pr. (m.).
[יהוענה]	(I)	n. pr. (m.).
יְהוֹצָדָק	(Q)	n. pr. m. Jozadak.
[יהוקם]	(I)	n. pr. (m.).
יְהוֹרָם	(I)	n. pr. m. Joram.
יְהוֹשֶׁבַע		n. pr. f. Joscheba.

יְהוֹשַׁבְעַת		n. pr. f. Joschabat.
יְהוֹשׁוּעַ, יְהוֹשֻׁעַ	(IQS)	n. pr. m. Josua.
יְהוֹשָׁפָט		n. pr. m. Josafat.
יָהִיר	(Q)	anmaßend, stolz.
יַהֵל		pi von אהל.
יְהַלֶּלְאֵל		n. pr. m. Jehallelel.
יַהֲלֹם, יָהֲלֹם	(Q)	Edelstein: Jaspis?
יַהַץ, יַהְצָה		n. l. Jahaz.
יוֹאָב		n. pr. m. Joab.
יוֹאָח		n. pr. m. Joach.
יוֹאָחָז		n. pr. m. Joahas.
יוֹאֵל	(I)	n. pr. m. Joël.
[יוֹאמָן]	(I)	n. pr. (m.).
[יוֹאָר]	(I)	n. pr. (m.).
יוֹאָשׁ		n. pr. m. Joas.
יוֹב		n. pr. m. Job.
יוֹבָב		n. pr. m. Jobab; n. gent. Jobabiter.
I יוּבַל	(Q)	Kanal.
II יוּבָל		n. pr. m. Jubal.
יֹבֵל, יוֹבֵל	(Q)	Widder, Widderhorn; c. שְׁנָה Jobeljahr, Erlassjahr.
[יוּבְנָה]	(I)	n. pr. (m.).
[יוֹד]	(Q)	Jod (hebr. Buchstabe, wahrscheinlich bezogen auf Jahwe).
[יוֹדָן]	(I)	n. pr. m.
יוֹזָבָד		n. pr. m. Josabad.
[יוֹזָן]	(I)	n. pr. m.
יוֹחָא		n. pr. m. Jocha.
יוֹחָנָן	(IQS)	n. pr. m. Johanan.
יוּטָּה		→ יָטָה.
יוֹיָדָע		n. pr. m. Jojada.
יוֹיָכִין		n. pr. m. Jojachin.
יוֹיָקִים		n. pr. m. Jojakim.
יוֹיָרִיב	(Q)	n. pr. m. Jojarib.
[יוִישָׁע]	(I)	n. pr. (m.).

יוֹכֶבֶד		n. pr. f. Jochebed.
יוּכַל		n. pr. m. Juchal.
[יוּכַן]	(I)	n. pr. (m.).
יוֹם	(IQST)	Tag; pl. Tage; Zeit, Dauer; Jahr; הַיּוֹם auch heute, eines Tages; adv. tagsüber, כְּהַיּוֹם, כַּיּוֹם jetzt, zuvor; c. הַזֶּה wie es jetzt ist, wie es zutage liegt, יוֹם יוֹם täglich, בַּיּוֹם tagsüber, an dem Tag, מִיּוֹם seit.
יוֹמָם	(Q)	adv. tagsüber, bei Tage.
יָוָן	(Q)	n. pr. m. Jawan; n. gent. Jonier (Griechen); n. terr. Jonien.
יָוֵן	(Q)	Bodensatz, Schlamm.
יוֹנָדָב		n. pr. m. Jonadab.
יוֹנָה I	(Q)	Taube.
יוֹנָה II		n. pr. m. Jona.
יוֹנָה III		pt. q von ינה.
יְוָנִי*		n. gent. Jawaniter > Jonier.
יוֹנֵק, יוֹנֶקֶת		Säugling; Trieb, Schössling.
[יונק]	(Q)	Säugling, Kind.
יוֹנָתָן	(IQ)	n. pr. m. Jonatan.
[יוֹסִי]	(I)	n. pr. m.
יֹסֵף, יוֹסֵף	(IQS)	n. pr. m., n. gent. Josef.
יוֹסִפְיָה		n. pr. m. Josef.
[יוֹסתר]	(I)	n. pr. m.
יוֹעֵאלָה		n. pr. m. Joëla.
יוֹעֵד		n. pr. m. Joëd.
יוֹעֶזֶר	(I)	n. pr. m. Joëser.
[יוֹעֵלִיהוּ]	(I)	n. pr. m.
יוֹעֵץ	(QS)	Ratgeber.
[יוֹעֵשָׂה]	(I)	n. pr. m.
יוֹעָשׁ		n. pr. m. Joas.
יוֹצֵאת		Ps 144,14 Fehlgeburt.
יוֹצָדָק		n. pr. m. Jozadak.
יֵצֶר, יוֹצֵר		Töpfer, Gießer.
יוֹקִים	(I)	n. pr. m. Jokim.

יוֹרָה		n. pr. m. Jora.
יוֹרֶה	(Q)	Frühregen.
יוֹרַי		n. pr. m. Jorai.
יָרָם, יוֹרָם		n. pr. m. Joram.
יוּשַׁב חֶסֶד		n. pr. m. Juschab-Chesed.
יוֹשִׁבְיָה		n. pr. m. Joschibja.
יוֹשָׁה		n. pr. m. Joscha.
יוֹשַׁוְיָה		n. pr. m. Joschawja.
יוֹשָׁפָט		n. pr. m. Josafat.
יוֹתָם	(Q)	n. pr. m. Jotam.
יוֹתֵר	(IQS)	was übrig bleibt; was zuviel ist, überflüssig, zu sehr; c. לְ Vorteil; adv. überaus, mehr; c. שֶׁ es ist unnötig, dass.
יְזוּאֵל		→ יְזִיאֵל.
יְזִיאֵל		n. pr. m. l. Qere (I Chr 12,3) Jesiël.
יִזִּיָּה		n. pr. m. Jisija.
יָזִיז		n. pr. m. Jasis.
יִזְלִיאָה		n. pr. m. Jislia.
יזן		pu pt. brünstig.
יְזַנְיָה(וּ)		n. pr. m. Jesanja(hu).
יֶזַע*		Schweiß.
יִזְרָח		l. זֶרַח (I Chr 27,8).
יִזְרַחְיָה		n. pr. m. Jisrachja.
יִזְרְעֶאל		n. pr. m., n. l. Jesreël.
יִזְרְעֵאלִי		n. gent. Jesreëliter.
יֹחָא		→ יוֹחָא.
יְחֻבָּה		n. pr. m. Jechubba.
יחד	(QS)	q sich versammeln, sich gesellen, zusammentreffen. ni vereinigt sein. pi sich sammeln, konzentrieren. hitp vereinigt sein.
יַחַד	(QS)	Vereinigung, Gesamtheit; adv. beisammen, miteinander, zusammen, gänzlich, gleichzeitig, ebenfalls; Esr 4,3 allein.
יַחְדָּו	(QS)	zusammen, miteinander, zugleich, ebenfalls.

יַחְדּוֹ		n. pr. m. Jachdo.
יַחְדִּיאֵל*		n. pr. m. Jachdiël.
יֶחְדְּיָהוּ		n. pr. m. Jechdeja.
יַחְדָּו		→ יַחְדּוֹ.
יְחוּאֵל		l. Qere (II Chr 29,14).
[יְחוֹעֵלִי]	(I)	n. pr.
[יַחוּשׂ]	(Q)	Stammbaum.
[יַחְזָא]	(I)	n. pr. (m.).
יַחֲזִיאֵל		n. pr. m. Jahasiël.
יַחְזְיָה(וּ)	(I)	n. pr. m. Jachseja(hu).
[יְחֶזְק]	(I)	n. pr. (m.).
יְחֶזְקֵאל	(QS)	n. pr. m. Ezechiël, Hesekiël.
יְחִזְקִיָּה(וּ)	(QS)	n. pr. m. Hiskia, Hiskijahu.
יַחְזֵרָה		n. pr. m. Jachsera.
[יְחִי]	(I)	n. pr. (m.).
יְחִיאֵל		n. pr. m. Jehiël.
יְחִיאֵלִי		n. gent. Jehiëliter.
יָחִיד	(Q)	einzig, allein, einsam.
יְחִיָּה		n. pr. m. Jehija.
יָחִיל		harrend, Warten, Harren.
יחל I	(Q)	ni warten. pi warten, harren; hoffen lassen. hi warten, harren; hoffen.
יַחְלְאֵל		n. pr. m. Jachleël.
יַחְלְאֵלִי		n. gent. Jachleëliter.
יחם		q brünstig sein. pi brünstig sein/machen; empfangen.
יַחְמוּר		Rehbock.
יַחְמַי		n. pr. m. Jachmai.
[יַחְמָל]	(I)	n. pr. (m.).
[יְחַמְלִיהוּ]	(I)	n. pr. (m.).
[יָחָן]	(I)	n. pr. (m.).
[יַחְנָה]	(Q)	n. pr. (m.).
[יְחָנַנִי]	(I)	n. pr. (m.).
יָחֵף		barfuß.

יַחְצְאֵל		n. pr. m. Jachzeël.
יַחְצְאֵלִי		n. gent. Jachzeëliter.
יַחֲצִיאֵל		n. pr. m. Jahaziël.
יחר		יֵיחַר hi von אחר.
יחשׂ	(Q)	hitp sich in das Geschlechtsregister eintragen lassen.
יַחַשׂ	(Q)	c. סֵפֶר Geschlechtsregister.
יַחַת		n. pr. m. Jachat.
יטב	(IQS)	q gut sein, gut gehen; c. בְּעֵינֵי gefallen; c. לֵב fröhlich sein. hi gut, recht machen/handeln; wohl tun, jmd. Gutes erweisen, c. עִם es jmd. gutgehen lassen; erheitern; zurechtmachen.
יָטְבָה		n. l. Jotba.
יָטְבָתָה		n. l. Jotbata.
יָטָּה		n. l. Jutta.
יְטוּר		n. pr. m., n. gent. Jetur.
יַיִן	(IQS)	Wein; Trunkenheit.
יָךְ		l. Qere (I Sam 4,13) → יָד.
יְכוֹנְיָה		n. pr. m. Jechonja.
יְכָונְיָה		l. Qere (Jer 27,20) → יְכָנְיָה.
יכח	(QS)	ni sich gerichtlich auseinandersetzen; gerechtfertigt werden, sich als im Recht erweisen. hi entscheiden, richten; sich verteidigen, sich rechtfertigen; zur Rechenschaft ziehen; zurechtweisen, züchtigen, strafen. ho gezüchtigt werden. hitp sich gerichtlich mit jmd. auseinandersetzen.
יְכִילְיָה		l. Qere (II Chr 26,3).
יָכִין	(Q)	n. pr. m. Jachin (auch Name der rechten Säule vor dem Jerusalemer Tempel).
יָכִינִי		n. gent. Jachiniter.
יכל	(IQS)	q fassen, ertragen, fähig sein zu; können, vermögen; überlegen sein, besiegen.
יְכָלְיָהוּ		n. pr. f. Jecholjahu.
יְכָנְיָה(וּ)	(I)	n. pr. m. Jechonja(hu), Jojachin.

יָלַד	(QS)	q gebären; zeugen.
		ni geboren werden.
		pi gebären helfen; pt. f. Hebamme.
		pu (q pass.) geboren werden.
		hi gebären lassen; zeugen; übertr. fruchtbar machen.
		ho geboren werden.
		hitp sich in das Geschlechtsregister eintragen lassen.
יֶלֶד	(QS)	Knabe, Kind; Junger, Junges; Ex 21,22 pl. Leibesfrucht.
יַלְדָּה	(Q)	Mädchen, Kind.
יַלְדוּת		Kindheit, Jugendzeit.
ילה		→ להה I.
יָלוּד		geboren.
יָלוֹן		n. pr. m. Jalon.
יָלִיד		Sohn; יְלִיד בַּיִת im Haus geborener Sklave.
ילל	(Q)	hi heulen, wehklagen.
יְלֵל		Geheul.
יְלָלָה		Geheul, Wehklage.
יָלַע		impf. q von לעע I.
יַלֶּפֶת		Hautflechte.
יֶלֶק		Heuschrecke (kriechend, ungeflügelt).
יַלְקוּט		Hirtentasche.
יָם	(IQS)	Meer, See, konkr. das Mittelmeer; Westen; Strom; Ez 32,2 Nilarm.
[יָמִי]	(Q)	Schwurwort?
יְמוּאֵל		n. pr. m. Jemuël.
יְמִימָה		n. pr. f. Jemima („Täubchen").
יָמִין I	(IQS)	rechte Seite, rechts; Süden, südlich; Glück.
יָמִין II		n. pr. m. Jamin.
יְמִינִי		n. gent. Benjaminiter → בֶּן־יְמִינִי.
יְמִינִי		l. Qere (Ez 4,6; II Chr 3,17).
יְמִינִי		n. gent. Jaminiter.
יִמְלָא, יִמְלָה		n. pr. m. Jimla.
יַמְלֵךְ		n. pr. m. Jamlech.

יָמִם	(I)	evtl. heiße Quellen? Maultiere? Vipern?
יָמַן	(IQ)	*hi* nach rechts gehen, halten; *pt.* auch rechtshändig.
יִמְנָה		*n. pr. m.* Jimna.
יְמָנִי	(Q)	rechts; südlich.
יִמְנָע		*n. pr. m.* Jimna.
יָמַר		*hi von* מור vertauschen. *hitp* sich groß machen?
יִמְרָה		*n. pr. m.* Jimra.
יָמַשׁ		*hi* betasten lassen.
ינה	(Q)	*q* gewalttätig sein, unterdrücken. *hi* bedrücken.
יָנוֹחַ		*n. l.* Janoach.
יָנוֹחָה		*n. l.* Janocha.
יָנוּם, ינם	(I)	*n. l.* Janum.
יְנִיקָה*		Schößling.
ינק	(Q)	*q* saugen, einsaugen. *hi* säugen, stillen, *pt.* Amme; *Dtn 32,13* schlürfen lassen.
יַנְשׁוּף, יַנְשׁוֹף		Ohreneule? Bienenfresser? (*unreiner Vogel*).
יסד I	(QS)	*q* gründen, errichten auf; festlegen, bestimmen. *ni* gegründet werden. *pi* gründen; bestimmen; einsetzen. *pu* gegründet werden. *ho* gegründet werden.
יסד II		*ni* sich zusammentun, beratschlagen.
יְסֹד, יְסוֹד	(QS)	Grundmauer, Sockel, Fundament.
יְסָד		Beginn? Anordnung?
יְסוּדָה*		Gründung.
יִסּוֹר	(QS)	Tadler, Vorschrift; Züchtigung.
יִסּוּרֵי		*l. Qere* (*Jer 17,13*).
יִסְכָּה		*n. pr. f.* Jiska.
יִסְמַכְיָהוּ		*n. pr. m.* Jismachjahu.
יסף	(QS)	*q* hinzufügen; fortfahren; anschließen. *ni* sich hinzufügen, sich anschließen; hinzugefügt werden.

		hi hinzufügen; steigern, vermehren, übertreffen; fortfahren.
[יסף]	(I)	n. pr. m.
יסר	(QS)	*q* unterweisen, erziehen. *ni* sich unterweisen lassen. *pi* zurechtweisen, züchtigen. *hi* züchtigen. *nitp* sich warnen lassen.
יֹסֵר		Unterweiser.
יָע*		→ יָעִים.
יַעְבֵּץ		n. pr. m., n. l. Jabez.
יעד	(Q)	*q* bestimmen, zuweisen. *ni* sich treffen lassen, sich einfinden; sich versammeln; sich verabreden; *von Gott:* sich offenbaren. *hi* vorladen. *ho pt.* bestellt, beordert.
יֶעְדִּי	(Q)	n. pr. m. l. Qere (II Chr 9,29) Jedo.
יעה		*q* wegfegen, beseitigen.
יְעוּאֵל		n. pr. m. Jëuël.
יְעוּץ		n. pr. m. Jëuz.
יָעוּר		n. pr. m. l. Qere (I Chr 20,5) Jaïr.
יְעוּשׁ		n. pr. m. Jëusch.
יעז		*ni pt.* frech.
יַעֲזִיאֵל		n. pr. m. Jaasiël.
יַעֲזִיָּהוּ		n. pr. m. Jaasijahu.
יַעְזֵיר, יַעְזֵר		n. l. Jaser.
יעט		*hi von* עטה I.
יְעִיאֵל		n. pr. m. Jeïel.
יָעִים*		Schaufeln.
יָעִיר		n. pr. m. Jaïr.
יְעִישׁ		n. pr. m. Jeïsch.
יַעְכָּן		n. pr. m. Jakan.
יעל	(QS)	*hi* helfen, nützen, Nutzen von etw. haben.
יָעֵל I		Steinbock.
יָעֵל II		n. pr. f. Jaël.

יַעֲלָה, יַעֲלָה		Steinbockweibchen.
יַעְלָא, יַעְלָה		n. pr. m. Jala.
יַעְלָם		n. pr. m. Jalam.
יָעֵן*		Strauß.
יַעַן	(Q)	Anlass zu; wegen, weil.
יַעֲנָה		c. בַּת Strauß.
יַעֲנַי		n. pr. m. Janai.
יעף I	(Q)	q müde sein, werden. ho pt. ermüdet?
יעף II		ho uns. Nf. zu → עוף in raschem Flug.
יָעֵף		ermüdet.
יְעָף* I		Ermüdung?
יָעָף II		eilender Lauf?
[יעפור]	(Q)	n. l.
יעץ	(QS)	q raten, beraten, unterrichten; beabsichtigen, beschließen. ni sich beraten, anraten, sich raten lassen, beschließen. hi beraten. hitp sich beraten.
יַעֲקֹב	(QS)	n. pr. m. Jakob; übertr. für Israel.
יַעֲקֹבָה		n. pr. m. Jakoba.
יַעֲקוֹב		→ יַעֲקֹב.
יַעֲקָן		n. pr. m. Jaakan.
יַעַר I	(Q)	Dickicht, Gehölz; Wald; Koh 2,6 Park.
יַעַר II		Honigwabe.
יַעְרָה		n. pr. m. Jarah.
יַעֲרָה*		Honigwabe.
יַעֲרֵי אֹרְגִים		n. pr. m. Jaare-Oregim.
יַעְרֶשְׁיָה		n. pr. m. Jaareschja.
יַעֲשִׂיאֵל		n. pr. m. Jaasiël.
[יעש]	(I)	n. pr. m.
יַעֲשׂוּ		n. pr. m. Jaasaw.
יִפְדְּיָה		n. pr. m. Jifdeja.
יפה	(QS)	q schön sein, werden. ho für schön erklärt werden.

pi schmücken, schön machen.
hitp sich schön machen.

יָפֶה	(Q)	schön; wohl geordnet, gut.
יְפֵה־פִיָּה		schön, prächtig.
יָפוֹ(א)		n. l. Jafo (Jaffa).
[יְפוֹת]	(Q)	Schönheit.
יפח		hitp stöhnen.
יָפֵחַ		Zeuge.
[יפטר]	(I)	n. pr. m.
יְפִי*	(QS)	Schönheit.
[יפידהו]	(I)	n. pr. m.
[יפיח]	(Q)	→ יָפֵחַ.
יָפִיעַ		n. pr. m., n. l. Jafia.
יַפְלֵט		n. pr. m. Jaflet.
יַפְלֵטִי		n. gent. Jafletiter.
יְפֻנֶּה	(S)	n. pr. m. Jefunne.
יפע	(QS)	hi strahlend erscheinen, leuchten lassen.
יִפְעָה*		Glanz.
[יפקד]	(I)	n. pr. (m).
[יפרעיו]	(I)	n. pr. (m.).
יֶפֶת	(Q)	n. pr. m. Jefet.
יִפְתָּח		n. pr. m., n. l. Jefta.
יִפְתַּח־אֵל		n. l. Jiftach-El.
יצא	(IQS)	q herausgehen, herauskommen, ausziehen; hervorgehen, abstammen; davonkommen, entgehen; sich erstrecken (Grenze); ausgeben; enden (Zeit). hi herausführen, herausbringen, ausziehen lassen; hervorbringen, herausgehen lassen; wegbringen, wegschicken. ho herausgeführt werden.
יצב	(QS)	hitp sich hinstellen, sich jmd. zur Verfügung stellen, standhalten.
יצג	(S)	hi hinstellen, hinlegen, abstellen; Gen 33,15 zurücklassen; Am 5,15 aufrichten. ho zurückgelassen werden; gestellt werden.

יִצְהָר I	(QS)	Öl.
יִצְהָר II		n. pr. m. Jizhar.
יִצְהָרִי		n. gent. Jizhariter.
יָצוּעַ*	(QS)	Lager, Bett.
יְצוּעַ*		l. Qere → יָצִיעַ.
[יְצוּר]	(S)	Glied, Geschöpf.
יִצְחָק	(QS)	n. pr. m. Isaak; übertr. für Israel.
יִצְחָר		n. pr. m. l. Qere Zohar o. l. Ketib Jizhar.
יְצִיא*		hervorgegangen.
[יְצִיאָה]	(Q)	Ausfluss.
יָצִיעַ*		architekton. term. tech.: Anbau.
יצע	(QS)	hi ein Lager ausbreiten. ho als Lager ausgebreitet werden.
יצק	(QS)	q ausgießen, ausschütten; sich ergießen; (Metall) gießen. hi ausgießen; II Reg 4,5 l. מוּצֶקֶת hineingießen. ho ausgegossen, gegossen werden; Hi 11,15 unerschütterlich.
יְצֻקָה*		Guss.
יצר	(IQS)	q formen, bilden, gestalten, ersinnen; pt. auch Töpfer. ni gebildet werden. pu (q pass.) vorgebildet werden. ho (q pass.) geformt werden.
יֵצֶר I	(QS)	Gebilde; Sinn, Streben.
יֵצֶר II		n. pr. m. Jezer.
יֹצֵר		→ יוֹצֵר.
יִצְרִי		n. pr. m. Jizri; n. gent. Jizriter.
יצת	(QS)	q anzünden; (intr.) verbrennen. ni sich entzünden, verbrannt werden. hi anzünden.
[יצת]	(I)	n. l. Jazith.
יֶקֶב	(Q)	Kufe; Kelter.
יֶקֶב־זְאֵב		n. l. Jekeb-Seëb.
יִקְבֵי הַמֶּלֶךְ		n. l. Jikbe-Hammelech.
יְקַבְצְאֵל*		n. l. Jekabzeël.

יָקַד	(QS)	q brennen. ho angezündet, entzündet werden, in Brand gehalten werden.
יְקֹד		Brand.
יָקְדְעָם		n. l. Jokdeam.
יָקֶה		n. pr. m. Jake.
יְקֵהָה, יִקְּהָה*		Gehorsam.
יָקוּד		Feuerstelle.
יָקוֹד		→ יְקֹד.
יַקּוּט		l. קַשְׁרֵי קַיִט (Hi 8,14) Sommer(fäden).
יְקוּם	(QS)	Bestand, Lebewesen.
יָקוֹשׁ, יָקוּשׁ	(Q)	Vogelsteller.
יְקוּתִיאֵל		n. pr. m. Jekutiël.
יָקְטָן		n. pr. m. Joktan.
יָקִים	(Q)	n. pr. m. Jakim.
[יִקַּ(י)מִיהוּ]	(I)	n. pr. m.
יַקִּיר	(Q)	teuer, wert.
יְקַמְיָה(וּ)	(I)	n. pr. m. Jekamja(hu).
יְקַמְעָם		n. pr. m. Jekamam.
יָקְמְעָם		n. l. Jokmoam.
יָקְנְעָם		n. l. Jokneam.
יָקְנְעָם		n. l. Joknoam.
יקע		q sich verrenken; sich abwenden, sich entfremden. hi (mit gebrochenen Gliedern) aussetzen. ho (mit gebrochenen Gliedern) ausgesetzt werden.
יְקָפְאוּן		l. Qere (Sach 14,6) → קפא.
יקץ		q erwachen. hi erwachen.
יקר	(S)	q wertvoll, kostbar sein; I Sam 18,30 angesehen sein; Ps 139,17 gewichtig sein. hi kostbar, selten machen.
יָקָר	(QS)	kostbar, wertvoll; I Sam 3,1 selten; Jer 15,19 edel.
יְקָר	(Q)	Kostbares; Wert, Preis; Glanz, Ansehen.

יָקֹשׁ	(S)	q mit dem Stellholz fangen; *pt.* Vogelsteller. *ni* gefangen werden; sich verstricken lassen. *pu* gefangen, verstrickt werden.
יָקְשָׁן		*n. pr. m.* Jokschan.
יָקְתְאֵל		*n. l.* Jokteël.
ירא	(IQST)	*q* (*intrans.*) sich fürchten, (*trans.*) jmd. fürchten, Ehrfurcht haben. *ni* gefürchtet werden; *pt.* gefürchtet, furchtbar. *pi* in Furcht versetzen. *hitp* sich furchtsam verhalten.
יָרֵא		in (Ehr)furcht, furchtsam.
יִרְאָה	(QS)	Furcht, Ehrfurcht.
[יִרְאִיָּהוּ]	(I)	*n. pr. m.*
יִרְאוֹן		*n. l.* Jiron.
יִרְאִיָּה		*n. pr. m.* Jirija.
יָרֵב		*l.* מַלְכִּי רָב (*Hos 5,13; 10,6*) Groß(könig).
יְרֻבַּעַל	(I)	*n. pr. m.* Jerubbaal.
יָרָבְעָם	(IQS)	*n. pr. m.* Jerobeam.
יְרֻבֶּשֶׁת		*n. pr. m. Schimpfform für* יְרֻבַּעַל Jerubbeschet.
ירד	(IQST)	*q* hinabgehen, -steigen, herabkommen; *auch übertr.* *hi* hinab-, herabbringen, -führen, -nehmen; herunterlassen. *ho* hinabgeführt, -gestürzt werden; *Num 10,17* abgebrochen werden.
יֶרֶד		*n. pr. m.* Jered.
יַרְדֵּן	(Q)	*n. fl.* Jordan.
ירה I	(Q)	*q* werfen, schießen; *Gen 31,51* errichten; *Hi 38,6* legen. *ni* erschossen werden. *hi* schießen, werfen.
ירה II		*hi Hos 6,3* tränken, benetzen? *ho Prov 11,25* getränkt, benetzt, gelabt werden?
ירה III	(Q)	*hi* unterweisen, lehren, zeigen.
ירה		*q* vor Schreck gelähmt sein (*Jes 44,8*).
יְרוּאֵל		*n. l.* Jeruël.
יְרוֹחַ		*n. pr. m.* Jaroach.

יָרוֹק	(Q)	Grünes, Vegetation.
יְרוּשָׁא, יְרוּשָׁה		n. pr. f. Jeruscha.
יְרוּשָׁלַיִם	(IQST)	n. l. Jerusalem.
יָרֵחַ	(QS)	Mond.
יֶרַח I	(IQ)	Monat.
יֶרַח II		n. pr. m. Jerach.
יְרִחוֹ, יְרֵחוֹ	(Q)	n. l. Jericho.
יְרֹחָם		n. pr. m. Jeroham.
יְרַחְמְאֵל	(I)	n. pr. m. Jerachmeël.
יְרַחְמְאֵלִי		n. gent. Jerachmeëliter.
יַרְחָע		n. pr. m. Jarha.
ירט		q Hi 16,11 stürzen; Num 22,32 überstürzt sein?
יְרִיאֵל		n. pr. m. Jeriël.
יָרִיב* I		Rechtsgegner.
יָרִיב II		n. pr. m. Jarib.
יְרִיבַי		n. pr. m. Jeribai.
[ירידה]	(Q)	Abgang.
יְרִיָּה(וּ)		n. pr. m. Jerija(hu).
יְרִיחֹה, יְרִיחוֹ	(Q)	→ יְרִחוֹ, יְרֵחוֹ.
יְרִימוֹת		n. pr. m. Jeremot.
יְרִימוֹת	(I)	n. pr. m. Jerimot.
יְרִיעָה	(Q)	Zeltdecke.
יְרִיעוֹת		n. pr. f. Jeriot.
יָרֵךְ	(Q)	Oberschenkel, Hüfte, Seite; Ex 25,31; 37,17; Num 8,4 Schaft.
יַרְכָה, יַרְכָּה	(I)	Rückseite, entlegenster Teil; Seite, Inneres.
יָרָם		→ יוֹרָם.
יְרֵמוֹת		n. pr. m. Jeramot.
יְרֵמוֹת		n. pr. m. Jeremot.
יַרְמוּת		n. l. Jarmut.
יְרֵמַי	(I)	n. pr. m. Jeremai.
יִרְמְיָה(וּ)	(IQS)	n. pr. m. Jeremia, Jeremijahu.
ירע		q zittern, zagen.
יִרְפְּאֵל		n. l. Jirpeël.

יָרַק	(Q)	q speien, spucken.
יָרָק		Gemüse.
יֶרֶק	(Q)	Grünes.
יַרְקוֹן		n. fl. Jarkon.
יֵרָקוֹן	(Q)	Getreidekrankheit; Jer 30,6 Blässe.
יָרְקְעָם		n. pr. m. Jorkoam.
יְרַקְרַק	(Q)	gelblichgrün, fahlgrün.
ירשׁ	(QS)	q in Besitz nehmen, unterwerfen, aus dem Besitz verdrängen; beerben; pt. auch Eroberer. ni verarmen; enteignet werden. pi in Besitz nehmen. hi vertreiben; in Besitz nehmen; verarmen lassen; entgelten lassen.
יְרֵשָׁה	(Q)	Besitz.
יְרֻשָּׁה		Besitz.
[ירת]	(I)	n. l.
יִשְׂחָק		n. pr. m. Isaak, → יִצְחָק.
יְשִׂימָאֵל		n. pr. m. Jesimiël.
יִשְׂרָאֵל	(IQST)	n. pr. m., n. gent. Israel.
יִשְׂרְאֵלָה		n. pr. m. Jesarela.
יִשְׂרְאֵלִי		n. gent. Israelit; israelitisch.
יִשָּׂשכָר	(Q)	n. pr. m., n. gent. Issachar.
יֵשׁ	(QS)	Vorhandensein > es ist vorhanden, es gibt.
[ישׁאל]	(I)	n. pr. m.
ישׁב	(IQS)	q sich setzen, sitzen, bleiben, wohnen; bewohnt werden. ni bewohnt werden. pi aufstellen, (ein) Zeltlager aufschlagen. hi setzen; bleiben lassen; wohnen lassen; besiedeln; Esr 10; Neh 13 heiraten. ho bewohnt werden; ansässig gemacht sein.
[ישׁב]	(Q)	Wohnbereich.
[ישׁב]	(I)	n. l. → יָשׁוּב?
יֹשֵׁב בַּשֶּׁבֶת		n. pr. m. Joscheb-Baschebet.
יָשְׁבְאָב	(Q)	n. pr. m. Jeschebab.
יִשְׁבָּח		n. pr. m. Jischbach.

יָשְׁבִי לֶחֶם		n. pr. m. Jaschubi-Lehem.
יָשְׁבְעָם		n. pr. m. Jaschobam.
יִשְׁבָּק		n. pr. m. Jischbak.
יָשְׁבְּקָשָׁה		n. pr. m. Joschbekscha.
יָשׁוּב		n. pr. m. Jaschub.
יָשׁוּבִי		n. gent. Jaschubiter.
יִשְׁוָה		n. pr. m. Jischwa.
יִשׁוֹחָיָה		n. pr. m. Jeschohaja.
יִשְׁוִי		n. pr. m. Jischwi; n. gent. Jischwiter.
יֵשׁוּעַ	(QS)	n. pr. m., n. l. Jeschua.
יְשׁוּעָה	(QS)	Hilfe, Heil, Rettung.
[ישורון]	(QS)	→ יְשֻׁרוּן Jeschurun.
יֶשַׁח*		Durchfall? Ruhr?
ישט	(S)	hi entgegenstrecken. ho ausgestreckt sein.
יִשַׁי	(IQS)	n. pr. m. Isai.
יָשִׁיב		n. pr. m. Jaschib.
[ישיבה]	(S)	Lehrhaus, Sitzung, Rat.
יְשִׁיָּה(וּ)		n. pr. m. Jischija(hu).
יְשִׁימֹן, יְשִׁמוֹן, יְשִׁימוֹן		Wüste; n. l. Jeschimon.
יְשִׁימוֹת		Wüste, Verwüstung.
יְשִׁימֹן		→ יְשִׁימוֹן.
[ישינה]	(S)	Schlaf.
יָשִׁישׁ	(S)	altersschwach, Greis.
יְשִׁישַׁי		n. pr. m. Jeschischai.
יְשִׁמ(וֹ)ן		→ יְשִׁימוֹן.
יִשְׁמָא		n. pr. m. Jischma.
יִשְׁמְעֵ(א)לִי		n. gent. Ismaëliter.
יִשְׁמָעֵאל	(IQ)	n. pr. m. Ismaël.
יִשְׁמַעְיָה(וּ)		n. pr. m. Jischmaja(hu).
יִשְׁמְרַי		n. pr. m. Jischmerai.
ישן I	(QS)	q einschlafen, schlafen. pi einschläfern.
ישן II	(QS)	q alt werden. ni lange eingesessen sein; veraltet, vorjährig

		sein.
		hitp altern.
יָשֵׁן	(IS)	alt, vorjährig.
יָשֵׁן I		schlafend.
יָשֵׁן II		*n. pr. m.* Jaschen.
יְשָׁנָה		*n. l.* Jeschana.
ישׁע	(IQS)	*ni* sich helfen lassen, Hilfe empfangen, gerettet werden; siegreich sein.
		hi helfen, retten, zu Hilfe kommen.
יֵשַׁע	(IQS)	Hilfe, Rettung, Heil, Glück.
[ישעא]	(I)	*n. pr. m.*
יִשְׁעִי		*n. pr. m.* Jischi.
יְשַׁעְיָה(וּ)	(IQS)	*n. pr. m.* Jesaja(hu).
יִשְׁפָּה		Jischpa.
יָשְׁפֵה		*Edelstein:* Jaspis, Jade.
[ישפט]	(I)	*n. pr. m.*
יִשְׁפָּן		*n. pr. m.* Jischpan.
ישׁר	(QS)	*q* gerade, eben, recht sein.
		pi gerade, eben machen; geradeaus gehen, leiten.
		pu pt. platt geschlagen; Blech.
		hi ebnen; geradeaus blicken.
יָשָׁר	(QS)	gerade, eben, recht, zuverlässig, redlich.
יֵשֶׁר		*n. pr. m.* Jescher.
יֹשֶׁר	(QS)	Geradheit, Redlichkeit; was recht ist.
יְשָׁרָה	(Q)	Redlichkeit.
יְשֻׁרוּן	(QS)	Jeschurun (*Ehrenbezeichnung für Israel*).
יָשֵׁשׁ		altersschwach.
יָתֵד	(Q)	Zeltpflock; *Sach* 10,4 Stütze.
יָתוֹם	(QS)	vaterloses Kind, (Halb)waise.
יַתִּיר		*n. l.* Jattir.
יִתְלָה		*n. l.* Jitla.
[יתם]	(I)	*n. pr. m.*
יִתְמָה		*n. pr. m.* Jitma.
[יתן]	(I)	*n. pr. m.*
יַתְנִיאֵל		*n. pr. m.* Jatniël.

יִתְנָן		n. l. Jitnan.
[יתר*]	(QS)	Bürgschaft; Überschuss.
יתר	(QS)	q pt. → יוֹתֵר. ni übrig gelassen werden, übrig bleiben. hi übrig lassen, übrig haben > inf. abs. überge- nug; Überfluss haben; Vorrang haben.
[יתר]	(QS)	adv. mehr, sehr.
יַתֵּר		→ יַתִּיר.
יֶתֶר I	(IQS)	Rest; Überfluss, Vorzug.
יֶתֶר II	(QS)	(Bogen-)Sehne, Strick, Zugseil.
יֶתֶר III	(Q)	n. pr. m. Jeter.
יֹתֵר		→ יוֹתֵר.
יִתְרָא	(Q)	n. pr. m. Jitra.
יִתְרָה*		Erübrigtes.
יִתְרוֹ		n. pr. m. Jitro.
יִתְרוֹן		Gewinn; Vorzug.
יִתְרִי		n. gent. Jitriter.
יִתְרָן		n. pr. m. Jitran.
יִתְרְעָם		n. pr. m. Jitream.
יֹתֶרֶת	(Q)	das Überschüssige → (Leber-)lappen.
יְתֶת		n. gent.? Jetet.

כ

כְּ	(IQST)	wie, genauso wie, entsprechend, gemäß; als, so- bald, falls; כַּאֲשֶׁר wie, weil, wie wenn, als, wenn; c. כֵּן wie ... so, je mehr ... desto.
כאב	(QS)	q Schmerzen haben. hi Schmerzen bereiten; II Reg 3,19 verwüsten.
כְּאֵב	(QS)	Schmerz.
כאה	(Q)	ni verzagen. hi verzagt machen.
[כאור]	(Q)	adj. abstoßend; widerwärtig.
[כאף]	(S)	neigen; beugen.
כָּאֹר		l. כִּיאֹר (Am 8,8).

כַּאֲשֶׁר		→ כְּ.
כבד I	(IQS)	q schwer, stumpf, gewichtig, geehrt sein; II Sam 13,25 beschwerlich fallen. ni geehrt werden, Ansehen genießen; sich ehrenvoll aufführen, sich verherrlichen. pi ehren; belohnen; I Sam 6,6 stumpf machen. pu geehrt werden; pt. ehrwürdig. hi schwer machen, schwer lasten lassen; stumpf machen, verstocken; gewichtig, zahlreich machen; zu Ehren bringen. hitp sich zahlreich, sich wichtig machen.
[כבד II]	(Q)	q fegen.
כָּבֵד I	(QS)	schwer, lastend, drückend; zahlreich; schwierig; stumpf, verstockt; schwerfällig.
כָּבֵד II	(Q)	Leber.
כָּבֹד		→ כָּבוֹד.
כֹּבֶד	(Q)	Schwere, Wucht, Menge.
כְּבֵדָת		Schwierigkeit.
כבה	(QS)	q erlöschen, verlöschen. pi auslöschen.
[כבה]	(S)	n. f. Flamme.
כָּבוֹד	(QS)	Schwere, Last; Gewicht, Besitz, Ansehen, Würde; *als anthropolog. Begriff*: Person, Ich; Ansehnlichkeit, Pracht; Auszeichnung, Ehre, Herrlichkeit; *Ps 149,5* Lobgesang.
כְּבוּדָּה		Wertvolles, Pracht, Tross.
כָּבוּל		n. l. Kabul.
כַּבּוֹן		n. l. Kabbon.
[כבוס]	(Q)	Waschung.
כָּבִיר*		Fell? *Geflecht aus Ziegenhaaren*.
כַּבִּיר	(Q)	stark, gewaltig, viel.
כֶּבֶל	(Q)	Fessel.
[כבלולה]	(Q)	n. pr. f.
כבס	(Q)	q walken. pi reinigen, abwaschen. pu gewaschen werden. hotpaal abgewaschen werden.
כבר	(Q)	hi viel machen; pt. in Fülle.

כְּבָר I	(QT)	längst, schon immer.
כְּבָר II	(Q)	n. fl. Kebar.
כְּבָרָה I		Sieb.
כְּבָרָה* II		Strecke; ein Stück weit.
כֶּבֶשׂ	(QS)	junger Widder, Lamm.
כִּבְשָׂה		junges Schaf.
כבשׁ	(Q)	q unterwerfen, niedertreten; vergewaltigen. ni unterworfen, leibeigen gemacht werden. pi unterwerfen. hi zwingen.
כֶּבֶשׁ		Fußschemel.
כִּבְשָׁן	(QS)	Schmelzofen.
כַּד	(I)	Krug.
כַּדּוּר		Knäuel, Ball.
כְּדֵי		→ דֵי.
כַּדְכֹּד, כַּדְכֹד		Edelstein: Rubin?
כְּדָרְלָעֹמֶר, כְּדָר־לָעֹמֶר		n. pr. m. Kedorlaomer.
כֹּה		so; folgendermaßen; hier, hierin; jetzt.
כהה I	(Q)	q ausdruckslos, schwach werden. pi abblassen; verzagen.
כהה II		pi zurechtweisen.
כֵּהָה	(Q)	ausdruckslos, blass; verzagt; lichtlos, glimmend.
כֵּהָה		Linderung.
כהן	(QS)	pi als Priester amtieren.
כֹּהֵן	(IQS)	Priester.
כְּהֻנָּה	(QS)	Priestertum, Priesteramt, Priesterschaft.
כּוּב		n. terr.? Kub.
כּוֹבַע		Helm.
[כובר]	(Q)	n. pr. m.
כוה	(QS)	q brennen (cj. Jer 23,29). ni sich versengen, sich verbrennen.
[כוהן*]	(Q)	→ כֹּהֵן.
[כוז]	(Q)	Kus, Krug.
[כוזבא]	(Q)	n. pr. m.

כּוַח		→ כֹּחַ I.
כְּוִיָּה		Brandmahl.
[כּוּךְ]	(Q)	Grabgewölbe, Gruft.
כּוֹכָב	(QS)	Stern.
[כּוֹכֶבֶת]	(Q)	n. l.
כּוּל	(IQS)	q erfassen. hi fassen, aufnehmen; ertragen. pilp (um)fassen, in sich aufnehmen; versorgen; ertragen; Ps 112,5 besorgen. polp versorgt werden. hitpalp versorgen. hitpol aushalten, bestehen.
כּוֹל		→ כֹּל.
כּוּמָז	(S)	Ornament, ein Halsschmuck.
כּוּן	(QS)	q bereiten (→ pol?). ni fest stehen, prall sein; fest, gesichert sein; Bestand haben; sich bereit halten, gerüstet sein; feststehen: pt. f. auch Zuverlässiges, Richtiges. pol hinstellen, bereiten, gründen; fest, dauernd hinstellen; zielen (Pfeil). polal bereitet werden. hi hinstellen, bereitstellen, zurüsten; festsetzen, bestimmen, lenken, einsetzen; festigen; instand setzen; etw. unbeirrt, beharrlich tun. ho hingestellt sein. hitpol gegründet sein, sich aufstellen.
כַּוָּן*		Opferkuchen.
כּוּן		n. l. Kun.
[כּוֹנְנָה]	(Q)	Schüssel; Schale.
כּוֹנַנְיָהוּ		n. pr. m. l. Ketib Konanjahu.
כּוֹס I	(Q)	f. Becher, Trinkschale.
כּוֹס II	(I)	Eulenart: Käuzchen.
[כּוֹסְבָא]	(Q)	n. pr. m.
[כּוֹפֶר]	(Q)	Gefäß, Becher.
[כּוּר]	(I)	n. l.?
כּוּר	(QS)	Schmelzofen.
כּוּר עָשָׁן		→ בּוֹר־עָשָׁן.
כּוֹרֶשׁ		n. pr. m. Cyrus.

כּוּשׁ	(Q)	n. pr. m., n. terr. Kusch, Äthiopien.
כּוּשִׁי		n. pr. m. Kuschi; n. gent. Kuschiter, Äthiopier.
כּוּשָׁן		n. gent. Kuschan.
כּוּשַׁן רִשְׁעָתַיִם		n. pr. m. Kuschan-Rischatajim.
כושר		→ כשר.
כּוּשָׁרָה*		Gedeihen, Erfolg.
כּוּת, כּוּתָה		n. terr. Kut.
כּוֹתֶרֶת		→ כֹּתֶרֶת.
כזב	(QS)	q lügen. ni sich als lügnerisch erweisen, betrogen werden. pi lügen, täuschen, trügen. hi der Lüge bezichtigen.
כָּזָב	(QS)	Lüge, Täuschung, Trug.
כֹּזֵבָא	(Q)	n. l. Koseba.
כָּזְבִּי		n. pr. f. Kosbi.
כְּזִיב		n. l. Kesib.
כֹּחַ I	(QS)	Kraft, Gewalt, Stärke; Fähigkeit, Tauglichkeit; Ertrag, Vermögen, Habe.
כֹּחַ II	(Q)	Eidechsenart.
כחד	(Q)	ni verborgen sein; sich verlaufen, umkommen; vernichtet werden. pi verborgen halten, verhehlen. hi vertilgen; verbergen.
כחל	(I)	q schminken.
[כחל]	(I)	dunkel?
[כחל]	(I)	n. l.
[כחלת]	(Q)	n. l.
כחש	(QS)	q abmagern. ni Ergebung heucheln, sich verstellen. pi lügen, täuschen; leugnen, verleugnen. hitp sich heuchlerisch verhalten.
כַּחַשׁ	(QS)	Abmagerung, Verfall; Lüge, Betrug.
כֶּחָשׁ*	(Q)	verlogen.
כִּי	(IQST)	so; dann, ebenso; vielmehr, sondern, trotzdem; weil, denn; dass; als, da, wann, wenn; selbst wenn, obschon; siehe!, da!

		כִּי אִם außer, außer wenn; sondern, vielmehr, jedoch, dennoch; nur; fürwahr.
כִּי אִם		→ כִּי.
[כִּיבוּד]	(Q)	schwer, Schwere.
כִּיד*		Verfall.
כִּידוֹד*		Funke.
כִּידוֹן, כִּידוֹן	(QS)	Sichelschwert, Krummschwert.
כִּידוֹר		Angriff.
כִּידֹן		n. pr. m. Kidon.
כִּיּוּן	(Q)	l. כֵּיָון (Am 5,26) n. pr. m. Kewan (Saturn).
כִּיוֹר	(Q)	Becken, Kessel; II Chr 6,13 Gestell?
[כִּיל]	(I)	q abmessen.
כִּילַי		Betrüger?
כֵּילַפֹּת*		Keil? Brechstange?
כִּימָה		Siebengestirn, Plejaden.
כִּין	(Q)	Hohlraum?, Zimmer?
כִּיס	(QS)	Beutel, übertr. Schicksal.
כִּיר*	(Q)	kleiner Herd.
כִּיֹר		→ כִּיוֹר.
[כִּירגר]	(Q)	Zisterne.
כִּישׁוֹר		Teil des Spinngeräts: Spindel.
כָּכָה, כָּךְ	(QS)	so, folglich.
כִּכָּר	(Q)	f. runde Scheibe; Gewichtseinheit: Talent (ca. 34 kg); Umkreis.
כּוֹל, כֹּל	(IQST)	Gesamtheit, Ganzes; ganz, alle, jeder; irgendeiner, etwas; allerlei; jedes mal wenn, sooft.
[כל]	(I)	Abmessen.
כָּל־חֹזֶה		n. pr. m. Kolhose.
כלא	(Q)	q zurückhalten, vorenthalten; etw. verweigern; jmd. abhalten von; einschließen, gefangen setzen. ni abgehalten, zurückgehalten werden.
כֶּלֶא	(Q)	Gefängnis.
כַּלָּא		l. כָּלָה (Ez 36,5) → כֹּל, כּוֹל.
כִּלְאָב		n. pr. m. Kilab.

כִּלְאַיִם	(Q)	zweierlei.
כָּלֵב	(IS)	n. pr. m. Kaleb.
כֶּלֶב	(IQS)	Hund.
כָּלִבִּי		n. gent. Kalebbiter.
כלה	(QS)	q aufhören, zu Ende gehen/sein; fertig werden/sein; schmachten, schwach werden, vergehen; entschieden, beschlossen sein, sich erfüllen.
		pi vollenden, fertig werden, aufhören; vernichten, vertilgen; schwinden lassen; etw. vollständig tun.
		pu vollendet, zu Ende sein.
כָּלָה	(QS)	Vernichtung, Ende.
כָּלֶה*		schmachtend.
כַּלָּה	(Q)	Schwiegertochter, Braut.
כְּלֻהִי		n. pr. m. Keluhi; text. corr. כְּלוּהוּ n. pr. Keluhu Esr 10,35 Qere.
כְּלוּא		→ כְּלִיא.
כְּלוּב I	(S)	Korb, Käfig.
כְּלוּב II		n. pr. m. Kelub.
כְּלוּבַי*		n. pr. m. Kelubai.
כְּלוּהוּ		→ כְּלֻהִי.
כְּלוּלֹת*		Brautzeit.
כֶּלַח I	(Q)	Rüstigkeit, Lebenskraft.
כֶּלַח* II		n. l. Kelach.
כְּלִי	(QS)	Behälter, Gefäß; Gerät, Werkzeug, Sache, Waffe; Jes 18,2 Boot.
כֵּלַי		→ כִּילַי.
כְּלִיא		l. Ketib Gefängnis.
כִּלְיָה*	(Q)	Niere (als Innerstes u. Geheimstes des Menschen).
כִּלְיוֹן		n. pr. m. Kiljon.
כִּלָּיוֹן	(Q)	Vernichtung; Schmachten.
כָּלִיל	(QS)	völlig, vollkommen; Ganzes; Ganzopfer.
[כלכל]	(S)	begreifen? → כול pilp.
כַּלְכֹּל	(I)	n. pr. m. Kalkol.
[כלכליהו]	(I)	n. pr. m.

כָּלַל		q vollenden, vollkommen machen.
[כְּלָל]	(Q)	Gesamtheit.
כְּלָל		n. pr. m. Kelal.
כלם	(QS)	ni gekränkt, beschimpft werden; sich schämen; zuschanden werden.
		hi schmähen, beschämen, in Schande bringen.
		ho beschämt, beleidigt werden.
[כֶּלֶם]	(I)	n. pr. m.
כִּלְמַד		n. terr. Kilmad? text. corr.
כְּלִמָּה	(Q)	Scham, Schande, Schmach.
כְּלִמּוּת		Schande.
כַּלְנֵה, כַּלְנוֹ		n. l. Kalne, Kalno.
כמה		q schmachten.
כִּמְהָם		n. pr. m. Kimham.
כִּמְהָן		n. pr. m. Kimhan.
כְּמוֹ	(QS)	wie, als.
כְּמוֹהָם		l. Qere (Jer 41,17).
כְּמוֹשׁ	(I)	n. d. Kemosch.
כְּמִישׁ		→ כְּמוֹשׁ.
כַּמֹּן		Kümmel.
כמס		q pt. pass. aufbewahrt.
כמר		ni heiß, erregt werden, bewegt sein.
כֹּמֶר	(Q)	Priester (fremder Götter).
[כַּמְרִיר*]	(S)	Dunkelheit.
[כמשׁ(..)]	(I)	n. pr.
כֵּן I	(IQS)	so, ebenso; soviel, sosehr, solange; denn, darum; בְּכֵן u. אַחֲרֵי־כֵן אַחַר־כֵן sodann, darauf; sodann; כִּי־עַל־כֵּן da, weil, insofern als; לָכֵן deshalb, daher; עַד־כֵּן bis dahin; עַל־כֵּן deshalb.
כֵּן II	(Q)	feststehend, aufrecht, gerade; richtig, wahr, recht.
כֵּן III	(Q)	Gestell, Stelle; Amt; Ps 86,16 Sprössling?
כֵּן IV	(S)	Mücke; Laus.
[כנא]	(Q)	Basis; Grundlage.
כנה	(QS)	pi jmd. einen Ehrennamen geben > schmeicheln.
כַּנָּה		→ כֵּן o. → כון q.

כַּנָּה		n. l. Kanne.
כִּנּוֹר		Zither, Kastenleier.
כִּנּוֹת		l. Qere pl. von כָּנָת.
כָּנְיָהוּ	(I)	n. pr. m. Konjahu (= Jojachin).
כִּנָּם		coll. Mücken.
כְּנָנִי		n. pr. m. Kenani.
כְּנַנְיָה(וּ)		n. pr. m. Kenanja(hu).
כנס	(IQ)	q sammeln, aufhäufen. pi versammeln. hitp sich einhüllen, sich zusammenziehen.
[כנסת]	(Q)	Versammlung.
כנע	(QS)	ni geschlagen, gebeugt, gedemütigt werden; sich demütigen, sich beugen. hi jmd. unterwerfen, demütigen.
כִּנְעָה*		Traglast, Bündel.
כְּנַעַן	(Q)	n. pr. m., n. gent., n. terr. Kanaan; übertr. coll. Händler.
כְּנַעֲנָה		n. pr. m. Kenaana.
כְּנַעֲנִי	(Q)	n. gent. Kanaanäer; gelegentlich übertr. Händler.
כְּנָעֲנִי		Händler.
כנף		ni sich verbergen.
כָּנָף	(QS)	f. Flügel; Zipfel; Äußerstes, Rand.
כִּנֶּרֶת, כִּנְרוֹת, כִּנַּר		n. l. Kinneret, Genezaret.
כָּנָת*		Gefährte, Mitarbeiter.
[כסא]	(I)	n. pr. m.
כֶּסֶא		Vollmond.
כִּסֵּא	(QS)	Sessel, Sitz, Thron.
כסה	(QS)	q bedecken, verborgen halten; übertr. vergeben. ni bedeckt werden. pi bedecken, zudecken; verbergen, verheimlichen; in sich bergen. pu bedeckt werden, verborgen sein. hitp sich bedecken; Prov 26,26 einhüllen.
כָּסֶה		→ כֶּסֶא.
כִּסֶּה		→ כִּסֵּא.
כָּסוּי*		Decke.

כְּסוּלוֹת		n. l. Kesulot.
כְּסוּת	(Q)	Bedeckung, Decke, Bekleidung.
כסח		q abschneiden, abhauen.
כִּסְיָה		Thron Jahwes.
כְּסִיל I	(QS)	töricht, Tor.
כְּסִיל II	(Q)	Orion; *pl. die zum Orion gehörenden* Sternbilder.
כְּסִיל III		n. l. Kesil.
כְּסִילוּת		Torheit.
כסל		q töricht sein.
כֶּסֶל I	(QS)	Lende, Seite.
כֶּסֶל II	(Q)	Unerschütterlichkeit, Zuversicht; *Koh 7,25* Torheit.
[כסלא]	(I)	n. pr. m.
כִּסְלָה	(Q)	*Ps 85,9* Torheit; *Hi 4,6* Zuversicht.
כִּסְלֵו	(Q)	Kislew (*Monatsname, November/Dezember*).
כְּסָלוֹן		n. l. Kesalon.
כִּסְלוֹן		n. pr. m. Kislon.
כִּסְלוֹת תָּבֹר		n. l. Kislot-Tabor.
כַּסְלֻחִים		n. gent. Kasluhiter.
כִּסְלֵיו		→ כִּסְלֵו.
כסם	(Q)	q stutzen, abscheren.
כֻּסֶּמֶת, כֻּסְּמִים		*Getreideart*: Emmer.
כסס		q rechnen, berechnen.
כסף		q sich sehnen, verlangen. ni sich sehnen; *Zef 2,1* sich schämen.
כֶּסֶף	(IQS)	Silber, Geld.
כָּסִפְיָא		n. l. Kasifja.
[כסר]	(I)	n. l. Kaser.
כֶּסֶת*		Binde.
כעס	(QS)	q unmutig sein, sich ärgern. pi jmd. zum Unmut, Zorn reizen. hi unmutig machen, kränken, beleidigen.
כַּעַס, כַּעַשׂ	(QS)	Unmut, Kränkung, Zorn.
[כער]	(S)	pu hässlich, abscheulich sein.

כַּף	(QS)	f. hohle Hand, Handfläche, Hand; *Lev 11,27* Tatze; *c.* רֶגֶל Fußsohle; *Lev 23,40* Zweig; *m.* Pfanne, Schale.
כֵּף	(QS)	Fels, Rand, Ufer.
[כפא]	(Q)	*n. l.* Kippa.
כפה	(Q)	*q* abwenden, beschwichtigen.
[כפה]	(Q)	Beuge, Biegung.
כִּפָּה	(Q)	Schilfsprosse, (Palm-)Wedel.
כְּפוֹר I		Becher.
כְּפוֹר II	(QS)	Reif, Belag.
כָּפִיס	(Q)	Stuck?; Sparren?
כְּפִיר	(QS)	junger Löwe.
כְּפִירָה, כְּפִירִים		*n. l.* Kefira, Kefirim.
כפל	(Q)	*q* doppelt legen. *ni* verdoppelt werden.
כֶּפֶל	(S)	Verdoppelung; *du.* Doppeltes; Gegenwert, Äquivalent.
כפן		*q* entgegenstrecken.
כָּפָן		Hunger.
כפף	(QS)	*q* beugen. *ni* sich beugen.
כפר	(QS)	*q* bestreichen, verpichen. *pi* bedecken, sühnen, entsühnen, entsündigen; abwenden. *pu* zugedeckt werden, gesühnt werden; *Jes 28,18* aufgehoben werden. *hitp* gesühnt werden. *nitp* gesühnt werden.
כְּפֹר		→ כְּפוֹר II.
כָּפָר*	(Q)	Dorf.
כֹּפֶר I		Dorf.
כֹּפֶר II		Asphalt.
כֹּפֶר III		(*Färbepflanze*) Henna(strauch).
כֹּפֶר IV	(QS)	Schweigegeld, Lösegeld.
כְּפַר הָעַמֹּנִי		*n. l.* Kefar-Ammoni.
כִּפֻּרִים	(Q)	Sühnehandlung; *c.* יוֹם Versöhnungstag.

כַּפֹּרֶת	(Q)	Deckplatte; Sühneort, Sühnemal.
כפש		*hi* niederdrücken.
כַּפְתּוֹר, כַּפְתֹּר I	(Q)	Knauf, Säulenkapitäl; Knoten.
כַּפְתּוֹר II		*n. terr.* Kaftor.
כַּפְתֹּרִי*		*n. gent.* Kaftoriter.
כַּר I	(Q)	Widder; Sturmbock.
כַּר II		Weideplatz.
כַּר III		Kamelsattel, Satteltasche.
כֹּר	(Q)	*Hohlmaß*: Kor (*zwischen 220 l und 450 l*).
כרבל		*pu pt.* eingehüllt.
כרה I	(QS)	*q* graben.
		ni gegraben werden.
כרה II	(Q)	*q* (ein)handeln.
כרה III		*q c.* כֵּרָה ein Festmahl geben.
כָּרָה		Zef 2,6 Grube?
כֵּרָה		Festmahl.
כְּרוּב I	(Q)	Kerub, Sphinx.
כְּרוּב II		*n. l.* Kerub.
כָּרִי		*n. gent.* Kariter.
כְּרִית		*n. fl.* Kerit.
כְּרִיתוּת, כְּרִיתֻת		Entlassung, Scheidung.
[כרך]	(Q)	Stadt.
כַּרְכֹּב		Einfassung.
כַּרְכֹּם		Safran.
כַּרְכְּמִישׁ, כַּרְכְּמֹשׁ		*n. l.* Karkemisch.
כַּרְכַּס		*n. pr. m.* Karkas.
כִּרְכָּרָה*		Kamelstute.
כֶּרֶם	(IQS)	*m. u. f.* Weingarten.
[כרם התל]	(I)	*n. l.*
[כרם יחועלי]	(I)	*n. l.*
כֹּרֵם		Winzer.
כַּרְמִי	(I)	*n. pr. m.* Karmi; *n. gent.* Karmiter.
כַּרְמִיל		Karmesin.
כַּרְמֶל I		Baumgarten.

כַּרְמֶל II		junges Korn.
כַּרְמֶל III	(Q)	n. l. Karmel.
כַּרְמְלִי		n. gent. Karmeliter.
כְּרָן		n. pr. m. Keran.
כרסם		pi abfressen, zerstören.
כרע	(Q)	q niederknien, niedergehen (von Tieren); sich beugen; in die Knie brechen, zusammenbrechen. hi in die Knie zwingen; Jdc 11,35 jmd. niederbeugen.
כְּרָעַיִם*	(Q)	f. Unterschenkel; Lev 11,21 Springbein.
כַּרְפַּס		feines Gewebe.
כרר		pilp tanzen.
כֶּרֶשׂ*	(S)	Bauch.
כֶּרֶשׁ		→ כּוֹרֶשׁ.
[כרשן]	(I)	n. pr. m.
כַּרְשְׁנָא		n. pr. m. Karschena.
כרת	(QS)	q abschneiden, abhauen, fällen; ausrotten; c. בְּרִית eine Verpflichtung eingehen/auferlegen, einen „Bund" schließen. ni gefällt, ausgerottet, vertilgt werden; Jos 3f. geteilt werden. pu umgehauen, abgeschnitten werden. hi ausrotten, vertilgen. ho abgeschnitten werden.
כְּרֻתוֹת		Balken.
כְּרֵתִי		n. gent. Kreti, Kreter; הַכְּרֵתִי וְהַפְּלֵתִי: „Krethi u. Plethi" (Bez. für d. Söldnertruppe Davids u. Salomos); Herkunftbezeichnung für die Philister.
כְּרֵתֹת		→ כְּרֻתוֹת.
כֶּשֶׂב	(Q)	junger Widder.
כִּשְׂבָּה		junges Schaf, Lamm.
כֶּשֶׂד		n. pr. m. Kesed.
כַּשְׂדִּים	(IQ)	n. gent. Kasdim, Chaldäer; n. terr. Chaldäa; Dan 2,2.4 Weise, Astrologen, Magier.
כשׂה		q sich mästen.
[כשׁי]	(I)	n. pr. m.
כָּשִׁי*		→ כּוּשִׁי.

כַּשִּׁיל		Axt.
כשל	(QS)	q straucheln, stolpern; erschöpft sein. ni straucheln, stolpern; erschöpft sein. pi l. Qere (Ez 36,14) → שׁכל. hi zum Straucheln, Stolpern bringen. ho pt. zu Fall gebracht.
כִּשָּׁלוֹן	(QS)	Straucheln, Fall.
כשׁף	(Q)	pi Zauberei treiben.
כַּשָּׁף*		Zauberer.
כֶּשֶׁף*	(Q)	Zauberei.
כשׁר	(ST)	q gelingen, gefallen. hi gelingen?
[כשׁר]	(Q)	Richtigkeit; Korrektheit.
כִּשְׁרוֹן		Gelingen, Gewinn.
כתב	(IQST)	q schreiben, auf-, beschreiben. ni geschrieben, aufgeschrieben werden. hi diktieren. pi eifrig schreiben.
כְּתָב	(QS)	Schriftstück, Verzeichnis; Schreibweise; Vorschrift.
[כתבן]	(Q)	kleines Schriftstück.
כְּתֹבֶת	(Q)	Schrift.
כִּתִּיִּים, כִּתִּים	(IQ)	n. gent. Kittäer; Zyprioten, Griechen, Römer.
כָּתִית	(Q)	gestoßen; lauter.
כֹּתֶל	(Q)	Wand.
כִּתְלִישׁ		n. l. Kitlisch.
כתם		ni beleckt, schmutzig sein.
כֶּתֶם	(QS)	Gold.
כְּתֹנֶת, כֻּתֹּנֶת	(QS)	Leibrock.
כָּתֵף, כֶּתֶף	(I)	f. Schulter, -blatt, -stück; Seitenteil, -wand; Berghang.
כתר I		pi umringen. hi umringen.
כתר II		pi warten (aram.). hi warten (aram.).
כתר III		hi krönen, als Kopfschmuck tragen.
כֶּתֶר	(Q)	Krone; Kopfputz.

כֹּתֶרֶת		Säulenkapitell.
כתש		q zerstoßen.
כתת	(Q)	q zerschlagen, zerstoßen; schmieden. pi zerschlagen; schmieden. pu zerschlagen werden, sich stoßen an. hi zersprengen. ho zerschlagen, zersprengt werden.

ל

לְ	(IQST)	nach ... hin, zu ... hin; an, bis an, bis zu, bis gegen, nach; binnen; in Bezug auf; zu; zugunsten von; nämlich; gemäß; wegen; *nota dativi*; לְ-*auctoris*.
לֹה, לוֹא, לֹא	(IQST)	nicht, un-.
לֻא		→ לוּ.
לוֹ דְבָר, לֹא דְבָר, לֹא דְבָר		n. l. Lodebar.
לאה	(S)	q müde werden/sein; aufgeben. ni ermüdet sein, sich abmühen; nicht imstande sein. hi müde machen.
לֵאָה	(Q)	n. pr. f. Lea.
לְאוֹם		→ לְאֹם.
לָאט		pf. q von → לוט.
לְאַט		→ אַט.
לְאַט		→ לָט.
לָאֵל		n. pr. m. Laël.
לְאֹם	(Q)	Volk; *Prov 11,26* Leute.
לְאֻמִּים		n. gent. Lëummim.
[לאץ]	(Q)	q pressen.
לֵב	(IQS)	Herz, Inneres; *übertr.* Gemüt, Wille, Verstand, Gewissen, Mut.
לֵב קָמָי		n. gent., n. terr. Leb Kamai *Codename für Chaldäer.*
לָבִא, לָבָא*		Löwe.
לָבֹא*		n. l.? Labo.

לְבָאָה, לְבָאָה*	(Q)	Löwin.
לְבָאוֹת		n. l. Lebaot.
לבב I		ni verständig werden. pi Herzklopfen bereiten.
לבב II		pi zubereiten.
לֵבָב	(IQS)	→ לֵב.
לְבִבָה*		herzförmiges Gebäck.
לְבַד	(S)	→ בַּד I.
לַבָּה*		Flamme.
לִבָּה*		Herz? Zorn?
לָבוֹא		→ לָבֹא.
לְבוֹנָה I	(QS)	→ לְבֹנָה.
לְבוֹנָה II		n. l. Lebona.
לְבוּשׁ	(Q)	Kleid, Gewand.
לָבֵשׁ, לָבוּשׁ		bekleidet.
לבט	(Q)	ni niedergetreten werden, zu Fall kommen.
לָבִיא, לביה	(Q)	Löwin.
לָבִיא	(Q)	Löwe.
לָבִים		→ לוּבִים.
[לבן]	(S)	weiße Farbe.
לבן I	(Q)	hi weiß machen, reinigen; weiß werden. pu pt. blank. hitp sich reinigen lassen.
לבן II		q (Ziegel) streichen.
לָבָן I	(Q)	weiß.
לָבָן II	(Q)	n. pr. m., n. l. Laban.
לְבָנָה I		Vollmond.
לְבָנָה II		n. pr. m. Lebana.
לְבֹנָה	(QS)	Weihrauch.
לְבֵנָה	(Q)	Ziegel; Ex 24,10 Platte.
לִבְנֶה		Storaxbaum.
לִבְנָה		n. l. Libna.
לְבָנוֹן	(QS)	n. l. Libanon.
לִבְנִי		n. pr. m. Libni; n. gent. Libniter.
לִבְנָת		n. fl. Libnat.

לָבַשׁ	(QS)	q anziehen, bekleiden; anlegen; sich bedecken. pu pt. bekleidet; Esr 3,10 im Ornat. hitp sich (be)kleiden. hi bekleiden; anlegen.
לָבַשׁ, לְבֻשׁ		→ לָבוּשׁ, לְבוּשׁ.
לֹג	(I)	Flüssigkeitsmaß Log (zwischen 0,3 l und 0,625 l).
[לָגִיו]	(Q)	Flasche, Krug.
לֹד		n. l. Lod.
לִדְבָר		→ לֹא דְבָר.
לָדָה	(Q)	Gebären.
לֹה		l. לֹא (Dtn 3,11).
[לְהֹב]	(Q)	q brennen.
לַהַב	(Q)	Flamme; Klinge.
לֶהָבָה	(QS)	Flamme; Klinge.
לְהָבִים		n. gent. Lehabiter.
לַהַג		Studieren.
לַהַד		n. pr. m. Lahad.
להה		q erschöpft werden.
להט I	(S)	q glühen, brennen. pi entzünden, versengen.
להט II		q verschlingen.
לַהַט	(Q)	Flamme, Klinge.
לְהָטִים*	(Q)	Zaubereien.
[להלה]	(S)	hitpalpel sich verrückt stellen? unvorsichtig sein? mutwillig handeln?
להם		hitp pt. Leckerbissen.
לָהֵן		Rut 1,13 deshalb.
לַהֲקָה*		Schar?
לוֹ דְבָר		→ לֹא דְבָר.
לוּ, לוּא		wenn; wenn doch, o dass doch.
לוּבִים*	(Q)	n. gent. Libyer.
לוּד	(Q)	n. gent. Lud, Lyder.
לוה I	(QS)	q begleiten. ni sich an jmd. anschließen, gebunden sein an.
לוה II	(QS)	q entleihen. hi leihen.

[לוֹהַב]	(Q)	Blatt, Klinge.
לוּז	(QS)	q weichen. ni abgewichen, verkehrt sein; pt. verkehrt, Verkehrtes. hi weichen.
[לוּז]	(Q)	Widernatürlichkeit; verkehrt.
לוּז I		Mandelbaum.
לוּז II		n. l. Lus.
לוּחַ	(Q)	Tafel; Planke, Brett.
לוּחִית	(Q)	n. l. Luhit.
לוֹחֵשׁ		n. pr. m. Lohesch.
לוּט	(S)	q verhüllen, einwickeln. hi verhüllen.
לוֹט I		Hülle.
לוֹט II	(QS)	n. pr. m. Lot.
לוֹטָן		n. pr. m. Lotan.
לֵוִי	(IQS)	Levit; n. pr. m., n. gent. Levi.
לִוְיָה*		Kranz.
לִוְיָתָן	(Q)	Leviatan, Schlange; Hi 40,25 Krokodil.
לוּל*		Treppe?, Falltür?
לוּלֵא, לוּלֵי	(Q)	wenn nicht; es sei denn, dass; Ps 27,13 sicherlich.
[לוּלָב]	(Q)	Lulab (Palmzweig für Sukkot).
לוּן I	(IQS)	ni murren. hi murren.
לוּן II		→ לִין.
לוּץ		→ לִיץ.
לוּשׁ		q kneten.
לָוֵשׁ		l. Qere → לַיִשׁ I (II Sam 3,15).
לָז, לָזֶה, לֵזוּ*		→ הַלָּז, הַלָּזֶה, הַלֵּזוּ.
לְזוּת*		Verkehrtheit.
לַח	(Q)	feucht, frisch, neu.
לֹחַ*	(S)	Frische.
[לחח]	(QS)	Flüssigkeit.
לְחוּם*		Fleisch? Eingeweide?
לֻחוֹת		→ לוּחִית.

לְחִי I	(QS)	Kinnbacken, Wange.
לְחִי* II		n. l. Lechi.
לַחַי רֹאִי		→ בְּאֵר לַחַי רֹאִי.
לחך	(Q)	q abfressen.
		pi lecken, auflecken; verzehren.
לחם I	(QS)	q kämpfen.
		ni kämpfen, Krieg führen, belagern, siegen.
לחם II		q essen.
לְחֻם		→ לחוּם.
לֶחֶם I	(IQS)	Brot, Speise; Korn.
[לחם] II	(S)	Krieg.
לַחְמִי		n. pr. m. Lachmi.
לַחְמָס		n. l. Lachmas.
לחץ	(Q)	q (be)drängen, (be)drücken, quälen.
		ni sich drücken.
לַחַץ	(Q)	Bedrückung, Bedrängnis.
[לחש]	(I)	n. pr. (m.).
לחש	(Q)	pi beschwören.
		hitp miteinander flüstern.
לַחַשׁ	(QS)	Flüstern, Beschwörung; Jes 3,20 summende Muschel.
לָט		geheime Kunst; c. בְּ heimlich.
לט		Mastixrinde.
לְטָאָה	(Q)	Gecko.
לְטוּשִׁים		n. gent. Letuschiter.
לטש	(S)	q hämmern, schärfen; pt. Schmied.
		pu pt. geschärft.
לִיָה*		Kranz.
לַיִל, לַיְלָה	(QST)	Nacht, nachts.
לִילִית	(Q)	n. pr. f. Lilit (weiblicher Dämon).
לין	(IQS)	q übernachten, die Nacht über bleiben.
		hitpol übernachten, weilen.
ליץ	(QS)	q prahlen.
		pol pt. übermütig?
		hi das Wort führen, dolmetschen; spotten; pt.

		Fürsprecher, Dolmetscher.
		hitpol spotten.
לַיִשׁ I		Löwe.
לַיִשׁ II		n. pr. m., n. l. Lajisch.
לַיְשָׁה		n. l. Lajscha.
לכד	(QS)	q fangen, einnehmen; besetzen, abschneiden; Jos 7,14 bezeichnen; I Sam 14,47 übernehmen.
		ni gefangen, eingenommen werden; bezeichnet werden.
		hitp sich aneinander fügen.
לֶכֶד		Fang.
לֶכָה		n. l. Lecha.
[לכוש]	(Q)	Kochtopf.
לָכִישׁ	(I)	n. l. Lachisch.
לָכֵן	(S)	daher, darum; ja, fürwahr.
לֻלָאֹת		Schlingen, Schleifen.
למד	(QS)	q lernen.
		pi lehren; gewöhnen.
		pu belehrt, gewöhnt sein.
לִמֻּד*	(QS)	geübt; Schüler, Jünger.
לָמָּה, לְמָה, לָמָה	(IQS)	wozu? meist Frage nach Absicht und Ziel.
לְמוֹ		für, bezüglich.
לְמוּאֵל, לְמוֹאֵל		n. pr. m. Lemuël.
לִמּוּד I		→ לִמֻּד.
[לִמּוּד II]	(QS)	Lehre.
לֶמֶךְ	(Q)	n. pr. m. Lamech.
לְמִן		von ... her.
לְמַעַן	(QS)	→ מַעַן.
לָן*		pt. q von → לין.
לֹעַ		Kehle.
לֹע	(Q)	Unachtsamkeit?
לעב	(S)	hi verspotten.
		hitp sich lustig machen.
לעג	(QS)	q verspotten.
		ni stammelnd (= fremd); fremd reden.
		hi spotten, verhöhnen.

לַ֫עַג	(Q)	Stottern; Verspottung, Spott.
לַעְדָּה		n. pr. m. Lada.
לַעְדָּן		n. pr. m. Ladan.
לעז		q unverständlich, fremd reden.
לעט		hi verschlingen lassen.
לַעֲנָה	(QS)	Bitterkraut, Wermut.
לעע I		q stammeln, unbedacht reden.
לעע II	(S)	q schlürfen.
לַפִּיד	(Q)	Fackel.
לַפִּידוֹת		n. pr. m. Lappidot.
לפת		q umfassen? passen? tasten? ni abgebogen werden; sich vorbeugen? sich winden?
לֵץ	(QS)	Spötter, übermütig.
לָצוֹן	(Q)	Spott, Übermut.
לצץ		→ לִיץ.
[לקה]	(S)	Geißelung?
לַקּוּם		n. l. Lakkum.
לקח	(IQS)	q nehmen, fassen, ergreifen; wegnehmen; mit sich, an sich nehmen; annehmen; aufnehmen, empfangen; holen, bringen; entrücken; Prov 31,6 erwerben. ni weggenommen, entrückt werden; geholt werden. pu (q pass.) genommen, weggenommen entrückt werden; gebracht werden. hitp aufflackern, zucken.
לֶקַח	(QS)	Lehre, Überredung, Einsicht; Sir 42,7 (Geben u.) Nehmen.
לִקְחִי		n. pr. m. Likchi.
לקט	(Q)	q sammeln, auflesen. pi auflesen, einsammeln. pu aufgelesen werden. hitp sich sammeln.
לֶקֶט*	(Q)	Nachlese.
לקק		q lecken. pi lecken.

לָקֹשׁ	(I)	*pi* Nachlese halten; plündern.
לֶקֶשׁ	(I)	Spätsaat.
לָשָׁד*		Gebäck.
לָשׁוֹן	(QS)	Zunge, Sprache.
לִשְׁכָּה		Raum, Halle, Kammer.
לֶשֶׁם I		Edelstein.
לֶשֶׁם II		*n. l.* Leschem.
לֹשֵׁן		*poel* verleumden. *hi* verleumden.
לָשֹׁן		→ לָשׁוֹן.
לֶשַׁע*		*n. l.* Lescha.
לִשָּׁרוֹן		→ שָׁרוֹן.
לַת		*inf. q von* ילד.
לֶתֶךְ	(Q)	Getreidemaß Letech (*zwischen 110 l und 225 l*).

מ

מַאֲבוּס*		Speicher.
מֹאָבִי		→ מוֹאָבִי.
[מאבן]	(Q)	Schleuder; Katapult.
מְאֹד, מְאוֹד I	(IQS)	*subst.* Kraft, Vermögen; *adv.* sehr.
מֵאָה I	(IQS)	hundert; *du.* zweihundert; *pl.* Hunderte; Hundertschaft.
מֵאָה II		*n. l.* Mea.
[מאודה]	(Q)	Menge.
מַאֲוַי		Wunsch, Verlangen.
מְאוּם, מְאוּם	(QS)	Makel, Flecken.
מְאוּמָה	(IQS)	irgendetwas; *c.* לֹא *o.* אַל: nichts, nicht das Geringste.
מָאוֹס		Abfall.
מָאוֹר	(QS)	Leuchte, Lichtkörper; Leuchter; *Ps 90,8; Prov 15,30* Licht.
מְאוּרָה*		Junges? etwas Glänzendes?
מֹאזְנַיִם	(QS)	Waage.
מְאַט	(S)	wenig.

מֵאִיוֹת*		pl. von מֵאָה I.
מַאֲכָל	(QS)	Speise, Nahrung.
מַאֲכֶלֶת		Messer.
מַאֲכֹלֶת		Fraß.
מַאֲמָץ*	(Q)	Anstrengung, Ermutigung.
מַאֲמָר*	(QST)	Wort, Befehl.
מאן	(QS)	pi sich weigern, nicht wollen.
מאס I	(QS)	q verschmähen, verabscheuen; ablehnen, verwerfen. ni verworfen werden. pu verworfen sein.
מאס II		ni zerfließen, vergehen.
[מאס]	(I)	n. pr. m.
[מאסף]	(Q)	Treffen; Gruppe; Sammeln.
מַאֲפֶה*		Gebäck.
מַאֲפֵל		Finsternis.
[מאפלה]	(Q)	Finsternis.
מַאְפֵּלְיָה		Finsternis.
מאר	(Q)	ni schmerzhaft, bösartig sein. hi pt. schmerzhaft, bösartig.
מַאֲרָב	(Q)	Hinterhalt.
מְאֵרָה	(Q)	Fluch.
[מאש]	(I)	n. pr. m.
מִבְדָּלָה		Enklave.
מָבוֹא	(QS)	Eingang; Eintreten; Untergang (Sonne) > Westen.
מְבוּכָה		Verwirrung.
מַבּוּל	(QS)	Himmelsozean; Sintflut.
מְבוּנִים		l. Qere (II Chr 35,3).
מְבוּסָה		Niedertreten.
מַבּוּעַ	(Q)	Quelle.
מְבוּקָה		Öde.
מְבוּשִׁים		Genitalien.
מִבְחוֹר		Auslese, Bestes.
מִבְחָר I		Auslese, Bestes.
מִבְחָר II		n. gent.? Mibhar.

מַבָּט		Hoffnung.
מִבְטָא		übereiltes Versprechen.
מִבְטָח	(Q)	Vertrauen; Sicherheit, Zuversicht.
[מבטחיהו]	(I)	n. pr. m.
[מבינה]	(Q)	Verstehen; Einsicht.
מַבָּךְ*		Quelle.
[מבל]	(I)	n. pr. m.?
[מבלגה]	(Q)	raffiniertes Lächeln? Gift?
מְבֻלָּקָה		→ בלק.
[מבן]	(I)	n. pr. (m.).
מִבְנֶה	(Q)	Bau.
מְבֻנַּי		n. pr. m. Mebunnai.
[מבנית]	(Q)	Struktur; Bau; Aufbau.
[מבע]	(Q)	Fluss; Äußerung.
מִבְצָר I	(QS)	fester Platz, Befestigung, Festung.
מִבְצָר II		n. gent.? Mibzar.
[מבקע]	(Q)	Spalte; Kluft.
מִבְרָח*		Flüchtling.
מִבְשָׂם		n. pr. m. Mibsam.
מְבָשִׁים		Schamteile.
מְבַשְּׁלוֹת	(Q)	Kochplätze.
מַג		*Bestandteil eines bab. Beamtentitels.*
מַגְבִּישׁ		n. pr. m. Magbisch.
[מגבל]	(Q)	Geformtes.
מִגְבָּלֹת		Schnüre.
מִגְבָּעָה*	(Q)	Kopfbund.
מֶגֶד		Gabe; Bestes.
מִגְדּוֹל		→ מִגְדָּל.
מְגִדּוֹ(ן)		n. l. Megiddo.
מַגְדִּיאֵל		n. gent.? Magdiël.
מַגְדִּיל		l. Ketib (II Sam 22,51).
[מגדל]	(Q)	Lobgesang.
מִגְדָּל I	(Q)	Turm; Podium.
מִגְדָּל* II		*Bestandteil von n. l. Migdal.*

מִגְדֹּל		n. l. Migdol.
[מַגְדְּלִיהוּ]	(I)	n. pr.
מִגְדָּנוֹת	(Q)	reiche Geschenke, Kostbarkeiten.
[מַגְדֵּפָה]	(Q)	Schmähung, Blasphemie.
מָגוֹג	(Q)	n. pr. m., n. terr. Magog.
מָגוֹר		Ps 55,16 ungedeutet.
מָגוֹר I	(Q)	Grauen.
מָגוֹר* II	(QS)	Verweilen; Wohnen.
מָגוֹר* III		Vorratskammer.
מְגוֹרָה*		Grauen.
מְגוּרָה		Vorratskammer, Getreidegrube.
מְגוּרִים		Schutzbürgerschaft, Aufenthalt.
[מִגְזָה]	(Q)	Furt.
מַגְזֵרָה*		Axt.
מַגָּל		Sichel.
מְגִלָּה		Buchrolle, Schriftrolle.
מְגַמָּה*	(Q)	Gesamtheit.
מגן	(Q)	pi preisgeben, ausliefern; Prov 4,9 beschenken.
[מגן]	(I)	n. pr.
מָגֵן I	(QS)	Schild; Hi 41,7 Schuppe.
מָגֵן II		unverschämt.
מְגִנָּה*		Unverschämtheit.
[מגנס]	(Q)	n. pr. (m.).
[מגע]	(Q)	Kontakt.
מִגְעֶרֶת	(Q)	Bedrohung.
מַגֵּפָה	(QS)	Plage.
מַגְפִּיעָשׁ		n. pr. m. Magpiasch.
מגר	(Q)	q pt. pass. preisgegeben. pi niederstoßen (aram.).
מְגֵרָה		Steinsäge.
מִגְרוֹן	(Q)	n. l. Migron.
מִגְרָעוֹת*		Absätze, Verjüngungen.
מִגְרָפָה*		Schaufel?, Erdscholle?
מִגְרָשׁ		Weideland; unbestelltes Land.

מִגְרָשׁוֹת		Triften, Wogen?
[מִגְשָׁעָה]	(Q)	Kopftracht der Priester.
מַד*		Gewand.
מִדְבָּר I	(QS)	Steppe, Wüste, Weideland.
מִדְבָּר II		Reden, Mund.
מדד	(Q)	q messen. ni gemessen werden. pi abmessen, ausmessen. polel messen. hitpo sich hinstrecken.
מִדָּה I	(Q)	Abmessung, Maß; *nachgestellt*: hoch gewachsen, geräumig.
מִדָּה* II	(Q)	Abgabe, Steuer.
מַדְהֵבָה	(Q)	Drangsal, Schrecken, Ansturm.
מַדּוּ*		Gewand.
מדהוב*	(Q)	Not.
מַדְוֶה* I		Gewand.
מַדְוֶה* II		Krankheit, Seuche.
מַדּוּחִים		Verführung, Irreleitung.
מָדוֹן, מִדְיָן I	(Q)	Streit, Zank.
מָדוֹן II		n. l. Madon.
מַדּוּעַ	(QS)	warum? *meist Frage nach Ursache*.
[מָדוֹר]	(Q)	Aufenthaltsort.
מְדוּרָה		Holzstoß.
מִדְחֶה		Sturz.
מַדְחֵפָה*		Stoß.
מָדַי		n. pr. m. Madai; n. gent. Meder; n. terr. Medien.
מָדִי		n. gent. Meder.
מַדַּי		< מַה־דַּי.
מִדְיָן* I		Streit, Zank.
מִדְיָן II	(Q)	n. pr. m., n. terr. Midian; n. gent. Midianiter.
מִדִּין		n. l. Middin.
מְדִינָה	(Q)	Gerichts-, Amtsbezirk, Satrapie, Land.
מִדְיָנִי		n. gent. Midianiter.
מְדֹכָה	(Q)	Mörser.

מַדְמֵן		n. l. Madmen.
מַדְמַנָּה		n. pr.?, n. l. Madmanna.
מַדְמֵנָה I		Misthaufen.
מַדְמֵנָה II		n. l. Madmena.
מְדָן I		n. pr. m. Medan.
מְדָן* II		Streit.
מְדָנִים		n. gent. Medaniter.
מַדָּע, מַדָּע	(QS)	Verständnis; Koh 10,20 Schlafgemach.
מֹדַע	(Q)	Verwandter.
[מדף]	(Q)	Falle? Unreinheit? Klappe?
מַדְקָרָה*		Stich.
מַדְרֵגָה		Felsensteige.
מִדְרָךְ*	(Q)	(fuß)breit; Stelle, die betreten wird.
[מדרס]	(Q)	Boden.
מִדְרָשׁ*	(QS)	Erklärung, Auslegung.
מִדְשָׁה*		Gedroschenes.
מָה	(QST)	was?, wie?, warum?; was; wie!, עַד־מָה wie lange.
מהה	(QS)	hitpalp zögern.
מְהוּמָה	(QS)	Lärm, Getümmel; Verwirrung, Bestürzung.
מְהוּמָן		n. pr. m. Mehuman.
מְהֵיטַבְאֵל		n. pr. m. (aram.) u. f. Mehetabel.
מָהִיר		geschickt, beflissen.
מהל I		q pt. pass. gepanscht.
[מהל] II	(Q)	q beschneiden, schwach sein.
מַהֲלָךְ	(S)	Weg, Reise, Gang; pl. Zutritt.
מַהֲלָל*		Anerkennung.
מַהֲלַלְאֵל	(Q)	n. pr. m. Mahalalel.
מַהֲלֻמוֹת	(S)	Schläge, Prügel.
מהמה	(S)	→ מהה.
מַהֲמֹרוֹת*	(S)	Regenlöcher.
[מהפך]	(Q)	Wenden; Drehen; Abweichen.
מַהְפֵּכָה		Zerstörung.
מַהְפֶּכֶת		Block.

מהר I	(IQS)	*ni* sich überstürzen; *pt.* voreilig, ungestüm, bestürzt.
		pi eilen; beschleunigen; *imp. auch* rasch.
מהר II	(Q)	*q* (gegen Heiratsgeld) erwerben.
מַהֵר		*adv.* schnell.
מֹהַר		Heiratsgeld.
מְהֵרָה	(IQ)	Eile; eilends.
מַהְרַי		*n. pr. m.* Mahrai.
מַהֲתַלָּה	(Q)	Betrug; Täuschung.
מוֹ		Wasser.
מוֹאָב	(IQS)	*n. pr. m., n. terr.* Moab; *n. gent.* Moabiter.
מוֹאָבִי	(Q)	*n. gent.* Moabiter.
מוֹאֵל		→ מוּל.
מוֹבָא*		Eingang.
מוג	(QS)	*q* wanken.
		ni wogen, hin und her wanken.
		pol aufweichen, zergehen lassen.
		hitpol sich auflösen, in Bewegung geraten.
מוד		*pol* erschüttern.
[מוֹדָה]	(I)	Maß.
[מוֹדָע]	(Q)	Bekannte.
מוט	(QS)	*q* wanken.
		ni wanken; wackeln.
		hi herabkommen lassen.
		hitpol hin und her wanken.
מוֹט	(Q)	Traggestell, Stange.
מוֹטָה	(Q)	Jochholz, Tragholz.
מוּךְ	(QS)	*q* herunterkommen, verarmen.
מוּל I	(Q)	*q* beschneiden.
		ni sich beschneiden lassen.
מוּל II		*hi* abwehren.
מוּל, מוֹל	(Q)	vor, gegenüber; מוּל פָּנִים Vorderseite; מִמּוּל vorweg, vorn an, nach ... hin.
[מוֹלָד]	(Q)	Geburt.
מוֹלָדָה	(I)	*n. l.* Molada.

מוֹלֶדֶת		Nachkommenschaft, Verwandtschaft; pl. auch Herkunft.
מוּלָה*	(Q)	Beschneidung.
מוֹלִיד		n. pr. m. Molid.
מוּם	(QS)	→ מְאוּם.
מוּמָה		→ מְאוּמָה.
מוֹמָכָן		l. Qere (Est 1,16).
מוּסָב		Umgang?
מוּסָד	(Q)	Grundmauer, Grundlage.
מוּסָד		Gründung.
מוּסָדָה	(Q)	m. Grundmauer, Grundlage?
מוּסָדָה	(Q)	Fundament.
מוּסָךְ*		→ מֵיסַךְ.
מוֹסֵר	(QS)	Fessel.
מוּסָר	(QS)	Züchtigung, Zucht; Mahnung, Warnung.
מוֹסֵרָה I	(QS)	Fessel.
מוֹסֵרָה II		n. l. Mosera.
מוֹעָד*		Sammelplatz?
מוֹעֵד	(QS)	Treffpunkt, Versammlungsplatz; Versammlung, Begegnung; Termin, festgesetzte Zeit, Festzeit.
מוּעָדָה		Festsetzung.
מוֹעַדְיָה		n. pr. m. Moadja.
[מוֹעֵז]	(Q)	Trotz.
מוּעָף		Finsternis.
מוֹעֵצָה*	(Q)	Ratschlag, Plan.
מוּעָקָה		Bedrängnis, Enge?
מוּפָז		pt. ho von פזז I.
מוֹפַעַת		→ מֵיפַעַת.
מוֹפֵת	(QS)	Wahrzeichen; Wunder.
מוֹצָא I	(IQS)	Ausgangsort, Ausgang; Äußerung; Aufbruch; Aufgang (der Sonne) > Osten.
מוֹצָא II		n. pr. m. Moza.
מוֹצָאָה*		Ursprung; Abtritt.
מוּצָק I	(S)	(Metall)guss.
מוּצָק II		Bedrängnis.

מוּצָקָה*	(Q)	Guss; Röhre.
מוּק		hi verhöhnen.
מוֹקֵד	(Q)	Feuerstelle.
[מוּקָר]	(I)	n. pr. (m.).
מוֹקֵשׁ	(QS)	Stellholz, Falle.
[מוּקֶשֶׁת]	(Q)	Falle.
מוּר	(QS)	ni sich ändern. hi vertauschen, ändern.
מוֹר		→ מֹר.
מוֹרָא	(QS)	Furcht, Schrecken; Ehrfurcht.
מוֹרַג		Dreschschlitten.
מוֹרָד	(Q)	Abhang; I Reg 7,29 Gehänge.
מוֹרָה I		m. Schermesser.
מוֹרָה II		→ מוֹרָא.
מוֹרֶה I		Frühregen.
מוֹרֶה II		Lehrer.
מוֹרָט		pt. pu von מרט.
מוֹרִיָּה		→ מֹרִיָּה.
[מוּרָר]	(Q)	Geschwür.
מוֹרָשׁ I		Besitztum.
מוֹרָשׁ II		Wunsch.
מוֹרָשָׁה		Erwerb, Besitz.
מוֹרֶשֶׁת גַּת		n. l. Moreschet-Gat.
מוֹרַשְׁתִּי		n. gent. Moraschtiter.
מוּשׁ I	(Q)	q betasten. hi betasten lassen; betasten, greifen können.
מוּשׁ II	(QS)	q weichen, ablassen; entfernen.
מוֹשָׁב	(QS)	Sitz, Sitzplatz; Wohnsitz, Aufenthaltsort; Standort, Lage; Versammlung; Wohnen; Bewohner.
מוּשִׁי		n. pr. m. Muschi; n. gent. Muschiter.
מוֹשִׁיעַ		→ ישׁע.
מוֹשֵׁל		→ מֹשֵׁל I.
מוֹשָׁעָה*		Hilfe.
מוּת	(IQST)	q sterben. pol töten, den Todesstoß geben.

		hi sterben lassen, töten, töten lassen.
		ho getötet werden, mit dem Tode büßen.
מָוֶת	(QST)	Tod, Sterben; Pest; Totenreich.
מוֹתָר	(Q)	Vorteil, Vorzug.
[מז]	(I)	Saft, Extrakt.
מִזְבֵּחַ	(QS)	Altar, (*eig. Schlachtstätte*).
מֶזֶג		Mischwein.
[מזדי]	(I)	*n. pr. m.*
מָזֶה*		entkräftet.
מִזָּה		*n. pr. m.* Missa.
מָזוּ*		Speicher.
מְזוּזָה, מזוז	(Q)	Türpfosten.
מָזוֹן	(Q)	Speise.
מָזוֹר I	(Q)	eiternde Wunde, Geschwür.
מָזוֹר II	(Q)	Falle?, Hinterhalt?
[מזז]	(Q)	*pu* vermischt sein.
מֵזַח I		Werft.
מֵזַח II		Gürtel.
מְזִיחַ*		Gürtel.
מַזְכִּיר		Sprecher (*Beamtentitel*).
[מזל]	(Q)	Fluss, Äußerung.
מִזְלָג, מַזְלֵג		Fleischgabel.
מַזָּלוֹת*	(Q)	Tierkreiszeichen.
מְזִמָּה	(QS)	Sinnen, Plan; Anschlag, Machenschaft; Besonnenheit.
מִזְמוֹר	(QS)	Lied, Psalm.
מַזְמֵרָה		Winzermesser.
מְזַמְּרֶת*		Dochtschere; Musikinstrument.
מִזְעָר	(S)	Weniges, Kleinigkeit.
[מזקה]	(Q)	Kanal.
מִזְרֶה		Worfschaufel.
מַזָּרוֹת	(Q)	Gestirne (*Standortgestirne*).
מִזְרָח	(Q)	Aufgang (*Sonne*) > Osten.
[מזרחי]	(Q)	*adj.* östlich.
מְזָרִים		Nordwinde.

מִזְרָע*		Saatland.
מִזְרָק	(Q)	Schale.
מֹחַ*		Fettschaf.
מֹחַ		Mark.
מחא		q schlagen, klatschen.
מַחֲבֵא*		Versteck.
מַחֲבֹאִים*		Verstecke.
מְחַבְּרוֹת		Binder, Klammer.
מַחְבֶּרֶת	(Q)	Nahtstelle, Reihe.
מַחֲבַת		Platte.
מַחְגֹּרֶת		Umgürtung.
מחה I	(IQS)	q abwischen, wegwischen; vertilgen. ni ausgewischt, vertilgt werden. hi auslöschen.
מחה II		q stoßen, treffen.
מחה III		pu pt. markig.
מְחוּגָה*		Zirkel.
מָחוֹז	(Q)	Hafen.
מְחוּיָאֵל		n. pr. m. Mechujaël.
מַחֲוִים		n. gent. Machawiter.
מָחוֹל I		Reigentanz.
מָחוֹל II		n. pr. m. Machol.
[מחוללה]	(Q)	Tanz.
[מחוקק]	(Q)	Befehlshaber.
[מחוקקה]	(Q)	→ מחקקה.
[מחושה]	(Q)	eifernd.
מַחֲזֶה	(Q)	Erscheinung, Vision.
מֶחֱזָה		Fenster.
מַחֲזִיאוֹת		n. pr. m. Machasiot.
מְחִי		Stoß.
מְחִידָא		n. pr. m. Mechida.
מִחְיָה	(QS)	Erhaltung des Lebens; Erneuerung, neues Fleisch; Lebensmittel, Lebensunterhalt; Aufleben.
מְחִייָאֵל		n. pr. m. Mechijaël.

מְחִיר I	(QS)	Gegenwert, Kaufpreis, Lohn.
מְחִיר II		n. pr. m. Mehir.
[מחל]	(Q)	q vergeben.
מְחִלָּה*	(Q)	Höhle.
מְחֹלָה*		Reigentanz.
מַחְלָה		n. pr. m. u. f. Machla.
מַחֲלָה	(QS)	Krankheit.
מַחֲלֶה*	(QS)	Krankheit.
מַחְלוֹן		n. pr. m. Machlon.
מַחְלִי		n. pr. m. Machli; n. gent. Machliter.
מַחֲלָיִים		Krankheiten.
מַחֲלָף*		Messer?
מַחְלָפוֹת*		Zöpfe.
מַחֲלָצָה		Festgewand; weiße Kleider (pl.).
מַחְלְקוֹת		n. l. Machlekot, I Sam 23,28 סֶלַע הַמַּחְלְקוֹת.
מַחֲלֹקֶת	(QS)	Anteil; Abteilung.
מָחֲלַת I		liturgische Angabe.
מָחֲלַת, מַחֲלַת II		n. pr. f. Mahalat.
מְחֹלָתִי		n. gent. Meholatiter.
מַחְמָאֹת		Milchiges.
מַחְמָד*	(QS)	Begehrenswertes, Kostbarkeit; Lust; Hos 9,16 Liebling.
מַחְמֹד		Kostbarkeit.
מַחְמָל*		Sehnsucht?
[מחמם]	(I)	n. pr. (m.).
מַחְמֶצֶת		Gesäuertes.
מַחֲנֶה	(QS)	Lagerplatz, Kriegs-, Wanderlager; Schar, Heer.
מַחֲנֵה־דָן		n. l. Mahane-Dan.
מַחֲנַיִם	(Q)	n. l. Mahanajim.
מַחֲנָק		Erstickung.
מַחְסֶה, מַחֲסֶה	(Q)	Zuflucht.
מַחְסוֹם		Zaum? Maulkorb?
מַחְסוֹר	(QS)	Mangel, Verlust.
מַחְסֵיָה(וּ), מחסיו	(I)	n. pr. m. Machseja(hu).

מָחַץ	(IQS)	q zerschlagen.
מַחַץ*	(Q)	Wunde.
מַחְצֵב		c. אֶבֶן zugehauen.
מֶחֱצָה	(Q)	Hälfte.
מַחֲצִית*	(Q)	Hälfte, Mitte.
מחק		q zerschlagen.
[מִחְקָה]	(Q)	Gravur.
מְחֻקְקָה		Erlass, Verordnung.
מֶחְקָר*	(QS)	Tiefe.
מָחָר	(IQS)	morgen.
מַחֲרָאָה*		Latrine; Müllhalde.
[מַחְרֵשׁ]	(Q)	Machenschaft; Ränke; geschicktes Vorgehen.
מַחֲרֵשָׁה, מַחֲרֶשֶׁת*		Pflugschar.
מָחֳרָת	(Q)	folgender Tag.
מַחְשֹׂף	(Q)	Abschälen.
מַחְשָׁב, מַחֲשָׁבָה, מַחֲשֶׁבֶת	(QS)	Gedanke, Vorhaben, Plan; Erfindung.
מַחְשָׁךְ	(Q)	finsterer Ort, Schlupfwinkel.
מַחַת		n. pr. m. Mahat.
מְחִתָּה	(Q)	Schrecken; Zerstörung.
מַחְתָּה	(Q)	Kohlenpfanne, Feuerbecken.
[מחתוש]	(Q)	n. pr. (m.).
מַחְתֶּרֶת	(Q)	Einbruch.
מַטְאֲטֵא		Besen.
מִטְבֵּחַ		Schlachtbank.
מַטָּה	(Q)	drunten.
מַטֶּה	(IQS)	Stock, Stab, Zepter; Stamm; Ez 1,9 auch Ast.
מִטָּה	(QS)	Lager; Bett.
מֻטָּה*		Spannweite.
מַטֶּה	(Q)	Beugung; Ungerechtigkeit.
מִטְהָר*		Pracht; Glanz; Ruhm.
מַטְוֶה		Gespinst.
[מטון]	(Q)	Versteck.
מְטִיל*		Stange.

מַטְמוֹן	(S)	(verborgener) Schatz.
[מטמנת]	(S)	Schatz.
מַטָּע	(Q)	Pflanzung.
מַטְעַמּוֹת, מַטְעַמִּים*	(S)	Leckerbissen.
[מטעת]	(Q)	Pflanzung.
מִטְפַּחַת		Umschlagtuch.
מטר	(QS)	ni beregnet werden. hi regnen lassen.
מָטָר	(QS)	Regen.
מַטָּרָא		Ziel.
מַטְרֵד		n. pr. f. Matred.
מַטָּרָה		Ziel; Wache.
מַטְרִי		n. gent. Matriter.
מַי	(IQS)	Wasser, Gewässer; Jes 52,5 l. Qere.
מִי	(IQS)	wer?, welcher; wer immer; מִי יִתֵּן wer gibt? > o dass doch!
מֵי הַיַּרְקוֹן		n. l. Mehajarkon.
מֵי זָהָב		n. pr. Mesahab.
[מיאמן]	(I)	n. pr. m.
מֵידְבָא		n. l. Medeba.
מֵידָד		n. pr. m. Medad.
מוֹדַע		l. Qere (Rut 2,1) Verwandter.
מֵיטָב		Bestes.
מִיכָא		n. pr. m. Micha.
מִיכָאֵל	(Q)	n. pr. m. Michael.
מִיכָה	(I)	n. pr. m. Micha.
מִיכָהוּ		l. Qere (II Chr 18,8).
מִיכָיְהוּ, מִיכָיָה(וּ)	(I)	n. pr. m. Michaja(hu).
מִיכַל*		n. pr. f. Michal; II Sam 17,20 Wasserbehälter?
מַיִם	(IQS)	→ מַי.
מִיָּמִ(י)ן	(QS)	n. pr. m. Mijamin.
מִין*	(QS)	Art, Gattung.
מֵינֶקֶת		Amme.
מֵיסָךְ		l. Qere (II Reg 16,18) bedeckter Gang?
מֵיפַעַת		n. l. Mefaat.

מִיץ		Pressen.
מִיצִיאָו		l. Qere (II Chr 32,21) abstammend.
מוּשׁ		→ מוּשׁ.
מֵישָׁא		n. pr. m. Mescha.
מִישָׁאֵל		n. pr. m. Mischael.
מִישׁוֹר	(QS)	Ebene, Ebenes; Aufrichtigkeit; Ps 67,5 recht.
מֵישַׁךְ		n. pr. m. Meschach.
מֵישָׁע		n. pr. m. Mescha.
מֵישַׁע		n. pr. m. Mescha.
מִישֹׁר	(QS)	→ מִישׁוֹר.
מֵישָׁרִים	(Q)	Geradheit, Aufrichtigkeit; gerade, recht; Dan 11,6 Ausgleich.
מֵיתָר	(Q)	Bogensehne; Zeltstrick.
[מכא]	(I)	n. pr. m.
מַכְאוֹב, מַכְאֹב	(QS)	Schmerz, Leiden, Kummer.
מַכְבֵּנָה		n. pr. (m.) Machbena.
מַכְבַּנַּי		n. pr. m. Machbannai.
מַכְבֵּר		Decke?
מִכְבָּר	(Q)	Gitterwerk.
מַכָּה	(QS)	Schlag, Wunde; Plage; Niederlage.
מִכְוָה		Brandwunde.
מָכוֹן	(QS)	Stätte, Grundlage.
מְכוֹנָה	(QS)	Stelle, Stätte; Gestell.
מְכוּרָה	(Q)	Herkunft (auch pl.).
מָכִי	(I)	n. pr. m. Machi.
[מכיהו]	(I)	n. pr.
מָכִיר	(I)	n. pr. m., n. gent. Machir.
מָכִירִי		n. gent. Machiriter.
מכך		q zusammensinken. ni sich senken. ho erniedrigt werden.
מִכְלָא, מִכְלָה		Hürde.
מִכְלוֹל	(Q)	Vollkommenheit.
מִכְלוֹת		Vollendung, Lauterkeit.
מִכְלָל*		Vollkommenheit.

מַכְלֻלִים*		Prachtgewänder.
מַאֲכֹלֶת		Speise.
מִכְמַנִּים*		Schätze.
מִכְמָס	(Q)	n. l. Michmas.
מִכְמָר, מַכְמֹר		Fangnetz.
מִכְמֶרֶת, מִכְמֹרֶת	(Q)	Fischnetz.
מִכְמָשׁ		→ מִכְמָס.
מִכְמְתָת		n. l. Michmetat.
מַכְנַדְבַי		n. pr. m. Machnadbai.
מְכֹנָה I		→ מְכוֹנָה.
מְכֹנָה II		n. l. Mechona.
מִכְנָס*	(QS)	Hose.
מֶכֶס	(IQ)	Abgabe.
מְכַסֶּה		Decke; Kleidung; Deck.
מִכְסָה	(Q)	Anzahl, Betrag.
מִכְסֶה	(Q)	Decke.
מַכְפֵּלָה	(Q)	n. l. Machpela.
מכר	(QS)	q verkaufen, preisgeben. ni sich verkaufen, verkauft werden. hitp sich verkaufen, hergeben zu.
מַכָּר*		Bekannter?
מֶכֶר	(Q)	Kaufpreis; Ware.
מְכֵרָה*		Schwert; Rat; Verführung; Stab.
מִכְרֶה*		Grube.
מִכְרִי		n. pr. m. Michri.
מְכֵרָתִי		n. gent. Mecheratiter.
מִכְשׁוֹל, מִכְשֹׁל	(QS)	Anstoß, Hindernis.
מַכְשֵׁלָה		Verfall.
מִכְתָּב	(I)	Schrift, Schriftstück, Brief.
מְכִתָּה*		Zerschlagenes.
מִכְתָּם		Bezeichnung eines Liedes.
מַכְתֵּשׁ I		Mörser; Vertiefung.
מַכְתֵּשׁ II		n. l. Machtesch.
מלא	(IQS)	q voll sein, vollzählig sein, zu Ende sein; anfüllen.

מָלֵא	(IQ)	*ni* angefüllt, erfüllt werden; *Koh 6,7* gestillt werden. *pi* erfüllen, anfüllen; *c.* יָד *auch* einsetzen, einweihen; *c.* אַחֲרֵי treu halten zu. *pu pt.* besetzt. *hitp* sich zusammenrotten.
מִלֵּא	(IQ)	Fülle.
מָלֵא	(QS)	voll.
מְלֵאָה	(Q)	voller Ertrag.
מִלֻּאָה*	(QS)	Besatz, Einfassung.
מִלֻּאִים	(QS)	Weihe, Einsetzung; Besatz(-steine).
מַלְאָךְ	(QS)	Bote; Engel.
מְלָאכָה	(IQS)	Auftrag, Aufgabe, Geschäft, Arbeit, Dienst; Sache.
מַלְאֲכוּת*		Botschaft.
מַלְאָכִי	(I)	*n. pr. m.* Maleachi.
מְלֵאת		Fülle?
מַלְבּוּשׁ	(Q)	Gewand.
מַלְבֵּן		Ziegelform?, Ziegelei?, Ziegelterrasse?
מלדה	(I)	→ מוֹלָדָה *n. l.*
[מלה]	(Q)	*q* → מָלֵא; *pt.* angefüllter Platz, Esplanade. *pi* → מָלֵא.
מִלָּה	(Q)	Wort; Gerede; Rede.
מִלוֹ, מִלוֹא	(S)	→ מָלֵא.
מִלּוֹא	(Q)	Aufschüttung, Akropolis; *n. l.* Millo.
מִלּוּאִים		→ מִלֻּאִים.
מַלּוּחַ		Salzkraut.
מַלּוּךְ		*n. pr. m.* Malluch.
מְלוּכָה	(Q)	Königtum, Königsgeschlecht, Königs-.
מְלוּכִי		*l.* מַלּוּךְ (Neh 12,14).
מָלוֹן	(Q)	Nachtlager.
מְלוּנָה		Wachthütte.
[מלוש]	(Q)	Fülle.
מַלּוֹתִי		*n. pr. m.* Malloti.
מלח I	(Q)	*ni* sich auflösen, zerrissen werden.

מָלַח II	(QS)	q salzen.
		pu pt. gesalzen.
		ho mit Salzwasser abgerieben werden.
מַלָּח*	(Q)	Schiffer.
מֶלַח* I		Kleiderfetzen.
מֶלַח II	(QS)	Salz.
מְלֵחָה	(Q)	Salzland.
מִלְחָמָה, מִלְחֶמֶת	(IQS)	Kampf, Schlacht, Krieg; Ps 76,4 Waffe?
מלט I	(QS)	ni sich in Sicherheit bringen, entrinnen.
		pi retten; II Reg 23,18 unberührt lassen; Jes 34,15 (Eier) legen?
		hi retten; Jes 66,7 gebären.
		hitp hervorsprühen; entkommen.
מלט II		hitp Hi 19,20 sich als kahl erweisen (?).
מֶלֶט		Mörtel.
מְלַטְיָה		n. pr. m. Melatja.
[מְלִיהוּ]	(I)	n. pr. (m.).
מְלִילָה*	(Q)	(zerriebene) Ähre.
מֵלִיץ	(QS)	Fürsprecher; Dolmetscher.
מְלִיצָה	(S)	Rätsel, Rätselspruch.
מָלַךְ I	(IQS)	q König sein, herrschen; Prov 30,22 zur Herrschaft kommen.
		hi als König einsetzen.
		ho als König eingesetzt werden.
מָלַךְ II		ni mit sich selbst zu Rate gehen.
מֶלֶךְ I	(IQS)	König.
מֶלֶךְ II		n. pr. m. Melech.
מֹלֶךְ		Schimpfform für מֶלֶךְ I (Titel einer Gottheit) Molech, Moloch (ein Ritus, eine Opferart).
מַלְכֹּדֶת*		Schlinge.
מְלֻכָה		→ מְלוּכָה.
מַלְכָּה	(Q)	Königin (auch Frau des Königs).
מִלְכָּה		n. pr. f. Milka.
מַלְכוּת	(QST)	Königsherrschaft; Königswürde; Regierungszeit; Königreich; königlich.
[מַלְכִּי]	(I)	n. pr. m.

[מַלְכִּי]	(I)	n. pr. m.
מַלְכִּי־צֶדֶק	(Q)	n. pr. m. Melchisedek.
[מַלְכִּי־רֶשַׁע]	(Q)	n. pr. m.
מַלְכִּי־שׁוּעַ		n. pr. m. Malkischua.
מַלְכִּיאֵל		n. pr. m. Malkiël.
מַלְכִּיאֵלִי		n. gent. Malkiëliter.
מַלְכִּיּוּ, מַלְכִּיָּה(וּ)	(IQ)	n. pr. m. Malkija(hu).
מַלְכִּירָם	(I)	n. pr. m. Malkiram.
מַלְכָּם		n. pr. m. Malkam.
מִלְכֹּם		n. d. Milkom.
מַלְכֵּן		l. Qere (II Sam 12,31).
[מַלְכְּנַר]	(I)	n. pr. (m.).
מְלֶכֶת*		Königin.
מֹלֶכֶת		n. pr. f. Molechet.
מלל I	(Q)	q welken.
		poel zusammensinken.
		hitpo schlaff sein?
מלל II		q beschneiden.
		ni sich beschneiden lassen; abgeschnitten werden.
מלל III	(QS)	q Zeichen geben.
		pi reden, künden.
מִלֲלַי		n. pr. m. Milalai.
מַלְמָד*	(S)	Treibstecken.
מלץ		ni glatt sein.
מֶלְצַר		Aufseher (bab. Beamtentitel).
מלק		q abkneifen.
מַלְקוֹחַ I		Beute.
מַלְקוֹחַ II		du. Gaumen.
מַלְקוֹשׁ	(Q)	Spätregen.
מֶלְקָחַיִם	(Q)	Dochtschere, Zange.
[מלש]	(I)	n. pr. (m.).
מֶלְתָּחָה		Kleiderkammer.
מַלְתָּעוֹת*		Kinnladen.
מַמְּגֻרָה*		Getreidegrube.

מֵמַד, מָמַד*		Maß.
מְמוּכָן		n. pr. m. Memuchan.
[מָמוֹן]	(QS)	Mammon, Geld, Vermögen.
מְמוֹתִים*		Tod.
מַמְזֵר	(Q)	Kind aus verbotener Ehemischung, Bastard.
מִמְכָּר	(QS)	Verkauf, Ware, Verkauftes.
מִמְכֶּרֶת	(Q)	Verkauf.
מַמְלָכָה, מַמְלֶכֶת	(QS)	Königsherrschaft; Königswürde; Regierungszeit; Königreich; königlich; Königtum; König.
מַמְלָכוּת*	(Q)	Königsherrschaft, Königreich.
מַמְלֶכֶת		→ מַמְלָכָה.
מִמְסָךְ		Würzwein.
מֶמֶר		Bitterkeit, Verdruss.
מַמְרֵא	(Q)	n. pr. m., n. l. Mamre.
מַמְרֹרִים		Bitterkeit.
מִמְשַׁח		uns.
מִמְשָׁל	(Q)	Herrschaft; pl. Oberhäupter.
מֶמְשָׁלָה, ממשלת	(QS)	Herrschaft, Herrschaftsgebiet; Macht.
מִמְשָׁק*		Besitz?, Boden?
[ממשת]	(I)	n. l. Memschat.
מַמְתַקִּים		Süßigkeiten.
מָן I	(Q)	Manna.
מָן II	(T)	was?
מִן	(IQST)	Teil von >, aus; von ... aus, von ... weg, in, -wärts; von ... an, gleich nach, seit, nach; wegen, vor, weil; ohne, fern von; c. inf. auch so dass nicht; komparativisch.
מֵן* I	(S)	Saite.
מֵן II		Ps 68,24 Teil? text. corr.
מְנָאוֹת		pl. von מְנָת.
מַנְגִּינָה*		Spottlied.
מנה	(IQS)	q zählen, bestimmen. ni gezählt werden, zählbar sein. pi zuteilen, bestimmen, bestellen (aram.). pu pt. bestellt.
מָנָה	(QS)	Teil, Anteil, Schicksal.

מָנֶה	(Q)	*Gewichtseinheit*: Mine (*50 Schekel, 571,2 g*).
מֹנֶה*		*pl.* Male.
מִנְהָג	(Q)	Art zu lenken.
מִנְהָרָה*		Kluft.
[מנו]	(Q)	*n. l.* Mano.
מָנוֹד*		Schütteln.
מָנוֹחַ I	(QS)	Ruheplatz.
מָנוֹחַ II	(I)	*n. pr. m.* Manoach.
מְנוּחָה	(QS)	Ruhe, Ruheplatz; II Sam 14,17 Beruhigung.
מָנוֹן	(S)	Verächter?; *adj.* unverschämt.
מָנוֹס	(Q)	Zufluchtsstätte, Zuflucht.
מְנוּסָה		Flucht.
מָנוֹר		Weberbaum.
מְנוֹרָה	(QS)	Leuchter.
מִנְּזָרִים*		Wächter.
מִנָּח		Ez 41,9.11 freigelassener Raum, Brandgasse?
מְנָחָה		→ מְנוּחָה.
מִנְחָה	(QS)	Geschenk; Opfergabe, Speiseopfer.
מְנָחוֹת		*n. gent.* Menuchot.
מְנַחֵם	(IQ)	*n. pr. m.* Menahem.
מָנַחַת		*n. pr. m., n. l.* Manachat.
מָנַחְתִּי		*n. gent.* Manachtiter.
מְנִי		*n. d.* Meni, Schicksal(sgott).
מִנִּי I		*n. terr.* Minni.
מִנִּי II, מֵנִי		*poetische Form von* מִן.
מְנָיוֹת		*pl. von* מְנָת.
מִנְיָמִ(י)ן		*n. pr. m.* Minjamin.
[מנין]	(Q)	Zahl.
[מניס]	(Q)	*n. pr. m.*
מִנִּית		*n. l.* Minnit.
מִנְלָם		Hi 15,29 *uns.*
[מנס]	(Q)	*n. l.* Manos.
מנע	(QS)	*q* zurückhalten, vorenthalten, verweigern. *ni* sich abhalten lassen, vorenthalten werden.

מַנְעוּל	(Q)	Verschluss, Riegel.
מִנְעָל*		Riegel, Schloss.
מַנְעַמִּים		Leckerbissen.
מְנַעַנְעִים		Rassel, Sistrum.
מְנַצֵּחַ		→ נצח.
מְנַקִּית*	(Q)	Opferschale.
מֵנֶקֶת		→ מֵינֶקֶת.
[מנר]	(I)	n. pr. m.
[מנר]	(I)	n. pr. (m.).
מְנָרָה		→ מְנוֹרָה.
מְנַשֶּׁה	(IQ)	n. pr. m., n. gent. Manasse.
מְנַשִּׁי		n. gent. Manassiter.
מְנָת*	(Q)	Anteil.
מַס	(IQ)	Fronarbeit; coll. Fronarbeiter.
מָס	(Q)	verzagt?
מֵסַב*	(Q)	Tafelrunde, Umgebung, rundum.
מְסִבָּה	(Q)	pl. rundum.
מַסְגֵּר	(I)	Schlosser?, Baumeister?; Gefängnis.
מִסְגֶּרֶת		Bollwerk; Leiste; Verschluss.
מַסַּד		Grundlage, Fundament.
מִסְדְּרוֹן*		Vorhalle?, Abort?
מסה		hi zerfließen machen, schwemmen, auflösen, verzehren.
מַסָּה* I		Erprobung, Versuchung.
מַסָּה II		Verzagen.
מַסָּה III		n. l. Massa.
מִסָּה*		nach Maßgabe, je nachdem.
מַסְוֶה		Hülle.
מְסוּכָה		Dornhecke.
[מסורה]	(Q)	Anordnung.
מַסָּח		abwechselnd.
מִסְחָר	(Q)	Handel.
[מסיב]	(Q)	Umkreis.
מסך	(Q)	q mischen.

מָסָךְ	(Q)	Decke, Vorhang; *übertr.* Schutz.
מֶסֶךְ		Würzzusatz.
מְסָכָה*		Decke.
מַסֵּכָה I	(Q)	Gussbild; Trankopfer.
מַסֵּכָה II	(Q)	Decke, Vorhang.
מִסְכֵּן	(QS)	arm, bedürftig.
מִסְכְּנוֹת	(Q)	Vorräte, Magazine.
מִסְכֵּנֻת		Armut.
מַסֶּכֶת*		Kettenfaden.
מְסִלָּה	(Q)	Straße, Bahn.
מַסְלוּל		Straße.
[מסמא]	(Q)	Siegelstein, Steinplatte.
מַסְמֵר, מַסְמֵר*	(Q)	Nagel.
מסס	(IQS)	*q* verzagen? *ni* zerschmelzen, zerfließen; schwach werden, verzagen. *hi* zerfließen machen.
מַסָּע		Bruch; *Hi 41,18* Geschoss?
מַסָּע	(Q)	Abbruch, Aufbruch; Wegstrecke, Station.
מִסְעָד		Tisch; Bank; Rampe; Stütze.
[מסער]	(S)	Sturm.
מִסְפֵּד	(QS)	Trauerbrauch, Trauerfeier, Klage.
מִסְפּוֹא	(S)	Futter.
מִסְפָּחוֹת*		Hüllen.
מִסְפַּחַת	(Q)	Schorf.
מִסְפָּר I	(QS)	Zahl, Aufzählung; (überschaubare) Zahl > wenig; Erzählung.
מִסְפָּר II	(I)	*n. pr. m.* Mispar.
מִסְפֶּרֶת	(S)	*n. pr. m.* Misperet.
מסר	(Q)	*q* überliefern. *ni* ausgewählt werden.
[מסרה]	(Q)	→ מָסֹרֶת.
מֹסֵרוֹת	(Q)	*n. l.* Moserot.
מֹסְרָם		*text. corr.*
מָסֹרֶת	(Q)	Bindung; Tradition, Überlieferung.

מִסְתּוֹר		Versteck.
מַסְתֵּר		Verhüllen.
מִסְתָּר	(QS)	Versteck.
מַעֲבָד*	(S)	Tat.
[מעבדיה]	(I)	n. pr. (m.).
מַעֲבֶה*	(Q)	Gießerei?
מַעֲבָר*		Furt, Durchgang, Schlucht; *Jes 30,32* Hieb.
מַעְבָּרָה	(Q)	Furt, Durchgang; Schlucht.
מַעְגָּל		Wagenspur, Spur, Bahn; Lagerrund.
מעד		*q* wanken.
		pu pt. l. q.
		hi wanken machen.
מוֹעֵד		→ מוֹעֵד.
מַעֲדַי		n. pr. m. Maadai.
מַעֲדְיָה		n. pr. m. Maadja.
מַעֲדָן	(Q)	Leckerbissen, Labsal, Freude.
[מעדנה]	(I)	n. pr. f.
מַעֲדַנּוֹת		Fesseln.
מַעְדֵּר		Hacke.
מָעָה*	(Q)	Korn; *Kleinmünze*: Maah.
מֵעָה*	(IQS)	→ מֵעִים.
מָעוֹג		Gebackenes, Vorrat.
מָעוֹז	(QS)	Zufluchtsstätte, Bergfest; Schutz.
[מעוזיה]	(Q)	n. pr. m.
מָעוּזֵן*		Zuflucht.
מָעוֹךְ		n. pr. m. Maoch.
מָעוֹן I	(QS)	Versteck, Aufenthalt(sort), Wohnung; Hilfe.
מָעוֹן II	(I)	n. pr. m., n. gent., n. l. Maon.
מְעוֹנָה	(S)	Aufenthaltsort, Wohnort; Aufenthalt, Wohnsitz.
מְעוּנִים		n. gent. Mëuniter.
מְעוֹנֹתַי		n. pr. m. Meonotai.
מָעוּף		Finsternis.
מָעוֹר*		Schamteil, Blöße.
מָעוֹז	(S)	→ מָעוֹז.
מַעֲזְיָה(וּ)		n. pr. m. Maasja(hu).

מָעֻזָּן		l. מָעוֹז (Jes 23,11).
מעט	(QS)	q wenig sein/werden; abnehmen. pi wenig werden. hi klein machen; Jer 10,24; Ez 29,15 zunichte machen.
מָעָט		adj. rasch?, verhüllt?
מְעַט	(QST)	Weniges, Kleinigkeit; wenig, ein wenig; Nu.
מַעֲטֶה*		Hülle.
מַעֲטָפָת*		Überkleid.
מְעִי	(S)	Haufe.
מָעַי		n. pr. m. Maai.
מְעִיל	(QS)	Obergewand.
מֵעִים	(IQST)	Eingeweide, Inneres; Bauch.
מַעְיָן	(QS)	Quellort, Quelle.
[מעין מעה]	(T)	Eingeweide, Bauch.
מְעִינִים		l. Qere (I Chr 4,41).
מעך	(Q)	q pt. pass. zerquetscht, gestoßen. pu gedrückt, betastet werden.
מַעֲכָה		n. pr. m. u. f. Maacha.
מַעֲכָת		n. terr. Maachat.
מַעֲכָתִי		n. gent. Maachatiter.
מעל	(Q)	q treulos sein, etw. veruntreuen.
מַעַל I	(QS)	Veruntreuung, Untreue, Abfall.
מַעַל II	(QS)	oben.
מֹעַל		Aufheben.
מַעְלָה		nach oben; weiterhin.
מַעֲלָה	(Q)	Stufe; Ps 120–134 Wallfahrt; Esr 7,9 Hinaufzug; Ez 11,5 Aufsteigendes.
מַעֲלֶה*	(QS)	Anstieg, Aufgang; Pass; Neh 9,4 Podium.
מַעֲלֵה עַקְרַבִּים		n. l. Skorpionensteig.
מַעֲלִיל*		l. Qere (Sach 1,4) → מַעֲלָל.
מַעֲלָל*	(Q)	Tat.
מַעֲמָד	(QS)	Aufwartung; Stellung; Aufgabe.
מָעֳמָד		Stand.
מַעֲמָסָה		c. אֶבֶן Stemmstein.

מַעֲמַקִּים*	(Q)	Tiefen.
מַעַן	(QS)	immer c. לְ mit Rücksicht auf; um ... willen, wegen; damit.
מען	(I)	→ מָעוֹן II.
מְעֹנָה		Aufenthalt, Versteck.
מַעֲנָה		Furche.
מַעֲנֶה I	(QS)	Antwort.
מַעֲנֶה* II	(S)	Zweck.
מַעֲנוֹת*		l. Qere (Ps 129,3) Furche.
מַעַץ		n. pr. m. Maaz.
מַעֲצֵבָה		Qual.
מַעֲצָד		Buschmesser.
מַעְצוֹר	(S)	Hindernis.
מַעְצָר		Beherrschung.
מַעֲקֶה	(Q)	Geländer.
מַעֲקַשִּׁים	(Q)	holpriges Gelände.
מַעַר	(Q)	Blöße.
מַעֲרָב* I		Tauschware.
מַעֲרָב* II	(Q)	Untergang (Sonne) > Westen.
[מערבי]	(Q)	adj. westlich.
מְעָרָה I	(Q)	Höhle.
מְעָרָה* II		kahles Feld.
מַעֲרָה*		Umgebung, Nähe.
מַעֲרִיץ		Furcht.
מַעֲרָד*		Überlegung.
מַעֲרָכָה	(QS)	Reihe, Schicht; Schlachtordnung.
מַעֲרֶכֶת	(Q)	Reihe, Schicht, Lage.
[מערם]	(S)	Plan.
מַעֲרֻמִּים	(QS)	Nackte, Blößen (übertr. i. Sinne von Geheimnissen).
[מערף]	(S)	Regentropfen.
מַעֲרָצָה		Schrecken.
מַעֲרָת		n. l. Maarat.
מַעֲשֶׂה	(QST)	Tat, Verhalten, Werk, Arbeit; Jes 32,17 Ertrag.
מַעְשַׂי	(I)	n. pr. m. Masai.

מַעֲשֵׂיָה(וּ)	(I)	n. pr. m. Maaseja(hu).
מַעֲשֵׂר	(IQS)	Zehntel, der Zehnte.
מַעֲשַׁקּוֹת		Erpressungen.
מֹף	(Q)	n. l. Memphis.
מְפֻבֶשֶׁת		→ מְפִי(־)בֹשֶׁת.
מִפְגָּע		Zielscheibe.
מַפָּח	(S)	Aushauchen.
מַפֻּחַ		Blasebalg.
מְפִי(־)בֹשֶׁת	(Q)	n. pr. m. Schimpfform für מְרִי־בַעַל Mefiboschet.
מֻפִּים		n. pr. m. Muppim.
מֵפִיץ		Hammer, Keule.
מַפָּל		Am 8,6 Abfall; Hi 41,15 Wampen.
מִפְלָאָה*		Wunderwerk.
[מפלג]	(Q)	Abteilung; (Wasser-)Rinne, Kanal.
מִפְלַגָּה*	(Q)	Abteilung.
מַפָּלָה, מַפֵּלָה	(S)	Trümmer, Zerfall.
מִפְלָט	(Q)	Zufluchtsort.
מִפְלֶצֶת		abscheuliches Kultbild.
מִפְלָשׂ*		Schweben.
מַפֶּלֶת	(S)	Fall, Sturz; Ez 31,13 gefällter Stamm; Jdc 14,8 Kadaver.
מִפְעָל*	(S)	Tat.
מֵיפַעַת		→ מֵיפַעַת.
מַפָּץ*	(Q)	Zerstörung.
מַפֵּץ	(Q)	Hammer, Keule.
מִפְקָד	(IS)	Anweisung, Musterung.
מִפְרָץ*		Anlegeplatz.
מַפְרֶקֶת*		Genick.
מִפְרָשׂ	(Q)	Segel, Schicht.
מִפְשָׂעָה		Gesäß.
מִפְתָּח*	(QS)	Auftun.
מַפְתֵּחַ	(S)	Schlüssel.
מִפְתָּן		Podium, Schwelle.
מֵץ		Bedrücker.

מֹץ	(Q)	Spreu.
מצא	(QS)	q erreichen, (an)treffen, finden; erwerben.
		ni gefunden werden, sich finden lassen; ausreichen.
		hi gelangen lassen, finden lassen; geraten lassen.
מַצָּב	(Q)	Standort, Posten, Amt.
מֹצָא		→ מוֹצָא I.
מֻצָּב		Jdc 9,6 Denkstein; Jes 29,3 Posten?
מַצָּבָה		Posten, Wache.
מַצֵּבָה	(Q)	Mazzebe, Malstein, Kultstein; Jer 43,13 Obelisk.
מְצֹבָיָה		n. gent.? Mezobaja.
מַצֶּבֶת		→ מַצֵּבָה.
מָצָד	(Q)	schwer zugänglicher Ort; Berghöhe, -feste.
מְצָדָה, מְצָדָה		→ מְצוֹדָה, מְצוּדָה II.
[מצדנה]	(Q)	Mazadona („kleine Burg").
מצה		q auspressen, ausschlürfen.
		ni ausgepresst, ausgeschlürft werden.
מַצָּה I	(Q)	ungesäuertes Brot, Mazze.
מַצָּה II		Streit, Zank.
מֹצָה	(I)	n. l. Moza.
מִצְהָלָה*		Wiehern.
מָצוֹד* I	(Q)	Fangseil; Koh 9,14 Bollwerk.
מָצוֹד* II		Bollwerk, Turm?
מְצוֹדָה	(QS)	Netz; Jes 29,7 uns.
מְצוּדָה I		Netz; Jagdbeute.
מְצוּדָה II	(QS)	unzugänglicher Ort, Steppe; Bergfeste.
מִצְוָה	(QS)	Auftrag, Befehl, Gebot; Anrecht.
מְצוּלָה, מְצוֹלָה	(Q)	Tiefe.
מָצוֹק	(QS)	Bedrängnis.
מָצוּק* I	(S)	Säule.
[מצוק* II]	(S)	Guss.
מְצוּקָה	(QS)	Bedrängnis.
מָצוֹר I	(Q)	Bedrängnis, Belagerung, Belagerungswerk.
[מצור II]	(Q)	Geschöpf; Kreatur.

מָצוֹר III		n. terr. Ägypten.
מצור IV]	(Q)	Wache.
מְצוּרָה		Festung, Befestigung.
מַצּוּת*	(S)	Unmut; Unfriede.
מֵצַח	(QS)	Stirn.
מִצְחָה*		Beinschiene.
[מצורוק]	(Q)	Gemisch, gemischt.
[מצירוק]	(Q)	Ausspucken.
מְצִלָּה*		Schelle.
מְצֻלָה		→ מְצוּלָה.
[מצלחת]	(S)	glücklicher Ausgang; Erfolg.
מְצִלְתַּיִם		Zimbel.
מִצְנֶפֶת	(QS)	Turban, Kopfbund.
מַצָּע		Lager.
מִצְעָד*	(Q)	Schritt; pl. auch Gefolge.
מִצְעָר	(QS)	Kleines, Unbedeutendes.
מִצְפָּה		n. l. Mizpa.
מִצְפֶּה I	(S)	Warte.
מִצְפֶּה II	(Q)	n. l. Mizpe.
מִצְפֻּנִים		Verstecke.
מִצִּץ		q schlürfen.
[מצר]	(I)	n. pr. m.
מֵצַר	(Q)	Bedrängnis.
מְצָרָה		→ מְצוּרָה.
מִצְרִי I		n. gent. Ägypter, ägyptisch.
[מצרי II]	(I)	n. pr. m.
מִצְרַיִם	(IQ)	n. terr., n. gent. Ägypten.
מַצְרֵף	(Q)	Schmelztiegel, Läuterung, Prüfung.
מַצַּת	(S)	→ מַצּוּת.
מָק, מַק		Moder, Modergeruch.
מַקֶּבֶת I		Hammer.
מַקֶּבֶת II		Schacht.
מַקֵּדָה	(I)	n. l. Makkeda.
מִקְדָּשׁ	(QS)	heilige Stätte, Heiligtum; Heiliges.

מַקְהֵל*	(Q)	Versammlung.
מַקְהֵלֹת		n. l. Makhelot.
מִקְוָא		→ מִקְוֶה II.
מִקְוֶה	(QS)	Becken, Graben.
מִקְוֶה I	(Q)	Hoffnung.
מִקְוֶה II	(QS)	Ansammlung, Reservoir.
מָקוֹם	(IQS)	Ort, Stelle, Stätte; Gegend; Raum; Stand.
מָקוֹר	(QS)	Quelle.
מִקָּח*	(Q)	Annehmen.
מַקָּחוֹת		Waren.
מִקְטָר*		Räuchern; Verbrennungsplatz.
מְקַטְּרוֹת*		Räucheraltäre.
מִקְטֶרֶת	(Q)	Räucherpfanne.
מַקֵּל		Zweig, Rute; Stab, Stock.
מִקְלוֹת		n. pr. m. Miklot.
מִקְלָט	(Q)	Zuflucht, Asyl.
[מקליח]	(Q)	n. pr. (m.).
מִקְלַעַת*		Schnitzerei.
[מקמיהו]	(I)	n. pr. m.
[מקן]	(I)	n. pr. (m.).
מִקְנֶה	(S)	Erwerb, Kauf.
מִקְנֶה	(QS)	Erwerb, Besitz; Viehbesitz.
מִקְנֵיְהוּ	(I)	n. pr. m. Mikneja.
[מקנמלד]	(I)	n. pr. m.
מִקְסָם*		Wahrsagerei.
מָקֵץ		n. l. Makaz.
מִקְצוֹעַ, מִקְצֹעַ	(Q)	Ecke.
מַקְצֻעָה*		Holzschaber.
מִקְצָת		→ קְצָת.
מקק		ni faulen, eitern; verfaulen, verkommen; zergehen.
		hi verfaulen lassen.
מָקוֹר		→ מָקוֹר.
מִקְרָא	(Q)	Ausrufung, Einberufung, Feiertag; Jes 4,5 pl. Sammelplatz; Neh 8,8 Vorlesen.

מְקָרֶה	(Q)	Gebälk.
מְקֵרָה	(Q)	Kühlung.
מִקְרֶה	(Q)	Zufall, Widerfahrnis; Geschick, Ergehen.
מִקְשָׁה I	(QS)	gedrehte, getriebene Arbeit.
מִקְשָׁה II		Gurkenfeld.
מִקְשָׁה	(S)	Haargekräusel.
מֹקְשׁוֹת		→ מוֹקֵשׁ.
מַר I		Tropfen.
מַר II	(QS)	bitter, bitterlich, verbittert.
מֹר		Myrrhe.
מרא I	(Q)	q bitter sein, widerspenstig sein.
מרא II		hi in die Höhe schnellen.
מָרָא		f. von מַר II.
מֹרָא		→ מוֹרָא.
מַרְאָה	(Q)	Gesicht, Vision; *Ex 38,8* Spiegel.
מַרְאֶה	(QS)	Sehen; Aussehen, Anblicken; Erscheinung, Gesicht, Vision; Schein.
מֻרְאָה*		Kropf.
מִרְאוֹן		*text. corr.*
מָרֵאשָׁה		*n. l.* Marescha.
מְרַאֲשׁוֹת*		Kopfende.
מֵרַב	(I)	*n. pr. f.* Merab.
מַרְבַדִּים*		Decken.
מַרְבֶּה	(QS)	Vermehrung, Menge.
מִרְבָּה		Weite.
[מרבעל]	(I)	*n. pr.*
מַרְבֵּץ, מִרְבָּץ		Lagerstätte.
מַרְבֵּק	(S)	Mästung, Mast; Fesselung.
מַרְבִּית		Menge, Mehrzahl; *Lev 25,37* Wucher.
מַרְגּוֹעַ		Ruheplatz.
מַרְגְּלֹת*		Fußende.
מַרְגֵּמָה		Steinhaufen.
מַרְגֵּעָה		Ruheplatz.
מרד	(QS)	q sich auflehnen, empören.

מֶרֶד I	(Q)	Auflehnung.
מֶרֶד II		n. pr. m. Mered.
מַרְדּוּת	(QS)	Auflehnung.
מְרֹדָךְ		n. pr. m. Schimpfform für Marduk.
מְרֹדַךְ בַּלְאֲדָן		n. pr. m. Schimpfform für Marduk Baladan.
מָרְדְּכַי, מָרְדֳּכַי		n. pr. m. Mordochai.
[מרדף]	(Q)	Verfolgung.
מִרְדָּף		Verfolgung.
מרה I	(QS)	q widerspenstig sein. hi widerspenstig sein.
מָרָה	(Q)	n. l. Mara.
מֹרָה*		Kummer, Gram.
מָרוּד*	(S)	Heimatlosigkeit; Heimatloser.
מֵרוֹז		n. l. Meros.
מָרוֹחַ*		Zerquetschung.
מָרוֹם	(QS)	Höhe; hoch, oben (auch adv.); erhaben.
מֵרוֹם		n. l. Merom.
מֵרוֹץ		Laufen.
מְרוּצָה* I		Lauf, Laufen.
מְרוּצָה II		Bedrückung, Erpressung.
מְרוּקִים*	(Q)	Schönheitspflege.
[מרור*]	(Q)	bitter.
מָרוֹת		n. l. Marot.
מַרְזֵחַ, מִרְזַח*		Gelage, Kultfeier; Lärm.
מרח		q aufstreichen.
מֶרְחָב	(Q)	weiter Raum, Weite.
[מרחמת]	(Q)	eine Gebärende.
מֶרְחָק	(Q)	Ferne, Weite; II Sam 15,17 letztes.
[מרחשון]	(Q)	n. pr. (m.) (Monatsname).
מַרְחֶשֶׁת		Kochtopf.
מרט		q raufen; schärfen; abwetzen. ni kahl werden. pu geglättet, glatt sein; geschärft sein.
מְרִי		Widerspenstigkeit.
מְרִי־בַעַל		n. pr. m. Meribaal.

מְרִיא	(Q)	Mastvieh.
מְרִיב בַּעַל	(I)	n. pr. (m.) Meribbaal.
מְרִיבָה I	(Q)	Streit.
מְרִיבָה II	(Q)	n. l. Meriba.
מְרָיָה		n. pr. m. Meraja.
מֹרִיָּה		n. l. Moria.
מְרָיוֹת		n. pr. m. Merajot.
מִרְיָם	(Q)	n. pr. f. (m.? I Chr 4,17) Mirjam.
מְרִירוּת		Bitterkeit, Betrübnis.
מְרִירִי	(S)	bitter.
מֹרֶךְ		Verzagtheit.
מֶרְכָּב		coll. Wagen; Sattel, Sitz.
מֶרְכָּבָה	(QS)	Wagen.
מַרְכֹּלֶת*		Markt.
מִרְמָה I	(QS)	Lüge, Trug, Verrat.
מִרְמָה II		n. pr. m. Mirma.
מְרֵמוֹת	(I)	n. pr. m. Meremot.
מִרְמָס	(Q)	Zertretenes, zertretenes Land.
מְרֹנָיו		n. pr. m. Meranja.
מֵרֹנֹתִי		n. gent. Meronotiter.
מֶרֶס		n. pr. m. Meres.
מַרְסְנָא		n. pr. m. Marsena.
[מרסרזורכן]	(I)	n. pr. (m.).
מֵרַע*		Böses.
מֵרֵעַ		Freund, Gefährte.
מִרְעֶה	(Q)	Weide; Futter.
מַרְעִית	(QS)	Weideplatz; Herde.
מַרְעֲלָה		n. l. Marala.
מַרְפֵּא I	(QS)	Heilung.
מַרְפֵּא II	(S)	Gelassenheit.
מַרְפֵּה	(Q)	→ מַרְפֵּא I.
מִרְפָּשׂ*		Getrübtes.
מרץ	(Q)	ni kränkend, vernichtend sein. hi aufreizen.

[מרץ]	(Q)	Qual, Schmerzen.
מְרֻצָה		→ מְרוּצָה I.
מַרְצֵעַ		Pfriem; Nadel.
מַרְצֶפֶת		Pflaster.
מרק I	(Q)	q polieren, glätten. pu gescheuert werden. hi reinigen, läutern.
[מרק] II	(Q)	pi abschließen; vervollständigen.
מָרָק	(Q)	Fleischbrühe, Brühe.
מֶרְקָח*		Würzkraut.
מִרְקָחָה		Salbe; Salbentopf.
מִרְקַחַת	(S)	Salbengemisch.
מרר	(QS)	q bitter sein/werden; erbittert sein; verbittert sein; verzweifelt sein. pi bitter machen, reizen; c. בְּכִי bitterlich weinen. hi betrüben, erbittern; bitter klagen. hitpalp ergrimmen.
מָרֹר	(Q)	bitter.
מְרֵרָה*	(T)	Galle.
מְרֹרָה*		Galle; Gift.
מְרָרִי	(Q)	n. pr. m. Merari; n. gent. Merariter.
מָרֵשָׁה		n. pr. m., n. l. Marescha.
מִרְשַׁעַת		Bosheit.
מֹרַשְׁתִּי		→ מוֹרַשְׁתִּי.
מְרָתַיִם		doppelte Widerspenstigkeit; Schimpfform für Babylon.
מַשֹּׂא		Parteilichkeit.
מַשָּׂא I	(IQS)	Tragen; Last; Abgabe; Ez 24,25 Sehnsucht.
מַשָּׂא II	(QS)	Ausspruch.
מַשָּׂא III		n. pr. m. Massa.
מַשְׂאָה		Erheben.
מַשְׂאוֹת		aram. inf. von נשא (q); pl. von מַשְׂאֵת.
מַשְׂאֵת	(IQS)	Erheben, Aufsteigen; Zeichen, Rauch-, Feuersignal; Last; Abgabe; Spende, Geschenk; Gen 43,34 Anteil, Portion.
מִשְׂגָּב	(Q)	Anhöhe, Zuflucht.

מְשֻׁנֶּת		pt. hi von נשׁג.
[מִשְׁוֹא]	(QS)	→ מַשָּׂא.
מְשׂוּכָה*	(Q)	Dornhecke.
מְשׂוּרָה	(Q)	Maß (für Flüssigkeiten).
מַשּׂוֹר		Säge.
[מִשּׁוֹר]	(Q)	Regierung, Herrschaft.
מָשׂוֹשׂ I	(Q)	Freude.
מָשׂוֹשׂ* II		Verfaultes.
מִשְׂחָק	(Q)	Gelächter.
[משטם]	(Q)	Feindschaft.
מַשְׂטֵמָה	(Q)	Anfeindung.
[משטתמה]	(Q)	Anfeindung.
מְשׂכָה*		Dornhecke.
מַשְׂכִּיל	(Q)	Bezeichnung eines Liedes: Maskil; Unterweiser (Q).
מַשְׂכִּית	(Q)	Gebilde, Bild, Einbildung; Wunsch.
[משמחה]	(S)	Feier?
מַשְׂמֵרָה*		Nagel.
מִשְׁפָּח	(Q)	Blutvergießen, Rechtsbruch.
מִשְׂרָה	(Q)	Herrschaft.
מִשְׂרְפ(וֹ)ת מַיִם*		n. l. Misrefot Majim.
מִשְׂרָפָה		Brand, Verbrennen.
מַשְׂרֵקָה		n. l. Masreka.
מַשְׂרֵת	(Q)	Pfanne.
מַשׁ		n. pr. m. Masch.
מַשָּׁא		Schuld, Wucher.
מֵשָׁא	(Q)	n. l. Mescha.
מַשְׁאָב*		Tränkrinne.
מְשֻׁאָה	(QS)	→ מְשׂוֹאָה.
מַשָּׁאָה*		Schuld.
מְשׁוּאָה		Trümmer.
מְשָׁאוֹן		Täuschung.
מִשְׁאָל		n. l. Mischal.
מִשְׁאָלָה*	(Q)	Bitte.

מִשְׁאֶרֶת*		Backtrog.
מְשֻׁבָה	(S)	Abwendung, Abtrünnigkeit, Treulosigkeit.
מִשְׁבְּצָה	(Q)	Fassung (von Steinen), golddurchwirkte Stoffe.
מַשְׁבֵּר	(Q)	Muttermund.
מִשְׁבָּר*	(Q)	Brandung.
מִשְׁבָּת*		Verfall.
מִשְׁגֶּה	(Q)	Versehen, Irrtum.
משה	(S)	q herausziehen. hi herausziehen.
מַשֶּׁה*	(Q)	Darlehen, Schuld.
מֹשֶׁה	(QS)	n. pr. m. Mose.
מְשׁוֹאָה	(QS)	Zusammenbruch, Verödung.
מַשּׁוּאוֹת*		Trümmer.
[משוב]	(Q)	Rückkehr; Wiederherstellung.
מְשׁוֹבָב		n. pr. m. Meschobab.
מְשׁוּבָה	(S)	→ מְשֻׁבָה.
מְשׁוּגָה*		Irrtum, Vergehen.
מָשׁוֹט, מִשּׁוֹט		Ruder.
[מש(ו)למת]	(J)	n. pr. f.
מְשׁוּסָה	(Q)	l. Qere (Jes 42,24) → מְשִׁסָּה.
משח I	(QS)	q bestreichen, salben. ni gesalbt werden.
[משח II]	(Q)	q messen.
מָשְׁחָה I	(Q)	Salbung.
מָשְׁחָה II	(Q)	Anteil.
מִשְׁחָה I	(Q)	Salbung.
מִשְׁחָה* II	(Q)	Anteil.
מַשְׁחִית	(Q)	coll. Verderber; Verderben; Jer 5,26 Falle.
מִשְׁחָר		Frühe; Strahlen.
מִשְׁחָת		Entstellung.
מָשְׁחָת*		Schaden.
מַשְׁחֵת*		Vernichtung.
מִשְׁטוֹחַ, מִשְׁטָח	(Q)	Trockenplatz.
מִשְׁטָר*		Schrift, Regel.
מֶשִׁי		feines Gewebe, Seide?

מָשִׁי		→ מוּשִׁי.
מְשֵׁיזַבְאֵל		n. pr. m. Meschesabel.
מָשִׁיחַ	(QS)	gesalbt, Gesalbter > Messias.
[משיחה]	(Q)	Salbung.
[משיכה]	(Q)	Schöpfen.
מָשַׁךְ	(QS)	q ziehen, hinziehen; in die Länge ziehen, erhalten; Geduld haben, beharrlich sein; spannen (den Bogen); blasen (das Horn). ni sich verzögern. pu pt. langgestreckt, hochgewachsen; lang hingezogen.
מֶשֶׁךְ I		Beutel.
מֶשֶׁךְ II		n. gent. Meschech.
מִשְׁכָּב	(QS)	Liegen, Beischlaf; Lagerstatt; Krankenlager.
מִשְׂכוֹת		Fesseln.
[משכית]	(Q)	Bild(werke).
מִשְׁכָּן	(Q)	Wohnung.
מַשְׂכֹּרֶת	(Q)	Lohn.
משׁל I	(S)	q Spruch, Gleichnis machen/vortragen. ni gleich werden. pi ständig Sprüche vortragen. hi vergleichen. hitp gleich, ähnlich werden.
משׁל II	(QS)	q herrschen. hi herrschen lassen.
מָשָׁל I	(QS)	Spruch, Sprichwort; Gleichnis; Spottvers, -lied.
מָשָׁל II		n. l. Maschal.
מֹשֶׁל I	(S)	Gleiches, Ähnliches.
מֹשֶׁל II	(S)	Herrschaft.
מִשְׁלוֹחַ, מִשְׁלָחַ	(Q)	Zusenden; c. יָד Besitz.
מִשְׁלָח*	(Q)	c. יָד Unternehmen, Erwerb; Jes 7,25 Ort, wohin man treibt.
מִשְׁלַחַת	(Q)	Schar; Entlassung.
מְשֻׁלָּם	(I)	n. pr. m. Meschullam.
מְשִׁלֵּמוֹת		n. pr. (m.) Meschillemot.
מְשֶׁלֶמְיָה(וּ)		n. pr. m. Meschelemja(hu).

מְשִׁלֵּמִית		n. pr. m. Meschillemit.
מְשִׁלֶּמֶת	(J)	n. pr. f. Meschullemet.
מִשְׁלֹשׁ		Periode von drei Monaten.
מְשַׁמָּה	(Q)	Verwüstung; pl. verheertes Gebiet; Entsetzen.
מִשְׁמָן*		Fett; pl. kräftige Leute, fette Landstriche.
מִשְׁמַנָּה		n. pr. m. Mischmanna.
מַשְׁמַנִּים		Fettspeisen.
מִשְׁמָע* I	(Q)	Gehörtes, Gerücht.
מִשְׁמָע II		n. pr. m. Mischma.
מִשְׁמַעַת*		Leibwache; Jes 11,14 Untertanen.
מִשְׁמָר	(JQS)	Wache, Wachtposten; Dienstabteilung; Dienst; Bewachung, Gewahrsam, Gefängnis; Prov 4,23 Wachsamkeit.
מִשְׁמֶרֶת	(QS)	Wache, Wachtposten; Dienstabteilung; Aufzubewahrendes, Aufbewahrung; Beobachtung; Obliegenheit, Dienst.
[משמש]	(J)	n. pr. m.
מִשְׁנֶה	(Q)	Zweiter, zweiter (von Teil, Rang, Stellung, Wurf); Doppeltes, Doppel, Abschrift; c. עַל doppelt soviel wie; lokal Neustadt.
מְשִׁסָּה	(Q)	Plünderung, Beute.
מִשְׁעוֹל		Engpass.
מִשְׁעִי		Reinigung?
מִשְׁעָם		n. pr. m. Mischam.
מַשְׁעֵן		Stütze.
מִשְׁעָן	(QS)	Stütze.
[משען II]	(J)	n. pr. m.
מַשְׁעֵנָה	(Q)	Stütze, Stab.
מִשְׁעֶנֶת		Stütze, Stab.
מִשְׁפָּחָה	(QS)	Familie, Sippe; Verband; Art.
מִשְׁפָּט	(QS)	Gericht, Gerichtsverhandlung; Schiedsspruch, Rechtsentscheid, Urteil; Rechtsbestimmung; Rechtssache, Recht, Rechtsanspruch; > Gemäßheit, Richtiges; Aufgabe, Pflicht; Art und Weise; Lebensweise, Brauch, Verhalten; II Reg 1,7 Aussehen.

[מִשְׁפָּשׁ]	(Q)	Seiten-, Nebeneingang.
מִשְׁפְּתַיִם		Sattelkörbe, Gabelhürde.
מַשָּׁק*		Ansturm.
מֶשֶׁק		Besitz?
מְשֻׁקָּד*		mandelblütenförmig gestaltet.
מַשְׁקֶה	(QS)	Mundschenk; Getränk; wasserreiche Gegend.
מִשְׁקוֹל		Gewicht.
מַשְׁקוֹף	(Q)	Oberschwelle.
מִשְׁקָל	(QS)	Gewicht.
מִשְׁקֶלֶת, מִשְׁקֹלֶת*	(Q)	Setzwaage.
מִשְׁקָע*		klares Wasser.
מִשְׁרָה*		Saft.
מֵשָׁרִים		→ מֵישָׁרִים.
מִשְׁרָעִי		n. gent. Mischraiter.
משש		q betasten. pi abtasten, durchsuchen; umhertasten. hi betasten, greifen.
מִשְׁתֶּה	(S)	Trinken; Gelage; Getränke; Gastmahl.
מַת*	(QS)	*מְתִים pl. Männer, Leute.
מֵת		Toter, Leiche.
מַתְבֵּן		Strohhaufen.
מֶתֶג		Zaum.
מָתוֹק	(Q)	süß.
מְתוּשָׁאֵל		n. pr. m. Metuschael.
מְתוּשֶׁלַח	(Q)	n. pr. m. Metuschelach.
מתח		q ausdehnen.
מָתַי	(QS)	wann?
מְתִים*		→ מַת.
[מתך]	(Q)	Hervorströmen; Guss, Strom.
מַתְכֹּנֶת	(QS)	Abmessung, Verhältnis.
מַתְלָאָה		< מַה־תְּלָאָה.
מְתַלְּעוֹת	(Q)	Zahn, Kinnladen.
מְתֹם		Unbeschädigtes, heile Stelle.
מַתָּן I	(S)	Gabe, Geschenk.
מַתָּן II	(I)	n. pr. m. Mattan.

מַתָּנָה	(QS)	Geschenk, Gabe.
מַתָּנָה III		n. l. Mattana.
מַתְּנַי		n. pr. m. Mattenai.
מִתְנִי		n. gent. Mitniter.
מַתַּנְיָה(וּ)	(I)	n. pr. m. Mattanja(hu).
מָתְנַיִם	(QS)	Lenden, Hüften, Kreuz.
מתק	(QS)	q süß sein/werden; Hi 24,20 sich laben. hi süß machen; süß schmecken.
מֶתֶק*		süß.
מֶתֶק	(Q)	Süße.
מֹתֶק*		Süßigkeit.
מִתְקָה		n. l. Mitka.
[מתקל]	(Q)	Straftat; Delikt; Vergehen.
מִתְרְדָת		n. pr. m. Mitredat.
מַתָּת*	(S)	Gabe.
מַתַּתָּה		n. pr. m. Mattatta.
מַתִּתְיָה(וּ)	(IQ)	n. pr. m. Mattitja(hu).

נ

נֹא		n. l. No, Theben.
נָא I	(IQS)	doch!
נָא II		roh.
נֹאד		Schlauch.
נאה (נאו)	(QS)	q lieblich, schön sein.
נָאָה		→ נָוָה.
[נאה]	(QS)	adj. passend.
[נאהבת]	(I)	n. pr. f.
נָאוֶה	(S)	schön, lieblich; sich ziemend.
נַאֲוָה		Sichziemen, Geziemendes.
נִאוּפִים		Ehebruch.
נְאוֹת		pl. von נָוֶה I.
נאם		q sprechen.
נְאֻם	(Q)	Ausspruch, Spruch.

[נֶאֱמָנוּת]	(Q)	Glaubhaftigkeit; Vertrauenswürdigkeit.
נאף		q ehebrechen.
		pi ehebrechen.
נַאֲפוּפִים*		Ehebruchszeichen.
נַאֲפִים		→ נִאוּפִים.
נאץ	(QS)	q verschmähen, verwerfen.
		pi verachten.
		hitpo pt. geschmäht.
נְאָצָה*	(Q)	Schmach.
נֶאָצָה	(Q)	Schmähung.
נאק		q stöhnen.
נְאָקָה*		Stöhnen.
נאר		pi preisgeben, (eine Verpflichtung) aufheben; entweihen.
נֹב		n. l. Nob.
נבא	(QS)	ni als Prophet auftreten, prophetisch reden; in Verzückung sein.
		hitp sich als Prophet gebärden, rasen; prophetisch reden.
נבב		q pt. pass. hohl; übertr. dumm.
נְבוֹ	(Q)	n. d. Nebo (Name eines babylonischen Gottes); n. l. Nebo.
נְבוּאָה	(QS)	Prophetenwort, Prophetenschrift, Prophezeiung; Prophetenamt.
נְבוּזַרְאֲדָן	(Q)	n. pr. m. Nebusaradan.
[נבוך]	(Q)	Quelle.
[נבונות]	(Q)	Einsicht.
נְבוּכַדְרֶאצַּר, נְבוּכַדְנֶאצַּר, נְבוּכַדְנֶצַּר	(Q)	n. pr. m. Nebukadnezar; Jer 49,28; Esr 2,1 l. Qere.
נְבוּשַׁזְבָּן		n. pr. m. Nebuschasban.
נָבוֹת		n. pr. m. Nabot.
נבח		q bellen.
נֹבַח		n. pr. m., n. l. Nobach.
נִבְחַז		n. d. Nibhas.

נבט	(QS)	*pi* blicken.
		hi blicken, aufblicken; sehen, hinsehen, hersehen; erblicken; ansehen; beachten.
נְבָט	(QS)	*n. pr. m.* Nebat.
[נבי]	(I)	*n. pr. m.*
נָבִיא	(IQS)	Prophet.
נְבִיאָה	(Q)	Prophetin.
נְבָיוֹת, נְבָיֹת		*n. pr. m., n. gent.* Nebajot.
נֵבֶךְ*		Quelle?, Bach?
נְבֻכַדְנֶאצַּר, נְבֻכַדְנֶצַּר		→ נְבוּכַדְנֶאצַּר.
נבל I	(QS)	*q* (ver-)welken, zerfallen.
נבל II	(QS)	*q* töricht sein.
		pi verächtlich behandeln.
		hitp sich töricht verhalten.
נָבָל I	(QS)	unverständig; gottlos.
נָבָל II		*n. pr. m.* Nabal.
נֵבֶל I	(IS)	Krug.
נֵבֶל II, נָבֶל	(QS)	Harfe.
נְבָלָה	(Q)	Torheit, Unverständigkeit; Sünde.
נְבֵלָה	(Q)	Leiche, Aas.
נַבְלוּת*	(Q)	Scham.
נְבַלָּט		*n. l.* Neballat.
נֹבֶלֶת		welke (*unreife*) Frucht.
נבע	(QS)	*q* sprudeln.
		hi sprudeln lassen, hervorsprudeln.
[נבש]	(I)	Seele?
נִבְשָׁן		*n. l.* Nibschan.
נֶגֶב	(IQS)	trockenes Land; Südland; Süden; *n. terr.* Negeb.
		n. pr. m. Negeb.
[נגבי]	(I)	*n. pr. m.*
נגד	(IQS)	*hi* vorbringen, berichten, erzählen, mitteilen; auflösen, deuten.
		ho mitgeteilt werden.
נֶגֶד	(QS)	angesichts, vor, gegenüber von, gerade vor sich hin; passend zu; *c.* לְ vor ... her, gegenüber, gegen, gegenwärtig, vor, hinsichtlich; *c.* מִן fort

		von, fern von, gegenüber von; *adv.* gegenüber, drüben, abseits.
נגה	(S)	*q* leuchten, glänzen. *hi* aufleuchten lassen.
נֹגַהּ I	(Q)	Glanz, heller Schein.
נֹגַהּ II		*n. pr. m.* Noga.
נְגֹהָה		Lichtglanz.
[נָגוֹעַ]	(Q)	Plage, Heimsuchung.
נגח	(Q)	*q* stoßen. *pi* stoßen, niederstoßen. *hitp* zusammenstoßen.
נַגָּח	(Q)	stößig.
נָגִיד	(QS)	Vorsteher, Anführer, Fürst, Herzog.
נְגִינָה*	(QS)	Saitenspiel; Spottlied; *Saiteninstrument?*
נגן	(QS)	*q* spielen (*Saiteninstrument*). *pi* spielen (*Saiteninstrument*).
נגע	(QS)	*q* berühren, anrühren, antasten, schlagen; reichen; rühren; eintreffen. *ni* geschlagen werden. *pi* schlagen, treffen. *pu* geschlagen werden. *hi* berühren, erreichen; berühren lassen; reichen an, gelangen; eintreffen, herankommen; *Lev 5,7* erschwingen, leisten.
נֶגַע	(QS)	Schlag, Plage; Mal.
נגף	(QS)	*q* stoßen, schlagen, erschlagen. *ni* geschlagen werden (*in militärischem Sinn*). *hitp* sich stoßen.
נֶגֶף	(QS)	Plage, Stoß; Anstoß.
נגר	(Q)	*ni* rinnen, sich ergießen; *Ps 77,3* ausgestreckt sein. *hi* hingießen; hingeben; *Mi 1,6* hinabstürzen. *ho* ausgegossen werden.
נגש	(Q)	*q* drängen, treiben; eintreiben; *pt.* auch Gewalthaber. *ni* sich drängen; bedrängt, gepeinigt werden.
נגש	(QS)	*q* herzutreten, sich nähern; sich stellen; *Gen 19,9* c. הָלְאָה sich fortmachen; *Hi 41,8* sich anfügen.

		ni sich nähern, herzutreten; *Am 9,13* einholen. *hi* bringen, darbringen, herbeibringen, vorbringen. *ho* gebracht, dargebracht werden. *hitp* sich nähern.
[נגשה]	(S)	Druck.
נֵד	(Q)	Damm, Wall.
נֹד		*Ps 56,9 ungedeutet*.
נדא		*q o. hi* abbringen.
נדב	(QS)	*q* antreiben. *hitp* sich willig zeigen; sich freiwillig erbieten/stellen; freiwillig geben.
נָדָב		*n. pr. m.* Nadab.
נְדָבָה	(Q)	freier Antrieb, Freiwilligkeit; freiwillige Gabe; *Ps 68,10 c.* גֶּשֶׁם ausgiebiger Regen.
[נדבח]	(Q)	Bauschicht, Steinlage.
נְדַבְיָה(וּ)	(I)	*n. pr. m.* Nedabja(hu).
נדד	(QS)	*q* fliehen, flüchten; umherirren; *Jes 10,14* hin- und herbewegen, schlagen. *poel* flüchten. *hi* verjagen. *ho* verscheucht, verweht werden. *hitp* sich trennen, fernhalten.
נְדֻדִים		Unrast.
נדה	(QS)	*pi* ausschließen; fern wähnen.
נֵדֶה		Geschenk, Lohn.
נִדָּה	(Q)	Abscheuliches, Unreinheit; Menstruation.
נדח	(IQST)	*q* (*die Axt*) schwingen. *ni* versprengt, verscheucht, verstoßen werden; sich abbringen, verleiten lassen; *Dtn 19,5* ausholen. *pu pt.* verstoßen. *hi* versprengen, auseinander jagen; abbringen; forttreiben; verleiten; verstoßen; *II Sam 15,14* bringen. *ho pt.* verscheucht.
נָדִיב	(QS)	willig, bereitwillig; Edler.
נְדִיבָה*		Würde; *pl.* Edles.

נָדָן* I		Schwertscheide.
נָדָן* II		Geschenk, Liebeslohn.
נדף	(QS)	q verwehen, wegwehen, zerstreuen. ni verweht werden.
נדר	(Q)	q ein Gelübde ablegen, geloben.
נֶדֶר, נֵדֶר	(Q)	Gelübde.
נֹהַּ		Herrlichkeit?
נהג I	(QS)	q treiben, wegtreiben, antreiben; leiten, anführen. pi fortführen, leiten; fahren lassen.
נהג II		pi seufzen, stöhnen.
נהה		q wehklagen ni wehklagen, I Sam 7,2 evtl. auch sich halten zu.
[נהור]	(Q)	Leuchten.
נְהִי	(S)	Wehklage.
נהל	(Q)	pi geleiten, befördern; versorgen. hitp weiterziehen.
[נהל]	(I)	n. pr. (m.).
נַהֲלָל		n. l. Nahalal.
נַהֲלֹל* I		Tränkplatz.
נַהֲלֹל II		n. l. Nahalol.
נהם	(Q)	q knurren; tosen; seufzen.
נַהַם		Knurren.
נְהָמָה*	(Q)	Tosen; Seufzen.
נהק		q schreien.
נהר I		q strömen.
נהר II	(Q)	q leuchten, strahlen.
נָהָר	(QS)	Strom, Fluss; Strömung; oft Eufrat; Dan 10,4 Tigris.
נְהָרָה	(S)	Licht, Tageslicht.
נַהֲרַיִם		→ אֲרַם נַהֲרַיִם.
נוא	(Q)	q l. Qere hi (Num 32,7). hi wehren, verhindern.
[נוֹאי]	(S)	Schönheit.
נוב	(QS)	q gedeihen. pol wachsen, gedeihen lassen.

נֵוב	(S)	l. Qere (Jes 57,19).
[נוב]	(S)	Frucht.
נֵובַי		n. pr. m. l. Qere (Neh 10,20) Nebai.
*נוּג		betrübt → יגה ni pt.
נוד	(QS)	q schwanken; ziellos, heimatlos sein/werden; Anteilnahme bekunden. hi heimatlos machen; schütteln. hitpol hin- und herschwanken; sich schütteln; wehklagen.
נוֹד		n. terr. Nod.
נוֹדָב		n. pr. m. o. n. gent. Nodab.
נוה I		q zum Ziel kommen?, sich aufhalten, wohnen.
נוה II	(S)	hi preisen. hitp prahlen.
*נָוֶה		Stätte; Weide.
נָוֶה I	(S)	Weideplatz; Stätte.
*נָוָה II		schön, lieblich.
נָוֹת		→ נָיוֹת.
נוח I	(IQS)	q sich niederlassen, ruhen, ausruhen; Ruhe haben, abwarten; Jes 7,2; Ps 125,3 verträglich sein, ein Übereinkommen treffen. hi sich lagern lassen; Rast, Ruhe verschaffen; beschwichtigen, befriedigen; aram. Formen: stellen, setzen, legen; beiseite legen, hinterlegen; liegen lassen; zurücklassen; zulassen; bestehen lassen; machen lassen; handeln lassen. ho in Ruhe gelassen werden; aram. Formen: pt. frei, leer gelassen; Sach 5,11 text. corr.
נוח II	(Q)	q seufzen, Nf. von אנח (ni, hitp).
נוֹחַ	(Q)	Ruhe.
[נוחה]	(S)	Ruhe; Pause.
נוֹחָה		n. pr. m. Noha.
נוט		q erschreckt werden?, wanken?
[נוי]	(I)	n. pr. m.
[נויה]	(I)	n. pr. f.
נום	(QS)	q schlummern.
נוּמָה	(S)	schläfriges Wesen, Schlummern.

נוּן, נוֹן	(QS)	n. pr. m. Nun.
נוּס	(QS)	q fliehen. pol treiben. hi in die Flucht treiben; flüchten.
נוּעַ	(QS)	q schwanken, baumeln; beben; haltlos, heimatlos sein. ni geschüttelt werden. hi taumeln lassen, schütteln; aufrütteln; heimatlos machen; II Reg 23,18 stören.
נוֹעַדְיָה		n. pr. m. u. f. Noadja.
[נועם]	(S)	Lieblichkeit, Annehmlichkeit → נֹעַם.
נוּף I	(IQS)	hi entweder schwingen, hin- und herschwingend darbringen o. hochheben, hochhebend darbringen. ho weihend geschwungen/hochgehoben werden. pol entweder schwingen o. erheben.
נוּף II	(QS)	q besprengen. hi sprengen.
נוֹף	(Q)	Höhe.
נוּץ		q fliehen, Thr 4,15 sich entfernen.
נוֹצָה		Schwungfeder, Gefieder.
נוּק		hi l. וַתֵּינִקֵהוּ (Ex 2,9) → ינק.
[נור]	(S)	q brennen.
נוּשׁ		q Ps 69,21 text. corr. verzweifeln?
[נותוס]	(Q)	n. pr. m.
נזה	(Q)	q spritzen. hi sprengen, besprengen. ho besprengt sein.
נָזִיד		Gekochtes, Gericht.
נָזִיר	(S)	Fürst; Geweihter, Nasiräer; Lev 25,5.11 unbeschnittener Weinstock.
נזל	(QS)	q rieseln, fließen, überfließen von; pt. pl. auch Rinnsale, Bäche, Fluten. hi fließen lassen.
נֶזֶם		Ring.
[נזף]	(S)	hi schelten, tadeln.
נֶזֶק		Belästigung.

נזר	(Q)	*ni* sich weihen; sich enthalten, fasten; sich zurückhaltend zeigen.
		hi sich weihen; sich enthalten; *Lev 15,31* zurückhalten.
נֵ֫זֶר	(Q)	Weihe; Stirnreif, Diadem.
נֹחַ, נוֹחַ	(QS)	*n. pr. m.* Noah.
נַחְבִּי		*n. pr. m.* Nachbi.
נחה	(QS)	*q* leiten, führen.
		hi lenken, führen.
נְחוּם		*n. pr. m.* Nehum.
נַחוּם	(I)	*n. pr. m.* Nahum.
נִחוּמִים*		→ נִחֻמִים.
נָחוֹר		*n. pr. m.* Nahor.
נָחוּשׁ		ehern.
נְחוּשָׁה	(QS)	Bronze, Kupfer.
נְחִילָה*		*musikalische Angabe*; Flötenspiel?
נְחִירַיִם*		Nüstern.
נחל	(QS)	*q* als Besitz erhalten; in Besitz nehmen; als Besitz verteilen; Eigentum haben.
		pi als Besitz verteilen, zuteilen; zu Besitz bringen.
		hitp Besitz erhalten; sich Besitz verschaffen; als Besitz zugeteilt erhalten; vererben.
		hi als Besitz geben; ins Erbe einsetzen; als Erbe übergeben.
		ho zum Besitzer, Erben gemacht werden.
נַ֫חַל, נַחְלָה I	(QS)	Bachtal, Wasserlauf, Bach; Schacht.
נַ֫חַל II		Dattelpalme.
נַחֲלָה I	(IQS)	(*unveräußerlicher*) Besitz, Besitzanteil, Erbe; Schicksal, Los.
נַחֲלָה II		Krankheit; Zerstörung.
נַחֲלִיאֵל		*n. l.* Nahaliël.
נֶחֱלָמִי		*n. gent.* Nehelamiter.
נחם	(QS)	*ni* sich reuen lassen, bereuen; sich trösten, sich trösten lassen; Trauerzeit halten; *Jes 1,24* Rache nehmen.
		pi trösten.
		pu getröstet werden.

		hitp es sich leid sein lassen; sich trösten; Rache nehmen.
נַחַם	(I)	*n. pr. m.* Naham.
נֹחַם		Mitleid.
נֶחָמָה*		Trost.
נְחֶמְיָה(וּ)	(IS)	*n. pr. m.* Nehemia, Nehemijahu.
נִחֻמִים	(Q)	Trost.
נַחֲמָנִי	(Q)	*n. pr. m.* Nahamani.
נַחְנוּ	(IQ)	*comm. pl. prn.* wir.
נֶחֶנְתָּ		*pf. ni von* אנח.
נחץ		*q pt. pass.* dringend.
נחר		*q* schnauben. *pi* schnauben.
נַחַר*		Schnauben.
נַחֲרָה*		Schnauben.
נַחְרַי		*n. pr. m.* Nachrai.
נחש	(Q)	*pi* Vorzeichen suchen, wahrsagen; *Gen 30,27* Anzeichen haben; *I Reg 20,33* als gutes Zeichen nehmen.
נָחָשׁ I	(Q)	Schlange.
נָחָשׁ II		*n. pr. m.* Nahasch.
נַחַשׁ		Zauberei, Bannspruch.
נְחֻשָׁה		→ נְחוּשָׁה.
[נחשול]	(Q)	Sturm.
נַחְשׁוֹן		*n. pr. m.* Nachschon.
[נחשיר]	(Q)	Blutbad; Gemetzel.
נְחֹשֶׁת I	(QS)	Kupfer, Bronze; bronzene Fessel.
נְחֹשֶׁת II		Menstruation.
נְחֻשְׁתָּא		*n. pr. f.* Nehuschta.
נְחֻשְׁתָּן		*Schlangenidol* Nehuschtan.
נחת		*q* hinabsteigen; *Prov 17,10* tiefer wirken. *ni* sich senken, eindringen. *pi* herabdrücken, spannen (*Bogen*); ebnen. *hi* hinabführen.
נָחֵת		herabsteigend.
נַחַת I		Niederfahren.

נַ֫חַת II	(QS)	Ruhe, Gelassenheit; *Jes 30,15* Vertragstreue; *Prov 29,9* Versöhnung.
נַ֫חַת III		*n. pr. m.* Nahat.
נטה	(IQS)	*q* ausstrecken; aufschlagen, spannen, ausbreiten > lang werden; neigen, sich neigen, sich hinneigen, sich anstemmen; abbiegen, zuwenden. *ni* gespannt werden; sich lang hinziehen. *hi* ausstrecken, sich ausstrecken; ausbreiten; aufschlagen; zuwenden; neigen; beugen; ablenken, verleiten, verführen; hinschaffen; abwenden, zur Seite treiben, verdrängen, abweisen; abweichen, abbiegen. *ho* → מִטָּה.
נְטוֹפָתִי		*n. gent.* Netofatiter.
נָטִיל*		abwiegend.
נְטִיפָה		→ נְטִפָה.
נְטִישׁוֹת*		Ranken.
נטל	(IQS)	*q* auferlegen; *Jes 40,15* wiegen. *pi* aufheben.
נֵ֫טֶל		Last.
נטע	(QS)	*q* pflanzen, einpflanzen; einschlagen. *ni* eingepflanzt sein.
נֶ֫טַע	(QS)	Pflanzung, Pflanze.
נְטָעִים		*n. l.* Netaïm.
נְטָעִים		Pflanzen.
נטף	(Q)	*q* tropfen, triefen. *hi* triefen lassen; fließen lassen (*Worte*), geifern.
[נטף]	(Q)	*n. l.*
נָטָף, נֶ֫טֶף	(Q)	Tropfen, Harztropfen.
נְטִפָה*		Ohrgehänge.
נְטֹפָה		*n. l.* Netofa.
נְטוֹפָתִי		→ נְטוֹפָתִי.
נטר I	(Q)	*q* bewachen, bewahren.
נטר II	(Q)	*q* zürnen, grollen. *ni* gegen jmd. Groll hegen.
נטש	(QS)	*q* liegen lassen, überlassen, fallen lassen, aufgeben; unbeachtet lassen, ablassen, verzichten;

נִי*

נכה — 223

Gen 31,28 Gelegenheit geben; I Sam 30,16 pt. pass. aufgelöst; Jes 21,15 ziehen; Ez 29,5 frei laufen lassen; Hos 12,15 lasten lassen; I Sam 4,2 ungedeutet.
ni umherstreifen; wuchern; schlaff hängen; unbeachtet daliegen.
pu unbeachtet sein.

נִי*		Klagelied.
נִיב	(S)	Frucht.
נֵיבִי		→ נֵובִי.
נִיד		Kopfschütteln, Beileid.
נִידָה		Kopfschütteln, Abscheu.
נָיוֹת		n. l. Naioth?, evtl. auch Weide, Flur?
נִיחוֹחַ, נִיחֹחַ	(QS)	Beschwichtigung.
נין		ni sprossen.
נִין	(S)	Spross; Nachkommen.
נִינְוֵה	(Q)	n. l. Ninive.
נִיס		flüchtig? Flucht?
[ניסוי]	(S)	Versuchung.
נִיסָן		Nisan (Monatsname, März/April).
נִיצוֹץ	(S)	Funke.
ניר		q urbar machen.
נֵיר		→ נֵר I.
נִיר I		Leuchte; dauernder Bestand.
נִיר II		urbar gemachtes Feld.
נכא	(Q)	q schlagen. ni hinausgepeitscht werden.
נָכָא		zerschlagen.
נָכֵא	(Q)	niedergeschlagen.
נְכֹאת		Ladanum-Harz.
נֶכֶד	(S)	Nachkommen.
נכה	(IQS)	ni erschlagen werden. pu zerschlagen werden. hi schlagen, zerschlagen, erschlagen, totschlagen, treffen, stechen, verwunden. ho geschlagen, erschlagen, getroffen, überwältigt werden.

נָכֶה*	(Q)	(nieder)geschlagen; gelähmt.
נְכֵה		schlagend?, geschlagen?
נְכֹה, נְכוֹ		n. pr. m. Necho.
I נָכוֹן		Schlag, Stoß.
II נָכוֹן		n. pr. m., n. l.? Nachon.
[נכונות]	(Q)	Richtigkeit, Angemessenheit.
נָכֹחַ*	(QS)	gerade, recht; Gerades, Rechtes, gerader Weg.
נֹכַח	(QS)	gegenüber; geradeaus; gegenüber von, vor, angesichts; c. אֶל gerade gegen hin, c. לְ gerade vor, für; c. עַד bis gegenüber von.
נכל		q arglistig handeln. pi arglistig handeln. hitp sich arglistig benehmen.
נֵכֶל*	(Q)	Arglist.
נְכָסִים		Schätze, Reichtümer; Vermögen.
[נכס]	(QS)	Reichtum.
נכר	(QS)	ni sich verstellen; erkannt werden. hi genau ansehen, untersuchen; erkennen, anerkennen; kennen, wissen; wissen wollen; c. פָּנִים parteiisch sein. pi verkennen; unkenntlich machen; genau betrachten, ansehen. hitp sich unkenntlich machen, sich verstellen; sich zu erkennen geben.
נֵכָר	(QS)	Fremde, Ausland.
נֹכֶר, נֵכֶר		Missgeschick.
נָכְרִי	(QS)	ausländisch, fremd; Fremder; Jes 28,21 befremdlich.
נְכֹת		c. בַּיִת Schatzhaus.
נלה		l. כְּכַלֹּתְךָ (Jes 33,1). hi vollenden?
נְמִבְזֶה		l. נִבְזָה (I Sam 15,9).
נְמוּאֵל		n. pr. m. Nemuël.
נְמוּאֵלִי		n. gent. Nemuëliter.
[נמטר]	(I)	n. pr. (m.).
נְמָלָה		Ameise.
נָמֵר		Leopard.

נִמְרֹד		n. pr. m. Nimrod.
נִמְרָה		n. l. Nimra.
נִמְרוֹד		→ נִמְרֹד.
נִמְרִים	(Q)	n. l. Nimrim.
[נמש]	(I)	n. pr. m.
נִמְשִׁי		n. pr. m. Nimschi.
[נמשר]	(I)	n. pr. m.
נֵס	(Q)	Signalstange, Feldzeichen, Zeichen; Segel.
נְסִבָּה		Wendung, Fügung.
נסה	(IQS)	pi auf die Probe stellen, prüfen, versuchen; einen Versuch machen.
נְסֵה		imp. q von נשׂא.
[נסוי]	(QS)	→ נִיסוּי.
נסח	(IS)	q einreißen, herausreißen. ni vertrieben werden.
[נסיון]	(S)	Versuchung, Prüfung.
נָסִיךְ*	(S)	Trankopfer; Gussbild; Geweihter, Anführer, Fürst.
נסךְ I	(Q)	q ausgießen; weihen; gießen (Gussbild). (ni eingesetzt werden?). pi ausgießen. hi ausgießen. ho ausgegossen werden.
נסךְ II		q weben, flechten. (ni gewoben werden?).
נֶסֶךְ, נֵסֶךְ	(IQ)	Trankopfer; Gussbild.
נסס I		q krank, schwach sein.
נסס II		hitpo sich um das Banner scharen?
נסע	(IQS)	q herausreißen; aufbrechen, weiterziehen; Num 11,31 losbrechen. ni herausgerissen, abgebrochen werden. hi herausreißen, ausbrechen (Steine); aufbrechen, hervorbrechen lassen; II Reg 4,4 wegschaffen.
[נסק]	(S)	hi → נשׂק.
נִסְרֹךְ		n. d. Nisroch (Name eines assyr. Gottes).
נֵעָה		n. l. Nea.

נֹעָה	(I)	n. pr. f. Noa.
[נעה]	(I)	n. l.
[נעויה]	(Q)	Abwegigkeit; Widernatürlichkeit.
נְעוּרִים	(QS)	Jugendzeit, Jugend.
נְעִיאֵל		n. l. Nëiël.
נָעִים	(QS)	angenehm, lieblich, hold; Glück, Wonne.
[נעימה]	(S)	Klang, Melodie.
נעל	(Q)	q zubinden, verschließen; unterbinden (Sandalen). ni geschlossen sein. hi beschuhen.
נַעַל		f. Sandale.
נעם	(S)	q angenehm, lieblich, hold sein. hi lieblich, angenehm machen; singen.
נַעַם		n. pr. m. Naam.
נֹעַם	(S)	Freundlichkeit, Annehmlichkeit.
[נעמאל]	(I)	n. pr. (m.).
נַעֲמָה		n. pr. f., n. l. Naama.
נָעֳמִי		n. pr. f. Naemi.
נַעֲמִי		n. gent. Naamiter.
נַעֲמָן		n. pr. m. Naeman.
נַעֲמָנִים		c. נִטְעֵי Adonisgärten.
נַעֲמָתִי		n. gent. Naamatiter.
נַעֲצוּץ		Dornbusch.
נער I		q knurren, brüllen.
נער II	(QS)	q schütteln. ni sich los schütteln; abgeschüttelt werden. pi hinein schütteln; herausschütteln; abschütteln. hitp sich los schütteln.
נַעַר	(IQS)	Knabe, Jüngling, junger Mann; Knecht, Gefolgsmann; pl. auch junge Leute.
נֹעַר		Jugend.
נַעֲרָה I	(S)	junges Mädchen; Magd; junge Frau.
נַעֲרָה II		n. pr. f., n. l. Naara.
נְעָרוֹת*	(S)	Jugend.

נַעֲרַי		n. pr. m. Naarai.
נְעַרְיָה		n. pr. m. Nearja.
נְעָרִים		→ נְעוּרִים.
נַעֲרָן		n. l. Naaran.
נְעֹרֶת		Flachs-/Hanfabfall, Werg.
נֹף		n. l. Nof, Memphis.
נֶפֶג		n. pr. m. Nefeg.
נָפָה* I		Joch; Bergrücken.
נָפָה* II		Sieb?
נְפוּשְׁסִים		n. pr. m. l. Qere (Neh 7,52) Nefischsim.
נפח	(QS)	q blasen, anblasen; anfachen; keuchen. ni angeblasen werden. pu angefacht werden. hi zum Keuchen bringen.
נֹפַח		n. l. Nofach.
נְפִילִים	(Q)	Fehlgeburten > Riesen, Heroen.
נְפִיסִים		n. pr. m. l. Qere (Esr 2,50) Nefusim.
נָפִישׁ		n. pr. m. Nafisch.
נֹפֶךְ	(QS)	Halbedelstein: Türkis?, Malachit?
נפל	(QS)	q fallen, abfallen, einfallen; schrumpfen; verfallen; sich fallen lassen, sich werfen; absteigen; abfallen, überlaufen; Jes 26,18 geboren werden. hi fallen lassen, zu Fall bringen, fällen; werfen; ausschlagen; unterlassen; gebären. ho zum Fallen gebracht werden. hitp herfallen; sich niederwerfen. pil l. נָפַל (Ez 28,23).
נֵפֶל		Fehlgeburt.
נְפִלִים	(Q)	→ נְפִילִים.
נפץ	(QT)	q zerschlagen; zerschlagen sein, sich zerstreuen. pi zerschlagen. pu pt. zermalmt.
נֶפֶץ	(Q)	Platzregen.
נפשׁ	(I)	ni Atem schöpfen, aufatmen.
נֶפֶשׁ	(IQS)	Kehle; Atem, Hauch; Wesen; Leben; „Seele", Person, Selbst; Menschen, Leute; Verlangen, Empfinden, Stimmung, Wille; Toter.

נֵפֶת*		Anhöhe?
נֹפֶת	(Q)	Honigseim.
נְפתּוֹחַ		n. l. Neftoach.
נְפתּוּלִים*		Kämpfe.
נְפתֻּחִים		n. gent. Naftuhiter.
נַפתָּלִי	(Q)	n. pr. m., n. gent. Naftali.
נֵץ I	(Q)	Falke.
נֵץ II	(QS)	Blütenstand, Blüte.
נְצָא	(S)	→ נצה II.
נצב	(Q)	ni sich hinstellen, hingestellt sein/werden, stehen; pt. auch Statthalter. hi hinstellen, aufrichten; einsetzen, festsetzen, bestimmen. ho hingestellt werden.
נִצָּב		Griff.
נצה I	(QS)	ni sich streiten. hi streiten.
נצה II		q zerstört werden. ni zerstört sein, werden.
נִצָּה		Blüte.
נֹצָה* I		Gefieder?; Gewölle?
נֹצָה II		→ נוֹצָה.
נְצוּרִים		geheime Orte?
נצח	(QS)	q leuchten, strahlen. ni pt. dauernd, beharrlich. pi leiten, Aufsicht haben; strahlen lassen; pt. auch liturgische Angabe Chorleiter?, Dirigent? hitp gelenkt werden.
נֵצַח, נֶצַח I	(IQS)	Glanz; Dauer; adv. stets, für immer; c. לְ stets, für immer.
נֵצַח* II		Saft, Blutstrahl.
נְצִיב I	(QS)	Säule; Posten, Besatzung; Vogt.
נְצִיב II	(J)	n. l. Nezib.
נְצִיחַ		n. pr. m. Neziach.
נְצִירֵי		l. Qere נְצוּרֵי (Jes 49,6).
נצל	(QS)	ni sich retten, gerettet werden. pi rauben; herausreißen, retten.

		hi entreißen, entziehen; retten.
		ho entrissen werden.
		hitp sich entledigen.
נִצָּן, pl. נִצָּנִים	(Q)	Blüte.
[נצף]	(I)	Nezef (*Gewichtsangabe*).
[נצפה]	(Q)	Kapernstrauch.
נצץ	(Q)	*q* funkeln.
		hi blühen.
נצר	(QS)	*q* bewachen, behüten, bewahren, befolgen; *pt. auch* Wächter; *pt. pass.* aufbewahrt, Aufgespartes.
נֵצֶר	(QS)	Spross (*einer Pflanze*).
נקב	(I)	*q* bohren, durchbohren; punktieren > festsetzen, bestimmen; auszeichnen; Lev 24,11.16 lästern.
		ni bezeichnet werden.
נֶקֶב I		durchbohrtes Schmuckstück?
נֶקֶב II		→ אַדְמֵי הַנֶּקֶב.
[נקבה]	(I)	Durchbohren, Durchtunneln.
נְקֵבָה	(IQ)	weiblich.
נָקֹד		gesprenkelt.
נֹקֵד		Schafzüchter.
נְקֻדָּה*		(Glas)perle.
נִקֻּדִים		Brotkrümel; Gebäck.
נקה	(IQS)	*q* Jer 49,12 inf. abs. c. ni.
		ni frei, ledig sein; unschuldig, ohne Schuld sein; straflos bleiben; Jes 3,26 beraubt sein.
		pi für unschuldig erklären, lossprechen; ungestraft lassen.
נְקוֹדָא		n. pr. m. Nekoda.
נָקִי, נָקִיא	(IQ)	ledig, frei; frei von Verantwortung, Schuld; schuldlos.
נִקָּיוֹן		Blankheit, Blöße; Schuldlosigkeit.
נְקִיק, נָקִיק*		Spalte.
[נקלה]	(Q)	n. pr. m.
נקם	(QS)	*q* Rache nehmen, sich rächen; rächen.
		ni gerächt werden; sich rächen; Rache schaffen.
		pi rächen.

		ho gerächt werden; der Rache verfallen.
		hitp sich rächen.
נָקָם	(QS)	Rache.
[נקם]	(I)	n. pr.
[נקמאל]	(I)	n. pr.
נְקָמָה	(QS)	Rache, Rachsucht.
[נקנר]	(I)	n. pr. m.
נקע	(S)	*q* sich abwenden, überdrüssig werden.
נקף I	(Q)	*pi* abhauen, schinden, zerfetzen.
נקף II	(QS)	*q* kreisen.
		hi kreisen lassen; umkreisen, umgeben, umzingeln; rundum stutzen; überall hindringen; (reih)um sein.
נֶקֶף	(Q)	Abschlagen.
נִקְפָּה		Strick.
נקר		*q* ausstechen, aushacken.
		pi ausstechen, ausbohren.
		pu ausgebohrt sein.
נְקָרָה*	(Q)	Höhle, Spalte.
נקש	(S)	*q* sich verstricken?
		ni sich fangen, bestricken lassen.
		pi Schlingen legen.
		hitp Schlingen legen.
נֵר I	(QS)	Leuchte, Lampe.
נֵר II		n. pr. m. Ner.
נר		→ נִיר I.
[נרא]	(I)	n. pr.
נֵרְגַל		n. d. Nergal (*Name eines mesopotamischen Gottes*).
נֵרְגַל שַׂר־אֶצֶר		n. pr. m. Nergal Sarezer.
נֵרְדְּ		Narde (*ein Aromastoff*).
נֵרִיָה(וּ)	(IQ)	n. pr. m. Nerija(hu).
נשא	(QS)	*q* heben, erheben, aufheben, hochheben; anheben, anstimmen; tragen, ertragen, davontragen; nehmen, wegnehmen, vergeben; bringen; aufnehmen, zählen; *c.* פָּנִים freundlich aufnehmen,

Rücksicht nehmen, parteiisch, günstig behandeln; *pt. pass. auch* angesehen; *c.* נֶפֶשׁ sich sehnen, verlangen; *c.* לֵב willig sein, übermütig sein.
ni sich erheben; erhöht, erhaben sein, erhoben werden/sein; getragen, weggetragen werden.
pi erheben, hochheben; tragen, unterstützen; *c.* נֶפֶשׁ sich sehnen, verlangen.

נשׂג	(QS)	*hi* erreichen, einholen; aufbringen können; zu etw. bringen; eintreffen, ankommen.
נְשׂוּאָה*		Last.
נָשִׂיא I	(IQS)	Vorsteher, Fürst.
נָשִׂיא* II	(Q)	Nebelschwade.
נשׂק	(Q)	*ni* sich entzünden. *hi* anzünden.
נשׁא I	(Q)	*q* leihen; Wucher treiben; *pt. auch* Gläubiger. *hi* ausleihen, ein Darlehen geben.
נשׁא II	(S)	*ni* betrogen sein. *hi* betrügen, täuschen; verführen.
נשׁב	(QS)	*q* wehen. *hi* wehen lassen; verscheuchen.
נשׁה I	(QS)	*q* vergessen. *ni* vergessen werden. *pi* vergessen lassen. *hi* vergessen lassen.
נשׁה II	(Q)	→ נשׁא I.
נָשֶׁה		Hüftgegend, Hüftnerv.
נְשִׁי*		Schuld.
נְשִׁיָּה		Vergessen.
נָשִׁים		*pl. von* אִשָּׁה.
נְשִׁיקָה*		Kuss.
נשׁך I	(S)	*q* beißen. *pi* beißen.
נשׁך II		*q* Zins verlangen. *hi* Zins auferlegen.
נֶשֶׁךְ		Zins.
נִשְׁכָּה	(Q)	Raum, Zelle.

| נָשַׁל | (Q) | q lösen; ausziehen; loslösen, vertreiben; sich loslösen, abfallen.
pi vertreiben. |
נָשַׁם		q heftig atmen.
נְשָׁמָה	(IQS)	Atem, Hauch, Lebensatem, Lebensgeist, „Seele", Wehen; *pl.* Lebewesen, „Seelen".
נָשַׁף		q blasen, anblasen.
נֶשֶׁף	(QS)	Dämmerung.
נָשַׁק I		q küssen.
pi küssen.
hi dicht berühren.
נָשַׁק II		q sich rüsten.
נֶשֶׁק, נֵשֶׁק		Rüstzeug, Waffen, Kampf.
נֶשֶׁר	(Q)	Adler, Geier.
נָשַׁת		q austrocknen, versiegen.
ni ausgetrocknet werden, versiegen.
נִשְׁתְּוָן		Brief.
[נתביהו]	(I)	n. pr. m.
נְתוּנִים		*l. Qere (Esr 8,17)* → נָתִין.
נתח	(Q)	*pi* in Stücke schneiden.
נֵתַח	(QS)	Stück.
נָתִיב	(Q)	Pfad.
נְתִיבָה	(Q)	Pfad.
נָתִין*		Tempeldiener.
נתך	(Q)	q sich ergießen.
ni sich ergießen; zum Schmelzen gebracht werden.
hi hingießen, hinschütten; zum Schmelzen bringen.
ho geschmolzen werden.
נתן	(IQS)	q geben, anbieten, gewähren, bringen, darbringen, vergelten, hingeben, preisgeben, ausliefern, liefern, überliefern, ankündigen, zulassen, auftragen; setzen, stellen, legen; machen, werden lassen, finden lassen; erheben (*Stimme*); מִי־יִתֵּן o dass doch!; *Ps 81,3* schlagen (*Pauke*); *Lev 17,10; Dan 9,3* richten (*Gesicht*); *Neh 9,17* sich (in den Kopf) setzen.

נָתַן		*ni* gegeben, aufgetragen, preisgegeben, gemacht, gelegt, gewährt, untergebracht werden. *ho* (*q pass.*) gegeben werden.
נָתָן	(*IQS*)	*n. pr. m.* Natan.
נְתַן־מֶלֶךְ	(*I*)	*n. pr. m.* Natanmelech.
נְתַנְאֵל		*n. pr. m.* Natanaël.
נתניו, נְתַנְיָה(וּ)	(*I*)	*n. pr. m.* Natanja(hu).
נתס		*q* aufreißen, einreißen.
נתע	(*S*)	*ni* ausgeschlagen werden.
נתץ	(*QS*)	*q* einreißen, abbrechen, zerstören, ausschlagen. *ni* eingerissen, zerstört werden. *pi* einreißen. *pu* eingerissen werden. *ho* zerschlagen werden.
נתק	(*Q*)	*q* wegreißen; abschneiden. *ni* abgerissen, abgeschnitten werden; sich loslösen. *pi* zerreißen, ausreißen. *hi* lostrennen, aussondern, abschneiden. *ho* abgeschnitten werden.
נֶתֶק	(*Q*)	Krätze (*Hautkrankheit*).
נתר I	(*Q*)	*q* aufspringen. *pi* springen. *hi* aufspringen lassen.
נתר II	(*Q*)	*hi* losmachen, lösen, freimachen.
נֶתֶר		Natron.
נתש	(*QS*)	*q* ausreißen; austreiben, vertreiben. *ni* ausgerissen werden, vertrieben werden. *ho* ausgerissen werden.

ס

סְאָה	(*IQ*)	Getreidemaß: Sea (*zwischen 7,3 l und 15 l*).
סְאוֹן	(*Q*)	Stiefel (*Soldatenstiefel*).
[סֹאל]	(*I*)	*n. pr. m.*
סאן		*q* einherstampfen.
סאסא*		aufscheuchen.

[סֹב]	(Q)	Galerie, Empore.
סבא	(QS)	q zechen, trinken, dem Trunk ergeben sein.
סְבָא		n. gent., n. terr. Saba.
סֹבֶא		starkes alkoholhaltiges Getränk: Weizenbier (o. Wein).
סְבָאִים		n. gent. Sabäer.
סבב	(IQS)	q sich drehen, wenden; sich umsehen; sich abwenden; herumgehen, die Runde machen, umwandeln; umstellen, umfließen, umgeben, umgehen; auf die Seite treten; hintreten, herzutreten; durchstreifen; I Sam 16,11 sich zum Mahle legen; Sach 14,10 sich wandeln. ni sich wenden, umbiegen; umzingeln, umstellen; als Besitz übergeben werden. pi verwandeln, ändern. pol umwandeln, umfließen, umstehen, umfangen; durchstreifen, umherstreifen. hi wenden, zuwenden; umwenden, abwenden, sich umwenden, abwenden; ändern; bringen; herumziehen lassen; II Chr 14,6 ringsum errichten.
סִבָּה		Wendung, Fügung.
סָבִיב	(QS)	Umkreis; ringsum, rundum; von allen Seiten; pl. Umgebung, Kreislauf, ringsum.
סבך		q pt. pass. verflochten. pu verflochten sein, werden.
סְבַךְ	(Q)	Gestrüpp, Dickicht.
סְבֹךְ*		Gestrüpp, Dickicht.
סִבְּכַי		n. pr. m. Sibbechai.
[סבכיהו]	(I)	n. pr.
סבל	(QT)	q tragen. pi belasten. pu pt. beladen. hitp sich dahinschleppen.
סַבָּל		Lastträger.
סֹבֶל*		Last.
סֵבֶל	(Q)	Last, Frondienst.
סִבְלוֹת*		Lasttragen, Frondienst.

סִבֹּלֶת		*efraimitische Aussprache von* שִׁבֹּלֶת.
סִבְרַיִם		*n. l.* Sibrajim.
סַבְתָּא, סַבְתָּה		*n. gent., n. terr.* Sabta.
סַבְתְּכָא		*n. gent., n. terr.* Sabtecha.
[סגב]	(Q)	*ni* hoch sein.
סגד		*q* sich beugen, niederwerfen.
[סגה]	(Q)	*hitp* vermehren, vervielfachen, zunehmen.
סְגוֹר	(Q)	Verschluss.
סְגוּר	(Q)	*c.* זָהָב lauteres, gediegenes Gold; Blattgold.
[סגלגל]	(Q)	rund.
[סגור]	(Q)	→ סְגֹר.
סְגֻלָּה	(Q)	Eigentum.
סֶגֶן, סָגָן*	(Q)	Statthalter, Beamter, Vorsteher.
סגר	(QS)	*q* schließen, verschließen, einschließen; *pt. pass. auch* → סָגוּר. *ni* geschlossen werden; sich einschließen; ausgeschlossen werden. *pi* ausliefern. *pu* verschlossen werden. *hitpo* ausgeliefert werden, in die Hände fallen. *hi* verschließen; absondern; ausliefern, preisgeben; gefangen nehmen. *ho* ausgeliefert sein, werden.
סְגֹר	(Q)	Lanze; Speer; Axt; Pike; Hacke, Picke; Muffe *o.* Griff.
סַגְרִיר		heftiger Regen.
סַד		Fußblock.
[סדור]	(Q)	Aufstellung, Anordnung.
סָדִין		Untergewand.
סְדֹם	(Q)	*n. l.* Sodom.
[סדק]	(Q)	Spalt, Riss.
[סדר]	(QS)	arrangieren, (an-)ordnen, aufstellen, in Ordnung bringen; *pass.:* wohlgeordnet; in Ordnung gebracht; aufgestellt; (ein-)gerichtet.
סֶדֶר*	(QS)	Ordnung.
[סדריהו]	(I)	*n. pr. m.*
סַהַר		Rundung.

סֹהַר	(Q)	c. בַּיִת Gefängnis.
סוֹא		n. pr. m. So?, n. l. Sais?
סוּבָא		l. Ketib (Ez 23,42) → סבא.
סוּג I	(QS)	q abweichen, abtrünnig sein. ni sich zurückziehen, abfallen, abtrünnig werden. hi verrücken. ho fortgetrieben werden.
סוּג II		q pt. pass. umhegt.
סוּג		l. Qere (Ez 22,18) → סִיג.
סוּגַר		Käfig.
[סוד]	(S)	Ratschlag erteilen, raten, vertraulich reden.
סוֹד I	(IQS)	Versammlung, Kreis; gemeinsame Beratung, vertrauliche Besprechung; Beschluss; Geheimnis.
[סוד] II	(Q)	Fundament.
סוֹדִי		n. pr. m. Sodi.
סוּחַ	(Q)	n. pr. m. Suach.
סוּחָה	(Q)	Unrat.
סוֹטַי		n. pr. m. Sotai.
סוּךְ I		→ שׂוּךְ q versperren, umhegen. hi unzugänglich machen, absperren.
סוּךְ II	(Q)	q salben; sich salben. hi sich salben. ho eingerieben werden.
סוֹלְלָה		→ סֹלְלָה.
[סומה]	(S)	Schatz.
סְוֵנֵה		n. l. Syene, Assuan.
סוּס		l. Qere סִיס (Jer 8,7) Mauersegler, Schwalbe.
סוּס	(IQS)	Pferd.
סוּסָה*		Stute.
סוּסִי		n. pr. m. Susi.
סוּף	(Q)	q aufhören, ein Ende finden. ni beendet werden, aufhören. hi ein Ende machen.
סוֹף	(QS)	Ende, Nachhut.

סוּף I	(Q)	Schilf, Wasserpflanzen.
סוּף II		n. l. Suf.
סוּפָה I	(QS)	Sturm, Sturmwind.
סוּפָה II		n. l. Sufa.
סוֹפֵר		→ סֹפֵר.
סוֹפֶרֶת		→ סֹפֶרֶת.
סוּר	(QS)	q weichen, abweichen, ausweichen; fortgehen, sich entfernen, sich fernhalten; sich wenden; abfallen; einkehren. pol durcheinander bringen. hi wegschaffen, entfernen; abhauen, abschneiden; entziehen; fern halten, abbringen; aufheben, abschaffen; rückgängig machen; bringen lassen. ho entfernt werden; Jes 17,1 c. מָן aufhören zu sein.
סוּר* I		verstoßen, abtrünnig.
סוּר II	(Q)	n. l.? II Reg 11,6 Sur.
סוּרִי*		stinkend?
סוּת	(Q)	hi verleiten, anstiften, aufreizen; weglocken.
סוּת*		Gewand.
סחב	(S)	q umherzerren, wegschleifen.
סְחָבוֹת, סחבה	(I)	Lumpen, Fetzen.
סחה	(S)	pi wegfegen.
[סחה]	(Q)	Unrat.
[סחט]	(Q)	(aus-)gepresst werden, (aus-)gequetscht werden.
סְחִי		Unrat.
סְחִיפָה*		Gussregen.
סָחִישׁ		Wildwuchs.
סחף		q fortschwemmen. ni fortgeschwemmt werden.
סחר	(QS)	q umherziehen; pt. Händler, Aufkäufer. pealal heftig klopfen.
סַחַר		Erwerb, Gewinn.
סְחֹרָה*		Händlerschaft.
סֹחֵרָה		Schutzwehr?

סֹחֶרֶת*		Socheret (*eine kostbare Steinart*).
סֵט*		Übertretung?, Bild?
סֹטִי		→ סוֹטִי.
סִיג		Silberschlacke; Glasur.
סִיוָן		Siwan (*Monatsname, Mai/Juni*).
סִיחוֹן, סִיחֹן		n. pr. m. Sichon.
[סִילָא]	(I)	n. pr. m.
[סִימָה]	(QS)	Schatz, → שִׂימָה.
[סִימִי]	(Q)	n. pr. m.
סִין		n. l., n. terr. Sin.
סִינַי	(Q)	n. l. Sinai.
סִינִי	(S)	n. gent. Siniter.
סִינִים		n. terr. Sinim.
[סִיס]	(Q)	q frohlocken, jubeln, → שִׂישׂ/שׂוֹשׂ.
סִיס		→ סוּס.
סִיסְרָא		n. pr. m. Sisera.
סִיעָא, סִיעֲהָא		n. pr. m. Sia.
סִיר I	(QS)	Kochtopf, Wanne.
סִיר II		pl. Dornen, Gestrüpp (*dornige Becherblume*).
[סִירָא]	(S)	n. pr. m.
[סִירָא]	(Q)	Kiefernart?, Dornbusch?
סִירָה*		Dorn, Haken, Angel.
[סִירִים]	(S)	Verstümmelter, Eunuch.
סָךְ*		Menge?, Wand?
סֵךְ*		→ שֵׂךְ.
סֹךְ*		→ שֹׂךְ Hütte; Versteck.
סֻכָּה	(Q)	Laubdach, Hütte, Laubhütte; Versteck.
סִכּוּת	(Q)	uns.: n. pr. m. Sikkut o. l. סַכּוּת (Am 5,26) n. pr. m. Sakkut (*Saturn*).
סֻכּוֹת		n. l. Sukkot.
סֻכּוֹת בְּנוֹת		n. d. Zarpanitu?
סֻכִּיִּים		n. gent. Sukkijiter.
סכך I	(Q)	→ שׂכך q bedecken, verhüllen; sich einhüllen; Ps 139,13

		weben.
		hi bedecken; *c.* רֶגֶל Notdurft verrichten.
סכך II	(Q)	*q* weben, formen.
		ni? geformt werden.
		pol durchflechten.
סֵכֶךְ		Sperre, Barrikade.
סְכָכָה	(Q)	*n. l.* Sechacha.
סכל	(Q)	*ni* sich töricht verhalten.
		pi töricht erscheinen lassen.
		hi töricht handeln.
סָכָל	(S)	töricht.
סֶכֶל		Torheit, Tor.
סִכְלוּת	(QS)	Torheit.
סכן I		*q* Nutzen bringen; *pt.* Verwalter, Pflegerin.
		hi eine Gewohnheit haben, vertraut sein; sich vertragen.
סכן II		*ni* sich gefährden.
סכן III		*pu* uns.
סכסך		*pilp* aufstacheln.
סכר I	(Q)	*ni* verstopft werden.
		pi ausliefern.
סכר II		*q* dingen > erkaufen, bestechen.
סכת	(QS)	*ni* schweigen.
		hi sich still verhalten.
סָכֹת		→ סֻכּוֹת.
סַל	(Q)	Korb.
סלא	(Q)	→ סלה II.
סִלָּא		→ סַלוּא.
סִלָּא	(I)	*n. l.* Silla.
סלד		*pi* hüpfen.
סֶלֶד		*n. pr. m.* Seled.
סלה I		*q* verwerfen.
		pi verwerfen.
סלה II		*pu* bezahlt werden.
סֶלָה	(Q)	liturgische Angabe Sela.
סַלּוּ		*n. pr. m.* Sallu.

סָלוּא	(Q)	n. pr. m. Salu.
סַלּוּא		n. pr. m. Sallu.
סַלּוֹן		Dorn.
סלח	(QS)	q vergeben (nur von Gott). ni vergeben werden.
סַלָּח		bereit zu vergeben.
סַלַּי		n. pr. m. Sallai.
סְלִיחָה	(QS)	Vergebung.
סַלְכָה		n. l. Salcha.
סלל	(QS)	q aufschütten, anhäufen. ni erhoben werden, erhaben sein. pilp hochhalten. hitpo sich hochfahrend verhalten.
סֹלְלָה		Belagerungswall.
סֻלָּם	(Q)	Treppe.
סַלְסִלָּה		Ranke.
סֶלַע I	(QS)	Fels, Felsen.
סֶלַע II		n. l. Sela.
סָלְעָם	(Q)	Heuschrecke.
סלף	(QS)	pi verdrehen, zu Fall bringen; umstürzen.
סֶלֶף		Verdrehtheit, Falschheit.
סלק		q hinaufsteigen.
סֹלֶת	(IQ)	Weizengrieß.
סַם*	(QS)	Paste, Wohlgeruch.
סַמְגַּר־נְבוּ		n. pr. m. Samgar Nebu.
סְמָדַר	(I)	Blütenknospe (der Weinrebe); Aromawein, Parfümöl.
[סמה]	(Q)	q blind sein.
[סמחה]	(Q)	Freude → שִׂמְחָה.
סמך	(QS)	q stützen, legen; unterstützen; sich werfen; pt. pass. aufgestemmt, fest, unerschütterlich. ni sich stützen, stemmen. pi erquicken.
[סמך]	(I)	n. pr.
סְמַכְיָהוּ, סמכיו	(I)	n. pr. m. Semachjahu.
[סמל]	(Q)	→ שְׂמֹאל.

סֶמֶל		Bild, Götterbild?
סמן		ni Jes 28,25 uns.
[סמן]	(Q)	Gewürz, Spezereien, Medikament.
[סמע]	(I)	n. pr. m.
סמר		q schaudern. pi sich sträuben.
סָמָר		borstig.
סְנָאָה		n. pr. m. Senaa.
סְנָאָה		→ סְנוּאָה.
סַנְבַלַּט		n. pr. m. Sanballat.
סְנֶה	(QS)	Dornstrauch.
סְנֶה		n. l. Senne.
סְנוּאָה		n. pr. m. Senua.
סַנְוֵרִים		Blindheit.
סַנְחֵרָב, סַנְחֵרִיב	(S)	n. pr. m. Sanherib.
[סניב]	(I)	n. pr. m.
סַנְסִנָּה*		Dattelrispe.
סַנְסַנָּה		n. l. Sansanna.
סְנַפִּיר		Flosse.
סָס	(S)	Kleidermotte.
סִסְמַי		n. pr. m. Sismai.
[סעניהו]	(I)	n. pr. m.
סעד	(Q)	q stützen, befestigen; stärken, sich stärken.
[סעד]	(Q)	Unterstützung, Hilfe, Beistand.
[סעדה, סעדיה, סעדי]	(I)	n. pr. m.
סעה		q reißend sein.
סָעִיף* I		Kluft, Spalt.
סָעִיף* II		Zweig.
סעף		pi abhauen.
סֵעֵף*		schwankend?, gemein?
סְעַפָּה*		Zweig.
סְעִפִּים		Krücken.
סער	(QS)	q stürmen. ni unruhig werden, bewegt werden.

		hi in Aufregung versetzen.
		pi verwehen.
		poel wegfliegen.
		pu verweht, weggetrieben werden.
סַעַר	(Q)	Sturm.
סְעָרָה	(QS)	Sturm.
[סערי, סעריהו]	(I)	n. pr. m.
סַף I	(Q)	Becken, Schale.
סַף II	(QS)	Schwelle.
סַף III		n. pr. m. Saf.
ספד		*q* klagen, Totenklage halten; *Jes 32,12* klagend schlagen (*Brüste*).
		ni beklagt werden.
ספה	(QS)	*q* dahinraffen, wegnehmen; dahinschwinden; *Num 32,14; Jes 30,1* l. לִסְפֹּת.
		ni weggerafft werden, umkommen.
		hi Dtn 32,23 wegraffen o. → אסף *q*.
[ספון]	(Q)	n. pr. m.
[ספוק]	(S)	Fülle, Überfluss.
ספח	(Q)	*q* zugesellen.
		ni sich anschließen.
		pi beimischen.
		pu sich zusammentun.
		hitp teilhaben.
סַפַּחַת	(Q)	Grind, Ausschlag.
סִפַּי		n. pr. m. Sippai.
סָפִיחַ* I		Regenguss.
סָפִיחַ II	(Q)	Nachwuchs.
סְפִינָה	(Q)	Schiff.
סַפִּיר	(QS)	Lapislazuli.
סֵפֶל		Schale.
ספן	(Q)	*q* decken, täfeln; *Dtn 33,21* aufbewahren.
סִפֻּן		Decke.
ספף	(Q)	*hitpo* sich an der Schwelle aufhalten.
ספק I	(S)	*q* klatschen, schlagen, sich schlagen; *Jer 48,26* hinein platschen.
ספק II		*q* sich erbrechen.

סָפַק III	(QS)	→ שָׂפַק II
		q hinzufügen, ausreichen, reich sein.
		hi ausreichen, reichlich geben.
סֶפֶק*		Überfluss.
סָפַר	(IQST)	q zählen, aufzählen; messen; *Esr 1,8* darzählen; *pt. auch* Schreiber.
		ni gezählt werden.
		pi zählen, nachzählen, aufzählen; bekannt machen, erzählen.
		pu erzählt werden.
סְפָר I		Zählung.
סְפָר* II		n. l. Sefar.
סֵפֶר	(IQ)	Inschrift; Schriftstück, Brief, Buchrolle; Schriftart.
[סְפַר]	(I)	n. l.
סֹפֵר		Schreiber; Sekretär; Schriftgelehrter.
סְפָרַד		n. l. Sefarad.
סְפֹרָה		Zahl, Maß, Schreibkunst, Schrift(en)?
סִפְרָה*	(S)	Buchrolle.
סְפַרְוַיִם		n. l. Sefarwajim.
סְפַרְוִים		n. gent. Sefarwiter.
סֹפֶרֶת		n. pr. m. Soferet.
[סק]	(I)	n. l.
סָקַל	(Q)	q steinigen.
		ni gesteinigt werden.
		pi mit Steinen werfen; entsteinigen.
		pu gesteinigt werden.
סַר		missmutig.
[סרב]	(S)	sich verweigern. widersprechen.
סָרָב*	(S)	widerspenstig.
סַרְגּוֹן		n. pr. m. Sargon.
סֶרֶד		n. pr. m. Sered.
סַרְדִּי		n. gent. Sarditer.
[סרה]	(Q)	widerspenstig sein, unbeugsam, halsstarrig sein.
סָרָה I	(QS)	Ablassen, Aufhören.
סָרָה II	(QS)	Widerspenstigkeit, Ungehorsam, Abfall.

סָרָה		n. l. Sira.
סָרוּחַ		herabhängend; *Am 6,4* faul daliegend.
סרח I		q herabhängen; ausbreiten.
סרח II	(S)	q stinken. ni stinken, ranzig werden.
סֶרַח		Überhängendes.
[סרט]	(I)	q entzweireißen, einreißen, zerreißen?
[סרודה, סרידה]	(S)	*Text uns.* Netz.
[סריה]	(I)	n. pr. m.
סִרְיֹן*		Panzer, Kettenhemd.
סָרִיס	(Q)	Hofbeamter; Eunuch.
[סרך]	(Q)	q arrangieren, organisieren, einrichten, aufbauen; *pt. als Nomen*: einer, der arrangiert, organisiert; Bevollmächtigter, Kommissar; Direktor; anordnen (*nach hierarchischer Ordnung*). pi mustern, antreten lassen.
[סרך]	(Q)	Regel o. Regelkorpus; Gemeinschaft; Armee; Ordnung, Abfolge.
סֶרֶן*		Achse.
סָרָנִים	(S)	Fürsten.
סַרְעַפָּה*		Zweig.
סרף	(Q)	pi verbrennen.
סִרְפָּד		*Steppenpflanze?* Nessel?
סרר	(Q)	q störrisch, widerspenstig sein.
סְתָו		Winter, Regenzeit.
סְתוּר		n. pr. m. Setur.
סְתָיו		→ סְתָו.
סתם	(QS)	q verstopfen, verschließen; geheim halten; בְּסָתָם im Geheimen. ni verstopft, geschlossen werden. pi verstopfen.
[סתמך]	(I)	n. pr. m.
סתר	(QST)	q verbergen. ni sich verbergen, verborgen sein. pi verbergen. pu pt. geheim gehalten. hi verbergen, verhüllen, verheimlichen.

		ho *pt.* versteckt.
		hitp sich verborgen halten.
סֵ֫תֶר	(QS)	Versteck; Schutz, Schirm; *c.* בְּ *auch* heimlich.
סִתְרָה		Schutz, Schirm; *n. pr. m.* Sithrah.
סִתְרִי		*n. pr. m.* Sitri.

ע

עָב I		Gatter? Geländer? Vordach?
עָב II	(S)	Wolke, Gewölk.
עבד	(IQS)	*q* arbeiten, bearbeiten; dienen; Knecht/Sklave sein; ausführen (lassen), tun (lassen); Dienst tun; verehren; *I Reg 12,7* zu Willen sein.
		ni bearbeitet, bebaut werden.
		pu gearbeitet werden.
		hi arbeiten lassen, zur Arbeit anhalten; in Dienst/Knechtschaft nehmen/halten, dienstbar machen; *Jes 43,23f.* quälen.
		ho bewirken, dass gedient wird.
עֲבָד*	(Q)	Tat.
עֶ֫בֶד I	(IQS)	Sklave, Knecht, Diener.
עֶ֫בֶד II	(I)	*n. pr. m.* Ebed.
עֹבֵד	(I)	→ עוֹבֵד.
עֲבֵד נְגוֹ, עֲבֵד נְגוֹא		*n. pr. m.* Abednego.
עֶֽבֶד־מֶ֫לֶךְ		*n. pr. m.* Ebedmelech.
עֹבֵד(־)אֱד(וֹ)ם		*n. pr. m.* Obed-Edom.
עַבְדָּא	(I)	*n. pr. m.* Abda.
עַבְדְּאֵל	(I)	*n. pr. m.* Abdeël.
עֲבֹדָה	(IS)	Arbeit, Fron, Dienst; Gottesdienst; *Ex 12,25f.; 13,5* Brauch.
עֲבֻדָּה	(S)	Gesinde, Dienerschaft.
עַבְדּוֹן		*n. pr. m., n. l.* Abdon.
עַבְדוּת*		Knechtschaft.
עַבְדִּי	(I)	*n. pr. m.* Abdi.
עַבְדִּיאֵל		*n. pr. m.* Abdiël.
עבדיו, עֹבַדְיָה(וּ)	(IQ)	*n. pr. m.* Obadja(hu).

[עבדירח]	(I)	n. pr.
[עבדשחר]	(I)	n. pr. m.
עָבְדָת		→ עֲבָדוּת.
עבה	(QS)	q dick sein. ni dick machen. pu dick, undurchlässig.
עֲבוֹדָה	(QS)	→ עֲבֹדָה.
עֲבוֹט		Pfand.
עֲבוּר*	(IQS)	c. בְּ (als prp.) auf Grund, um ... willen, wegen, spez. zum Preis von; (als Konj.) so dass, damit; Jos 5,11f. Ertrag.
[עבורה]	(Q)	Schwangerschaft, o. viell. Erzeugnis, Getreide.
עֲבוֹת		→ עֲבֹת.
עבט I		q entlehnen; ein Pfand nehmen. hi gegen ein Pfand geben.
עבט II		pi ändern.
עַבְטִיט	(Q)	Pfandschuld.
עֲבִי*		Dicke; II Chr 4,17 Gussform?
עבר I	(IS)	q dahingehen, seines Weges ziehen, durchziehen; über etwas hingehen; vorbeikommen; vorübergehen, vergehen; hinübergehen, überschreiten, hinausgehen über, überholen, vorausgehen; c. אַחֲרֵי folgen; c. מִן entgehen, Ps 81,7 loslassen; c. מִתּוֹךְ verschwinden bei; Num 34,4 sich hinziehen; pt. auch gängig, flüssig. ni überschritten werden. pi überziehen; Hi 21,10 bespringen. hitp zurückhalten; zögern. hi hingehen lassen; überschreiten lassen, hinüberschaffen; vorübergehen lassen, ziehen lassen; übersehen, verpassen; übergehen lassen; darbringen (Opfer); ausgehen lassen, erschallen lassen, in Umlauf setzen; vorbei-, hindurchführen; wegnehmen, wegschaffen; herunterschaffen; abwenden, fern halten, ablegen.
עבר II	(IQS)	hitp zürnen, sich ereifern.
עֲבָר*		→ עֲבוּר.

עֵבֶר I	(Q)	gegenüberliegende Seite; Seite, Rand, Ufer > jenseits.
עֵבֶר II		n. pr. m. Eber.
[עבר]	(Q)	adj.: schwanger; als Nomen: (vom Tier) eine Schwangere.
עֲבָרָה*		Übergang, Furt.
עֶבְרָה	(QS)	Aufwallung, Überhebung; Zorn, Wut.
עִבְרִי	(Q)	n. gent. Hebräer.
עֲבָרִים		n. l. Abarim.
עֶבְרֹן		n. l. Ebron.
עַבְרֹנָה		n. l. Abrona.
עבש		q eintrocknen.
עבת		pi verdrehen? krümmen?
עָבֹת		Ast; ästig; Gezweig.
עֲבֹת	(Q)	Strick, Seil, Schnur.
עֹג		→ עוֹג.
עגב		q Verlangen haben.
עָגָב		→ עוּגָב.
עֲגָבָה		Verlangen.
עֲגָבִים		Liebe.
עֻגָה		Brotfladen.
עָגוֹל		→ עָגֹל.
עָגוּר		Vogelart: Drossel?
[עגז]	(Q)	Strunk.
עָגִיל		Ring, Ohrring.
עֵגֶל	(Q)	Jungstier, Kalb.
עָגֹל		rund.
עֲגָלָה		Wagen, Karren.
עֶגְלָה I		Jungkuh.
עֶגְלָה II	(Q)	n. pr. f. Egla.
עֶגְלוֹן		n. pr. m., n. l. Eglon.
[עגליו]	(I)	n. pr. m.
עֶגְלַיִם		→ עֵין עֶגְלַיִם.
עֶגְלַת שְׁלִשִׁיָּה		n. l. Eglat-Schelischija.
[עגלתין]	(Q)	n. l.

עגם		q Mitgefühl haben.
עגן	(Q)	ni sich entziehen, einschließen.
עַד I	(QS)	unbegrenzte Zukunft; immer, für immer, ewig; Hi 20,4 מִנִּי עַד seit jeher.
עֲדֵי II, עַד	(IST)	bis, bis zu; während; auf.
עַד III		Beute.
עֵד	(IQ)	Zeuge.
עֹד		→ עוֹד.
עִדֹּא		n. pr. m. Iddo.
עֹדֵד	(I)	→ עוֹדֵד.
עדה I		q schreiten. hi abstreifen.
עדה II	(Q)	q schmücken, sich schmücken.
[עדה]	(S)	Lust?
עָדָה	(I)	n. pr. f. Ada.
עֵדָה I	(QS)	Versammlung, Gemeinde; Schar, Rotte.
עֵדָה II	(QS)	Zeugin; Zeugnis.
עֶדָּה*		Menstruation.
עִדּוֹ(א)	(Q)	n. pr. m. Iddo.
[עדולם]	(Q)	→ עֲדוּלָם.
עֵדוֹת		pl. von עֵדוּת.
עֵדוּת	(QS)	Mahnzeichen, Mahnung; Gebot, Gesetz; II Reg 11,12; Ps 132,12 Königsprotokoll.
עֲדִי		→ עַד II.
עֲדִי	(QS)	Schmuck.
עֲדִיא		n. pr. m. l. Ketib o. Qere (Neh 12,16).
עֲדִיאֵל		n. pr. m. Adiël.
[עדיהו]	(I)	n. pr.
עֲדָיָ(ו)ה	(I)	n. pr. m. Adaja(hu).
עֲדִים		pl. von עֲדָה.
עָדִין* I		wohlhabend; wollüstig.
עָדִין II		n. pr. m. Adin.
עֲדִינָא		n. pr. m. Adina.
עֲדִינוֹ		II Sam 23,8 n. pr. m. Adino.
עֲדִיתַיִם		n. l. Aditajim.

עַדְלִי*		n. l. Adlai.
עֲדֻלָּם	(Q)	n. l. Adullam.
עֲדֻלָּמִי	(Q)	n. gent. Adullamiter.
עדן	(Q)	hitp schwelgen, gedeihen.
עֲדֶן		bisher.
עֵדֶן		n. terr. Eden.
עֵדֶן* I	(Q)	Wonne; II Sam 1,24 Schmuckstück.
עֵדֶן II	(QS)	n. pr. m., n. terr. Eden.
עַדְנָא		n. pr. m. Adna.
עַדְנָה	(I)	n. pr. m. Adna.
עֶדְנָה		→ עֵדֶן.
עֶדְנָה		Liebeslust.
עַדְנַח		n. pr. m. Adnach.
עֲדָעָדָה		n. l. Adada.
עדף		q überschüssig sein. hi Überschuss haben.
עדר I		q helfen, unterstützen.
עדר II		ni gejätet, gehackt werden.
עדר III	(QS)	ni vermisst werden, fehlen. pi vermissen lassen, fehlen lassen.
עֵדֶר*		n. pr. m. Eder.
עֵדֶר I	(Q)	Herde.
עֵדֶר II		n. pr. m. Eder.
עֵדֶר III		n. l. Eder.
עַדְרִיאֵל		n. pr. m. Adriël.
עֲדָשִׁים*		Linsen.
עֲדֹת		pl. von עֵדוּת.
עֵדֹת		→ עֵדוּת.
עַוָּא		n. l. Awa.
עוב	(Q)	hi umwölken, verdunkeln.
עוֹבֵד		n. pr. m. Obed.
[עוֹבִי]	(Q)	Dichtheit, Dicke.
עוֹבָל, עֵיבָל		n. pr. m. Obal.
עוג		q backen.
עוֹג		n. pr. m. Og.

עוּגָב	(Q)	Flöte.
עוּד I	(Q)	*pi* umgeben. *pol* aufhelfen. *hitpol* sich aufrichten.
עוּד II	(IQS)	*hi* beteuern, ermahnen, warnen; Zeuge sein; zum Zeugen rufen. *ho* gewarnt werden.
עוֹד	(IQST)	Dauer, Dauern; dauernd, immerzu, noch; nochmals, wiederum; noch dazu, außerdem; während.
עוֹדֵד		*n. pr. m.* Oded.
עוה	(QS)	*q* sündigen, sich vergehen. *ni* verstört sein; *I Sam 20,30* uns. *pi* verstören, zerstören. *hi* verkehren, verdrehen; sich vergehen, sündigen; *Jer 3,21* c. דֶּרֶךְ auf krummen Pfaden gehen.
עַוָּה I	(Q)	Trümmer.
עַוָּה II		*n. l.* Awa.
עַוָּה		*n. l.* Iwa.
עוז	(Q)	*q* Zuflucht suchen. *hi* bergen, in Sicherheit bringen.
[עוֹז]	(Q)	Zuflucht.
עוֹז		→ עֹז.
[עוּזִיאֵל]	(Q)	→ עֻזִּיאֵל.
[עוּזִיאָלִי]	(Q)	→ עָזִּיאֵלִי.
עֲוִיל		Knabe, Junge.
עַוִּים		*n. gent.* Awiter; *n. l.* Awim.
עֲוִית		*n. l.* Awit.
עול I	(Q)	*q* unrecht handeln. *pi* unrecht handeln.
עול II	(QS)	*q* säugen.
עָוֶל	(QS)	Unrecht.
עַוָּל	(QS)	Übeltäter, Frevler; einer der Unrecht tut.
עוּל	(Q)	Säugling.
עַוְלָה	(QS)	Verkehrtheit, Schlechtigkeit, Unrecht, Böses.
עוֹלָה I		Verkehrtheit, Schlechtigkeit.
עוֹלָה II	(S)	→ עֹלָה I.

עֹלֵל, עוֹלֵל, עוֹלָל	(Q)	Kind, Kleinkind.
עוֹלֵלוֹת		→ עֹלֵלוֹת.
[עוֹמֵד]	(Q)	→ עָמַד.
עֹלָם, עוֹלָם	(IQST)	lange Zeit, ferne Zeit, Dauer, Ewigkeit; für alle Zeit, für immer, dauernd, ewig; kommende Zeit; Vorzeit, Urzeit; *Sir 3,18* Weltzeit; *Sir 36,22* Welt, uralt, längst.
עוֹן		q l. Qere (I Sam 18,9).
עָוֺן	(QS)	Vergehen, Sünde; Schuld; Strafe.
[עוע]	(S)	pi in die Irre gehen?
עִוְעִים	(Q)	Taumel, Verwirrung.
עוּף I	(QS)	q fliegen, verfliegen; *Prov 23,5* l. Qere. pol fliegen, schweben; schwingen. hi fliegen lassen; *Prov 23,5* richten (auf). hitpol verfliegen.
עוּף II		q finster sein, werden.
עוֹף	(QS)	coll. Vögel.
עוֹפַי	(I)	n. pr. m. l. Qere (Jer 40,8) Efai.
עוֹפֶרֶת	(S)	→ עֹפֶרֶת.
עוּץ		q planen, sich beraten.
עוּץ	(Q)	n. pr. m., n. terr. Uz.
עוּק		→ עִיק.
עוּר I	(Q)	pi blenden.
עוּר II		ni bloß, entblößt sein.
עוּר III	(IQS)	q sich regen; rege, wach sein. ni erregt werden; in Bewegung geraten, geweckt werden. pol in Bewegung bringen, wecken; erregen, aufstören; sich regen lassen; schwingen. polp *Jes 15,5* erheben. hi aufwecken, aufstören, erregen, in Bewegung bringen; wach werden lassen, aufbieten; sich regen; *Hos 7,4* schüren. hitpol sich aufraffen, sich aufregen.
עִוֵּר	(Q)	blind; einäugig.
עוֹר	(Q)	Haut, Fell; Leder.
[עוּר]	(Q)	Spreu, *vgl. aram.* עוּר.

עוֹרֵב		→ עֹרֵב.
עִוָּרוֹן	(Q)	Blindheit.
עַוֶּרֶת		Blindheit.
עוּשׁ		q helfen, zu Hilfe kommen.
[עוּשֵׁל]	(Q)	n. l. Oschel.
עוֹשֶׁק		→ עֹשֶׁק.
עוֹשֶׁר		→ עֹשֶׁר.
עות I		pi krümmen, fälschen, fehlleiten. pu pt. gekrümmt. hitp sich krümmen.
עות II	(Q)	q unterstützen?
[עוּת]	(Q)	Mitte?
עֲוָתָה*		Unterdrückung.
עוּתַי		n. pr. m. Utai.
עָז		Macht; Stärke.
עַז	(QS)	stark; hart, trotzig; unverschämt.
עֵז	(Q)	Ziege; pl. auch Ziegenhaare.
עֹז	(QS)	Stärke, Kraft, Macht; Schutz, Zuflucht.
עַזָּא	(I)	n. pr. m. Usa; → פֶּרֶץ עֻזָּא.
עֲזָאזֵל, עזאל	(Q)	n. pr. m. Asasel (Wüstendämon).
עזב	(IQST)	q verlassen, entlassen; nicht befolgen (Rat); zurücklassen, überlassen; übrig lassen; gehen lassen; liegen lassen; aufgeben; loslassen, freigeben, gewähren lassen; erlassen; Gen 24,27; Rut 2,20 versagen; fehlen lassen; Hi 9,27 c. פָּנִים ein anderes Gesicht machen. ni verlassen werden, vernachlässigt werden; überlassen werden. pu verlassen, verödet sein.
עִזְבוֹנִים*		Waren.
עַזְבּוּק		n. pr. m. Asbuk.
עַזְגָּד		n. pr. m. Asgad.
עַזָּה	(Q)	n. l. Gaza.
עֻזָּה	(Q)	n. pr. m. Usa.
[עזה]	(Q)	Halterung, Klemmvorrichtung.
עֲזוּבָה		n. pr. f. Asuba.

עֱזוּז	(QS)	Stärke, Macht, Gewalt.
עִזּוּז		gewaltig; *coll.* Helden.
עִזּוּר		→ עֵזֶר.
[עֱזוּת]	(S)	Stärke, Kraft; Härte.
עזז	(QS)	*q* stark sein; sich stark zeigen; trotzen. *hi* c. (בְּ)פָנִים) ein trotziges, freches Gesicht zeigen.
עָזָז		*n. pr. m.* Asas.
עֲזַזְיָהוּ		*n. pr. m.* Asasja(hu).
עֻזִּי	(I)	*n. pr. m.* Usi.
עֻזִּיָּא		*n. pr. m.* Usija.
עֲזִיאֵל		*n. pr. m.* Asiël.
עֻזִּיאֵל		*n. pr. m.* Usiël.
עָזִּיאֵלִי		*n. gent.* Usiëliter.
עֻזִּיָּה(וּ)	(IQ)	*n. pr. m.* Usija(hu).
עֲזִיזָא		*n. pr. m.* Asisa.
עַזְמָוֶת		*n. pr. m., n. l.* Asmawet.
עָזָן		*n. pr. m.* Asan.
[עֲזַנְאֵל]	(I)	*n. pr. m.*
עָזְנִיָּה		unreiner Vogel: Geier?
עזק	(Q)	*pi* behacken.
עֲזֵקָה	(I)	*n. l.* Aseka.
עזר	(QS)	*q* helfen, beistehen, unterstützen; zu Hilfe kommen. *ni* Hilfe finden/erhalten. *hi* helfen.
עַזּוּר		*n. pr. m.* Asur.
עֶזֶר		*n. pr. m.* Eser.
עֵזֶר I	(QS)	Hilfe; Helfer.
עֵזֶר II	(I)	*n. pr. m.* Eser.
עֶזְרָא		*n. pr. m.* Esra.
עֲזַרְאֵל	(I)	*n. pr. m.* Asarel.
עֲזָרָה	(QS)	Schranke, Einfassung; Vorhof.
עֶזְרָה I	(Q)	Hilfe, Beistand; Helfer.
עֶזְרָה II		*n. pr. m.* Esra.

עֶזְרִי		n. pr. m. Esri.
עַזְרִיאֵל	(/)	n. pr. m. Asriël.
עֲזַרְיָה(וּ)	(/)	n. pr. m. Asarja(hu).
עַזְרִיקָם		n. pr. m. Asrikam.
עֶזְרָת		Hilfe.
עֲזָתִי		n. gent. Asatiter.
[עחעש]	(/)	n. pr. m.
עֵט	(QS)	Griffel.
עטה I	(QS)	q verhüllen, zudecken; sich in etwas hüllen. hi einhüllen, umhüllen.
עטה II		q packen; Jer 43,12 (ent)lausen.
עָטוּף*		geschwächt, schwächlich.
עֲטִין*		Trog?, Eingeweide?, Olive?
עֲטִישָׁה*		Niesen.
עֲטַלֵּף	(Q)	Fledermaus.
עטף I	(S)	q sich bedecken; einhüllen; Hi 23,9 abbiegen.
עטף II	(QS)	q schwach werden. ni verschmachten. hi schwächlich sein. hitp sich schwach fühlen; verzagen.
עטר	(QS)	q umzingeln, umringen. pi bekränzen. hi Kränze, Diademe verleihen.
עֲטָרָה I	(QS)	Kranz, Diadem, Krone.
עֲטָרָה II		n. pr. f. Atara.
עֲטָר(וֹ)ת		n. l. Atarot.
עַטְרוֹת אַדָּר		n. l. Atarot-Addar.
עַטְרֹת שׁוֹפָן		n. l. Atarot-Schofan.
עַי	(Q)	n. l. Ai.
עִי	(Q)	Trümmer, Trümmerhaufen.
עֵיבָל		n. pr. m., n. l. Ebal.
עַיָּה		n. l. Aja.
עִיּוֹן		n. l. Ijon.
עַיּוֹת		n. l. l. Qere (I Chr 1,46).
עיט	(S)	q herfallen; anschreien, anfahren.

עַיִט	(S)	Raubvogel; *auch coll.* Raubvögel.
עֵיטָם		*n. l.* Etam.
עִיִּים		*n. l.* Ijim.
[עִילוֹל]	(Q)	Kind.
עִילוֹם		*l.* עוֹלָם (II Chr 33,7).
עִילַי		*n. pr. m.* Ilai.
עֵילָם	(Q)	*n. pr. m.; n. gent., n. terr. m. u. f.* Elam.
עֵיָם		→ בַּעְיָם.
עין	(Q)	*q* mit Argwohn betrachten.
עַיִן	(IQST)	Auge; Aussehen, Schein; Sichtbares; Quelle.
עֵין אָדָם		*n. l.* En-Adam.
עֵין חַדָּה		*n. l.* En-Hadda.
עֵין(־)גֶּדִי		*n. l.* En-Gedi.
עֵין(־)גַּנִּים		*n. l.* En-Gannim.
עֵין־דֹּאר		*n. l.* En-Dor.
עֵין־דּוֹר, עֵין־דֹּר		*n. l.* En-Dor.
עֵין הַקּוֹרֵא		*n. l.* Korequelle.
עֵין הַתַּנִּין		*n. l.* Tanninquelle.
עֵין חָצוֹר		*n. l.* En-Hazor.
עֵין חֲרֹד		→ חֲרֹד.
[עין כובר]	(Q)	*n. l.*
עֵין מִשְׁפָּט		*n. l.* En-Mischpat.
עֵין עֶגְלַיִם		*n. l.* En-Eglajim.
[עין קבוצות]	(Q)	*n. l.*
עֵין(־)רֹגֵל		*n. l.* Rogelquelle.
עֵין רִמּוֹן		*n. l.* En-Rimmon.
עֵין שֶׁמֶשׁ		*n. l.* En-Schemesch.
עֵין תַּפּוּחַ		*n. l.* En-Tappuach.
עֵינוֹן		→ חֲצַר עֵינוֹן.
עֵינַיִם		*n. l.* Enajim.
עֵינָם		*n. l.* Enam.
עֵינָן		*n. pr. m.* Enan; → חֲצַר עֵינָן.
עִיף	(Q)	*q* müde sein; *Jer 4,31* erliegen.
עָיֵף	(Q)	müde, erschöpft.

עֵיפָה I		Finsternis, Dunkelheit.
עֵיפָה II		n. pr. m. u. f., n. gent., n. terr. Efa.
[עִיפְרוּר]	(Q)	Sand?
עֵיפָתָה		Finsternis, Dunkelheit.
עִיק		q schwanken? krachen.
		hi schwanken lassen? krachen lassen.
עִיר I	(IQS)	Stadt, (feste) Siedlung, Niederlassung; übertr. Bevölkerung (einer Stadt).
עִיר II		Erregung, Angst, Schreck.
עִיר* III		n. pr. m. Ir.
עַיִר IV, עִיר		Esel, Jungesel; Hengst.
[עִיר]	(Q)	Engel, Wächter.
עִיר הַחֶרֶס		n. l. Ir-Haheres.
עִיר הַמֶּלַח		n. l. Ir-Hammelach.
עִיר הַתְּמָרִים		n. l. Ir-Hattemarim.
עִיר נָחָשׁ		n. l. Ir-Nahasch.
עִיר שֶׁמֶשׁ		n. l. Ir-Schemesch.
עִירָא	(I)	n. pr. m. Ira.
עִירָד		n. pr. m. Irad.
עִירוּ		n. pr. m. Iru.
עִירוֹם		→עֵירֹם.
עִירִי		n. pr. m. Iri.
עֵירֹם		nackt, unbekleidet; Blöße.
עִירָם		n. gent.? Iram.
עַיִשׁ		f. Löwe (Sternbild).
עַיָּת	(Q)	n. l. Ajat.
עַכְבּוֹר	(I)	n. pr. m. Achbor.
עַכָּבִישׁ	(Q)	Spinne.
עַכְבָּר	(Q)	Maus.
עַכּוֹ	(Q)	n. l. Akko.
[עכון]	(Q)	n. l.
עָכוֹר	(Q)	n. l. Achor.
[עכל]	(Q)	hitp einer Sache erliegen; verbraucht werden.
עָכָן		n. pr. m. Achan.
עכס	(Q)	pi (mit Fußspangen) klirren, hüpfen.

עֶכֶס		Fußspange.
עַכְסָה		n. pr. f. Achsa.
עכר	(QS)	q verwirren, in Unordnung, ins Unglück bringen. ni aufgerührt, zerrüttet werden.
עָכָר		n. pr. m. Achar.
[עכרון]	(S)	Strafe, Vergeltung.
עָכְרָן		n. pr. m. Ochran.
[עכשו]	(Q)	adv.: nun, jetzt.
עַכְשׁוּב		Giftschlange: Hornviper?
עַל	(IQST)	Höhe, Oberes; auf, über; an, bei; in Hinsicht auf; wegen, weil; gegen, gegenüber; mitsamt; c. כְּ gemäß; c. מִן von ... herab, über ... hinaus, von ... weg; oberhalb von; c. כֵּן darüber, darum, deshalb.
עֹל	(S)	Joch.
עֻלָּא		n. pr. m. Ulla.
עַלְבוֹן		→ אֲבִי־עַלְבוֹן.
עִלֵּג		Stammler.
עלה	(IQST)	q aufsteigen, hinaufsteigen, besteigen, (empor)steigen; (empor)kommen; hitzig werden (Kampf); abziehen (Heer). ni sich erheben; erhaben sein; hinaufgeführt werden; sich zurückziehen; c. עַל־שְׂפַת לָשׁוֹן ins Gerede kommen. hi hinaufbringen, hinaufführen; darbringen (Opfer); über jmd. bringen; hoch machen, in die Höhe bringen; steigen lassen, (her)aufsteigen lassen, wachsen lassen, aufziehen; überziehen (Gold); aufsetzen (Lampe); ausheben (Fronarbeiter); wegnehmen, sterben lassen; c. גֵּרָה wiederkäuen. ho dargebracht, weggeführt, aufgenommen werden. hitp sich erheben.
עָלֶה	(QS)	Laub.
[עלה]	(Q)	Vorwand, Anklagegrund.
עֹלָה	(QS)	Brandopfer.
I עַלְוָה		→ עוֹלָה.

עַלְוָה II		n. gent.? Alwa.
עֲלוּמִים*	(Q)	Jugendalter, Jugendfrische.
עַלְוָן		n. pr. m. Alwan.
עֲלוּקָה		Blutegel.
עלז	(Q)	q jubeln, frohlocken.
עָלֵז	(Q)	frohlockend.
עֲלָטָה		Finsternis.
עֱלִי		Stößel.
עֵלִי	(Q)	n. pr. m. Eli.
עִלִּי*		oberer.
עַלְיָה		n. gent.? Alja.
עֲלִיָּה	(IQ)	Obergemach.
עֶלְיוֹן	(IQS)	oberer; höchster; der Höchste (für Gott).
עָלִיז*		frohlockend; übermütig, ausgelassen.
עֲלִיל	(Q)	Schmelztiegel?
עֲלִילָה	(Q)	Tat, Handlung; c. דְּבָרִים Tat, die ins Gerede bringt.
עֲלִילִיָּה	(Q)	Tat.
עַלְיָן		n. pr. m. Aljan.
עֲלִיצֻת*		Jubel, Frohlocken.
עלל I	(QS)	q Nachlese halten. poel handeln, antun; Nachlese halten. poal angetan werden. hitp (übel) mitspielen, seinen Mutwillen treiben. hitpo verüben.
עלל II	(Q)	poel hineinstecken.
עֹלֵל		→ עוֹלֵל.
עֹלֵלוֹת	(Q)	Nachlese.
עלם	(QS)	q pt. pass. Verborgenes. ni verborgen, hinterlistig sein. hi verbergen, verhüllen. hitp sich verbergen; sich entziehen.
עֶלֶם	(Q)	junger Mann.
עֹלָם	(I)	→ עוֹלָם.

עַלְמָה	(Q)	junge Frau (*bis zur Geburt des ersten Kindes*); Ps 46,1; I Chr 15,20 musikalische Angabe mit Mädchenstimme?
עַלְמוֹן	(Q)	*n. l.* Almon.
עָלֶמֶת		*n. pr. m., n. l.* Alemet.
עלס		*q* froh werden. *ni* sich froh schwingen. *hitp* sich erfreuen, schwelgen.
עלע		*pi* schlürfen?
[עלעול*]	(S)	Wirbelwind.
עלף	(Q)	*pu* eingehüllt, bedeckt sein; ohnmächtig werden. *hitp* sich einhüllen; ohnmächtig, schwach werden.
עֲלֻפֶּה		*l.* עָלְפוּ *Ez 31,15*.
עלץ	(QS)	*q* frohlocken, sich freuen. *hi* sich freuen, jauchzen lassen.
עֲלָתָה		→ עוֹלָה.
עַם, עָם, pl. עַמִּים, עֲמָמִים	(IQS)	1. Stammverwandter, Stammesgenosse, Verwandter, Verwandtschaft; 2. Stamm, Volk, Leute, Menschen; *c.* הָאָרֶץ *coll.* Vollbürger; *pl. c.* הָאָרֶץ Heidenvölker.
[עַם]	(I)	*n. pr.*
עִם	(IQST)	mit, bei; so gut wie, so wie, vergleichbar mit; so lange, gleichzeitig; *c.* מִן fort von, von ... weg, gegenüber; vonseiten; *c.* זֶה trotzdem.
עמד	(QS)	*q* hintreten, sich (hin)stellen, auftreten; (da)stehen, bewohnen; stehen bleiben, zum Stehen kommen, bleiben, erhalten bleiben, standhalten, stillstehen, aufhören; Dienst tun, aufwarten; *Koh 8,3* sich einlassen; *Est 3,4* anerkannt werden; *Esr 10,14 c.* לְ vertreten. *hi* zum Stehen bringen, hinstellen, aufstellen; (be)stehen lassen; bestellen; aufrichten, herstellen, einsetzen; bestätigen; *c.* אֲדָמָה Land zuweisen; *c.* דָּבָר *u.* לְ beschließen zu; *c.* פָּנָיו starr vor sich hinblicken. *ho* hingestellt sein.
[עֹמֶד]	(I)	*n. pr. f.*
עִמָּד*		bei, neben, mit.

עֹמֶד*	(Q)	Platz.
עֶמְדָּה*		Standort, Bleibe.
[עמדיהו]	(J)	n. pr. m. u. f.
עִמָּה* I	(QS)	c. לְ dicht an, neben; entsprechend, genau wie; I Reg 7,20 dicht entlang.
עֻמָּה II		n. l. Umma.
עַמּוּד	(QS)	Zeltstütze, Pfeiler, Säule, Ständer.
עַמּוֹן	(Q)	n. gent. Ammon, Ammoniter.
עַמּוֹנִי	(Q)	n. gent. Ammoniter.
עָמוֹס	(J)	n. pr. m. Amos.
עָמוֹק		n. pr. m. Amok.
[עמוקה]	(Q)	Tiefe.
[עמורה]	(Q)	→ עֲמֹרָה.
עַמִּיאֵל	(Q)	n. pr. m. Ammiël.
עַמִּיהוּד		n. pr. m. Ammihud.
עַמִּיזָבָד		n. pr. m. Ammisabad.
עַמִּיחוּר		n. pr. m. Ammihur (Ketib II Sam 13,37).
עַמִּינָדָב		n. pr. m. Amminadab.
עָמִיר	(Q)	(geschnittene) Ähren.
עַמִּישַׁדַּי		n. pr. m. Ammischaddai.
עָמִית*	(Q)	Genosse, Gefährte.
עמל	(QS)	q sich mühen, abmühen, arbeiten.
עָמָל I	(QS)	Mühsal, Mühe; Erwerb; Missgeschick, Unheil.
עָמָל II		n. pr. m. Amal.
עָמֵל	(S)	sich mühend, mühselig; Arbeiter.
עֲמָלֵק	(Q)	n. pr. m. Amalek; n. gent. Amalekiter.
עֲמָלֵקִי		n. gent. Amalekiter.
עמם I		q gleichkommen.
עמם II		q dunkel sein; Kummer machen. ho dunkel werden.
עֲמָמִים		pl. von עַם.
עִמָּנוּ אֵל		n. pr. m. Immanuël.
[עמנויהו]	(J)	n. pr. f.
עַמֹּנִי		→ עַמּוֹנִי.

עמס		q aufladen, aufheben, tragen. hi auflegen.
עֲמַסְיָה	(I)	n. pr. m. Amasja(h).
עַמְעָד		n. l. Amad.
עמק	(Q)	q tief, geheimnisvoll sein. hi tief machen; *in Verbindung mit einem anderen Verb*: tief.
עָמֵק*		tief, unverständlich.
עָמֹק	(QS)	tief, vertieft; geheimnisvoll, unergründlich.
עֵמֶק I	(IQ)	Talgrund, Talebene, Ebene.
עֵמֶק II		Stärke, Kraft.
עֹמֶק	(Q)	Tiefe.
עֵמֶק בְּרָכָה		n. l. Emek-Beracha.
עֵמֶק הָאֵלָה		n. l. Emek-Haëla.
[עמק ידת]	(I)	n. l.
עֵמֶק קְצִיץ		n. l. Emek-Keziz.
עֵמֶק רְפָאִים		n. l. Refaimtal.
עֵמֶק שָׁוֵה		n. l. Schawetal.
עמר I	(Q)	*pi* (Ähren) sammeln.
עמר II		*hitp* gewalttätig behandeln.
עֹמֶר I	(Q)	(abgeschnittene) Ähren.
עֹמֶר II	(Q)	*Getreidemaß*: Gomer (*zwischen 2,2 l und 4,5 l*).
עֲמֹרָה	(Q)	n. l. Gomorra.
עָמְרִי	(Q)	n. pr. m. Omri.
[עמריאל]	(Q)	n. pr. (m.).
עַמְרָם		n. pr. m. Amram.
עַמְרָמִי	(Q)	n. gent. Amramiter.
עמש		→ עמס.
עֲמָשָׂא	(I)	n. pr. m. Amasa.
עֲמָשַׂי		n. pr. m. Amasai.
[עמשלם]	(I)	n. pr.
עֲמַשְׂסַי		n. pr. m. Amaschsai.
עֲנָב		n. l. Anab.
עֵנָב	(QS)	Weinbeere.

עָנַג	(Q)	pu pt. verzärtelt. hitp sich verzärteln, sich laben, sich erquicken; sich lustig machen.
עָנֹג	(Q)	verzärtelt, verwöhnt; Lust.
עֹנֶג		Behagen, Freude.
[עֲנַנְדִי]	(Q)	n. gent.
עָנַד		q umbinden.
עָנָה I	(IQS)	q erwidern, antworten; anheben; zu verstehen geben; erhören, gewähren; aussagen, Zeugnis ablegen. ni sich zu einer Antwort bewegen lassen; Antwort erhalten. hi sich um etwas kümmern.
עָנָה II	(QS)	q sich ducken, elend sein; geduckt, gebeugt sein. ni sich beugen; gebeugt werden/sein. pi bedrücken, unterdrücken, demütigen; c. נֶפֶשׁ sich erniedrigen, kasteien; vergewaltigen, missbrauchen; überwältigen; Ps 105,18 zwingen. pu erniedrigt werden; sich erniedrigen, sich kasteien. hi unterdrücken. hitp sich demütig beugen, sich unterwerfen; Ps 107,17 geplagt werden.
עָנָה III	(QS)	q singen, besingen; heulen. pi singen, besingen.
עָנָה IV	(S)	q sich abmühen. hi ablenken?, entschädigen?
עֲנָה	(Q)	n. pr. m. Ana.
עֹנָה	(Q)	sexueller Verkehr.
עָנֵו	(QS)	gering, demütig, sanftmütig.
עָנַו		l. Qere (Neh 12,9) → עָנִּי.
עָנוּב		n. pr. m. Anub.
[עֲנוּג]	(Q)	→ עָנֹג.
עֲנָוָה		Milde.
עֲנָוָה	(QS)	Demut; Milde; Ps 18,36 Herablassung.
עָנוֹק		n. pr. m. Anok.
עֲנוּשִׁים		Bußgelder.
עֲנוֹת		→ בֵּית־עֲנוֹת.

עֲנוּת*		Leiden.
[עַנְוְתָנוּת]	(S)	Demut.
עָנִי	(QST)	unglücklich, elend, arm; demütig.
עֳנִי	(QS)	Leiden, Elend; I Chr 22,14 Mühe, Mühsal.
עֻנִּי		n. pr. m. Unni.
[עֲנִיבַעַל]	(I)	n. pr. (m.).
עֲנָיָה		n. pr. m. Anaja.
עָנִים	(I)	n. l. Anim.
[עָנִים עֶלְיֹנִם]	(I)	n. l.
[עָנִים תַּחְתֹּנִם]	(I)	n. l.
עִנְיָן	(Q)	Aufgabe, Geschäft, Mühsal; Geschehnis.
עָנֵם		n. l. Anem.
עֲנָמִים		n. gent. Anamiter.
עֲנַמֶּלֶךְ		n. d. Anammelech.
[עֲנָמֵשׁ]	(I)	n. pr. (m.).
ענן I	(Q)	pi Wolken aufziehen lassen, erscheinen lassen.
ענן II		poel beschwören, wahrsagen, zaubern.
עָנָן I	(QS)	Wolken, Gewölk.
עָנָן II		n. pr. m. Anan.
עֲנָנָה		Wolke.
עֲנָנִי		n. pr. m. Anani.
עֲנַנְיָה	(I)	n. pr. m., n. l. Ananeja.
עָנֵף*		reich verzweigt.
עָנָף	(QS)	Zweig, Zweige.
ענק		q um den Hals legen. hi auf den Nacken legen, mitgeben.
עֲנָק I	(Q)	Halskette, Halsgeschmeide.
עֲנָק II		n. gent. Anak, Anakiter.
עָנֵר		n. pr. m., n. l. Aner.
ענשׁ	(Q)	q eine Geldbuße auferlegen, strafen. ni mit einer Geldbuße belegt werden; büßen müssen.
עֹנֶשׁ	(QS)	Geldbuße.
עֲנָת		n. pr. m. Anat.
עֲנָתוֹת	(Q)	n. pr. m., n. l. Anatot.

עֲנְתוֹתִי		n. gent. Antotiter.
עֲנָתוֹת		n. l. Anatot.
עַנְתוֹתִי		→ עֲנְתוֹתִי.
עֲנְתוֹתִיָּה		n. pr. m. Anetotija.
עָסִיס		Traubensaft.
עסס		q zertreten.
[עסק]	(S)	hitp sich mühen? Mühsal.
[עסק]	(S)	Geschäft, Anliegen, Belang; Mühe.
עֳפִי*	(QS)	dichtes Laub.
[עפי]	(I)	n. pr. m.
עפל		pu aufgeblasen, vermessen sein. hi sich vermessen.
עֹפֶל I		II Reg 5,24 Hügel; n. l. Ofel.
עֹפֶל II		Geschwür, Beule.
[עפלול]	(Q)	n. pr. m.
עָפְנִי		n. l. Ofni.
עַפְעַפַּיִם		Strahlen; blitzende Augen; Wimpern.
עפף		→ עוף.
עפר		pi bewerfen.
עָפָר	(QST)	Erdkrume, lose Erde, Staub; Erdreich; Grab; Unterwelt; Schutt; Belag, Bewurf.
עֵפֶר		n. pr. m. Efer.
עֹפֶר		Junges, Kitz.
עָפְרָה		n. pr. m., n. l. Ofra.
עַפְרָה		n. l. Afra.
עֶפְרוֹן, עֶפְרֹן		n. pr. m., n. l. Efron.
עֶפְרָיִן		→ עֶפְרוֹן.
עֹפֶרֶת	(QS)	Blei.
עֵץ	(QS)	Baum auch coll.; Holz; pl. auch Holzscheite, Holzstoß; Pfahl, Schaft.
עצב I		pi gestalten. hi abbilden.
עצב II	(QS)	q tadeln, wehtun, betrüben. ni bekümmert sein, sich grämen; sich wehtun. pi kränken, betrüben.

עָצַב*		*hi* kränken. *hitp* gekränkt, bekümmert sein.
עֶצֶב*	(Q)	Bild, Gottesbild.
עָצֵב*		Arbeiter.
עֶצֶב I		Gebilde, Gefäß.
עֶצֶב II	(Q)	Schmerz; Kränkung; sauer Erworbenes.
עֹצֶב I		Gottesbild.
עֹצֶב II		Schmerz, Mühsal.
[עצבה]	(S)	Kränkung? Schmerz?
עִצָּבוֹן		Beschwerde, Mühsal.
עַצֶּבֶת	(QS)	Schmerz; *Ps 147,3* Wunde.
[עצד]	(I)	Schnitt; Flachs.
עצה	(S)	*q* zukneifen. *ni* sich widersetzen, streiten.
[עצה]	(Q)	Steiß-, Schwanzbein.
עֵצָה I	(QS)	Rat; Entschluss, Plan; Gemeinschaft, Kreis; *Sach 6,13* Einvernehmen.
עֵצָה II	(Q)	*Jer 6,6* Holz.
עָצוּם	(QS)	stark, mächtig; zahlreich.
עֶצְיוֹן(־)גֶּבֶר, עֶצְיֹן גּ׳	(Q)	*n. l.* Ezjon-Geber.
עצל	(Q)	*ni* zögern.
עָצֵל	(Q)	träge, faul.
[עצלא]	(Q)	*n. l.* Azla.
עַצְלָה		Faulheit, Trägheit.
עַצְלוּת		Faulheit, Trägheit.
עַצְלְתַיִם		besondere Faulheit.
עצם I	(Q)	*q* stark, mächtig, zahlreich sein. *pi* abnagen. *hi* stark machen.
עצם II	(Q)	*q* schließen. *pi* schließen.
עֶצֶם I	(IQS)	Knochen, Gebein; *pl. auch* Leiche; Wesen > genau, gerade, eben.
עֶצֶם II		*n. l.* Ezem.
[עצם]	(I)	*uns. n. l. o. n. pr.*
עֹצֶם	(QS)	Machtfülle; Gebein.

עָצְמָה	(QS)	Stärke, Machtfülle.
עַצְמוֹן		n. l. Azmon.
עֲצָמוֹת*		Beweise.
עֵצֶן		II Sam 23,8 text. corr.
עצר	(IQS)	q zurückhalten, hemmen, aufhalten; festhalten, festnehmen; behalten; verschließen, versagen, verwehren; in Schranken halten, herrschen; עָצוּר וְעָזוּב *mehrdeutig* Sklave und Freier?, Unreiner und Reiner?, Unmündiger und Mündiger? ni aufhören; verschlossen sein; festgehalten werden.
עֶצֶר		Besitz?
עֹצֶר		Verschlossenheit; Bedrückung.
עֲצָרָה, עֲצֶרֶת	(Q)	Feiertag; Festversammlung.
עקב		q an der Ferse packen, hintergehen. pi zurückhalten.
עָקֵב	(QS)	Ferse, Huf; *übertr.* Nachhut; *pl. auch* Fußspuren; Ps 49,6 Widersacher.
עָקֹב	(QS)	höckerig; trügerisch; Hos 6,8 bespurt?
עֵקֶב		bis zu Ende, bis zuletzt > Ergebnis, Lohn > dafür, dass; *c.* עַל wegen.
עָקְבָה		Hinterlist.
עקד		q fesseln.
עָקֹד	(Q)	gestreift.
עֵקֶד		→ בֵּית עֵקֶד (הָרֹעִים).
עָקָה*		Bedrängnis.
עַקּוּב		n. pr. m. Akkub.
[עֲקִילָא]	(Q)	n. pr. (m.).
עקל		pu pt. verkehrt, verdreht.
עֲקַלְקַל*		krumm.
עֲקַלָּתוֹן		gewunden.
עֲקָן		n. pr. m. Akan.
עקר	(Q)	q entwurzeln, jäten. ni zerstört werden. pi durchschneiden.
עָקָר	(Q)	unfruchtbar.

עֵקֶר I	(QS)	Nachkommenschaft.
עֵקֶר II		n. pr. m. Eker.
עַקְרָב	(S)	Skorpion, Geißel.
עֶקְרוֹן		n. l. Ekron.
עֶקְרוֹנִי		n. gent. Ekroniter.
[עקרת]	(S)	Wurzel.
עקשׁ		ni krumme Wege gehen. pi verdrehen, verkehren. hi als krumm erscheinen lassen, schuldig sprechen.
עִקֵּשׁ I		verdreht, verkehrt, falsch.
עִקֵּשׁ II		n. pr. m. Ikkesch.
עִקְּשׁוּת*		Verdrehtheit, Falschheit.
עָר* I	(S)	Feind.
עָר* II	(Q)	n. terr. Ar.
עֵר		n. pr. m. Er.
ערב I	(QS)	q bürgen, Bürgschaft leisten, eintreten; zum Pfand geben, verpfänden; tauschen. hitp eine Wette eingehen, wetten.
ערב II	(QS)	hitp sich einlassen, sich vermischen, sich einmischen.
ערב III	(QS)	q angenehm sein, zusagen.
ערב IV	(QS)	q Abend werden; verschwinden. hi spät tun.
עָרֵב	(QS)	angenehm; als Nomen: Annehmlichkeit, angenehme Rede.
[ערב II]	(Q)	Bürgschaft.
עָרֹב	(Q)	Ungeziefer, Hundsfliege, Fliegenschwarm.
עֲרָב* I	(Q)	Wüste.
עֲרָב, עֲרָב II		n. gent. Araber.
עֶרֶב I	(IQ)	Abend; du. c. בֵּין um die Abendzeit.
עֶרֶב II		I Reg 10,15; Jer 25,24 uns.
עֶרֶב III		Mischvolk, Gemisch.
עֵרֶב I		Mischvolk, Gemisch.
עֵרֶב II	(Q)	Gewirktes?, Einschlag? (webtechnisch).
עֹרֵב I	(Q)	Rabe; Krähe.

עֹרֵב II	(I)	n. pr. m. Oreb.
עֲרָבָה	(Q)	Bürgschaft; Pfand.
עֲרָבָה* I	(S)	Eufratpappel.
עֲרָבָה II	(Q)	Steppe, Wüste; הָעֲרָבָה Jordansenke, Araba (bis zum Golf von Akaba), c. יָם Totes Meer.
עֵרָבוֹן	(Q)	Unterpfand.
עַרְבִי, עַרְבִי	(Q)	n. gent. Araber.
עַרְבָתִי		n. gent. Arbatiter.
ערג		q sich sehnen, verlangen.
עֲרָד	(I)	n. pr. m., n. l. Arad.
ערה	(Q)	ni ausgegossen werden. pi bloßlegen, aus der Hülle nehmen; ausgießen. hi entblößen; Jes 53,12 hingeben. hitp sich entblößen; Ps 37,35 ausladend sein.
עָרָה*		Binse.
עֲרוּגָה*	(Q)	Beet.
עָרוֹד		Wildesel.
עֶרְוָה	(QS)	Blöße, Scham(gegend), Geschlechtsteil; c. דְּבַר Schändliches.
עָרוֹם	(Q)	nackt, unbekleidet; notdürftig gekleidet.
עָרוּם	(Q)	klug; listig.
עֵרֹם		→ עֵירֹם.
עֲרוֹעֵר I	(Q)	n. l. Aroër.
עֲרוֹעֵר II		Wacholder?
עָרוּץ*		Hang.
עֵרִי		n. pr. m. Eri; n. gent. Eriter.
עֶרְיָה	(Q)	Nacktheit, Blöße; Inzest.
עֲרִיסָה*		Teig.
עֲרִיפִים*		Geträufel.
עָרִיץ	(Q)	gewaltig, gewalttätig; Gewaltiger, Tyrann.
עֲרִירִי	(QS)	kinderlos.
ערך	(QS)	q aufschichten, zurüsten, ordnen, bereithalten; (zum Kampf) aufstellen, antreten; gegenüberstellen > vergleichen; gleich sein; vorlegen, vorbringen. hi einschätzen.

עֶרֶךְ	(QS)	Schicht, Reihe; Ausrüstung, Zubehör; Schätzung; *Ps 55,14* כְּעֶרְכִּי meinesgleichen.
ערל	(QS)	q nicht abernten. ni die Vorhaut zeigen.
עָרֵל	(QS)	unbeschnitten.
[עֹרֶל]	(Q)	Vorhaut, d.h. Unbeschnittensein.
עָרְלָה	(Q)	Vorhaut; *auch übertr.*
ערם I		ni sich stauen.
ערם II	(S)	q klug sein/werden. hi c. סוֹד einen listigen Anschlag planen.
עָרֹם		→ עָרוֹם.
עָרְמָה	(Q)	Klugheit; Hinterlist.
עֵרֹם		→ עֵירֹם.
עֲרֵמָה		Haufen.
עַרְמוֹן		Platane.
עֵרָן		*n. pr. m.* Eran.
עֵרָנִי		*n. gent.* Eraniter.
[ערס]	(I)	*n. pr. m.*
עַרְעוֹר		l. עֲרוֹעֵר (*Jdc 11,26*).
עַרְעָר I		nackt, entblößt.
עַרְעָר II	(Q)	Wacholder.
עֲרֹעֵר		→ עֲרוֹעֵר.
עֲרֹעֵרִי		*n. gent.* Aroëriter.
ערף I		q träufeln.
ערף II	(Q)	q (das Genick) brechen, zerbrechen.
עֹרֶף	(QS)	Nacken, Genick; Rücken.
עָרְפָּה		*n. pr. f.* Orpa.
עֲרָפֶל	(QS)	Dunkel, Wolkendunkel.
ערץ	(QS)	q schrecken; sich fürchten. ni pt. furchtbar. hi fürchten.
ערק		q nagen, abnagen.
עַרְקִי		*n. gent.* Arkiter.
ערר	(IQS)	q sich entblößen. poel bloßlegen.

		pilp bloßlegen, schleifen.
		hitpalp geschleift werden.
עֶרֶשׂ	(Q)	f. Bett, Ruhelager.
עֵשֶׂב	(Q)	Kraut, Kräuter.
עשׂה I	(IQST)	*q* machen, anfertigen, hervorbringen; bewirken, tun, handeln, üben; arbeiten, tätig sein, erwerben; ausführen, begehen; bereiten; anbringen; einschreiten; vollbringen; *c.* בְּ es halten mit; Koh 3,12 *c.* טוֹב sich's wohl sein lassen.
		ni gemacht, angefertigt, bereitet, ausgeführt, begangen, verwendet, erwiesen werden; getan, verübt werden; verfahren.
		pu gemacht werden.
עשׂה II	(Q)	*q Ez 23,21* drücken, pressen.
		pi Ez 23,3.8 drücken, pressen.
עֲשָׂה־אֵל, עֲשָׂהאֵל		n. pr. m. Asaël.
עֵשָׂו	(Q)	n. pr. m. Esau.
עָשׂוֹר	(Q)	Zehnzahl; zehnter.
[עשׂי]	(I)	n. pr.
עֲשִׂיאֵל		n. pr. m. Asiël.
עֲשָׂיָה(וּ)	(I)	n. pr. m. Asaja(hu).
עֲשִׂירִי	(IQ)	zehnter; zehnter Teil.
עשׂק	(S)	*hitp* sich zanken → עסק.
עֵשֶׂק		n. l. Esek.
עשׂר	(IQ)	*q* mit dem Zehnten belegen.
		pi den Zehnten erheben/geben, verzehnten.
		hi den Zehnten erheben/geben.
עֶשֶׂר	(IQT)	zehn.
עֶשֶׂר	(IQS)	zehn.
עָשׂר		→ עָשׂוֹר.
עִשָּׂר(וֹ)ן	(Q)	Zehntel.
עֲשָׂרָה		zehn.
עֲשֶׂרֶה		zehn.
עֲשִׂירִי	(I)	→ עֲשִׂירִי.
עֶשְׂרִים	(Q)	zwanzig, zwanzigster.
עֲשֶׂרֶת	(I)	zehn.
עָשׁ I		Motte.

עָשׁ II		Eiter.
עָשׁ III		→ עֲיִשׁ.
[עשא]	(I)	n. pr. m.
עָשׁוֹק	(Q)	Bedrücker.
עֲשׁוּקִים	(Q)	Bedrückung.
עָשׂוֹת		bearbeitet.
עַשְׂוָת		n. pr. m. Aschwat.
עָשִׁיר	(IQS)	reich, Reicher.
עשׁן	(IQ)	q rauchen.
עָשָׁן I		Rauch.
עָשָׁן II		n. l. Aschan.
עָשֵׁן	(I)	rauchend.
[עשׁן]	(I)	fermentiert?
[עשנאל]	(I)	n. pr. m.
[עשניהו]	(I)	n. pr. m.
עשׁק	(Q)	q bedrücken, Unrecht tun; erpressen. pu pt. misshandelt.
עֵשֶׁק		n. pr. m. Eschek.
עֹשֶׁק	(QS)	Bedrückung, Erpressung.
עָשְׁקָה		Bedrückung.
עֲשֻׁקִים		→ עֲשׁוּקִים.
עשׁר	(QS)	q reich sein/werden. hi reich machen, reich werden. hitp sich reich stellen.
עֹשֶׁר	(IQS)	Reichtum.
[עשׂרת]	(I)	n. l.
עשׁשׁ	(Q)	q schwach werden; sich zersetzen.
עשׁת I		q feist werden, dick sein.
עשׁת II		hitp gedenken.
עֶשֶׁת*	(Q)	Platte.
[עשׁתון]	(S)	Plan, Gedanke.
עַשְׁתּוּת	(Q)	Meinung.
עַשְׁתֵּי	(Q)	c. עָשָׂר elf, elfter.
עֶשְׁתֹּנֶת*		Gedanke, Plan.
עַשְׁתָּרוֹת		→ עַשְׁתֹּרֶת.

עַשְׁתָּרֹת		n. l. Aschtarot.
עַשְׁתֶּרֶת*	(Q)	Zuwachs.
עַשְׁתֹּרֶת	(Q)	n. d. Astarte.
עַשְׁתְּרֹת קַרְנַיִם		n. l. Aschterot-Karnaim.
עַשְׁתָּרֹתִי		n. gent. Aschtarotiter.
עַתָּ	(I)	→ עַתָּה.
עֵת	(IQS)	m. u. f. Zeit, Zeitpunkt, Zeitabschnitt; pl. auch Zeitläufe, Zeitwenden.
עֵת קָצִין		n. l. Et-Kazin.
עתד	(Q)	q pt. pass. (vor-)bereitet sein pi besorgen. hitp bestimmt sein.
[עתה]	(Q)	geplagt, gequält, gepeinigt, heimgesucht werden/sein.
עַתָּה	(QST)	jetzt, nun; nun!, nun?
עָתוּד		bereit; Vorrat.
עַתּוּד*	(Q)	Widder, Bock; übertr. Anführer.
עַתַּי		n. pr. m. Attai.
עַתִּי	(Q)	bereitstehend.
עָתִיד	(Q)	bereit; pl. auch Kommendes; Vorräte.
עֲתָיָה	(I)	n. pr. m. Ataja.
עָתִיק		erlesen, prächtig.
עַתִּיק*		abgesetzt, entwöhnt; alt (aram.).
עָתָךְ		n. l. Atach.
עֶתְלַי		n. pr. m. Atlai.
עֲתַלְיָה(וּ)		n. pr. f. Atalja(hu); Esr 8,7; I Chr 8,26 n. pr. m.
עתם		ni verwüstet sein? düster werden?
עָתְנִי		n. pr. m. Otni.
עָתְנִיאֵל		n. pr. m. Otniël.
עתק	(S)	q fortrücken; Ps 6,8 matt werden?; Hi 21,7 vorankommen; alt werden. hi weiterziehen; versetzen; im Stich lassen; sammeln.
עָתָק		vorlaut, frech.
עָתֵק		stattlich?, alt angestammt?

עתר I	(S)	q beten, bitten.
		ni sich erbitten lassen, erhören, sich erbarmen.
		hi beten, bitten.
עתר II		ni reichlich sein?
		hi häufen?
עֶתֶר		n. l. Eter.
עָתָר* I		Ez 8,11 Duft.
עָתָר* II		Zef 3,10 Verehrer, Anbeter.
[עתרה]	(Q)	Bittgesuch, Flehen.
עֲתֶרֶת	(Q)	Fülle? Reichtum?

פ

פֹּא		→ פֹּה.
פאה		hi zerschlagen.
פֵּאָה I	(QS)	Seite, Rand; du. Schläfen; Neh 9,22 Stück, Teil.
פֵּאָה II		Am 3,12 Pracht.
פאר I		pi absuchen.
פאר II	(QS)	pi zieren, verherrlichen.
		hitp sich verherrlichen, sich rühmen; Ex 8,5 c. עַל zu bestimmen geruhen.
[פאר]	(Q)	Herrlichkeit.
פְּאֵר	(Q)	Kopfbinde; Kopfputz; Turban.
פֻּארָה, פֹּארָה*	(Q)	Gezweig; Schoß, Zweig.
[פארה]	(Q)	Herrlichkeit, Ehre.
פְּארוּר		Glut.
פָּארָן	(Q)	n. terr. Paran.
[פארר]	(I)	n. pr. m.
[פארת]	(I)	n. pr. m.
פַּג*		unreife Feige.
פִּגּוּל	(Q)	unreines Fleisch.
[פגי]	(I)	n. pr. m.
[פגל]	(Q)	pu als unrein bestimmt sein/werden.

פָּגַע	(QS)	q (auf jmd.) treffen, antreffen; gelangen; herfallen, anfallen; c. בְּ in jmd. dringen, bitten; anstoßen (*Grenze*).
		hi treffen lassen; eintreten; c. בְּ jmd. dringend bitten.
פֶּגַע	(Q)	Widerfahrnis, Zufall; Änderung, Wende, Wechsel.
פַּגְעִיאֵל		n. pr. m. Pagiël.
פָּגַר		*pi* schlaff, müde sein.
פֶּגֶר	(Q)	Leichnam; *coll.* Leichname.
פָּגַשׁ	(IQ)	*q* antreffen, begegnen.
		ni sich begegnen.
		pi antreffen.
[פדא]	(I)	n. pr. m.
פדה	(QS)	*q* loskaufen, auslösen; erlösen; *Num 18,15–17* auslösen lassen.
		ni losgekauft werden; erlöst werden.
		hi loskaufen lassen.
		ho losgekauft werden.
[פדה]	(I)	n. pr. m.
פְּדַהְאֵל		n. pr. m. Pedaël.
פְּדָהצוּר, פְּדָה־צוּר		n. pr. m. Pedahzur.
פְּדוּיִם*	(Q)	Loskauf; Auslösung, Lösegeld.
פָּדוֹן		n. pr. m. Padon.
פְּדוּת	(Q)	Erlösung.
[פדי]	(I)	n. pr. m.
פְּדָיָה(וּ)	(I)	n. pr. m. Pedaja(hu).
[פדיו]	(I)	n. pr. m.
פְּדִיוֹם		Loskauf.
פִּדְיוֹן, פִּדְיֹן*		Lösegeld, Auslösung.
פַּדָּן		n. terr. Paddan (*oberes Mesopotamien*).
פדע		*q uns.* befreien.
פֶּדֶר		Nierenfett.
פְּדָת		→ פְּדוּת.
פֶּה	(QS)	Mund, Maul, Rachen, Schnabel; Öffnung, Eingang; Schneide (*Schwert*); Ausspruch, Befehl; c.

שְׁנַיִם zwei Teile, zwei Drittel; c. כְּ gemäß, entsprechend, soviel wie, demgemäß (dass); c. לְ gemäß, entsprechend, c. inf. jedes mal wenn, erst wenn; c. עַל gemäß.

פֹּה, פֹּו	(IQS)	hier, hierher.
[פהך]	(Q)	q drehen, sich drehen.
פּוּאָה		n. pr. m. Pua.
פּוּג	(QS)	q kalt, schlaff sein/werden. ni erschlafft, kraftlos sein.
פּוּגָה*		Erschlaffen.
פֻּוָּה, פֻּוָה		n. pr. m. Puwa.
פּוּחַ I	(IQS)	q wehen. hi schnauben, hervorstoßen, hervorbringen; Cant 4,16 duften lassen.
פּוּחַ II		hi zeugen (gegen); erklären, aussagen (falls nicht I oder von יפה II).
פּוּט	(Q)	n. gent. Put.
פּוֹטִי פֶרַע		n. pr. m. Potifar.
פּוּטִיאֵל		n. pr. m. Putiël.
פּוֹטִיפַר		n. pr. m. Potifar.
פּוּךְ	(Q)	Schminke; Mörtel.
פּוֹל		Bohnen.
פּוּל	(Q)	n. pr. m., n. gent. Pul.
פּוּן		q ratlos sein?
פּוֹנָה		text. corr.? II Chr 25,23 c. שַׁעַר Ecktor.
פּוּנִי		n. gent. Puniter.
פּוּנֹן	(Q)	n. l. Punon.
פּוּעָה		n. pr. f. Pua.
[פּוֹעֲלָה]	(Q)	→ פעלה.
פּוּץ	(QS)	q sich zerstreuen; überfließen. ni zerstreut werden; II Sam 18,8 l. Qere sich ausweiten. hi zerstreuen, ausstreuen; sich zerstreuen; Hi 18,11 hetzen.
פּוּצַי		uns. n. l. Puzai?
פּוּק I	(Q)	q taumeln. hi wackeln.

פּוּק II	(QS)	hi bekommen; finden lassen, gewähren.
פּוּקָה		Stolpern, Hindernis.
פּוּר	(Q)	hi brechen, vereiteln.
פּוּר		Los; *pl.* Purimfest.
פּוּרָה		Kelter.
פּוֹרָתָא		*n. pr. m.* Porata.
פּוּשׁ	(Q)	*q* stampfen, hüpfen, springen. *ni* zerstreut sein.
פּוּתִי		*n. gent.* Putiter.
[פּוּתְלָאִיס]	(Q)	*n. pr. m.*
פָּז	(QS)	gediegenes Gold.
פזז I		*ho pt.* in Gold gefasst.
פזז II		*q* flink sein. *pi* hüpfen.
[פָּזִי]	(I)	*n. pr. m.*
פזר	(Q)	*q pt. pass.* versprengt. *ni* zerstreut werden. *pi* zerstreuen, ausstreuen. *pu pt.* zerstreut. *hitp* versprengt werden.
[פְּזְרִי]	(I)	*n. pr. m.*
פַּח I	(QS)	Klappnetz.
*פַּח II	(Q)	Platte.
[פָּחָא]	(I)	*n. pr. (m.).*
פחד	(QS)	*q* beben, sich fürchten; *Jes 60,5* hüpfen. *pi* sich fürchten; *Prov 28,14* gottesfürchtig sein. *hi* zum Beben bringen.
פַּחַד I	(QS)	Beben, Furcht, Schrecken; *Hi 39,16 c.* בְּלִי unbekümmert.
*פַּחַד II		Keule; Schenkel.
*פַּחְדָּה		Schrecken.
פֶּחָה	(IS)	Statthalter; Beauftragter.
[פֶּחוֹא]	(I)	Statthalter; Kellermeister? *Evtl. auch* → פחרא.
פחז	(QS)	*q* frech, zuchtlos sein. *hi* übermütig machen. *hitp* unberechenbar sein.

פַּחַז	(QS)	Überschäumen, Frechheit.
פַּחֲזוּת*		Geflunker, Schwindel.
פחח		*hi* gefangen sein?
פֶּחָם	(Q)	Holzkohle.
[פחר]	(I)	Töpfer.
[פחרא]	(I)	Töpfer, *evtl. auch* → פחוא.
[פחת]	(Q)	*q* ein-, niedergerissen sein/werden, aushöhlen.
פַּחַת	(Q)	Grube, Feuergrube.
פַּחַת מוֹאָב		*n. pr. m.* Pahat-Moab.
פְּחֶתֶת		(eingefressene) Vertiefung.
פִּטְדָה	(Q)	*gelber Edelstein*: Topas?, Chrysolith?
[פטיהו]	(I)	*n. pr. (m.)*.
פְּטִירִים		*l. Qere* (I Chr 9,33) dienstfrei.
פַּטִּישׁ	(Q)	Schmiedehammer.
פטר	(QS)	*q* entweichen; freilassen, freien Lauf geben; I Reg 6 פְּטוּרֵי צִצִּים Blumengehänge?, Knospen? *ni* verlassen. *hi c.* בְּשָׂפָה den Mund (verächtlich) verziehen.
פֶּטֶר	(Q)	Erstgeburt.
פִּטְרָה*		Erstgeburt.
פִּי	(S)	→ פֶּה.
פִּי־בֶסֶת		*n. l.* Pi-Beset.
פִּי הַחִירֹת		*n. l.* Pi-Hahirot.
פִּיד		Unglück, Untergang.
פֵּיוֹת		*pl. von* פֶּה.
פִּיחַ		Ruß.
פִּיכֹל		*n. pr. m.* Pichol.
פִּילֶגֶשׁ		→ פִּלֶגֶשׁ.
פִּים	(I)	*Gewichtseinheit*: Pim (*zwischen 7,17 g und 7,77 g*).
פִּימָה		Fett.
פִּינְחָס	(IQS)	*n. pr. m.* Pinehas.
פִּינֹן		*n. pr. m.* Pinon.
פִּיפִיּוֹת	(S)	Münder; *übertr.* Schneiden; Töne?
פִּיק	(Q)	Wanken.
פִּישׁוֹן		*n. fl.* Pischon.

פִּיתוֹן		n. pr. m. Piton.
פַּךְ		Krug.
פכה		pi rieseln.
[פִּכְמַת]	(I)	n. pr. (m.)?
פֹּכֶרֶת הַצְּבָיִים		n. pr. m. Pocheret-Hazzebajim.
פלא	(QS)	ni zu schwer, zu schwierig sein; ungewöhnlich, wunderbar sein; pt. pl. f. auch Wunder, Wundertaten, Wunderwerke, Hi 37,5 auf wunderbare Weise, Dan 8,24 auf ungeheuerliche Weise, Dan 11,36 Unerhörtes. hi wunderbar machen, wunderbar tun; wunderbar (be-)handeln; inf. abs. auch auf wunderbare Weise. hitp sich als wunderbar erweisen.
פֶּלֶא	(QS)	Ungewöhnliches, Wunder, Wunderbares; Thr 1,9 auf schreckliche Weise; Dan 12,6 wunderbares Geschehnis.
[פִּלְאָה]	(Q)	Wunderbares.
פַּלֻּאִי		n. gent. Palluïter.
פֶּלְאִי	(Q)	l. Qere (Jdc 13,18) wunderbar.
פְּלָאיָה	(I)	n. pr. m. Pelaja.
[פְּלָאיָה]	(Q)	Wunderbares.
פלג	(Q)	ni sich teilen. pi spalten, furchen.
פֶּלֶג I	(IQ)	Kanal, Wassergraben, Bach.
[פֶּלֶג II]	(Q)	Hälfte, Teil.
פֶּלֶג III	(Q)	n. pr. m. Peleg.
פְּלַגָּה*		Abteilung; Rinnsal.
פְּלֻגָּה*		Abteilung.
פִּלֶגֶשׁ	(Q)	f. Nebenfrau; Ez 23,20 m. Liebhaber.
פְּלָדָה*		Stahl?
פִּלְדָּשׁ		n. pr. m. Pildasch.
פלה		ni ausgezeichnet, ausgewählt werden. hi besonders behandeln; einen Unterschied machen.
פַּלּוּא		n. pr. m. Pallu.
פְּלֹנִי		→ פְּלֹנִי.

פָּלַח		*q* pflügen.
		pi spalten; zerschneiden; gebären, werfen.
פֶּלַח		*f.* Scheibe; Mühlstein (Oberstein; Unterstein); *c.* דְּבֵלָה Feigenkuchen.
פִּלְחָא		*n. pr. m.* Pilha.
פלט	(QS)	*q* entkommen.
		ni gerettet werden.
		pi in Sicherheit bringen, retten; *Hi 21,10* gebären, werfen; *Hi 23,7* durchsetzen (*Recht*).
[פלט]	(Q)	Rettung.
פֶּלֶט	(I)	*n. pr. m.* Pelet.
פְּלֵטָה		→ פְּלֵיטָה.
[פלטה]	(I)	*n. pr. m.*
פַּלְטִי	(I)	*n. pr. m.* Palti; *n. gent.* Paltiter.
פִּלְטַי	(I)	*n. pr. m.* Piltai.
פַּלְטִיאֵל		*n. pr. m.* Paltiël.
פְּלַטְיָה(וּ)	(I)	*n. pr. m.* Pelatja(hu).
[פלטיש]	(Q)	Hammer (*MT* פַּטִּישׁ).
פְּלָיָה		*n. pr. m.* Pelaja.
פָּלִיט*	(Q)	Entronnener, Flüchtling.
פָּלֵט	(Q)	Entronnener, Flüchtling *auch coll.*
פְּלֵיטָה	(Q)	Entronnenes, Übriggebliebenes; Entrinnen, Rettung.
פָּלִיל*	(Q)	Richter, Schiedsrichter.
פְּלִילָה		Entscheidung.
פְּלִילִי		vor den Richter gehörig.
פְּלִילִיָּה		Urteilsspruch.
פֶּלֶךְ I		Spindel, Spinnwirtel.
פֶּלֶךְ II		Kreis, Bezirk.
פלל I	(QS)	*pi* richten, entscheiden; *Gen 48,11* vermuten; *Ez 16,52* eintreten.
		hitp Schiedsrichter sein.
פלל II	(S)	*pi* beten.
		hitp beten, bitten, Fürbitte einlegen.
פָּלָל	(I)	*n. pr. m.* Palal.
פְּלַלְיָה		*n. pr. m.* Pelalja.

פַּלְמוֹנִי		der und der, jemand.
פְּלֹנִי		ein bestimmter, ein gewisser; c. אַלְמֹנִי der und der.
פלס I	(Q)	*pi* bahnen; *Ps 58,3* den Weg bahnen.
פלס II	(Q)	*pi* beachten, beobachten.
פֶּלֶס	(QS)	Waage.
[פלע I]	(Q)	Gestrüpp.
[פלע II]	(I)	*n. pr.* (*m.*).
פלץ	(I)	*hitp* erbeben.
פַּלָּצוּת	(Q)	Erbeben.
פלש	(Q)	*hitp* sich wälzen.
פְּלֶשֶׁת	(QS)	*n. terr.* Philistäa.
פְּלִשְׁתִּי	(QS)	*n. gent.* Philister.
פֶּלֶת		*n. pr. m.* Pelet.
פְּלֵתִי		*n. gent.* Pleti, Pleter.
[פמן]	(I)	*n. pr.* (*m.*).
[פן]	(I)	*n. pr.* (*m.*).
פֶּן־	(IQS)	sonst; dass nicht, damit nicht.
[פנאל]	(I)	*n. pr.* (*m.*).
פַּנַּג		*Nahrungsmittel?*
פנה	(QS)	*q* sich wenden, hinwenden, eine Richtung einschlagen; sich kümmern; erwarten; sich umwenden, sich umdrehen; weitergehen; sich aufmerksam zuwenden; anbrechen, sich neigen (*Tageszeit*); zuwenden (*Rücken*); gerichtet, gelegen sein. *pi* wegschaffen, aufräumen, freiräumen, bahnen. *hi* sich wenden, sich umwenden, weichen; zuwenden (*Rücken*), wenden. *ho* sich wenden; gerichtet, gelegen sein.
פָּנֶה	(IQS)	Gesicht, Angesicht; Aussehen, Miene; Selbst; Blick; Absicht; sichtbare Seite, Oberfläche, Vorderseite, Schneide (*Schwert*); *Joel 2,20* Vorhut; *c.* מִלְחָמָה Front; (הַ)פָּנִים (לֶחֶם) שֻׁלְחַן Schaubrottisch; *pl. c.* לְ auch vorn, früher, ehemals. *c.* אֶל פְּנֵי vor ... hin, entlang; *c.* אֵת vor; *c.* בְּ vor, gegen; *c.* לְ vor, vor ... hin, vor ... her, ehe,

schneller als; מִלִּפְנֵי vor, fort von, von ... aus, wegen; c. מִן vor, von ... fort, von ... aus, vonseiten, wegen; c. עַל vor, angesichts, gegenüber, gegen, zum Schaden von.

פִּנָּה	(QS)	Ecke, Eckturm, Zinne; Anführer.
פְּנוּאֵל	(Q)	n. pr. m., n. l. Penuël.
פִּנְחָס		→ פִּינְחָס.
פְּנִיאֵל		n. l. Peniël.
[פניה]	(I)	n. pr. (m.).
פְּנִיִּים		l. Qere (Prov 3,15) → פְּנִינִים.
פָּנִים	(IQS)	pl. von פָּנֶה; ferner: פָּנִים בְּפָנִים u. פָּנִים אֶל פָּנִים von Angesicht zu Angesicht; adv. פָּנִים וְאָחוֹר vorn und hinten; tempor., adv. לְפָנִים früher, zuvor, vorzeiten.
פְּנִימָה	(Q)	hinein, inwendig; c. לְ innen, nach innen; c. מִן inwendig.
פְּנִימִי	(Q)	innerer; Innenseite, Inneres.
[פנינה]	(S)	Edelstein? Reichtum?
פְּנִינִים	(QS)	Korallen o. Rubine.
פְּנִנָּה		n. pr. f. Peninna.
פנק	(S)	pi verzärteln.
פַּס*	(Q)	pl. bunt?, knöchellang?
פַּס דַּמִּים		n. l. Pas-Dammim.
פסג		pi durchwandeln?
פִּסְגָּה		n. l. Pisga.
פִּסָּה		Fülle?
פסח	(Q)	q lahmen, hinken; vorbeigehen, verschonen. ni lahm werden. pi herum hinken (Kulttanz).
פָּסֵחַ	(I)	n. pr. m. Paseach.
פֶּסַח	(Q)	Passa; Passafest, Passaopfer.
פִּסֵּחַ	(Q)	lahm.
פָּסִיל*	(Q)	Gottesbild, Bildnis einer Gottheit, Kultbild; Schnitzbild.
פָּסַךְ		n. pr. m. Pasach.
פסל	(Q)	q behauen, schnitzen.

פֶּסֶל	(Q)	Schnitzbild, Gottesbild; Kultbild.
פסס		q aufhören, verschwinden.
פִּסְפָּה		n. pr. m. Pispa.
פעה		q stöhnen, schreien.
פָּעוּ		n. l. Pau, Pagu.
פְּעוֹר		n. l. Peor (*Berg, Ort*).
פָּעִי		n. l. Paï.
פעל	(QS)	q machen, (ver)üben, begehen, bearbeiten; tun, antun, vollbringen, ausführen; erschaffen.
פֹּעַל	(QS)	Tat, Arbeit, Werk; Tun, Wirken; Lohn, Erwerb.
פְּעֻלָּה	(QS)	Arbeit, Tat; Verdienst, Lohn, Strafe.
פְּעֻלְּתַי		n. pr. m. Pëulletai.
פעם	(Q)	q umtreiben, antreiben. ni umgetrieben werden. hitp beunruhigt werden.
פַּעַם	(QS)	f. Fuß, Tritt, Schritt; *Jes 41,7* Amboss; Mal, -mal; *Neh 13,20* einmal; הַפַּעַם diesmal, endlich; פַּעַם ... פַּעַם bald ... bald; כְּפַעַם(־)בְּפַעַם wie immer.
פַּעֲמוֹן	(S)	Glöckchen.
[פענה]	(Q)	Wahrheit?
פַּעְנֵחַ		→ צָפְנַת פַּעְנֵחַ.
פער	(Q)	q aufsperren.
פַּעֲרַי		n. pr. m. Paarai.
[פפי]	(I)	n. pr. (m.).
[פפיס]	(I)	n. pr. (m.).
פצה	(ST)	q aufreißen, aufsperren; *Ps 66,14* sich auftun; *Ps 144 aram.* sich retten, befreien. hitp für frei erklären?
פצח I	(Q)	q heiter sein.
פצח II		pi zerschlagen.
פְּצִירָה		Preis, Bezahlung.
פצל	(Q)	pi entrinden, abschälen.
פְּצָלוֹת		Streifen.
פצם		q spalten.
פצע		q verwunden, zerquetschen.

פֶּצַע	(QS)	Wunde.
פָּצַץ	(Q)	*poel* zerschlagen. *pilp* zerschmettern. *hitpo* zerschlagen werden.
פָּצֵץ		→ בֵּית פָּצֵץ.
פִּצֵּץ	(Q)	*n. pr. m.* Pizzez.
פָּצַר		*q* in jmd. dringen, nötigen. *hi* widerspenstig sein.
פָּק		→ פִּיק.
פָּקַד	(IQS)	*q* suchen, aufsuchen, Nachschau halten; sich kümmern um, sich annehmen, heimsuchen; vermissen, sich sehnen nach; ausheben, mustern; betrauen, bestallen, setzen, befehlen, anbefehlen; zur Verantwortung ziehen, ahnden; *II Reg 5,24* hinterlegen; *Num 4,32* anvertrauen. *ni* vermisst werden, fehlen, abgehen, heimgesucht werden; aufgeboten, in ein Amt gesetzt, zur Verantwortung gezogen werden; widerfahren; betroffen werden. *pi* mustern, aufbieten. *pu* aufgeboten werden; festgestellt werden. *hi* beordern, bestellen, betrauen, übergeben; hinterlegen, in Gewahrsam bringen, anvertrauen; *Lev 26,16* verhängen; *I Sam 29,4* anweisen; *Jes 10,28* zurücklassen. *ho* bestellt, betraut werden; hinterlegt, deponiert werden; *Jer 6,6* zur Verantwortung gezogen werden. *hitp* gezählt, gemustert werden.
פְּקֻדָּה	(Q)	Amt, Dienst, Dienstabteilung; Obhut, Fürsorge; Posten; Verwaltung; Ahndung, Heimsuchung; Musterung, Zählung; *Num 16,29* Widerfahrnis; *Jes 15,7* Übriggebliebenes; *Jer 52,11* c. בֵּית Gefängnis.
פִּקָּדוֹן	(Q)	Hinterlegtes, Vorrat.
[פְּקִידֵיהוּ]	(I)	*n. pr. m.*
פְּקַדַּת		c. בַּעַל Wachthabender.
פְּקוֹד		*n. gent., n. terr.* Pekod.
[פְּקוּדָה]	(Q)	→ פְּקֻדָּה.

פְּקוּדִים*	(Q)	*Ex 38,21* Kostenberechnung.
פְּקוּדִים*	(Q)	Anweisungen.
פקח	(IQ)	q öffnen; *Ps 146,8* die Augen öffnen. ni geöffnet werden.
פֶּקַח	(I)	n. pr. m. Pekach.
פִּקֵּחַ		sehend.
פְּקַח־קוֹחַ		Auftun, Öffnung.
[פִּקְחִי]	(I)	n. pr. m.
פְּקַחְיָה	(I)	n. pr. m. Pekachja.
פָּקִיד	(IQ)	Beauftragter, Aufseher, Beamter.
[פקל]	(I)	n. pr. m.
[פקלל]	(I)	n. pr. m.
[פקע]	(S)	Getöse.
פְּקָעִים		koloquintenartige Verzierung.
פַּקֻּעֹת		Koloquinten, Flaschenkürbis.
פַּר	(Q)	(männliches) Jungrind, Jungstier.
פרא		hi gedeihen?, Frucht tragen?
פֶּרֶא	(QS)	Wildesel, Onager.
פִּרְאָם		n. pr. m. Piram.
[פראן]	(I)	n. l.
פַּרְבָּר		Vorhof? Bauelement, Gebäudeteil?
[פרג]	(S)	ni fliehen lassen.
[פרגשן]	(Q)	Abschrift.
פרד	(Q)	q pt. pass. ausgespannt. ni sich teilen, sich trennen; getrennt, abgesondert sein. pi auf die Seite gehen. pu pt. abgesondert. hi trennen, absondern; zerstreuen. hitp sich trennen, sich zerstreuen.
פֶּרֶד	(Q)	Maultier.
פִּרְדָּה		(weibliches) Maultier.
פְּרִדוֹת		Saatkörner? Beeren?
פַּרְדֵּס		Baumgarten, Park.
פרה	(QS)	q fruchtbar sein, Frucht bringen. hi furchtbar machen.

פָּרָה I	(Q)	Kuh.
פָּרָה II		n. l. Para.
פֵּרָה		→ פֶּרֶא.
פּוּרָה		n. pr. m. Pura.
פְּרוּדָא		n. pr. m. Peruda.
פְּרָוזִים		l. Qere (Est 9,19).
פָּרוּחַ		n. pr. m. Paruach.
[פרוט]	(Q)	Waren-, Lagerbestand, Vorrat.
פַּרְוַיִם		n. l. Parwajim.
פָּרוּר	(S)	Topf, Kochtopf.
פַּרְוָר	(Q)	Vorhof? → פַּרְבָּר.
[פרוש]	(Q)	Detail(s); detaillierte Anweisung, Anleitung; Vereinbarung, Bestimmung; ausführliche Darstellung, genauere Angaben; genauer Bericht.
פֵּרוֹת		→ חֲפֹר פֵּרוֹת.
פֶּרֶז, פָּרָז*		Hab 3,14 text. corr.
פְּרָזוֹן		Bewohner des offenen Landes?
פְּרָזוֹת		offenes Land, offene Dörfer.
פְּרָזִי		Bewohner des offenen Landes; offenes Land.
פְּרִזִּי	(Q)	n. gent. Perisiter.
פרח I	(QS)	q sprossen, treiben, blühen; ausbrechen (Hautkrankheit), aufbrechen (Geschwür). hi zum Sprossen, Blühen bringen; aufblühen.
פרח II	(S)	q fliegen.
פֶּרַח	(QS)	Knospe, Blüte (auch als Ornament).
פִּרְחַח		Brut?
פרט		q plärren? klimpern?
פֶּרֶט	(Q)	abgefallene Beeren.
פְּרִי	(QS)	Frucht (auch im weitesten Sinn).
פְּרִידָא		n. pr. m. Perida.
פָּרִיץ	(Q)	Einbrecher, Räuber; Jes 35,9 reißend.
פֶּרֶךְ	(Q)	Gewalt, Misshandlung.
פָּרֹכֶת	(QS)	Vorhang.
פרם		q zerreißen.
פַּרְמַשְׁתָּא		n. pr. m. Parmaschta.

פַּרְנָךְ		n. pr. m. Parnach.
פרס	(Q)	q brechen, teilen. ni 4Q267 f6,6 Bedeutung uns., wohl teilen. hi Klauen, gespaltene Hufe haben.
פָּרַס	(Q)	n. gent. Perser; n. terr. Persien.
פֶּרֶס		unreiner Vogel: Geier?
פַּרְסָה	(Q)	Klaue; Huf.
[פרסטלין]	(Q)	Säulengang (Peristyl).
פַּרְסִי		n. gent. Perser.
פרע	(QS)	q frei hängen lassen, lösen; freilassen, sich selbst überlassen, unbeachtet lassen; pt. pass. auch zügellos. ni zügellos werden, verwildern. hi nachlässig sein lassen; Verwilderung aufkommen lassen.
פֶּרַע I	(Q)	(frei hängendes) Haupthaar.
פֶּרַע II		Führer, Fürst.
פֶּרַע III		→ פּוֹטִי פֶרַע.
[פרע IV]	(I)	n. pr. m.
פַּרְעֹה	(QS)	Pharao.
פַּרְעֹשׁ I		Floh.
פַּרְעֹשׁ II	(I)	n. pr. m. Parosch.
פִּרְעָת(וֹ)נִי		n. gent. Piratoniter.
פִּרְעָתוֹן		n. l. Piraton.
פַּרְפַּר	(I)	n. fl. u. n. pr. (m.) Parpar.
פרץ	(Q)	q reißen, einreißen, einbrechen, durchbrechen; überlaufen, sich ausbreiten; eine Lücke reißen, eine Bresche schlagen; in jmd. dringen. ni pt. häufig. pu pt. eingerissen. hitp sich losreißen.
פֶּרֶץ I	(QS)	Riss, Lücke, Bresche, Durchbruch.
פֶּרֶץ II	(Q)	n. pr. m. Perez.
פֶּרֶץ עֻזָּא, פֶּרֶץ עֻזָּה		n. l. Perez-Usa.
[פרצה]	(Q)	Risse, Gewalt(tat).
פַּרְצִי		n. gent. Pereziter.
פְּרָצִים		n. l. Perazim.

| פָּרַק | (Q) | q losreißen, befreien.
pi abreißen, zerreißen.
hitp sich abreißen; ausgerissen werden. |
| פָּרָק* | (Q) | Eingebrocktes, Stücke. |
| פֶּרֶק | | Scheideweg; Raub. |
| פרר I | (QS) | hi brechen, zerstören, aufheben, vereiteln, ungültig machen; platzen (Frucht).
ho zerbrochen, aufgehoben, vereitelt werden. |
| פרר II | | q Jes 24,19 inf. abs. c. hitpo.
poel aufstören.
pilp schütteln.
hitpo hin- und herschwanken. |
| פרש | (QS) | q ausbreiten, ausspannen, ausstrecken; Jes 33,23 flattern lassen; Mi 3,3; Thr 4,4 → פרס.
ni zerstreut werden.
pi ausbreiten, zerstreuen. |
| פרש | (Q) | q Bescheid geben.
ni l. נִפְרָשֹׂות (Ez 34,12).
pu bestimmt werden; pt. abschnittweise.
hi Gift absondern?, stechen? |
פָּרָשׁ	(Q)	Reiter; Reitpferd.
פֶּרֶשׁ I	(Q)	Mageninhalt, Kot.
פֶּרֶשׁ II		n. pr. m. Peresch.
פַּרְשֶׁגֶן	(Q)	Abschrift.
פַּרְשְׁדֹן*		text. uns. Jdc 3,22.
פָּרָשָׁה*		genaue Angabe.
פרשז		→ פרש.
פַּרְשַׁנְדָּתָא		n. pr. m. Parschandata.
פְּרָת	(Q)	n. fl. Eufrat.
פֹּרָת		q pt. f. von פרה.
פַּרְתְּמִים		Edle.
פשׂה	(IQ)	q sich ausbreiten.
פשׂע		q schreiten.
פֶּשַׂע		Schritt.
פשׂק		q aufreißen.
pi spreizen.
פַּשׁ		Torheit, o. l. פֶּשַׁע (Hi 35,15).

פשח		*pi* zerreißen.
פַּשְׁחוּר	(I)	*n. pr. m.* Paschhur.
[פשחר]	(I)	→ פַּשְׁחוּר.
פשט	(Q)	*q* ausziehen, abstreifen; sich ausziehen, sich entpuppen; losziehen. *pi* ausplündern. *hi* ausziehen, entkleiden, abstreifen; enthäuten. *hitp* sich ausziehen.
פשע	(QS)	*q* brechen (mit), sich vergehen, sich auflehnen, sich empören. *ni pt.* treulos behandelt.
פֶּשַׁע	(QS)	Verbrechen, Frevel, Auflehnung, Empörung; Mi 6,7 Sühne?
[פשר]	(Q)	*q* deuten, erklären.
פֵּשֶׁר	(Q)	Deutung, Auslegung.
פֵּשֶׁת*	(IQ)	Flachs, Leinen; פִּשְׁתֵּי הָעֵץ Flachsstengel.
פִּשְׁתָּה	(Q)	Flachs, Leinen; Docht.
פַּת		Brocken, Bissen.
פֹּת*		Stirn; Stirnseite, Fassade.
פַּת־בַּג		Speise, Verpflegung, Tafel.
פִּתְאוֹם	(QS)	→ פִּתְאֹם.
פְּתָאִים		*pl. von* פֶּתִי.
פִּתְאֹם	(QS)	augenblicklich, plötzlich, überraschend.
פִּתְגָם	(QS)	Bescheid, Verordnung, Spruch.
פתה I	(QS)	*q* unerfahren, einfältig sein; sich betören, verführen lassen. *ni* sich betören lassen. *pi* betören, verleiten, verführen; überreden; täuschen, betrügen. *pu* sich verführen lassen, verführt werden; sich überreden lassen.
פתה II		*q* aufreißen? weit machen? *hi* weiten Raum schaffen.
פְּתוּאֵל		*n. pr. m.* Petuël.
פִּתּוּחַ	(QS)	Gravierung, Schnitzwerk.
[פתור]	(S)	Auslegung.
פְּתוֹר	(S)	*n. l.* Petor.

פְּתוֹת*		Stück, Brocken.
פתח I	(IQS)	q auftun, öffnen; entblößen; erobern (*Stadt*); ziehen (*Schwert*); lösen (*Rätsel*); feilhalten (*Korn*). ni geöffnet werden; sich öffnen; losgemacht, entfesselt werden; *Hi 32,19* Luft gemacht werden. pi öffnen, lösen, losbinden; sich öffnen; aufbrechen; *Gen 24,32* abschirren. hitp lösen.
פתח II	(Q)	pi eingravieren, schnitzen. pu pt. graviert.
פֶּתַח	(QS)	Öffnung, Eingang, Tür, Tor.
פֵּתַח*		Eröffnung, Mitteilung.
פִּתָּחוֹן*		Auftun.
פְּתַחְיָה	(Q)	n. pr. m. Petachja.
פֶּתִי I	(Q)	unerfahren, einfältig.
פֶּתִי II	(Q)	Einfalt.
פְּתִיגִיל		feines Gewand, Prunkkleid.
פְּתַיּוּת		Einfalt.
פְּתִיחָה*		gezückte Waffe.
פָּתִיל	(QS)	Faden, Schnur, Strang.
פתל	(Q)	ni *Gen 30,8* ringen, kämpfen; pt. verschlagen, hinterlistig. hitp sich als verschlagen, hinterlistig erweisen.
[פתלמיס]	(Q)	n. pr. m.
פְּתַלְתֹּל		falsch, verderbt.
פִּתֹם		n. l. Pitom.
פֶּתֶן	(QS)	*Giftschlange*: Kobra?
פֶּתַע	(QS)	Augenblick; adv. augenblicklich, im Nu.
פתר	(QS)	q deuten, auslegen.
[פתר]	(Q)	Deutung, Auslegung.
פִּתָּרוֹן*		Deutung, Auslegung.
פַּתְרוֹס		n. terr. Patros (Oberägypten).
פַּתְרֻסִים		n. gent. Patrositer (Oberägypter).
פַּתְשֶׁגֶן		Abschrift.
פתת	(I)	q zerbröckeln.

צ

צֵא		*Jes 30,22* Schmutz *o. imp. von* יצא hinaus!
צֵאָה*	(Q)	Kot.
צֹאָה	(Q)	Kot, Unflat, Ekliges.
צֹאִי	(Q)	beschmutzt.
צֶאֱלִים		Lotusbusch; Christdorn.
צֹאן	(Q)	*coll.* Kleinvieh (Schafe u. Ziegen).
צַאֲנָן		*n. l.* Zaanan.
צֶאֱצָאִים	(QS)	Sprösslinge, Nachkommen.
צָב I		überdeckter Wagen, Lastwagen.
צָב II	(Q)	*Lev 11,29* Dornschwanzeidechse.
צבא	(Q)	*q* in den Krieg ziehen, Dienst tun. *hi* (*für den Kriegsdienst*) ausheben.
צָבָא I	(IQS)	Heer, Heerhaufen; Heeresdienst; Frondienst; Kultdienst; *pl.* Heerscharen.
צָבָא II		→ צְבִי II Gazelle.
[צבא III]	(I)	*n. pr. m.*
צְבָא		→ צִיבָא.
צְבָאָה		Gazellenweibchen.
יהוה צְבָאוֹת	(Q)	Jahwe Zebaoth (*Jahwe [der Gott] der Heerscharen*).
צְבֹאִים		*n. l.* Zeboïm.
צְבֵבָה		*n. pr. m.* Zobeba.
צבה		*q* anschwellen. *hi* anschwellen lassen.
צָבֶה*		angeschwollen.
צֹבָה		→ צוֹבָא.
צָבָה*		*q pt. von* צבא.
צָבוּעַ	(S)	Hyäne.
צבט		*q* reichen.
צְבִי I	(Q)	Zierde, Herrlichkeit.
צְבִי II	(Q)	Gazelle.
[צבי]	(I)	*n. pr.*
צְבִי(י)ם		→ צְבֹאִים.

צִבְיָא		n. pr. m. Zibja.
צְבִיָּה		Gazellenweibchen.
צִבְיָה		n. pr. f. Zibja.
צֶבַע	(Q)	buntes Tuch.
צִבְעוֹן		n. pr. m. Zibon.
צְבֹאִים		n. l. Zeboïm.
צבר	(IQS)	q aufschütten, anhäufen.
צִבֻּר*		Haufe.
צֶבֶת		Ährenbündel.
צַד	(Q)	Seite, Flanke, Hüfte.
צָדָד*		n. l. Zadad.
צדה I		q nachstellen.
צדה II		ni verheert werden.
צֵדָה		→ צֵידָה.
צָדוֹק	(IQS)	n. pr. m. Zadok.
צְדִיָּה		böse Absicht, Vorsatz.
צִדִּים		n. l. Ziddim.
צַדִּיק	(QS)	schuldlos, im Recht befindlich, gerecht; fromm, recht, richtig.
צִדֹנִי		→ צִידֹנִי.
צֵדֹנִית		→ צִידֹנִי.
צדק	(QS)	q schuldlos sein, im Recht sein, Recht behalten, gerecht sein. ni in die Rechte eingesetzt werden. pi als gerecht erscheinen lassen; sich im Recht betrachten; als im Recht befindlich erklären; c. נֶפֶשׁ sich als gerecht erweisen. hi für schuldlos erklären; als schuldlos behandeln; für im Recht befindlich erklären; Recht schaffen, Recht geben, zum Recht verhelfen. hitp sich rechtfertigen.
צָדֹק	(I)	→ צָדוֹק.
צֶדֶק	(QS)	Rechtes, Richtiges; Recht; Gerechtigkeit; Heil.
[צדקא]	(I)	n. pr. m.
צְדָקָה	(QST)	rechtes Verhalten, Gerechtigkeit, Gerechtigkeitserweis; Frömmigkeit; Schuldlosigkeit; Rechtsan-

spruch, Recht; Heil, Güte; *pl. auch* gerechte Sache, gerechte Taten, Gerechtigkeitstaten, (*Sir*; *Tob*: Almosen), Heilstaten, Rechtschaffenheit, Frömmigkeit.

צִדְקִיָּה(וּ)	(IQ)	*n. pr. m.* Zedekia, Zedekijahu.
צהב	(S)	*hi* jmd. reizen zum Zorn. *ho pt.* rotglänzend.
צָהֹב	(Q)	rot glänzend.
צהל I	(QS)	*q* wiehern; jauchzen. *pi* gellen lassen.
צהל II		*hi* zum Glänzen bringen.
[צהלה]	(Q)	Jubel(geschrei).
צהר I		*hi* Öl pressen.
צהר II	(S)	*hi* die Mittagshitze erreichen.
צֹהַר		Dach.
צָהֳרַיִם	(Q)	Mittag, Mittagszeit.
צָו I, צָו	(Q)	Zaw (*Bedeutung uns.*); lautäffend?, Buchstabenbezeichung?
צָו II	(Q)	*Hos 5,11 ungedeutet.*
צַוָּאר	(QS)	Hals, Nacken.
צוֹבָא, צוֹבָה		*n. l., n. terr.* Zoba.
צוד	(Q)	*q* jagen, nachstellen; belauern. *pol* einfangen.
צוה	(IQS)	*pi* bestellen, beordern, aufbieten; beauftragen, befehlen. *pu* Befehl erhalten, beauftragt werden.
צוח		*q* schreien.
צְוָחָה		Geschrei.
[צויה]	(Q)	uns.
צוּלָה		Abgrund.
צום	(Q)	*q* fasten.
צוֹם	(Q)	Fasten, Fastenzeit.
[צונם]	(Q)	Granit.
צוֹעַר		→ צֹעַר.
צוּעָר		*n. pr. m.* Zuar.

צוּף	(QS)	q strömen.
		hi fluten lassen; zum Schwimmen bringen.
צוּף I		Honigseim.
צוּף II		n. pr. m. Zuf.
צוֹפַח		n. pr. m. Zofach.
צוֹפַי		n. pr. m. Zofai.
צוֹפִים		Bestandteil von n. l. Ramatajim-Zofim.
צוֹפַר		n. pr. m. Zofar.
צוּץ I	(QS)	q blühen.
		hi blühen; Ps 132,18 strahlen.
צוּץ II		hi blicken.
צוּק I	(QS)	hi bedrängen, zusetzen.
צוּק II		q gießen.
צוּק	(QS)	Bedrängnis.
צוּקָה	(QS)	Bedrängnis.
צוּר I	(Q)	q verschnüren; umfassen, einschließen, belagern; Jdc 9,31 zusammenfassen; Jes 29,3 c. מָצָב ringsum Posten aufstellen; Cant 8,9 verrammeln.
צוּר II	(Q)	q anfeinden, bedrängen.
צוּר III		q entwerfen; gestalten, bilden, formen.
צַוָּר*		→ צַוָּאר.
צוֹר		→ צֹר II.
צוּר I	(IQS)	Felsblock, Fels.
צוּר II		Kiesel, Feldspat.
צוּר III		n. pr. m. Zur.
צוּר IV		→ צִיר.
צוּרָה*	(Q)	Grundriss; Gestalt.
צַוָּרֹן*		Halskette.
צוּרִיאֵל		n. pr. m. Zuriël.
צוּרִישַׁדַּי, צוּרִי(־)שַׁד		n. pr. m. Zurischaddai.
צַוָּרֹנִים		→ צַוָּרֹן.
צוּת I		hi anzünden.
[צוּת II]	(S)	pol aufmerksam hören.
צַח	(Q)	flimmernd, glänzend.
צְחָא		→ צִיחָא.

[צָחַח]	(Q)	q spotten, anklagen.
צחח		q glänzend, weiß sein.
צָחֶה*	(Q)	ausgedörrt.
צְחִיחִים		l. Qere (Neh 4,7).
[צְחִיאָה]	(Q)	ausgetrocknetes, felsiges Land.
צְחִיחַ*		Glänzendes, Kahles; Neh 4,7 offene Stelle?
צְחִיחָה		kahles, verbranntes Gelände.
צַחֲנָה*	(S)	Gestank, Moder.
צְחִצָחוֹת		kahles, verbranntes Gelände.
צחק	(Q)	q lachen. pi tändeln, scherzen; sich lustig machen, sich belustigen; Kurzweil treiben.
צְחֹק		Gelächter, Spott.
צָחֹר*		weiß?, gelblich-rot?
צַחַר		n. l.? Zahar.
צֹחַר*		n. pr. m. Zohar.
צִי* I		Schiff, Boot.
צִי* II	(Q)	Wüstentier, Dämon.
צִיבָא		n. pr. m. Ziba.
ציד		hitp als Proviant mitnehmen.
צַיָּד* I	(Q)	Jäger.
[צִיד* II]	(J)	n. pr. m. (?).
צַיִד I	(Q)	Jagd, Jagdbeute.
צַיִד II		Futter, Speise, Proviant.
צֵידָה	(Q)	Proviant.
צִידוֹן, צִידֹן	(Q)	n. pr. m., n. l. Sidon.
צִידוֹנִי, צִידֹנִי		n. gent. Sidoniter.
צִיָּה	(Q)	Trockenheit; trockene, wasserlose Gegend.
צִיוֹן		trockene, wasserlose Gegend.
צִיּוֹן	(QS)	n. l. Zion.
צִיּוּן		Steinmal, Wegweiser.
צִיחָא		n. pr. m. Ziha.
[צינה]	(S)	→ צִנָּה I.
צִינֹק		Halseisen.
צִיעֹר		n. l. Zior.

צִיף		l. Qere (I Chr 6,20) → צוּף.
צִיץ I	(QS)	coll. Blüten, Blumen; Stirnblatt.
צִיץ II		→ הַצִּיץ.
צִיצָה*		Blume.
צִיצִת		Haarschopf; Quaste.
צִיקְלַג		→ צִקְלַג.
ציר		hitp als Bote handeln?
צִיר I	(Q)	Bote.
צִיר* II	(Q)	pl. Wehen, Krämpfe.
צִיר III	(Q)	Jes 45,16 Bild, Gestalt; Ps 49,15 l. Ketib.
צִיר IV		Prov 26,14 Türzapfenloch.
צֵל	(QS)	Schatten.
[צִלָא]	(I)	n. pr. (m.).
צלה	(S)	q braten.
צִלָּה I		n. pr. f. Zilla.
[צלה II]	(Q)	Schatten.
צָלוּל		l. Ketib צְלִיל (Jdc 7,13) Fladen.
צלח	(QS)	q tauglich, stark, wirksam sein; taugen; Gelingen, Erfolg haben; c. רוּחַ sich bemächtigen. hi Erfolg haben; gelingen lassen, Gelingen geben.
צְלֹחִית		Schüssel.
צַלַּחַת, צֵלָחַת		Schüssel.
צָלִי		Gebratenes.
צְלִיל		→ צָלוּל.
צלל I	(S)	q gellen; beben.
צלל II		q untergehen.
צלל III	(Q)	q schattig, dunkel werden. hi Schatten spenden.
צְלָלוֹ, צְלָלֵי, צְלָלִים		Formen von צֵל.
צֶלֶם	(Q)	Bild, Abbild, Standbild.
צַלְמוֹן		n. pr. m., n. l. Zalmon.
צַלְמָוֶת	(Q)	dichte Finsternis.
צַלְמֹנָה	(Q)	n. l. Zalmona.
צַלְמֻנָּע		n. pr. m. Zalmunna.

צָלַע	(S)	q hinken, lahmen.
צֶלַע		Straucheln.
צֵלָע I	(Q)	Rippe; Seite; Seitenraum, Anbau; Türflügel; Brett; Tragbalken.
צֵלָע II		n. l. Zela.
צָלָף		n. pr. m. Zalaf.
צְלָפְחָד		n. pr. m. Zelofhad.
צֶלְצַח		n. l. Zelzach.
צְלָצַל		Grille? Heuschrecke?
צֶלְצָל*		Harpune.
צֶלְצְלִים		Becken (Musikinstrument).
צֶלֶק		n. pr. m. Zelek.
צִלְּתַי		n. pr. m. Zilletai.
צמא	(Q)	q dürsten.
צָמָא		Durst.
צָמֵא	(Q)	dürstend, durstig.
צִמְאָה	(Q)	Durst.
צִמָּאוֹן	(Q)	dürstendes, wasserloses Gebiet.
צמד	(Q)	ni sich einlassen mit. pu pt. angebunden. hi vorspannen.
צֶמֶד	(I)	Gespann; Joch (Flächenmaß, Tagespflugleistung eines Ochsengespanns).
צַמָּה*		Schleier.
צִמּוּקִים	(I)	getrocknete Weintrauben.
צמח	(QS)	q sprossen. pi sprossen, wieder sprossen. hi sprossen lassen; zum Sprießen bringen.
צֶמַח I	(QS)	Sprossen, Wachstum; Gewächs, Spross.
צמח II]	(I)	n. pr. m.
צָמִיד I	(Q)	Armspange.
צָמִיד II		Verschluss.
צַמִּים	(Q)	Falle, Schlinge?
צְמִיתָת		c. לְ unwiderruflich.
צמק	(I)	q vertrocknen, welken.

[צִמֻקָה*]	(I)	Rosine?
צִמֻקִים		→ צִמּוּקִים.
צֶמֶר	(Q)	Wolle.
צְמָרִי		n. gent. Zemariter.
צְמָרַיִם		n. l. Zemarajim.
צַמֶּרֶת		Wipfel.
צמת		q zum Schweigen bringen, vernichten. ni zum Schweigen gebracht, vernichtet werden. pil zum Schweigen bringen, vernichten. hi zum Schweigen bringen, vernichten.
צְמִתַת		→ צְמִיתָת.
צֵן*		Dorn, Haken.
צִן	(Q)	n. l. Zin.
צֹנֶא*		l. צֹאנְכֶם (Num 32,24).
צִנָּה* I	(S)	Kälte, kalt.
צִנָּה II	(QS)	Standschild.
צֹנֶה		Kleinvieh.
צָנוּעַ*	(S)	bescheiden, demütig, einsichtig.
צְנוּף		l. Qere → צָנִיף (Jes 62,3).
צִנּוֹר		Wassersturz; II Sam 5,8 Schacht?
צִנּוֹת		Am 4,2 pl. von צֵן.
צנח		q herabsteigen, herabkommen; schlagen; eindringen.
צְנִינִם		Stacheln.
צָנִיף	(S)	Kopfbund, Turban.
צְנִיפָה*		Kopfbund, Turban.
צָנֵם*		dürr, vertrocknet.
צְנָן		n. l. Zenan.
צְנִנִים		→ צְנִינִם.
צנע	(QS)	hi demütig wandeln.
צנף		q umwickeln.
צְנֵפָה		Knäuel.
צִנְצֶנֶת		Behälter; Krug.
צַנְתָּרוֹת*		Röhren?

צָעַד	(QS)	q schreiten. hi schreiten lassen.
צַעַד*	(QS)	Schritt; Schreiten; Lebenswandel.
צְעָדָה		Schreiten; *Jes 3,20* Schrittkettchen.
צעה		q krumm gefesselt sein; sich hinlegen/neigen (*sexuell*); einherstolzieren; *Jer 48,12 pt.* Küfer. *pi* neigen, ausschütten.
צְעוֹר*		*l. Qere* → צָעִיר (*Jer 14,3; 48,4*).
צָעִיף		Schleier, Hülle.
צָעִיר I	(Q)	klein; jung; gering; *Jer 14,3* niedrig gestellt.
צָעִיר* II		*n. l.* Zaïr.
צְעִירָה		Kleinheit; geringes Alter.
צען		*q* abbrechen.
צֹעַן		*n. l.* Zoan.
צַעֲנַנִּים		*n. l.* Zaanannim.
צַעֲצֻעִים		Gegossenes?
צעק	(QS)	*q* schreien; um Hilfe rufen. *ni* zusammengerufen, aufgeboten werden. *pi* schreien. *hi* zusammenrufen, aufbieten.
צְעָקָה	(QS)	Geschrei, Klagegeschrei, Hilferuf.
צער	(S)	*q* klein, gering sein/werden; *Sach 13,7 pt.* Hütejunge.
[צער]	(QS)	Schmerz, Qual.
צֹעַר		*n. l.* Zoar.
צפד		*q* sich zusammenziehen, schrumpfen.
צפה I	(QS)	*q* Wache halten, spähen; auflauern. *pi* ausschauen.
צפה II	(Q)	*q* hinbreiten, ausbreiten. *pi* überziehen; belegen. *pu pt.* überzogen.
צָפָה		Ausfluss? Eiter?
צְפוֹ		*n. pr. m.* Zefo.
צִפּוּי		Überzug.
צְפוֹן		*n. pr. m.* Zefon.
צָפוֹן I	(QS)	Norden; *Cant 4,16* Nordwind.

צָפוֹן II		n. l. Zafon.
צְפוֹנִי I	(Q)	Nordbewohner.
צְפוֹנִי II		n. gent. Zefoniter.
צְפוּעֵי		l. Qere (Ez 4,15) Mist.
צִפּוֹר I	(Q)	f. Vogel; coll. Vögel.
צִפּוֹר II		n. pr. m. Zippor.
[צפורן]	(Q)	→ צִפֹּרֶן.
צַפַּחַת		Gefäß, Flasche?
צְפִי		n. pr. m. Zefi.
צְפִיָּה*		Warte.
צָפִיעַ*		→ צְפוּעֵי.
צִפְעָה		→ צִפְעָה.
צִפְיוֹן		n. pr. m. Zifjon.
צַפִּיחִת		Fladen.
צְפִין		l. Qere → צפן q pt. pass. (Ps 17,14).
צָפִיר		Ziegenbock.
צְפִירָה		Kranz.
צָפִית		Sitzpolster.
צפן	(QS)	q verbergen, bergen, aufbewahren; fern halten; sich verbergen, lauern; pt. pass. auch Kleinod. ni verborgen sein; aufgehoben, bestimmt sein. hi verbergen.
[צפן]	(I)	n. pr. m.
צְפַנְיָה(וּ)	(I)	n. pr. m. Zefanja(hu).
צָפְנַת פַּעְנֵחַ		n. pr. m. Zafnet-Paneach.
צֶפַע	(Q)	Giftschlange: Viper.
צִפְעוֹ(ו)נִי		Giftschlange: Viper.
צְפָעָה*		Jes 22,24 Blatt?
צפף		pilp zirpen; zwitschern; flüstern.
צַפְצָפָה		Weide.
צפר		q l. יִצְרְפֵם (Jdc 7,3).
צִפֹּר		→ צִפּוֹר.
צֹפַר		→ צוֹפַר.
צְפַרְדֵּעַ	(Q)	Frosch; coll. Frösche.
צִפְרָה		→ צְפִירָה.

צִפֹּרָה		n. pr. f. Zippora.
צִפֹּרֶן	(Q)	Nagel (Finger, Zehe); Griffelspitze.
צְפַת		n. l. Zefat.
צֶפֶת		Kapitell.
צְפַתָה		n. l. Zefata.
צָקוּן	(Q)	Jes 26,16 Bedrängnis?
צִקְלַג		n. l. Ziklag.
צִקְלֹן*		Beutel, Sack?
צַר I	(Q)	eng, begrenzt; Bedrängnis, Angst; Not.
צַר II	(IQS)	Bedränger, Gegner, Feind.
צַר III		Jes 5,28 Kiesel.
צֵר		n. l. Zer.
צֹר I		Kiesel; Steinmesser; → צוּר II.
צֹר II	(Q)	n. l. Tyrus.
צָר		→ צוּר I.
צרב	(Q)	ni versengt werden.
צָרָב*		sengend.
צָרֶבֶת		Versengung; Narbe.
צְרֵדָה	(Q)	n. l. Zereda.
צָרָה I	(QS)	Not, Bedrängnis.
צָרָה II	(S)	I Sam 1,6 Nebenfrau.
צְרוּיָה		n. pr. f. Zeruja.
צְרוּעָה		n. pr. f. Zerua.
צְרוֹר I	(IQS)	Beutel, Säckchen.
צְרוֹר II		Stein, Kiesel.
צְרוֹר III		n. pr. m. Zeror.
צרח	(Q)	q schreien. hi Kriegsgeschrei erheben.
צְרִי		n. pr. m. Zeri.
צֳרִי, צְרִי		Mastixharz.
צֹרִי		n. gent. Tyrer.
צְרִיָה		→ צְרוּיָה.
צְרִיחַ	(IQ)	Höhle; Kellerraum; Grab(kammer).
[צריך]	(QS)	bedürftig.

צָרִים		pl. von צר I.
[צרך]	(S)	q notwendig sein.
צֹרֶךְ*	(QS)	Bedarf.
צרע	(Q)	q pt. pass. von Ausschlag befallen. pu pt. von Ausschlag befallen.
צָרְעָה		n. l. Zora.
צִרְעָה		Niedergeschlagenheit, Entmutigung; Hornisse?
צָרְעִי		n. gent. Zoriter.
צָרַעַת	(Q)	Ausschlag.
צָרְעָתִי		n. gent. Zoratiter.
צרף	(Q)	q schmelzen, läutern, sichten; pt. auch Feinschmied. ni geläutert werden. pi schmelzen, läutern.
צֹרְפִי		Gilde der Goldschmiede.
צָרְפַת		n. l. Zarpat, Sarepta.
צרר I	(IQS)	q zusammenschnüren, einwickeln; einsperren; knapp, eng sein; beengt, bedrückt sein; bekümmert, besorgt sein. pu pt. zusammengeflickt. hi bedrängen; in Bedrängnis sein.
צרר II	(Q)	q befeinden, befehden; Nebenfrau sein.
צְרֵרָה		n. l. Zerera.
צֶרֶת		n. pr. m. Zeret.
צֶרֶת הַשַּׁחַר		n. l. Zeret-Haschahar.
צָרְתָן		n. l. Zartan.

קֵא*		Erbrochenes.
קָאָת, קָאַת	(Q)	Eulenart?, Pelikan?
קַב		Hohlmaß: Kab (zwischen 1,2 l und 2,5 l).
קבב	(S)	q verwünschen, verfluchen.
קֵבָה	(Q)	Labmagen, Fettmagen.
קֻבָּה		Frauenraum; ein innerer Raum.
קִבּוּץ*	(Q)	Haufen?

קְבוּרָה	(IQ)	Grab; Begräbnis.
קבל	(QS)	*pi* entgegennehmen, annehmen; auf sich nehmen; wählen.
		hi gegenüberstehen.
קֹבֶל*		*Belagerungsmaschine* Sturmbock?; II Reg 15,10 text. corr.
[קבלן]	(Q)	empfangend.
קבע		*q* hintergehen?, berauben?
קֻבַּעַת*	(Q)	Becher.
קבץ	(QS)	*q* sammeln, versammeln.
		ni sich versammeln; gesammelt werden.
		pi sammeln, versammeln, einbringen; *c.* פָּארוּר erblassen *o.* erröten.
		pu pt. gesammelt.
		hitp sich versammeln.
קַבְצְאֵל		*n. l.* Kabzeël.
קְבָצָה*		Sammeln.
קִבְצַיִם		*n. l.* Kibzajim.
קבר	(IQ)	*q* begraben.
		ni begraben werden.
		pi begraben.
		pu begraben werden.
קֶבֶר	(IQS)	Grab.
[קברה*]	(I)	Grab.
קִבְרֹת הַתַּאֲוָה, קִבְרוֹת הַתַּאֲוָה		*n. l.* Kibrot-Hattaawa.
קדד	(Q)	*q* sich neigen (*huldigend*).
[קדבש]	(I)	*n. pr.*
קִדָּה		Zimt.
[קדה]	(Q)	*n. l.*
קְדוּמִים	(Q)	uns.
קָדוֹשׁ	(QST)	heilig.
קדח	(Q)	*q* sich entzünden; anzünden.
קַדַּחַת		Entzündung; Fieber.
קָדִים		vorn befindlich > Ostseite, Osten; Ostwind.
קדם	(QS)	*pi* vorangehen; begegnen, entgegentreten; Ps 119,147f.; Jon 4,2 zuvorkommen, früh tun

		(aram.).
		hi Am 9,10; Hi 41,3 l. pi.
קֶדֶם	(QS)	vorn; Osten; früher, vordem; Vorzeit, Urzeit; adv. seit je.
קֵדֶם*		Osten.
[קָדָם]	(I)	n. pr.
קַדְמָה*		Ursprung; früherer Zustand; frühere Zeit; Ps 129,6 c. שׁ ehe, bevor (aram.).
קֵדְמָה		n. pr. m. Kedma.
קִדְמָה*		gegenüber von.
קַדְמוֹן*	(S)	östlich.
קַדְמוֹנִי		→ קַדְמֹנִי I.
קְדֵמוֹת		n. l. Kedemot.
קַדְמִיאֵל		n. pr. m. Kadmiël.
קַדְמֹנִי I	(Q)	östlich, vormalig, früher; coll. Vorfahren; Jes 43,18 Früheres.
קַדְמֹנִי II		n. gent. Kadmoniter.
קְדֻמֹת		→ קְדֵמוֹת.
קָדְקֹד	(Q)	Haarwirbel; Scheitel.
קדר	(S)	q sich verfinstern; trüb, schmutzig sein/werden; trauern. hi verfinstern; trauern lassen. hitp sich verfinstern.
קֵדָר		n. pr. m., n. gent. Kedar.
[קְדֵרָה]	(Q)	Topf.
קִדְרוֹן	(Q)	n. fl. Kidron.
קַדְרוּת	(Q)	Finsternis, Trauer.
[קִדְרִי]	(I)	n. pr. m.
קְדֹרַנִּית		in Trauer.
קדשׁ	(IQS)	q heilig sein. ni sich heilig erweisen; geheiligt werden. pi für heilig erklären; heiligen, weihen; Heiligkeit übertragen; für heilig halten. pu pt. geheiligt, geweiht. hi heilig sein lassen; heiligen, weihen darbringen; als heilig behandeln.

		hitp sich heiligen, reinigen; sich heilig erweisen. *ho* geheiligt werden.
קָדֹשׁ		→ קָדוֹשׁ.
קָדֵשׁ I		geweiht, (kult)prostituiert.
קָדֵשׁ II	(QS)	n. l. Kadesch.
קֶדֶשׁ		n. l. Kedesch.
קֹדֶשׁ	(IQS)	Heiliges; Heiligkeit; Heiligtum; *pl. auch* Weihgaben.
קָדֵשׁ בַּרְנֵעַ		n. l. Kadesch-Barnea.
[קדשה]	(Q)	Prostituierte.
קהה		*q* stumpf werden. *pi* stumpf werden/machen.
קהל	(Q)	*ni* sich versammeln. *hi* versammeln, einberufen.
קָהָל	(QS)	Versammlung, Volksgemeinde, Kultgemeinde.
קְהִלָּה	(QS)	Versammlung, Gemeinde.
קֹהֶלֶת		Versammlungsleiter, „Prediger".
קְהֵלָתָה		n. l. Kehelata.
קְהָת	(Q)	n. pr. m. Kehat.
קְהָתִי		n. gent. Kehatiter.
קָו		Schnur, Messschnur; *Jes 18,2.7 l.* קַוְקָו Spannkraft.
קַו, קָו	(QS)	Kaw (*Bedeutung uns.*); lautäffend?, stammelnd?, Buchstabenbezeichnung?
קְוֵא		*l.* קוֹא (*II Chr 1,16*) n. terr. Ko, Kilikien.
קוֹבַע		Helm.
[קובעה]	(Q)	n. l. Kobah.
קוֹדֶשׁ		→ קֹדֶשׁ.
קוה I	(QS)	*q* warten, hoffen. *pi* warten, hoffen, erwarten; auflauern.
קוה II	(Q)	*ni* sich sammeln.
קְוֵה		*l.* קוֹא (*I Reg 10,28*) n. terr. Ko, Kilikien.
קָוֶה*	(Q)	*l. Qere* (*I Reg 7,23; Jer 31,39; Sach 1,16*).
[קוה]	(I)	n. pr. m.
קוֹחַ		→ פְּקַח־קוֹחַ.

קוּט		*q* sich ekeln. *ni* Ekel empfinden. *hitpol* sich ekeln.
קוֹל	(*IQS*)	Laut, Ton, Schall, Geräusch, Lärm; Stimme, Ruf; horch!; *pl. auch* Donner; *Gen 45,16* Gerücht, Kunde.
קוֹלָיָה	(*I*)	*n. pr. m.* Kolaja.
[קוֹלִיָהוּ]	(*I*)	*n. pr.*
קוּם	(*IQS*)	*q* aufstehen, sich aufrichten, sich erheben, sich aufmachen; zustande kommen; Bestand haben; gelten; zugehören; *Lev 27,14.17* zu stehen kommen; *I Sam 4,15; I Reg 14,4* starr werden/sein; *pt. auch* Gegner. *pi aram. Bildung*: gültig machen, anordnen, bekräftigen; aufrichten. *pol* aufrichten. *hi* aufrichten, aufstellen, einsetzen; aufstehen lassen/heißen; aufreizen; ausführen, halten, einlösen; herbeiführen, beschaffen; *Ps 107,29* machen; *Rut 4,5.10* aufleben lassen. *ho* aufgerichtet, ausgeführt, gestellt werden. *hitpol* sich erheben.
קוֹמָה	(*QS*)	Höhe, Wuchs.
קוֹמְמִיּוּת		*adv.* aufrecht.
[קוּמְעָה]	(*Q*)	Graben.
קוֹנֵן		*pol von* קין.
[קוּסְעֶנְגֹּל]	(*I*)	*n. pr.*
קוֹעַ		*n. gent.* Koa.
קוֹף*		Affe.
קוּץ I	(*QS*)	*q* sich ekeln; sich fürchten. *hi* Furcht einjagen.
קוּץ II	(*Q*)	*hi* auseinander reißen; auseinander klaffen.
קוֹץ I	(*Q*)	Dorngestrüpp, Dornen.
קוֹץ II	(*Q*)	*n. pr. m.* Koz.
קְוֻצּוֹת*		Locken.
קוּר		*q* graben.
קוּר*	(*Q*)	Faden.
קוֹרֵא	(*I*)	→ קָרָא II.

[קוּרְב]	(Q)	Nähe.
קוֹרָה	(Q)	Balken, Gebälk.
קוֹשׁ	(Q)	q mit dem Stellholz fangen, Fallen stellen.
[קוֹשׁ]	(Q)	Falle.
קוּשָׁיָהוּ		n. pr. m. Kuschajahu.
קַח		Weide.
קַט	(IQ)	nur?, klein?
קֶטֶב, קֹטֶב*		Stachel; Seuche, Verderben.
קְטוֹרָה	(Q)	Räucherung.
קְטוּרָה	(Q)	n. pr. f. Ketura.
קטל		q töten.
קֶטֶל*		Mord.
קטן		q klein, gering sein. hi klein machen.
קָטָן I	(QS)	klein, gering; jung, jünger, jüngster.
קָטָן II	(I)	n. pr. m. Katan.
קָטֹן		klein, gering; jung, jüngster.
קֹטֶן*		Kleiner.
קטף		q pflücken, abreißen. ni abgerissen werden.
קטר I	(QS)	pi (Opfer) als Rauch aufsteigen lassen, räuchern. pu pt. durchräuchert. hi als Rauch aufsteigen lassen, räuchern. ho in Rauch aufgehen, geopfert werden.
קטר II		q pt. pass. abgeschlossen?, abgedeckt?
קִטֵּר		Opferrauch.
קִטְרוֹן	(Q)	n. l. Kitron.
קְטֹרֶת	(QS)	Opferrauch; Räucherwerk.
קַטָּת		n. l. Kattat.
קיא	(QS)	q ausspeien; sich übergeben. hi ausspeien.
קִיא		Erbrochenes, Ausgespieenes.
קיה*		→ קיא.
קִיטוֹר, קִיטֹר		Rauch.
[קִילָה]	(Q)	Schnelligkeit.

[קִים]	(QS)	Grund, Gründung.
קִים*	(QS)	Gegner.
קִימָה*	(Q)	Aufstehen; Zusicherung.
קִין	(Q)	*pol* das Leichenlied singen.
קַיִן* I		Spieß.
קַיִן II	(Q)	*n. pr. m.*, *n. l.* Kain; *n. gent.* Keniter.
קִינָה I	(QS)	Leichenlied.
קִינָה II	(I)	*n. l.* Kina.
קֵינִי		*n. gent.* Keniter.
קֵינָן	(Q)	*n. pr. m.* Kenan.
קִיץ I		*q* den Sommer zubringen.
קִיץ II	(Q)	*q* aufwecken, aufrühren. *hi* aufwachen.
קַיִץ	(QS)	Sommer; Sommerobst.
קִיצוֹן*		Letzter, Äußerster.
קִיקָיוֹן		Rizinus.
קִיקָלוֹן	(Q)	Schande.
קִיר I	(QS)	Wand, Mauer.
קִיר II		*n. l.*, *n. gent.* Kir.
קִיר חֶרֶשׂ		*n. l.* Kir-Heres.
קִיר חֲרֶשֶׂת		*n. l.* Kir-Hareset.
קֵירֹס		*n. pr. m.* Keros.
קִישׁ	(Q)	*n. pr. m.* Kisch.
קִישׁוֹן		*n. fl.* Kischon.
קִישִׁי		*n. pr. m.* Kischi.
קַל	(QS)	schnell; leicht, gering.
קֹל I		Leichtfertigkeit.
קֹל II		→ קוֹל.
קלה I		*q* rösten. *ni pt.* Geröstetes, Brand.
קלה II	(QS)	*ni* verächtlich sein/werden. *hi* verächtlich behandeln.
קלה		*l. Qere* (*II Sam* 20,14).
קָלוֹן	(QS)	Schande, Nacktheit.
קַלַּחַת		Topf, Kessel.

קלט I		q pt. pass. unvollständig entwickelt.
קָלִי, קָלִיא		Röstkorn.
קַלָּי		n. pr. m. Kallai.
קֵלָיָה		n. pr. m. Kelaja.
[קליו]	(I)	n. pr.
קְלִיטָא		n. pr. m. Kelita.
קלל	(QS)	q klein, gering sein/werden; leicht, schnell sein. ni gering sein; sich gering wissen, sich erniedrigen; leicht, wenig sein; Jes 30,16 sich als schnell erweisen; עַל־נְקַלָּה leichthin. pi als verächtlich, verflucht bezeichnen; verfluchen. pilp Ez 21,26 schütteln; Koh 10,10 schärfen, wetzen. pu als verächtlich, verflucht bezeichnet werden; verflucht werden. hi erleichtern, leicht, leichter machen; als gering, verächtlich behandeln. hitpalp erschüttert werden.
קָלָל		glatt.
קְלָלָה	(QS)	Fluch, Verfluchung.
קלס I	(QS)	pi verspotten. hitp verspotten, sich über jmd. lustig machen.
[קלס II]	(S)	pi rufen, loben.
קֶלֶס	(Q)	Spott.
קַלָּסָה		Gespött.
קלע I		q schleudern. pi schleudern.
קלע II		q schnitzen.
קַלָּע*		Schleuderer.
קֶלַע I	(QS)	Schleuder.
קֶלַע* II		Vorhang, Schnitzwerk.
קַלְקַל		→ קלל pilp, hitpalp.
קְלֹקֵל		gering, ärmlich, (Hungerspeise?).
קִלְּשׁוֹן		c. שָׁלֹשׁ Dreizack.
[קם]	(I)	Mehl, → קֶמַח.
קָמָה	(Q)	ungeschnittenes Getreide.

קֹמָה		→ קוֹמָה.
קְמוּאֵל		n. pr. m. Kemuël.
קָמוֹן		n. l. Kamon.
קִמּוֹשׁ		Unkraut.
קֶמַח	(IQ)	Mehl.
קמט		q packen. pu gepackt werden.
קמל		q welken?, von Läusen befallen werden?
קמץ	(Q)	q eine Handvoll nehmen.
*קֹמֶץ		Handvoll; Gen 41,47 in Haufen.
קֵן	(QS)	Nest; pl. auch Zellen, Kabinen.
קנא	(QS)	pi eifersüchtig sein; eifersüchtig machen; sich ereifern. hi Eifersucht, Zorn erregen, reizen.
קַנָּא	(Q)	eifernd, eifersüchtig.
קִנְאָה	(QS)	Eifer, Eifern; Leidenschaft; Eifersucht.
[קנאת]	(Q)	Eifer.
קנה I	(IQS)	q erwerben, kaufen, loskaufen. ni gekauft werden. hi kaufen.
קנה II	(I)	q erschaffen, hervorbringen.
קָנָה		n. l., n. fl. Kana.
קָנֶה	(Q)	Schilfrohr; Rohr, Röhre, Halm; Würzrohr; Rohrlänge (6 Ellen); Oberarmknochen; Waagebalken, Waage.
קַנּוֹא		eifernd.
קְנַז		n. pr. m., n. gent.? Kenas.
קְנִזִּי		n. gent. Kenisiter.
קֵנִי		→ קֵינִי.
[קני]	(I)	n. pr. m.
[קניהו]	(I)	n. pr. m.
קִנְיָן I	(QS)	Besitz, Habe.
קִנְיָן II	(QS)	Ps 104,24 Geschaffenes?
קִנָּמוֹן		Zimt.
קנן	(S)	pi nisten. pu pt. eingenistet.

קָנֵץ*		Grenze?
קְנָת		n. l. Kenat.
קסם	(Q)	q das Losorakel/den Totengeist befragen; wahrsagen.
קֶסֶם	(Q)	Losorakel, Wahrsagung; *Prov 16,10* Entscheidung.
קסס		*poel* abpflücken?, schuppig machen?
קֶסֶת		Schreibgerät.
קְעִילָה, קְעִלָה	(Q)	n. l. Keïla.
[קעע]	(S)	*pilp* abschlagen?
קַעֲקַע	(Q)	Tätowierung.
קְעָרָה		Schüssel.
קפא	(QS)	q gerinnen, dick werden. *hi* gerinnen lassen.
קפד	(S)	*pi* zusammenrollen.
קִפֹּד		Igel; Eule.
קְפָדָה		Beklemmung, Angst.
קִפּוֹד		→ קִפֹּד.
קִפּוֹז		*Schlangenart*: Pfeilschlange?
קפץ I	(QS)	q zusammenziehen, verschließen. *ni* weggerafft werden? *hitp* sich zusammenziehen, ärgern.
קפץ II		*pi* hüpfen.
קֵץ I	(IQS)	Ende, Grenze, Ziel; letzter; Endzeit; c. לְ o מִן am Ende von, nach, ... später.
[קֵץ II]	(I)	Sommerobsternte.
[קֹץ]	(Q)	n. pr. m. Koz (*Monatsname*).
קצב		q abschneiden, scheren.
קֶצֶב, קֵצֶב	(S)	Zuschnitt, Gestalt; *Jon 2,7* Urgrund.
קצה	(Q)	q abhauen. *pi* dreinschlagen; abhauen. *hi* abkratzen.
קָצֶה	(QS)	Ende, Rand, Ecke, Äußerstes; c. מִן *auch* zu äußerst.
קָצָה	(QS)	Ende, Rand, Ecke, Äußerstes; c. מִן *auch* ohne Ende, restlos, unwiderruflich.

קָצֶה		Ende.
[קצה*]	(I)	n. l.
קָצוּ*		Ende.
קָצוּר*		verkürzt, klein.
קְצָוֹת		pl. von קָצֶה.
קְצֹוֹת*		Ende; Gesamtheit.
קֶצַח		Schwarzkümmel.
קָצִין I	(IS)	Vorsteher, Anführer.
קָצִין II		→ עֵת קָצִין (Jos 19,13).
קְצִיעָה* I		Zimtblüte.
קְצִיעָה II		n. pr. f. Kezia.
קָצִיץ		→ עֵמֶק קָצִיץ.
קצר, קָצִיר I	(IQ)	Ernte, Ernteertrag.
קָצִיר II	(Q)	Zweig.
קצע I	(Q)	q kratzen.
		hi abkratzen.
קצע II		pu pt. gewinkelt.
		ho pt. gewinkelt.
קצף	(QS)	q zornig sein/werden, zürnen.
		hi erzürnen.
		hitp in Zorn geraten.
קֶצֶף I	(Q)	Zorn.
קֶצֶף II		Hos 10,7 abgeknickter Zweig.
קְצָפָה		Stummel?, Strunk?
[קצפון]	(S)	Ärger.
קצץ	(Q)	q abhauen, stutzen.
		hi (ab)schneiden.
		pi abhauen, zerschneiden; zerhauen, in Stücke schlagen.
		pu pt. abgehauen.
קצר I	(IQS)	q ernten; pt. auch Schnitter.
		hi Ernte halten.
קצר II	(QS)	q kurz, zu kurz sein, verkürzt werden; c. נֶפֶשׁ ungeduldig sein/werden, unmutig sein.
		pi abkürzen.
		hi abkürzen.

קָצֵר*	(Q)	kurz; c. אַפַּיִם jähzornig; c. יָד machtlos; c. יָמִים kurzlebig; c. רוּחַ ungeduldig.
קֹצֶר	(Q)	c. רוּחַ Ungeduld, Kürze.
קְצָת*	(Q)	Ende, Äußerstes; c. מִן am Ende von, einige.
קַר		kühl, kalt.
קִר*		→ קִיר I.
קֹר	(Q)	Kälte.
קרא I	(IQS)	q rufen, anrufen, nennen; berufen; einberufen; ausrufen, verkündigen; einladen; hersagen, lesen, vorlesen; *Jer 36,18* diktieren. ni gerufen, aufgeboten, angerufen werden; benannt, genannt werden; gelesen werden; *I Chr 23,14* zugerechnet werden. pu gerufen, genannt werden.
קרא II	(IQS)	q treffen, begegnen, widerfahren; *inf. auch prp.* entgegen, gegenüber. ni sich treffen lassen; sich zufällig befinden; sich vorfinden. hi treffen lassen.
קֹרֵא I		Rebhuhn, Steinhuhn.
קֹרֵא II		n. pr. m. Kore.
[קראה]	(I)	n. pr.
קרב	(QS)	q sich nähern, nahe kommen; herantreten, hintreten. ni herangebracht werden; sich nähern. pi nahen lassen, nahe bringen, nahe sein, herantreten. hitp sich aufdrängen. hi heranbringen, (dar)bringen; sich nähern; nahe bringen; herantreten lassen.
קְרָב	(QS)	Kampf, Krieg.
קָרֵב		herannahend; der sich nähert.
קָרֹב		→ קָרוֹב.
קֶרֶב	(QS)	Inneres; Leib; Eingeweide; Mitte; c. בְּ mitten unter, inmitten.
[קרבאור]	(I)	n. pr.
קִרְבָה*		Sichnähern.
קָרְבָּן	(IQ)	Darbringung, Gabe.

קָרְבָּן*		Lieferung.
[קרדם]	(S)	Kresse? Ried?
קַרְדֹּם*	(Q)	Axt.
קרה I	(IQST)	q treffen, begegnen, widerfahren; sich ereignen. ni sich treffen lassen, begegnen; sich zufällig befinden. hi begegnen lassen, fügen; sich wählen.
קרה II	(Q)	pi zimmern.
קָרָה		Kälte.
קָרָה*		c. לַיְלָה Pollution.
קֹרָה		→ קוֹרָה.
קָרוֹב I	(QS)	nahe; Nächster, Freund, Verwandter.
קָרֹ(וֹ)ב* II		Ez 23,5.12 kampftüchtig, kampfbereit?
קָרוּת		Sach 14,6 cj. Kälte?, Frost?
קרח		q kahl scheren. ni kahl geschoren werden, sich kahl scheren. hi sich kahl scheren. ho pt. kahl geschoren.
קָרֵחַ		n. pr. m. Kareach.
קֶרַח	(QS)	Frost, Eis.
קֵרֵחַ		Kahlkopf.
קֹרַח	(IQS)	n. pr. m. Korach.
קָרְחָה	(Q)	Glatze.
קָרְחִי		n. gent. Korachiter.
קָרַחַת		kahle Stelle.
[קרי]	(I)	n. pr.
קֶרִי*	(Q)	c. הלך u. עִם sich widersetzen; Begegnung, entgegen?, Feindschaft?
קָרִיא*	(Q)	berufen.
קְרִיאָה		Verkündigung.
קִרְיָה	(QS)	Stadt, Ortschaft.
קְרִיּוֹת		n. l. Kerijot.
קִרְיַת אַרְבַּע		n. l. Kirjat-Arba.
קִרְיַת־בַּעַל		n. l. Kirjat-Baal.
קִרְיַת הָאַרְבַּע		→ קִרְיַת אַרְבַּע.
קִרְיַת הַיְעָרִים		→ קִרְיַת יְעָרִים.

קִרְיַת חֻצוֹת		n. l. Kirjat-Huzot.
קִרְיַת(־)יְעָרִים		n. l. Kirjat-Jearim.
קִרְיַת־סַנָּה		n. l. Kirjat-Sanna.
קִרְיַת־סֵפֶר		n. l. Kirjat-Sefer.
קִרְיָתַיִם		n. l. Kirjatajim.
קרם	(QS)	q überziehen.
[קרמית]	(S)	eine Art Mohn?
קרן		q strahlen. hi Hörner tragen.
קֶרֶן	(QS)	Horn; übertr. Macht; Jes 5,1 Berghalde; Hab 3,4 Strahl.
קֶרֶן הַפּוּךְ		n. pr. f. Keren-Happuch („Schminkhorn").
[קרנוֹ]	(I)	n. pr. m.
קַרְנַיִם		n. l. Karnajim.
קרס		q sich krümmen.
קֶרֶס*		Haken.
קֶרֶס		→ קֶירֹס.
[קרסי*]	(I)	n. gent. Kerositer.
קַרְסֹל		Fußgelenk.
קרע	(Q)	q zerreißen, losreißen, aufreißen; Ps 35,15 lästern. ni zerrissen werden.
קְרָעִים		Lappen, Fetzen.
קרץ	(Q)	q zusammenkneifen, (höhnisch) verziehen. pu abgekniffen, geformt werden.
קֶרֶץ		Moskito.
קַרְקַע I	(Q)	Grund, Boden, Fußboden; Decke.
קַרְקַע II		n. l. Karka.
קרקר		→ קרר II.
קַרְקַר		l. קָדְקֹד (Num 24,17).
קַרְקֹר		n. l. Karkor.
קרר I	(S)	hi kühl halten; erquicken.
קרר II	(Q)	pilp niedertreten, niederreißen?, lärmen?
קֶרֶשׁ	(Q)	Brett; Ez 27,6 Schiffsdeck/Kajütenwand.
קֶרֶת	(S)	Stadt.

קַרְתָּה		n. l. Karta.
קַרְתָּן		n. l. Kartan.
קַשְׂוָה*	(Q)	Kanne, Schale.
קְשִׂיטָה		Kesita (*Zahlungsmittel*).
קַשְׂקֶשֶׂת		Schuppe.
קַשׁ		Stroh; Häcksel.
קִשֻּׁאָה*	(Q)	Gurke.
קשׁב	(IQS)	q aufmerksam sein. hi aufmerken, hinhören.
קַשָּׁב*		aufmerksam.
קַשֵּׁב*		aufmerksam.
קֶשֶׁב		Aufmerksamkeit, Aufmerken.
קשׁה	(QS)	q schwer, hart, schwierig sein. ni pt. bedrückt. pi es schwer haben. hi schwer, hart machen; verhärten; es schwer haben.
קָשֶׁה	(QS)	hart, verhärtet; schwer, schwierig.
קשׁח	(S)	hi verhärten; hart behandeln.
קֹשֶׁט		Wahrheit.
קֹשֶׁט		Bogen.
קְשִׁי	(Q)	Verstocktheit.
קִשְׁיוֹן		n. l. Kischjon.
קשׁר	(QS)	q binden; sich verschwören, verschworen sein; pt. pass. stark. ni sich binden an; sich schließen. pi binden, umbinden. pu pt. stark. hitp sich verschwören.
קֶשֶׁר	(QS)	Verschwörung.
קִשֻּׁרִים		Bänder.
קשׁשׁ	(Q)	q auflesen, sammeln? poel sammeln. hitpo sammeln, sich sammeln.
קַשָּׁת		Bogenschütze.
קֶשֶׁת	(QS)	Bogen; c. בֶּן Pfeil.

ר

רָאָה	(IQST)	q sehen, ansehen; gewahren, wahrnehmen, schauen; betrachten, kennen lernen, kennen, unterscheiden; nachsehen, sich kümmern um, besuchen; ausersehen, auswählen; absehen. ni sich sehen lassen, sichtbar werden/sein, sich zeigen, erscheinen. pu gesehen werden. hi sehen lassen, zeigen; erfahren lassen. ho gezeigt werden. hitp sich gegenseitig ansehen, sich miteinander messen.
רָאָה		roter Milan?
רֹאֶה	(QS)	Seher; Jes 28,7 Vision.
רְאוּבֵן	(Q)	n. pr. m., n. gent. Ruben.
רְאוּבֵנִי, רְאוּבֵנִי		n. gent. Rubeniter; Ruben.
רְאֶוָה		inf. q von רָאה.
רְאוּמָה		n. pr. f. Rëuma.
רְאִי		Spiegel.
רֳאִי		Aussehen; Ansehnlichkeit; Schaustück; c. אֵל El Roï.
[רְאִי]	(S)	Sättigung, reichlich (Sir 34,28).
רְאָיָה	(I)	n. pr. m. Reaja.
רְאֵים		→ רְאֵם.
רֵאשׁוֹן		l. Qere (Hi 15,7).
רְאִית		l. Qere (Koh 5,10) Sehen, Anblick.
ראם		q hochragen.
רְאֵם	(S)	Wildstier.
רָאמוֹת I		Korallen?, Perlen?
רָאמוֹת II		n. l. Ramot.
רָאמֹת		→ רָאמוֹת.
רָאשׁ		pt. q von רוּשׁ.
רֵאשׁ		→ רֵישׁ.
רֹאשׁ I	(IQS)	Kopf, Haupt; Gipfel; Anfang; Oberstes, Äußerstes, Bestes; Spitze, Anführer; Summe; Abteilung.

רֹאשׁ II	(Q)	Giftpflanze, Gift.
רֹאשׁ III		n. pr. m., n. terr. Rosch.
רֹאשָׁה*		frühere Lage, Zeiten.
רֹאשָׁה		c. אֶבֶן Schlussstein, Grundstein.
רִאשׁוֹן	(IQS)	erster; vorangehend, früher, vormalig.
רִאֲשׁוֹת		→ מְרַאֲשׁוֹת.
רֵאשִׁית	(QS)	Anfang, Ausgangspunkt; Erstes, Bestes; Erstling; Dtn 33,21 Erstlingsteil.
רִאשֹׁנִי*		erster.
רַב I	(IQST)	zahlreich, viel, groß; vielfältig; Oberster; genug.
רַב II		Geschoss, Pfeil, Schütze.
רִב		→ רִיב.
רֹב	(QS)	Menge, Fülle.
רַב־מָג		→ מָג.
רַב־סָרִיס		→ סָרִיס.
רַב־שָׁקֵה	(ST)	assyr. Beamtentitel Obermundschenk.
[רבא]	(Q)	n. pr. m.
רבב I	(QS)	q zahlreich, groß sein/werden. pu pt. verzehntausendfacht.
רבב II		q schießen.
רְבָבָה	(S)	große Menge > zehntausend.
רְבִבִים		→ רְבִיבִים.
רבד		q das Lager bereiten.
[רבד]	(Q)	Terrasse.
רבה I	(QS)	q zahlreich, groß sein/werden. pi zahlreich machen; großziehen; gewinnen. hi zahlreich, groß machen, vermehren; viel haben; הַרְבֵּה Menge, viel, sehr.
רבה II		q pt. Schütze.
רַבָּה		n. l. Rabba.
רִבּוֹ, רִבּוֹא	(Q)	zehntausend.
[רבט]	(IS)	hi zeigen.
[רבי]	(I)	Rabbi.
רְבִיבִים	(Q)	Regenschauer.
רָבִיד	(QS)	Halskette.

[רְבִיהוּ]	(I)	n. pr. m.
רְבִיעַ I	(Q)	viertier, vierte, viertes.
רְבִיעַ II	(I)	Viertel.
רְבִיעִי	(IQ)	vierter; f. Viertel, Ez 48,20 Viereck; בְּנֵי רִבֵּעִים Nachkommen in der vierten Generation.
רַבִּית		n. l. Rabbit.
רבך		ho pt. eingerührt.
רִבְלָה	(Q)	n. l. Ribla.
רבע I	(Q)	q da liegen, (sich) begatten. hi sich begatten lassen.
רבע II	(Q)	q pt. pass. viereckig. pu pt. viereckig.
רִבֵּעַ*		Glied der vierten Generation.
רֶבַע I	(I)	Viertel; Seite.
רֶבַע II		n. pr. m. Reba.
רֹבַע I	(Q)	Viertel.
רֹבַע II		Staub.
רִבְעִי	(I)	→ רְבִיעִי.
[רבעת]	(I)	Viertel, → רְבִיעִי.
רבץ	(QS)	q sich niederlegen, lagern; liegen, daliegen. hi sich lagern lassen; belegen.
רֶבֶץ		Lagerplatz.
רִבְקָה	(Q)	n. pr. f. Rebekka.
[רגא]	(I)	n. pr. (m.).
רֶגֶב*	(QS)	Erdscholle.
רגז	(QS)	q erbeben, unruhig sein; sich ereifern; Mi 7,17 zitternd hervorkommen. hi in Erregung versetzen, erregen, aufstören. hitp sich erregen, toben.
רַגָּז		zitternd, bebend.
רֹגֶז	(S)	Aufregung, Erregung; Toben, Zorn.
רְגְזָה		Zittern.
רגל I	(QS)	q verleumden. pi verleumden; herumlaufen lassen, auskundschaften; pt. Kundschafter.

		hi jmd. laufen lehren; mit jmd. verkehren, Umgang haben.
		tifel gehen lehren.
רגל II]	(Q)	*ni?* anbinden?
רֶגֶל	(QS)	Fuß, Bein; *du.* euphemistisch *auch* Schamteil; *pl. auch* -mal; *c.* בְּ *auch* hinter ... her.
רַגְלִי	(S)	Fußgänger.
רֹגְלִים		*n. l.* Roglim.
רגם	(Q)	*q* steinigen.
רֶגֶם I	(Q)	*n. pr. m.* Regem.
רגם II]	(Q)	Stein.
[רִגְמָה]	(Q)	Schritt (*Maßeinheit*).
רִגְמָה*		Haufen, Geschrei?
רגן	(QS)	*q* murren.
		ni murren, verleumden.
[רגן]	(Q)	Murmeln, Grummeln.
רגע I	(S)	*q* erregen.
		hi im Nu tun.
רגע II	(Q)	*q* zur Ruhe kommen, verharschen.
		ni sich ruhig verhalten.
		hi Ruhe schaffen; zur Ruhe kommen, weilen.
[רגע]	(I)	*n. pr.*
רָגֵעַ*		ruhig, still.
רֶגַע	(QS)	Ruhe; Augenblick; im Nu, plötzlich; רֶגַע ... רֶגַע bald ... bald; *pl. c.* לְ immer wieder.
רגש	(QS)	*q* unruhig sein, beben.
רֶגֶשׁ	(Q)	Unruhe, Tumult.
רִגְשָׁה*		Unruhe.
רדד	(Q)	*q* niedertreten, unterwerfen.
		pi unterwerfen.
		hi aufhämmern lassen.
רדה I	(QS)	*q* treten (*Kelter*); herrschen.
		hi niedertreten lassen.
רדה II		*q* abschälen; *Jer 5,31 uns.*
רַדַּי		*n. pr. m.* Raddai.
רְדִיד*		Umschlagtuch.

רדם	(Q)	*ni* tief schlafen; betäubt sein.
רדף	(QS)	*q* hinter jmd./etw. her sein, verfolgen, nachfolgen. *ni* verfolgt werden; *pt.* Verschwundenes. *pi* nachjagen. *pu* verjagt werden. *hi* verfolgen.
[רדף]	(Q)	Verfolgen, Trachten.
רהב	(QS)	*q* bestürmen, zusetzen. *hi* bedrängen, verwirren.
רַהַב	(QS)	Chaosungeheuer Rahab; *auch Bezeichnung für Ägypten*.
רֹהַב*		Drängen?, Stolz?
רָהְגָּה		*n. pr. m.u. n. tr.* Roga, *l. Qere* (I Chr 7,34).
רהה		gelähmt sein (*vor Schreck*)? *o. l.* תִּירָאוּ *q* יְרא (Jes 44,8).
רַהַט*		Tränkrinne; *Cant 7,6 uns.*
רָהִיט*		Dachsparren.
רוב		→ רִיב.
רוֹב		→ רֹב.
רָוֹהְגָּה		*l. Qere* → רָהְגָּה (I Chr 7,34).
רוד		*q* umherschweifen. *hi* umher getrieben werden, sich losreißen?
[רודב]	(Q)	→ רדב.
רוֹדָנִים		*n. gent.* Rodaniter (*Bewohner von Rhodos*).
רוה	(QS)	*q* sich satt trinken. *pi* satt tränken, benetzen. *hi* satt tränken, laben.
רָוֶה	(Q)	satt getränkt, bewässert.
רָוֹהְגָּה		*n. pr. m. l. Qere* (I Chr 7,34) Roga.
רוח I		*q* weit, leicht werden. *pu pt.* weit, geräumig.
רוח II	(QST)	*hi* riechen, spüren, genießen; Wohlgefallen haben; zur Ruhe kommen lassen.
רֶוַח	(Q)	Raum, Abstand; Befreiung.
רוּחַ	(QS)	Hauch, Wehen, Schnauben, Zorn; Atem; Luft; Wind, Sturm, Windrichtung, Himmelsrichtung;

		Leeres, Nichtiges; Geist; Gesinnung, Sinn, Gemüt.
רוחב		→ רֹחַב.
רְוָחָה		Erleichterung; Weite.
רְוָיָה	(Q)	Überfluss.
רוּם	(QST)	q hoch sein/werden, hoch reichen; erhaben sein; sich erheben; sich überheben, stolz sein; pt. hoch, hochragend; erhoben; erhaben; hochmütig, stolz; Dtn 27,14 laut.
		ni sich erheben; sich wegbegeben.
		pol aufziehen; hochwachsen lassen; auftürmen, aufrichten, hochheben; erhöhen; erheben, preisen.
		polal erhoben, erhöht werden/sein.
		hi erheben, hochheben, erhöhen; aufheben, aufrichten; auftragen (Speise); davontragen, wegnehmen, wegschaffen; aufhören; darbringen, spenden.
רוֹם		Höhe.
רוּם	(QS)	Höhe; Hochmut, Stolz.
רוֹמָה		adv. aufrecht o. subst. Höhe.
רוּמָה		n. l. Ruma.
רוֹמָם	(Q)	Lobpreis.
רוֹמְמֻת*		Erhabenheit.
רוֹמַמְתִּי עֶזֶר		→ רֹמַמְתִּי עֶזֶר.
רון I		hitpol zu sich kommen?
רון II		→ רנן.
רוּעַ	(QS)	polal gejubelt werden.
		hi (laut) schreien; Kriegsgeschrei erheben; (Lärm) blasen; jauchzen, zujauchzen.
		hitpol jauchzen.
רוּץ	(QS)	q laufen, sich beeilen; eifrig sein; Hab 2,2 c. קרא geläufig lesen; pt. auch Läufer, Bote.
		pol hin und her fahren.
		hi zum Laufen bringen, wegtreiben; eilig holen, eilig bringen.
רוק		→ רִיק bzw. רֵיק.
רור		→ רִיר.

רוּשׁ	(QS)	*q* arm sein, darben. *pol* arm machen. *hitpol* sich arm stellen.
רוֹשׁ I		→ רֹאשׁ II.
[רוּשׁ II]	(QS)	Armut.
רוּת		*n. pr. f.* Rut.
[רָז]	(QS)	Geheimnis.
רזה		*q* hinschwinden lassen? *ni* hinschwinden.
רָזֶה*	(Q)	mager.
רְזוֹן		*n. pr. m.* Reson.
רָזוֹן I		Abmagerung.
רָזוֹן II		Würdenträger.
רָזִי		Siechtum; Untergang?
רזם		*q* zwinkern.
רזן	(QS)	*q* herrschen, *pt.* Würdenträger.
רחב	(Q)	*q* sich verbreitern; sich weit auftun. *ni pt.* weit, geräumig. *hi* weit, geräumig machen, erweitern; weit aufsperren; Raum schaffen.
רְחֹב I	(Q)	freier Platz.
רְחֹב II		*n. pr. m.*, *n. l.* Rehob.
רָחָב I	(QS)	breit, weit, ausgedehnt; umfassend; *c.* לֵב hochmütig, anmaßend; *c.* נֶפֶשׁ habgierig.
רָחָב II		*n. pr. f.* Rahab.
רֹחַב	(Q)	Breite, Weite.
רְחֹבוֹת		*n. l.* Rehobot.
רְחַבְיָה(וּ)		*n. pr. m.* Rehabja(hu).
רְחַבְעָם	(S)	*n. pr. m.* Rehabeam.
רְחֹבֹת		→ רְחֹבוֹת.
רְחוֹב		→ רְחֹב.
רְחוּם		*n. pr. m.* Rehum.
רַחוּם	(QS)	barmherzig.
רָחוֹק	(QS)	fern, weit, entfernt, entlegen; unzugänglich, schwer fassbar; Abstand, Entfernung.
רָחִיט*		*l. Qere* (*Cant* 1,17) Dachsparren.

רֵחַיִם*	(Q)	Handmühle, Mühlstein.
רָחֵל I		Mutterschaf.
רָחֵל II	(Q)	n. pr. f. Rahel.
רחם	(QST)	q lieben.
		pi lieben, sich erbarmen, barmherzig sein.
		pu Erbarmen, Liebe finden.
רָחָם	(Q)	Aasgeier.
רַחַם I		n. pr. m. Raham.
רֶחֶם, רַחַם II	(IQS)	Mutterleib, Frauenschoß; pl. Inneres, Mitgefühl, Erbarmen.
רַחְמָה*		Frauenschoß > Frau, Beischläferin.
רָחָמָה		Aasgeier.
[רחמון]	(Q)	mitleidend, barmherzig.
רַחֲמִים	(QS)	Mitleid, Güte, Barmherzigkeit.
[רחמן]	(Q)	mitleidend, barmherzig.
רַחֲמָנִי*		mütterlich.
רחף	(Q)	q schlottern.
		pi schweben.
רחץ	(IQ)	q waschen, abspülen, eine Waschung vornehmen; sich waschen.
		pu (ab)gewaschen werden.
		hitp sich waschen.
רַחַץ*	(Q)	Waschen.
רַחְצָה		Schwemme.
רחק	(QS)	q fern sein/bleiben; sich entfernen; sich fern halten.
		ni entfernt werden.
		pi weit entfernen; beseitigen.
		hi (sich) entfernen; (sich) fern halten.
רָחֵק*		sich entfernend.
רָחֹק		→ רָחוֹק.
רחש	(Q)	q erregt sein.
[רחש]	(Q)	Wurm.
רַחַת		Worfschaufel.
רטב	(S)	q nass werden/sein.
רָטֹב	(S)	saftstrotzend.

רָטָה		q stürzen?
רֶטֶט		Schrecken.
רטפש		q kräftig, frisch sein? o. l. יְטֻפַּשׁ (Hi 33,25) fett werden.
רטש	(QS)	pi zerschmettern. pu zerschmettert werden. hitp sich zuwenden? sich selbst aufgeben?
רִי		Nass.
רִיב	(QS)	q einen Rechtsstreit führen, rechten; Ex 21,18 streiten. hi rechten?, streiten?
רִיב	(QS)	Rechtsstreit.
רִיבַי		n. pr. m. Ribai.
רֵיחַ	(QS)	Geruch, Duft.
רִיחִים*		text. uns. Jes 43,14 → בְּרִיחַ?
רֵים		Wildstier → רְאֵם.
רֵיעַ		→ רֵעַ II.
רִיפוֹת		Körner.
רִיפַת		n. pr. m. Rifat.
רִיק	(Q)	hi ausgießen, ausleeren; leer lassen; c. חֶרֶב das Schwert ziehen. ho umgegossen, gereinigt werden (durch Umgießen).
רֵיק	(Q)	leer, nichtig; leichtfertig.
רִיק	(QS)	leer, nichtig, vergeblich; Nichtiges.
רֵיקָם	(Q)	leer, mit leeren Händen; ohne Ursache.
רִיר		q absondern.
רִיר		Speichel, Schleim.
רִישׁ, רֵישׁ	(QS)	Armut.
רִישׁוֹן		→ רִאשׁוֹן.
רַךְ	(Q)	zart, empfindlich, verzärtelt, weichlich; mild; c. לֵבָב zaghaft.
רֹךְ	(Q)	Weichlichkeit.
רכב	(IQS)	q reiten, fahren. hi reiten lassen, fahren lassen; überführen (Leichnam); Hos 10,11 anspannen; II Reg 13,16 legen.

רַכָּב	(Q)	Wagenlenker, Fahrer, Reiter.
רֶכֶב	(Q)	coll. Wagenzug, Streitwagen; Zug; Wagen; oberer Mühlstein.
רֵכָב		n. pr. m. Rechab.
רִכְבָּה		Reiten.
רֵכָבִי*		n. gent. Rechabiter.
רֵכָה		n. l. Recha.
רְכוּב*		Fahrzeug, Wagen.
רְכוּשׁ	(Q)	Besitz, Habe; Ausstattung; Eigenbesitz; Dan 11,13 Tross.
רָכִיל	(Q)	Verleumdung; Verleumder.
רכך	(Q)	q zart, weich, zaghaft sein. pu weich gemacht werden. hi verzagt machen.
[רכל]	(QS)	q pt. Händler, Kaufmann.
רָכָל		n. l. Rachal.
רְכֻלָּה*		Handel; Handelsgut.
[רכן]	(Q)	q murmeln, murren.
רכס		q anbinden.
רֶכֶס*	(Q)	höckriges Gelände, Rundung.
רֹכֶס*		Verschwörung? Umsturz? Zusammenrottung?
רכשׁ		q sammeln, erwerben.
רָכָשׁ		→ רְכוּשׁ.
רֶכֶשׁ		coll. Gespann; Pferde.
רָם		n. pr. m. Ram.
רָם		→ רוּם.
רמה I		q werfen; schießen.
רמה II	(Q)	pi verraten; im Stich lassen; betrügen. hitp ein Verbrechen begehen.
רָמָה I	(Q)	Anhöhe.
רָמָה II	(Q)	n. l. Rama.
רִמָּה	(QS)	Made; Verwesung.
רִמּוֹן I	(QS)	Granatapfelbaum; Granatapfel.
רִמּוֹן II		n. pr. m., n. l. Rimmon; → בֵּית־רִמּוֹן.
רִמּוֹנוּ		n. l. Rimono.

רָמוֹת		→ רָאמוֹת II.
רָמוּת*		Leichenhaufen?
רָמוֹת גִּלְעָד		→ רָמֹת גִּלְעָד.
רֹמַח	(Q)	Lanze.
רְמִיָּה	(Q)	Schlaffheit, Lässigkeit; Täuschung, Trug.
רַמְיָה		n. pr. m. Ramja.
רַמִּים		l. אֲרַמִּים (II Chr 22,5).
רַמָּךְ*		Rennstute?
רְמַלְיָהוּ		n. pr. m. Remalja.
רמם I	(Q)	q hoch sein. ni sich erheben.
רמם II	(S)	q faul, wurmstichig werden. ho verfaulen.
רֹמַמְתִּי עֶזֶר		n. pr. m. Romamti-Eser.
רִמֹּן		→ רִמּוֹן.
רמס	(Q)	q treten, zertreten. ni zertreten werden.
רמשׂ	(Q)	q sich regen; kriechen; wimmeln.
רֶמֶשׂ	(QS)	Getier; Kriechtiere.
רֶמֶת		n. l. Remet.
רָמֹת		→ רָאמוֹת II.
רָמֹת גִּלְעָד		n. l. Ramot-Gilead.
[רמת נגב]	(l)	n. l.
רָמָתִי		n. gent. Ramatiter.
רָמָתַיִם צוֹפִים		n. l. Ramatajim-Zofim.
רֹן*		Jubel?
רנה		q klirren.
רִנָּה I	(Q)	gellender Ruf; Jubel; Klagen, Flehen.
רִנָּה II		n. pr. m. Rinna.
רנן	(QS)	q gellend rufen; jubeln, jauchzen; jammern. pi jubeln, jubelnd preisen. pu gejubelt werden. hi zum Jubeln bringen; jubeln.
[רנן]	(Q)	Jubel.
רְנָנָה	(Q)	Jubel, Jauchzen.

רְנָנִים		*f.* Straußenweibchen.
[רס]	(Q)	Stadion (*Längenmaß*).
רִסָּה		*n. l.* Rissa.
רָסִיס* I		Tropfen.
רָסִיס* II		Bruchstück; Trümmer.
רֶסֶן I		Zaum.
רֶסֶן II		*n. l.* Resen.
רסס		*q* besprengen.
רָע, רַע	(IQS)	schlecht, minderwertig, schadhaft; hässlich; übel, böse, verächtlich; schädlich, Unglück bringend.
רֵעַ I	(Q)	Geschrei, Getöse.
רֵעַ II	(IQS)	Stammverwandter, Volksgenosse, Freund; anderer; Nächster.
רֵעַ* III		Wollen, Absicht, Gedanke.
רֹעַ	(QS)	schlechte Beschaffenheit, Hässlichkeit; Verdrossenheit; Bosheit.
רעב		*q* hungern. *hi* hungern lassen.
רָעָב	(QS)	Hunger; Hungersnot.
רָעֵב	(Q)	hungrig.
רְעָבוֹן		Hunger.
[רעבות]	(Q)	Hunger.
רעד	(QS)	*q* beben. *hi* beben, zittern.
רַעַד	(Q)	Beben, Zittern.
רְעָדָה	(Q)	Beben, Zittern.
רעה I	(IQ)	*q* abweiden; weiden (lassen), hüten, *pt. auch* Hirt; pflegen, sich befassen mit. *hi* weiden.
רעה II	(QS)	*q* sich einlassen mit. *pi* als Brautführer dienen? *hitp* sich einlassen mit.
רָעָה	(IQS)	Böses, Bosheit; Übel, Unheil.
רֵעָה		Freundin, Gefährtin.
רֵעֶה		Freund, Gefährte.

רֹעָה		Brechen, Bersten?, l. רֹעַ (Jes 24,19); l. רָעָה (Prov 25,19).
רְעוּ		n. pr. m. Rëu.
רְעוּאֵל	(T)	n. pr. m. Reguël.
רְעוּת* I		Freundin, Gefährtin, Nächste.
רְעוּת II		Streben, Trachten, Haschen.
רְעִי		Weide.
רֵעִי		n. pr. m. Reï.
רֵעָה, רַעְיָה*	(Q)	Freundin, l. Qere (Jdc 11,37).
רַעְיוֹן		Streben, Trachten, Haschen.
רעל I	(Q)	ni schwanken. hi eine kleine Welle machen.
רעל II	(Q)	ho bedecken.
רַעַל		Taumel.
רְעָלָה*		Schleier.
רְעֵלָיָה		n. pr. m. Reëlaja.
רעם I	(Q)	q brausen, tosen. hi brausen lassen, tosen lassen, donnern (lassen).
רעם II		q verstört sein. hi verstört sein.
רַעַם	(S)	Getöse, Donner.
רַעְמָא		→ רַעְמָה II.
רַעְמָה I		Mähne.
רַעְמָה II		n. pr. m. Rama; n. gent. Ramaïter.
רַעַמְיָה		n. pr. m. Raamja.
רַעַמְסֵס, רַעְמְסֵס		n. l. Ramses.
רען		pi'lel laubreich sein, üppig sein.
רַעֲנָן	(QS)	laubreich, üppig; saftig grün.
רעע I	(QS)	q schlecht, böse, missgünstig, missmutig sein. ni übel behandelt werden, Schlimmes erleiden. hi Schlimmes (an)tun, schaden; verwerflich handeln.
רעע II	(Q)	q zerbrechen, zerschlagen. hitpo zerbersten; Prov 18,24 einander zerschlagen?

רָעַף		*q* triefen; träufeln. *hi* triefen lassen.
רָעַץ		*q* zerschlagen.
רָעַשׁ	(QS)	*q* erschüttert werden; erbeben; *Ps 72,16 uns.* *ni* erbeben. *hi* erschüttern; zum Springen bringen.
רַעַשׁ	(QS)	Beben, Dröhnen, Gerassel; Ungestüm.
רפא	(IQS)	*q* heilen; *pt. auch* Arzt. *ni* geheilt, gesund, heil werden. *pi* heilen, gesund machen; wiederherstellen; für Heilung sorgen; *Jer 38,4* → רפה I. *hitp* sich heilen lassen.
רָפָא	(I)	*n. pr. m.* Rafa.
רְפָאוּת	(QS)	Heilung.
רְפָאִים I		Totengeister.
רְפָאִים II		*n. gent.* Refaïter; עֵמֶק רְפָאִים.
רְפָאֵל	(Q)	*n. pr. m.* Refaël.
רפד	(Q)	*q* ausbreiten. *pi* ausbreiten; erquicken.
רפה I	(IQS)	*q* schlaff werden; ablassen; (nieder)sinken, sich neigen; *c.* יָדַיִם verzagen, mutlos werden; *Jer 49,24* mutlos werden. *ni pt.* faul. *pi* lockern (*Gürtel*); herabhängen lassen; *c.* יָדַיִם entmutigen. *hi* fallen lassen, verlassen; abziehen (*Hand*); ablassen, in Ruhe lassen. *hitp* sich untätig, mutlos zeigen.
רפה II		→ רפא.
רָפָה		*n. pr. m.* Rafa; *n. gent.?*
רָפֶה	(QS)	schlaff, kraftlos; verzagt.
רָפוּא		*n. pr. m.* Rafu.
רְפוּאָה	(QS)	Heilung.
רְפוֹת		→ רִיפוֹת.
רֶפַח		*n. pr. m.* Refach.
רְפִידָה*		Lehne.
רְפִידִים, רְפִדִם		*n. l.* Refidim.

רְפָיָה	(IQ)	n. pr. m. Refaja.
רִפָּיוֹן*	(S)	Schlaffheit.
רפס		→ רפשׁ.
רַפְסֹדוֹת		Flöße.
רפף		poal schwanken.
רפק		hitp sich stützen.
רפשׁ		q trüben. ni pt. getrübt. hitp uns.
רֶפֶשׁ	(Q)	Schlamm.
רֶפֶת*		Stall?
[רפתי]	(I)	n. pr. m.
[רפתן]	(I)	n. l.
רַץ*		Stück?
רצא I		q laufen?
רצא II		→ רצה I.
רצד	(S)	pi scheel, eifersüchtig blicken.
רצה I	(IQS)	q Gefallen, Freude haben, geneigt sein, freundlich gesinnt sein, lieben; billigen; froh werden. ni als wohlgefällig betrachtet, gnädig aufgenommen werden. pi gütig stimmen; anbetteln. hitp sich gefällig machen.
רצה II	(Q)	q bezahlen, abtragen; ersetzt erhalten. ni abgetragen werden. hi abgetragen, ersetzt erhalten.
רָצוֹן	(QST)	Gefallen, Wohlgefallen; Willen, Wunsch, Verlangen; Belieben, Mutwillen; Wohlgefälliges.
רצח	(Q)	q töten, morden. ni getötet werden. pi töten, morden.
רֶצַח		Mord.
רִצְיָא		n. pr. m. Rizja.
רְצִין	(Q)	n. pr. m. Rezin.
רָצִין		q pt. pl. (aram.) von רוץ.
רצע		q durchstechen.
רצף I	(S)	q pt. pass. eingelegt?, gepolstert.

רצף II	(S)	*pi* erglühen lassen, ausbrennen.
רֶצֶף* I		Glühstein.
רֶצֶף II		*n. l.* Rezef.
רִצְפָּה		Pflaster, Mosaikboden.
רִצְפָּה I		Glühkohle.
רִצְפָּה II		*n. pr. f.* Rizpa.
רצץ	(QS)	*q* zerbrechen, knicken; misshandeln. *ni* geknickt werden. *pi* zerschmettern, bedrücken. *poel* bedrücken. *hi* zerschmettern. *hitpo* sich stoßen.
רַק		→ רִיק.
רַק*	(Q)	dünn, dürr; *adv.* nur, bloß; gewiss.
רֹק		Speichel.
רקב	(S)	*q* verfaulen; wurmstichig sein/werden.
רָקָב	(S)	Knochenfraß, Knochenfäule.
רִקָּבוֹן		Morschheit.
רקד	(Q)	*q* springen, hüpfen. *pi* hüpfen, tanzen. *hi* hüpfen lassen.
רַקָּה*		Schläfe.
רַקּוֹן		*n. l.* Rakkon.
רקח	(QS)	*q* Salbe bereiten, mischen. *pu pt.* gemischt, zubereitet. *hi* bereiten?
רַקָּח*		Salbenmischer.
רֶקַח		Würze.
רָקַח*		Salbe.
רֹקַח		Würze, Salbenmischung.
רַקָּחָה*		Salbenmischerin.
רָקִיעַ	(QS)	Firmament, Himmelsgewölbe.
רָקִיק	(Q)	Fladen.
רקם	(Q)	*q* sticken, *pt.* Buntwirker. *pu* gewirkt, gebildet werden.
רֶקֶם	(Q)	*n. pr. m., n. l.* Rekem.

רִקְמָה	(Q)	Buntes, Buntgewirktes.
רקע	(QS)	q stampfen, breit- und festtreten; ausbreiten. pi breit hämmern; überziehen. pu pt. breitgehämmert. hi breit hämmern, ausbreiten.
רִקֻּעַ*		Gehämmertes.
רקק	(Q)	q ausspeien.
רַקַּת		n. l. Rakkat.
רָשׁ		arm.
[רשה]	(QS)	q Gewalt, Autorität haben. hi erlauben, jmd. Gewalt geben. ho Erlaubnis bekommen.
רִשְׁיוֹן		Genehmigung; Ermächtigung.
[רשיע]	(Q)	schlecht, frevlerisch.
[רשיש]	(S)	schwach.
רֵשִׁית		→ רֵאשִׁית.
רשם	(Q)	q aufzeichnen.
רשע	(QS)	q freveln; schuldig sein/werden. hi für schuldig erklären, schuldig sprechen; als Frevler/Schuldigen behandeln; freveln, sich schuldig machen, schuldig werden.
רָשָׁע	(QS)	schuldig; Frevler; Gottloser.
רֶשַׁע	(QS)	Unrecht, Schuld; Frevel; Gottlosigkeit.
רִשְׁעָה	(Q)	Vergehen; Schuld; Frevel; Gottlosigkeit.
רִשְׁעָתַיִם		→ כּוּשַׁן רִשְׁעָתַיִם.
[רשף]	(S)	auflodern? brennen?
רֶשֶׁף I	(QS)	Brand, Flamme; Blitz; Seuche.
רֶשֶׁף II		n. pr. m. I Chr 7,25, n. d. Hi 5,7 Reschef.
רשש	(S)	q Mangel haben. poel zerstören. pu zerschlagen werden/sein.
רֶשֶׁת	(QS)	Netz, Gitter.
רַתּוֹק		Kette?
רתח	(QS)	pi zum Sieden bringen. pu zum Sieden gebracht werden, wallen. hi zum Sieden bringen.
רֶתַח		l. נְתָחֶיהָ (Ez 24,5).

רְתִיקָה		l. Qere (I Reg 6,21) Kette.
רתם		q anspannen?
רֹתֶם		Ginster.
רִתְמָה		n. l. Ritma.
רתק	(Q)	q binden. ni gefesselt sein. pu gefesselt werden.
רְתָקוֹת		Ketten.
רְתֵת	(Q)	Schrecken.

שׁ

שְׂאֹר		Sauerteig.
שְׂאֵת I	(Q)	Erhebung, Auffahren; Erhabenheit, Hoheit.
שְׂאֵת II	(Q)	f. Fleck, Mal.
שְׂבָכָה		Flechtwerk, Netz; Gitter.
[שבכי]	(S)	verflochten.
שְׂבָם		n. l. Sebam.
שְׂבְמָה		n. l. Sibma.
שׂבע	(IQS)	q satt werden/sein, sich sättigen; gesättigt sein/werden; satt haben, überdrüssig sein. ni pt. gesättigt. pi sättigen. hi sättigen.
שֹׂבַע	(Q)	Sättigung, Fülle.
שָׂבָע	(I)	Sättigung; Fülle, Überfluss.
שָׂבֵעַ	(Q)	satt, gesättigt; reich.
שָׂבְעָה	(Q)	Sättigung, Sattheit.
שִׂבְעָה*	(Q)	Sättigung, Sattheit.
שׂבר	(Q)	q prüfen. pi hoffen, warten.
שֵׂבֶר*		Hoffnung.
שׂגא		hi groß machen, Größe geben; preisen.
שׂגב	(Q)	q hoch werden; unzugänglich sein. ni hoch, unzugänglich, geschützt sein; erhaben sein; unbegreiflich sein.

		pi hoch, unzugänglich machen; schützen, retten; groß machen.
		pu geschützt sein/werden.
		hi groß sein.
שָׂגַג	(Q)	*pilp* groß werden lassen.
		hitpalp hoch wachsen.
שָׂגָה		*q* groß werden, wachsen.
		hi groß machen, vermehren.
שְׂגוּב		*n. pr. m.* Segub.
שַׂגִּיא		groß, erhaben.
שְׂגִיב		*l.* Qere (*I Reg 16,34*).
שִׂגְשֵׂג		→ שָׂגַג.
שָׂדַד	(S)	*pi* pflügen; eggen.
שָׂדֶה	(IQS)	(freies) Feld, Flur; Gebiet, Grundstück; Festland.
שָׂדַי	(S)	Feld, Acker.
שִׂדִּים		*n. l.* Siddim.
שְׂדֵרָה*		Reihe; *pl. auch* Bereich; *I Reg 6,9* bautechnischer Ausdruck.
שֶׂה	(Q)	Schaf; Ziege.
שָׂהֵד*	(Q)	Zeuge.
שָׂהֲדוּתָא		→ *aram. Teil* שָׂהֲדוּ.
שַׂהֲרֹנִים		Möndchen (*Schmuck*).
שׂוֹא		*inf. cs. von* נשׂא? (*Ps 89,10*).
[שׂוֹאָה]	(S)	Erwerbung?
שׂוֹבֶךְ		Geäst, Dickicht.
שׂוּג I		→ סוּג I.
שׂוּג II		→ שָׂגַג.
שׂוּחַ		*q uns.*
שׂוּט	(S)	*q* abweichen; sich verstricken.
שׂוּךְ	(Q)	*q* umzäunen; verzäunen, versperren.
שׂוֹךְ*		Buschwerk.
שׂוֹכָה*		Buschwerk.
שׂוֹכֹה, שׂוֹכוֹ	(I)	*n. l.* Socho.
שׂוּכָתִים		*n. gent.* Suchatiter.
שׂוּם		→ שִׂים.

שׁוּר I		vgl. שׂרה.
		q streiten, kämpfen.
		hi Beamte einsetzen.
שׂוּר II		q sägen, zersägen.
שׂוּר III		→ סוּר.
שׂוּר IV		→ שׂרר.
שׂוֹרָה		Hirse?
שׂוֹרֵק		→ שֹׂרֵק.
שׂוֹשׂ	(QS)	q sich freuen.
שַׂח*		Sinnen.
שׂחה		q schwimmen.
		hi überschwemmen.
שָׂחוּ		Überschwemmen, Schwimmen.
שְׂחוֹק		→ שְׂחֹק.
שׂחט		q auspressen.
שָׂחִיף*		Ez 41,16 uns.
שׂחק	(QS)	q lachen, scherzen; spotten.
		pi scherzen, spielen, tanzen; belustigen; II Sam 2,14 ein Kampfspiel aufführen.
		hi (ver)spotten.
שְׂחֹק		Lachen, Scherzen; Gespött.
שֵׂטִים, סֵטִים*		Abweichung.
שׂטה	(S)	q abweichen; untreu werden.
שׂטם	(Q)	q anfeinden, anklagen, verfolgen.
[שטמה*]	(Q)	Anfeindung, Hass.
שׂטן	(Q)	q anfeinden; sich widersetzen.
שָׂטָן	(Q)	Widersacher, Gegner, Ankläger; Satan.
שִׂטְנָה I		Anklage(schrift).
שִׂטְנָה II		n. l. Sitna.
שִׂיא*		Hoheit, Hochmut.
שִׂיאֹן		n. l. Sion.
שׂיב	(S)	q grau, alt sein/werden.
שֵׂיב*		graues Haar; hohes Alter.
שֵׂיבָה	(QS)	graues Haar; hohes Alter.
שִׂיג	(S)	unterwegs, auf Reisen?; Stuhlgang?

שִׂיד	(Q)	q kalken, übertünchen.
שִׂיד	(Q)	Kalk.
שִׂיחַ	(QS)	q sich befassen, bedenken; reden (*auch klagend*). pol sich befassen, bedenken.
שִׂיחַ I	(Q)	Strauch.
שִׂיחַ II	(QS)	Anliegen; Sorge; Klage; *Ps 104,34* Dichten; *II Reg 9,11* Geschwätz.
שִׂיחָה	(QS)	Betrachtung, Andacht.
שִׂים	(IQS)	q setzen, stellen, legen; aufstellen; einsetzen, festsetzen, bestimmen; geben, machen zu; richten auf; *Gen 45,7*; *II Sam 14,7* sichern. hi zu etwas machen. ho gesetzt werden.
[שִׂימָה]	(QST)	Tun, Legen; Schatz.
שִׂישׂ	(QS)	→ שׂוּשׂ.
שָׂךְ*		Hütte? Umzäunung?
שֵׂךְ*		Dorn; Splitter.
שׂוֹכָה		→ שׂוֹכָה.
שַׂכָּה*		Harpune.
שְׂכוּ		*n. l.* Sechu.
שֶׂכְוִי		Hahn.
שׂכך		→ שׂוּךְ.
שְׂכִיָּה*		Schiff.
שְׂכִיָה		*n. pr. m.* Sachja.
שַׂכִּין		Messer.
שָׂכִיר	(QS)	gemietet; Taglöhner; *pl. auch* Söldner.
שְׂכִירָה		Dingen, Anmieten, *o. f.* → שָׂכִיר.
שׂכך		q decken.
שׂכל I	(QS)	q Erfolg haben. pi → סכל. hi verstehen, einsehen, Einsicht haben; einsichtig machen, belehren; Erfolg haben; einsichtig, fromm handeln.
שׂכל II	(Q)	pi kreuzen, kreuzweise legen.
שֶׂכֶל, שֵׂכֶל	(QS)	Einsicht, Verstand.
שִׂכְלוּת	(S)	→ סִכְלוּת.

שָׂכַר	(QS)	q in Dienst nehmen, dingen; mieten; *Gen 30,16* erkaufen. *ni* sich verdingen. *hitp* sich verdingen.
שָׂכָר I	(QS)	Lohn.
שָׂכָר II		*n. pr. m.* Sachar.
שֵׂכֶר		Lohn.
[שׂלה]	(Q)	Frechheit, Anmaßung.
שְׂלָו		Wachtel.
שַׂלְמָא		*n. pr. m.* Salma.
שַׂלְמָה I	(Q)	Mantel.
שַׂלְמָה II		*n. pr. m.* Salma.
שַׂלְמוֹן		*n. pr. m.* Salmon.
[שׂלקן]	(I)	*n. pr. m.*
שְׂמֹאל, שְׂמֹאול	(IQ)	linke Seite; links; Norden; nordwärts.
שׂמאל	(Q)	*hi* nach links gehen; *I Chr 12,2* die linke Hand gebrauchen.
שְׂמָאלִי	(Q)	links.
שׂמח	(QS)	*q* sich freuen, fröhlich sein. *pi* erfreuen, fröhlich machen, fröhlich sein lassen. *hi* jmd. erfreuen.
שָׂמֵחַ	(Q)	freudig, froh.
שִׂמְחָה	(QS)	Freude, Fröhlichkeit.
שְׂמִיכָה		Decke? Teppich?
שִׂמְלָה	(QS)	Mantel, Obergewand; Kleidung.
שַׂמְלָה	(S)	*n. pr. m.* Samla.
שְׂמָמִית		Gecko.
שׂנא	(QS)	*q* hassen, Widerwillen empfinden; geringschätzen; *pt. auch* Feind. *ni* gehasst werden. *pi* hassen; *pt. auch* Feind.
שִׂנְאָה	(Q)	Hass, Feindschaft.
שָׂנִיא*		zurückgesetzt.
שְׂנִיר		*n. l.* Senir.
שָׂעִיר I	(Q)	Ziegenbock; Bocksdämon.

שָׂעִיר II	(Q)	Regenschauer.
שֵׂעִיר	(QS)	n. l., n. terr. Seïr.
שְׂעִירָה* I		Ziege.
שְׂעִירָה* II		n. l. Seïra.
שְׂעִפִּים	(Q)	beunruhigende Gedanken; Grübeleien.
שׂער I	(Q)	q Schauder empfinden.
שׂער II		q hinwegfegen. ni stürmen (unpersönlich). pi im Sturm wegraffen. hitp anstürmen.
שׂער III		q kennen.
שָׂעִר		haarig.
שַׂעַר I		Schauder.
שַׂעַר II		Sturm.
שֵׂעָר	(Q)	Behaarung, Haar.
שְׂעָרָה	(Q)	Sturm, Sturmwind.
שְׂעֹרָה	(IQ)	Gerste.
שַׂעֲרָה	(Q)	Haar.
שְׂעֹרִים	(Q)	n. pr. m. Seorim.
שָׂפָה	(QS)	Lippe; Sprache; Rand, Ufer; Saum.
שׂפח		pi aufdecken?, grindig machen?
שָׂפָם		Schnurrbart.
שִׂפְמוֹת		n. l. Sifmot.
שׂפן		q verbergen.
שׂפק I		q (in die Hände) klatschen. hi Jes 2,6 Handschlag tauschen o. שׂפק II.
שׂפק II		q reichen, genügen. hi Jes 2,6 Überfluss haben o. שׂפק I.
שֶׂפֶק, שָׂפֶק*		Überfluss.
שַׂק	(Q)	härenes Zeug; Trauerschurz, Sack.
שׂקד		ni achten auf?
שׂקר		pi c. עֵינַיִם verführerische Blicke werfen.
שַׂר	(IQS)	Beamter, Befehlshaber, Leiter; Edler, Vornehmer; Vorsteher, Oberster; auch von Himmelswesen.
[שראל]	(I)	n. pr., n. l.

שַׂרְאֶצֶר, שַׂר־אֶצֶר		n. pr. m. Sarezer.
שַׂר־סְכִים		n. pr. m. Sarsechim.
שׂרג	(Q)	pi flechten, weben.
		pu verflochten sein.
		hitp sich verflechten.
שׂרד		q entkommen.
שָׂרָד	(Q)	Gewebe.
שֶׂרֶד		Rötel, Ahle, Reißstift.
שׂרה	(Q)	q streiten.
שָׂרָה* I	(Q)	Herrin; Fürstin, Vornehme.
שָׂרָה II	(QT)	n. pr. f. Sara.
שְׂרוּג		n. pr. m. Serug.
שְׂרוֹךְ*		Sandalriemen > Kleinigkeit.
שֶׂרַח	(Q)	n. pr. f. Serach.
שׂרט		q Einschnitte machen.
		ni sich wundreißen.
שֶׂרֶט		Einschnitt.
שָׂרֶטֶת*	(Q)	Einschnitt.
שָׂרַי		n. pr. f. Sarai.
[שריאל]	(Q)	n. pr. m.
שָׂרִיג*	(Q)	Ranke.
שָׂרִיד I	(QS)	Entronnener.
שָׂרִיד II		n. l. Sarid.
שְׂרָיָה(וּ)	(Q)	n. pr. m. Seraja(hu).
שִׂרְיוֹן		n. l. Sirjon.
שָׂרִיק*		gekämmt, gehechelt.
שׂרך		pi hin- und herlaufen.
[שרמלך]	(I)	n. pr. m.
שׂרע		q pt. pass. gestreckt > missgebildet.
		hitp sich ausstrecken.
שַׂרְעַפִּים*		beunruhigende Gedanken; Grübeleien.
שׂרף I	(QS)	q brennen, verbrennen.
		ni verbrannt werden.
		pu verbrannt werden.
שׂרף II		= סרף pi.

שָׂרָף I	(Q)	Schlange; Saraf.
שָׂרָף II		n. pr. m. Saraf.
שְׂרֵפָה	(Q)	Brand; Verbrennen; Brandstätte; Gebranntes.
שׂרק* I		(*Flachs*) kämmen, hecheln, *cj. Jes 19,9* für שְׂרִיקוֹת.
[שׂרק II]	(S)	*hi* leuchten, glänzen.
שָׂרִק*		rot; *pl.* edle Trauben.
שֹׂרֵק I		hellrote, edle Traubenart.
שׂרֵק II		n. l. Sorek.
[שׂרק III]	(*l*)	n. pr. m.
שְׂרֵקָה		Weinstock.
שׂרר	(Q)	*q* herrschen, vorstehen. *hi* Beamte einsetzen. *hitp* sich zum Herrn aufwerfen.
שָׂשׂוֹן	(QS)	Freude, Jubel.
שֵׂת*		Auffahren.
שׂתם		*q* unerhört bleiben.
שׂתר		*ni* ausbrechen.

שׁ

שְׁ, שֶׁ, שַׁ	(IQS)	*Relativpartikel*; בְּשֶׁלְּמִי durch wen; dass; weil; *c.* כְּ wie.
שְׁא		Verwüstung?
שׁאב	(Q)	*q* schöpfen.
שׁאג	(Q)	*q* brüllen, schreien.
שְׁאָגָה		Brüllen, Schreien.
שׁאה I		*q* öde liegen. *ni* verwüstet sein. *hi* verwüsten.
שׁאה II		*ni* brausen.
שׁאה III		*hitp* betrachten.
שֹׁאָה		→ שׁוֹאָה.
שַׁאֲוָה		*l. Qere* (Prov 1,27).
שְׁאוֹל	(QST)	Scheol, Unterwelt, Totenreich.

שָׁאוּל	(IQ)	n. pr. m. Saul.
שָׁאוּלִי		n. gent. Sauliter.
שָׁאוֹן I	(QS)	Brausen, Lärmen, Tosen.
שָׁאוֹן II	(Q)	Öde?, Verderben?
שְׁאָט		Verachtung.
שְׁאִיָּה		Verödung.
שָׁאַל	(IQS)	q (er)fragen; verlangen, fordern; erbitten, wünschen; pt. pass. geliehen. ni sich Urlaub erbitten. pi fragen; betteln. hi eine Bitte gewähren; leihen.
שְׁאָל		n. pr. m. Scheal.
שְׁאָלָה		l. שְׁאֵלָה (Jes 7,11).
שְׁאֵלָה	(QS)	Bitte.
[שאלה]	(I)	n. pr. m.
שְׁאַלְתִּיאֵל		n. pr. m. Schealtiël.
שׁאן		pil sorglos sein.
שְׁאָן		→ בֵּית־שְׁאָן.
שַׁאֲנָן		sorglos, sicher; II Reg 19,28; Jes 37,29 Stolz o. l. שַׁאֲוֺנְךָ.
שׁאסֶיךָ		pt. q c. Sf. von שסה.
שׁאף I		q schnappen, lechzen; nachstellen.
[שׁאף II]	(Q)	q zertreten, zermalmen.
שׁאר	(QS)	q übrig sein. ni übrig gelassen werden, übrig bleiben; zurück bleiben, bleiben. hi übrig lassen, zurück lassen; übrig behalten.
שְׁאָר	(Q)	Rest, Übriges.
שְׁאֵר	(QS)	Fleisch, Leib; Blutsverwandter.
שְׁאָר יָשׁוּב		n. pr. m. Symbolname.
שַׁאֲרָה		l. שַׁאֲרָה (Lev 18,17).
שֶׁאֱרָה		n. pr. f. Scheëra.
שְׁאֵרִית	(QS)	Rest, Übriges; Nachkommenschaft.
שְׁאֵת	(QS)	Verödung.
שְׁבָא		n. pr. m., n. gent., n. terr. Saba.
שְׁבָאִים		n. gent. Sabäer.

שְׁבָאֵל	(I)	→ שְׁבוּאֵל.
שְׁבָבִים	(Q)	Splitter.
שׁבה	(Q)	q gefangen wegführen. ni gefangen weggeführt werden.
שְׁבוֹ		*Edelstein*: Achat.
שְׁבוּאֵל	(I)	n. pr. m. Schebuël.
שָׁבוּעַ	(Q)	Siebent; Woche; שָׁבֻעוֹת (חַג) Wochenfest.
שְׁבוּעָה	(QS)	Schwur, Eid.
שְׁבוּר		Bruch.
שְׁבוּת	(Q)	Wendung, Gefangenschaft; c. שׁוּב *auch* Geschick wenden.
שְׁבוּת*		l. שְׁבִית.
שׁבח I	(QS)	pi loben, preisen; glücklich preisen. hitp sich rühmen.
שׁבח II	(Q)	pi beschwichtigen. hi beschwichtigen.
[שׁבח]	(QS)	Lob.
שְׁבָט	(Q)	Schebat (*Monatsname, Januar/Februar*).
שֵׁבֶט	(QS)	Stab, Stock; Zepter; Wurfspieß; Stamm.
שְׁבִי*	(Q)	gefangen weggeführt.
שְׁבִי		Wegführung; Gefangenschaft; Gefangene.
שֹׁבִי*	(IQ)	n. pr. m. Schobai.
שׁבִי		n. pr. m. Schobi.
שָׁבִיב*	(QS)	Funke, Flamme.
שִׁבְיָה	(Q)	Wegführung; Gefangenschaft; Gefangene.
שְׁבִיל*	(QS)	Pfad.
שָׁבִיס*		Stirnband.
שְׁבִיעִי	(IQ)	siebenter.
שְׁבִית		l. שְׁבִית.
שְׁבִית		Gefangenschaft; c. שׁוּב *auch* Geschick wenden.
שֹׁבֶל	(Q)	Schleppe, Rocksaum.
שַׁבְלוּל		Schnecke?
שִׁבֹּלֶת I	(Q)	Ähre; Büschel.
שִׁבֹּלֶת II	(QS)	Flut, Strom.
שֶׁבְנָא		n. pr. m. Schebna.

שֶׁבְנָה		n. pr. m. Schebna.
שְׁבַנְיָה(וּ)	(I)	n. pr. m. Schebanja(hu).
שׁבע	(IQT)	q pt. pass. → שְׁנוּעָה. ni schwören; beschwören. hi schwören lassen; beschwören, eindringlich bitten.
שֶׁבַע I	(IQS)	sieben; Siebenzahl; adv. siebenmal; du. siebenfach.
שֶׁבַע II	(I)	n. pr. m., n. l. Scheba.
שִׁבְעָה		→ שְׁבוּעָה.
שִׁבְעָה		n. l. Schiba.
שִׁבְעִים	(QS)	siebzig.
שִׁבְעָנָה		l. שִׁבְעָה (Hi 42,13) sieben.
[שבעת]	(I)	n. pr.
שִׁבְעָתַיִם	(QS)	siebenfach, sieben Mal.
שׁבץ		pi in Mustern weben. pu pt. eingefasst.
שָׁבָץ		Krampf?, Schwäche(anfall)?
שׁבר I	(QS)	q zerbrechen, zerschlagen, zermalmen; vernichten; Ps 104,11 stillen (Durst). ni zerbrochen, zerschlagen werden; zerbrechen. pi zerschmettern. hi durchbrechen lassen. ho gebrochen sein.
שׁבר II		q einkaufen; Getreide einkaufen. hi verkaufen.
שֶׁבֶר, שֵׁבֶר I	(QS)	Brechen, Bruch; Zusammenbruch; Jdc 7,15 Auflösung, Deutung; Ps 60,4 Riss.
שֶׁבֶר II	(I)	Getreide.
שֶׁבֶר III		n. pr. m. Scheber.
שִׁבָּרוֹן		Zusammenbrechen, Zusammenbruch.
שְׁבָרִים		n. l.? Jos 7,5 Steinbruch.
שׁבת	(IQS)	q aufhören; stocken; feiern, ruhen; c. שַׁבָּת Sabbat halten; Thr 5,14 fern bleiben. ni zum Aufhören gebracht werden, verschwinden. hi zum Aufhören bringen, ein Ende machen; wegschaffen, beseitigen; Ex 5,5 ruhen lassen;

		Dtn 32,26 auslöschen; Jos 22,25 abbringen; Jes 30,11 in Ruhe lassen.
שַׁבָּת	(IQ)	Sabbat; Lev 23,15; 25,8 Woche; Lev 26,34f.43; II Chr 36,21 Sabbatjahr.
שָׁבַת	(Q)	Aufhören; Untätigsein.
שַׁבָּתוֹן	(Q)	Sabbatfeier; Ruhetag.
שַׁבְּתַי		n. pr. m. Schabbetai.
שׁגג	(Q)	q sich unwissentlich verfehlen, irregehen.
שְׁגָגָה	(Q)	Versehen, „Irrtumssünde", unabsichtliche Sünde.
שׁגה	(QS)	q umherirren; irren; sich vergehen; taumeln. hi irreführen, abirren lassen.
שָׁגֵה		n. pr. m. Schage.
שׁגח	(S)	hi blicken, schauen.
שְׁגִיאָה*		Verfehlung.
שִׁגָּיוֹן		term. tech. Kultlied > Klagelied?
שׁגל		q schänden. ni beschlafen, vergewaltigt werden. pu beschlafen, vergewaltigt werden.
שֵׁגָל		f. Frau des Königs.
שׁגע	(Q)	pu pt. rasend, verwirrt, verrückt. hitp sich rasend gebärden.
שִׁגָּעוֹן	(Q)	Raserei, Verrücktheit.
שֶׁגֶר	(QS)	Wurf (Tier).
שַׁד*	(Q)	Brust.
שֵׁד*	(Q)	Dämon.
שַׁד I		Brust.
שֹׁד II	(QS)	Gewalttat; Verheerung.
שׁדד	(QS)	q gewalttätig sein, Gewalttat üben; verheeren, verwüsten. ni verheert sein. pi misshandeln; zerstören. pu verheert werden. poel verheeren. ho verwüstet werden.
[שדדה]	(S)	Verheerung.
שִׁדָּה I		Dame? Herrin? Konkubine?

שׂדה II]	(Q)	Kasten.
שַׁדַּי	(Q)	n. d. Schaddai.
שְׁדֵיאוּר		n. pr. m. Schedëur.
שַׁדִין		l. יֵשׁ דִּין o. יֵשׁ דַּיָּן (Hi 19,29).
[שׁדך]	(Q)	Ruhe, Heiterkeit.
שְׁדֵמָה		Feld; Terrasse.
שׁדף		q pt. pass. ausgetrocknet, versengt.
שְׁדֵפָה		Ausgetrocknetes, Versengtes.
שִׁדָּפוֹן	(Q)	Getreidebrand.
שַׁדְרַךְ		n. pr. m. Sadrach.
שֹׁהַם I	(Q)	Edelstein: Beryll, Karneol.
שֹׁהַם II		n. pr. m. Schoham.
שהתם		böse sein? offensein?
שׁוּ		l. שָׁוְא (Hi 15,31).
שְׁוָא		n. pr. m. Schewa.
שָׁוְא	(QS)	Wertloses, Nichtiges; Trug, Falschheit; adv. umsonst, vergeblich, unnütz.
שׁוֹא*		Ps 35,17 Verwüstungen?
[שׁוא I]	(Q)	3Q15 1,13 Angriff.
[שׁוא II]	(Q)	3Q15 8,10 → עֵמֶק שָׁוֵה.
שׁוֹאָה	(QS)	Unheil; Unwetter; Verderben.
שׁוּב	(IQS)	q zurückkehren, umkehren; (sich) wenden; sich zuwenden; sich abwenden; wieder tun, wieder sein/werden. pol zurückbringen; verleiten; führen; wiederherstellen. polal wiederhergestellt werden; abtrünnig werden. hi zurückbringen, zurückführen, zurückkommen lassen; zurückgeben; erstatten; heimzahlen, vergelten; zurücktreiben; wehren; zurückbiegen (Hand); zurückziehen, abwenden; rückgängig machen, widerrufen; zurückhalten, abhalten, abweisen; antworten, melden, Bescheid geben. ho zurückgebracht, zurückgeführt, zurückgegeben, erstattet werden.
שׁוּבָאֵל		n. pr. m. Schubaël.

שׁוֹבָב I	(Q)	abtrünnig.
שׁוֹבָב II		n. pr. m. Schobab.
שׁוֹבֵב		abtrünnig.
שׁוּבָה	(Q)	Abkehr (*vom Krieg*), Umkehr.
שׁוֹבָךְ		n. pr. m. Schobach.
[שׁוֹבָךְ]	(Q)	Taubenschlag.
שׁוֹבָל		n. pr. m. Schobal.
שׁוֹבֵק		n. pr. m. Schobek.
שׁוה I	(Q)	q gleich sein/werden; *pt. auch* gemäß; genügend. ni l. נִשְׁוְתָה (*Prov 27,15*) sich gleichen. pi gleich, eben machen, beschwichtigen. hi gleichstellen; vergleichen. hitp? → ni.
שׁוה II		pi stellen; legen. Hi 30,22 l. תְּשִׁאָה.
שָׁוֶה*		Ebene? Unland?
שָׁוֶה		→ עֵמֶק שָׁוֶה.
שׁוח	(Q)	q sinken, sich senken. hitpol sinken lassen.
שׁוּחַ I		n. pr. m. Schuach.
[שׁוח II]	(Q)	Grube.
[שׁוחד]	(Q)	→ שֹׁחַד.
שׁוּחָה I	(Q)	Fanggrube; Abgrund.
שׁוּחָה II		n. pr. m. Schuha.
שֹׁרְחָט		l. Ketib (*Jer 9,7*) → שׁחת.
שׁוּחִי		n. gent. Schuhiter.
שׁוּחָם		n. pr. m. Schuham.
שׁוּחָמִי		n. gent. Schuhamiter.
שׁוט I	(Q)	q umherstreifen, schweifen; *Ez 27,8* rudern. pol umherschweifen. hitpol umherirren.
שׁוט II		q verachten.
שׁוֹט I	(QS)	Peitsche, Geißel.
שׁוֹט II	(Q)	Wasserflut.
שׁוּל*	(Q)	Schleppe; Saum.

שׁוֹלָל		barfuß.
שׁוּלַמִּית		n. gent. f. Sulamitin.
שׁוּמִים, שׁוּם*		Knoblauch.
[שׁוּם]	(Q)	Schätzung, Wertermittlung.
שׁוֹמֵר		n. pr. m. Schomer.
שׁוּנִי		n. pr. m. Schuni; n. gent. Schuniter.
שׁוּנֵם		n. l. Schunem.
שׁוּנַמִּית*		n. gent. f. Sunamitin.
שׁוע I	(QS)	hi um Hilfe schreien lassen. pi um Hilfe rufen.
[שׁוע II]	(QS)	q schmieren. hi beschmieren.
שֶׁוַע*		Hilferuf.
שׁוֹעַ I	(Q)	edel, vornehm.
שׁוֹעַ II		n. gent. Schoa.
שׁוּעַ I		text. corr. Hilferuf?
שׁוּעַ II		n. pr. m. Schua.
שׁוּעָא		n. pr. f. Schua.
שַׁוְעָה*	(QS)	Hilferuf.
שׁוּעָל I		Fuchs.
שׁוּעָל II	(I)	n. pr. m., n. l. Schual.
שׁוֹעֵר	(I)	Torhüter.
שׁוּף		vgl. שׁאף. q jmd. hart angreifen, zermalmen.
שׁוֹפָךְ		n. pr. m. Schofach, → שׁוֹבָךְ.
שׁוּפָמִי		n. gent. Schufamiter.
שׁוֹפָן		→ עֲטֶרֶת שׁוֹפָן.
שׁוֹפָר	(Q)	Widderhorn, Horn.
שׁוּק	(S)	pol überströmen lassen. hi überfließen.
שׁוֹק	(Q)	Schenkel, Keule.
שׁוּק	(Q)	Straße.
שׁוּר I	(Q)	q blicken, schauen; lauern.
שׁוּר II		q herabsteigen; pt. Karawane.
שׁוֹר	(QS)	Rind, Stier.

שׁוּר I		Mauer.
שׁוּר II		Ps 92,12 Feind?
שׁוּר* III	(Q)	n. l. Schur.
שׁוּרָה*	(Q)	Stützmauer, Reihe.
שׁוֹרֵר*		Feind.
שַׁוְשָׁא		n. pr. m. Schawscha.
שׁוֹשָׁן I	(QS)	Lilie, Lotosblume; sechssaitig.
שׁוּשַׁן II		n. l. Susa.
שׁוֹשַׁנָּה	(Q)	→ שׁוֹשָׁן I.
שׁוּשַׁק		l. Qere (I Reg 14,25) → שִׁישַׁק.
שׁוּת		→ שִׁית.
שׁוּתֶלַח		n. pr. m. Schutelach.
[שׁוּתָף]	(S)	Partner.
שָׁזַף	(Q)	q erblicken; bräunen (Sonne).
שָׁזַר	(Q)	pu pt; ho pt. gezwirnt.
שַׁח		niedergeschlagen (Augen).
שָׁחַד	(S)	q beschenken.
שֹׁחַד	(QS)	Geschenk; Bestechung.
שָׁחָה	(QS)	q sich bücken. hi niederdrücken. hitpal? → חוה II.
[שְׁחוֹה]	(S)	Ruin, Untergang.
שְׁחוֹר		Schwärze, Ruß.
שָׁחוֹר		→ שִׁיחוֹר.
שָׁחוּת*		Grube?
שָׁחַח	(QS)	q sich ducken (müssen); gebeugt, gedemütigt werden. ni geduckt, gebeugt werden; gedämpft werden; gedämpft klingen. hi ducken, niederbeugen, niederwerfen.
שָׁחַט I	(Q)	q schlachten, töten. ni geschlachtet werden.
שָׁחַט II		q pt. pass. gehämmert?; legiert?
שַׁחֲטָה		Hos 5,2 text. corr.
שְׁחִי		→ שׁוּחִי.
שְׁחִיטָה*		Schlachten, Schlachtung.

שְׁחִין	(Q)	Geschwür, Entzündung.
שָׁחִיס		Wildwuchs.
שְׁחִית*		Grube.
שַׁחַל	(Q)	(junger) Löwe.
שְׁחֵלֶת		Kraut, Gemüse, Räucherklaue?
שַׁחַף*	(Q)	*unreiner Vogel*: Möwe? Fledermaus?
שַׁחֶפֶת	(Q)	Schwindsucht.
שַׁחַץ*		Hoheit.
שַׁחֲצוּמָה		n. l. l. Qere (Jos 19,22) Schahazima.
שׁחק	(QS)	q zerreiben.
שַׁחַק	(QS)	Staubbelag; Wolke; Gewölk.
שׁחר I	(S)	q schwarz werden.
שׁחר II	(QS)	q auf etw. aus sein. pi auf etw. aus sein, suchen; heimsuchen.
שָׁחֹר	(IQ)	schwarz.
שַׁחַר	(Q)	Morgenröte; Morgen.
שָׁחֹר		→ שִׁיחוֹר.
שַׁחֲרוּת		schwarzes Haar.
שְׁחַרְחֹר* I		schwärzlich.
שחרחר II]	(I)	n. pr. m.
שְׁחַרְיָה		n. pr. m. Scheharja.
שַׁחֲרַיִם		n. pr. m. Schaharajim.
שׁחת	(QS)	ni verdorben sein/werden; verheert sein. pi verderben, zugrunde richten; schlecht handeln; Unheil anrichten. hi verderben, zerstören; es schlimm treiben, schlecht handeln. ho pt. verdorben; fehlerhaft.
שַׁחַת	(QS)	Grube, Fanggrube; Grab; Unterwelt; Verderben.
שִׁטָּה	(Q)	Akazie.
שׁטח		q ausbreiten, hinbreiten. pi ausbreiten.
שֵׁטֶט		Geißel.
שִׁטִּים		n. l. Schittim.
שׁטף	(Q)	q strömen, fluten; überschwemmen, überströmen; fortspülen.

		ni weggespült, abgespült werden.
		pu abgespült werden.
שֶׁטֶף, שֵׁטֶף		Strömen, Flut.
שֹׁטֵר	(Q)	*q pt.* Beamter, Schreiber; Aufseher.
שִׁטְרַי		*n. pr. m.* Schitrai.
שַׁי	(IQ)	Gabe, Geschenk.
שִׁיאָ		*n. pr. m. l. Qere* (II Sam 20,25).
שִׁיאֹן		*n. l.* Schion.
שִׁיבָה* I	(I)	II Sam 19,33 Aufenthalt?; Ps 126,1 Gefangenschaft?, Geschick?
[שיבה II]	(Q)	Zurückkehren, Wiederherstellung, Erneuerung, Buße.
שיה		*q l.* תֶּשִׁי (Dtn 32,18).
שִׁיזָא		*n. pr. m.* Schisa.
שיח	(Q)	*q* zerfließen, sich auflösen.
		hitpol aufgelöst sein.
שִׁיחָה, שִׁיח	(Q)	Grube, Graben.
שִׁיחוֹר		Fluss; Kanal; *auch* Nil.
שִׁיחוֹר לִבְנָת		*n. fl.* Libnatkanal.
שִׁיט		*l. Qere* (Jes 28,15).
שַׁיִט		Ruder.
שִׁילֹה		→ שֵׁלֹה.
שִׁילוֹ		→ שֵׁלֹה.
שִׁילוֹנִי		→ שִׁילֹנִי.
שִׁילָל		*l. Qere* (Mi 1,8).
שִׁילֹנִי	(Q)	*n. gent.* Siloniter.
שִׁימוֹן		*n. pr. m.* Simon.
שִׁין		*iftael pt.* pissend; *c.* בַּקִּיר an die Wand pissend, männlich.
שַׁיִן*		Urin.
שיר	(Q)	*q* singen; besingen.
		pol singen; besingen; *pt. auch* Tempelsänger.
		ho gesungen werden.
שִׁיר	(QS)	Singen; Lied.
שֵׁירָה		Armspange.
שִׁירָה	(QS)	Lied.

שַׁיִשׁ		Alabaster.
שִׁישָׁא		n. pr. m. Schischa.
שִׁישַׁק		n. pr. m. Schischak.
שִׁית	(QS)	q setzen, stellen, legen; bestellen, (zu etw.) machen; bereiten. ho auferlegt werden.
שַׁיִת	(Q)	Unkraut, Dorngestrüpp.
שִׁית I		Kleid, Kleidung.
[שִׁית II]	(Q)	Tunnel, Abwasserkanal.
שַׂךְ	(Q)	→ שׂכך.
שׁכב	(IQS)	q sich legen; liegen. ni beschlafen, vergewaltigt werden. pu (q pass) beschlafen, vergewaltigt werden. hi hinlegen; liegen lassen, ruhen lassen; Hi 38,37 umlegen > ausleeren. ho gelegt werden/sein.
שְׁכָבָה*	(Q)	Belag; c. זֶרַע Samenerguss.
שְׁכֹבֶת*		Beischlaf.
שׁכה		hi pt. geil?
שְׁכוֹל		Kinderlosigkeit.
שַׁכּוּל*		kinderlos.
שַׁכּוּל		der Kinder beraubt; kinderlos.
שִׁכּוֹר	(QS)	betrunken.
שׁכח	(QS)	q vergessen. ni vergessen werden; in Vergessenheit geraten. pi in Vergessenheit geraten lassen. hi vergessen lassen. hitp vergessen werden.
שָׁכֵחַ*		vergessend.
שׁכך	(Q)	q zurückgehen (Wasser); sich legen (Zorn); sich ducken. hi zurückgehen, verstummen lassen.
שׁכל	(Q)	q kinderlos werden. pi kinderlos machen; entvölkern; Fehlgeburt verursachen; Fehlgeburt haben; fehl tragen (Weinstock). hi pt. unfruchtbar o. fehl gebärend.
שִׁכֻּלִים*		Kinderlosigkeit.

שכם	(Q)	hi sich früh aufmachen; etw. früh, eifrig tun.
שְׁכֶם I	(QS)	Nacken, Schulter; Bergrücken.
שְׁכֶם, שֶׁכֶם II	(IQS)	n. pr. m., n. l. Sichem.
שִׁכְמִי		n. gent. Sichemiter.
שכן	(QS)	q sich niederlassen; bleiben, sich aufhalten, wohnen.
		pi wohnen lassen; aufschlagen (Zelt).
		hi wohnen lassen; aufschlagen (Zelt).
שָׁכֵן	(QS)	Bewohner, Anwohner, Nachbar; Nachbarstadt; Nachbarvolk.
שְׁכַנְיָה(וּ)	(IQ)	n. pr. m. Schechanja(hu).
שכר	(Q)	q sich betrinken; betrunken, berauscht sein.
		pi (be)trunken machen, berauschen.
		hi trunken machen.
		hitp sich betrunken aufführen.
שֵׁכָר	(QS)	berauschendes Getränk, Rauschtrank, Bier.
שִׁכֹּר		→ שִׁכּוֹר.
שִׁכָּרוֹן I		Trunkenheit, Rausch.
שִׁכָּרוֹן* II		n. l. Schikkaron.
שַׁל I		Verfehlung?
[שֶׁל] II	(I)	n. pr. m.
שֶׁל	(S)	שֶׁ c. לְ.
שַׁלְאֲנָן		l. שַׁאֲנָן (Hi 21,23).
שלב		pu pt. verbunden.
שָׁלָב*		Sprosse, Verbindungsleiste.
שלג		hi schneien.
שֶׁלֶג I	(QS)	Schnee.
שֶׁלֶג II		Seifenkraut.
שלה	(QS)	q Ruhe haben; Hi 27,8 entziehen?
		ni nachlässig sein.
		hi falsche Hoffnungen machen.
שֵׁלָה* I		Bitte.
שֵׁלָה II	(Q)	n. pr. m. Schela.
שִׁלֹה	(Q)	n. l. Silo.
שַׁלְהֶבֶת	(QS)	Flamme.
שַׁלְהֶבֶתְיָה		l. שַׁלְהֶבֶת יָה (Cant 8,6) Flammen Jahwes.

שָׁלוּ*		Sorglosigkeit.
שָׁלֵו	(IS)	ruhig, ungestört, sorglos; *Hi 20,20* l. שַׁלְוָה.
שָׁלוּ		→ שָׁלֹה.
שַׁלְוָה	(QS)	Ruhe, Sicherheit, Sorglosigkeit.
שִׁלּוּחִים		Entlassung; Mitgift.
שָׁלוֹם	(IQST)	Unversehrtheit; Wohl, Gedeihen; Freundlichkeit, Friede, Heil.
שַׁלּוּם	(I)	n. pr. m. Schallum.
שִׁלּוּם	(Q)	Vergeltung.
שְׁלוֹמִית		→ שְׁלֹמִית.
שַׁלּוּן		n. pr. m. Schallun.
שְׁלוֹנִי		→ שִׁילֹנִי.
שָׁלוֹשׁ	(S)	→ שָׁלֹשׁ.
שלח	(IQST)	*q* ausstrecken; loslassen, freien Lauf lassen, gehen lassen; schicken, senden. *ni* geschickt werden. *pi* ausstrecken; loslassen, freien Lauf lassen, gehen lassen; geleiten, begleiten; fortschicken, aussenden; entlassen; schicken, senden; *Jer 38,6.11* hinablassen. *pu* geschickt werden; fortgeschickt werden; *Jes 27,10* verlassen sein; *Hi 18,8* c. בְּ geraten in; *Prov 29,15* sich selbst überlassen sein. *hi* loslassen.
שֶׁלַח I		Wurfspieß.
שֶׁלַח II	(Q)	Kanal, Wasserleitung; Fluss der Unterwelt.
שֶׁלַח III		n. pr. m. Schelach.
שֶׁלַח IV		Schoß, Schössling?
שִׁלֹחַ	(Q)	n. l. Siloa.
שְׁלֻחוֹת*		Ranken.
שִׁלְחִי		n. pr. m. Schilchi.
שִׁלְחִים		n. l. Schilchim.
שְׁלוּחִים		→ שִׁלּוּחִים.
שֻׁלְחָן	(QS)	Essleder > Tisch.
שלט	(QS)	*q* Macht haben, Macht gewinnen; *Neh 5,15* herrisch umgehen. *hi* herrschen lassen; ermächtigen, gestatten.

שֶׁלֶט*	(Q)	Rundschild; Köcher?
[שלטו]	(I)	n. pr. m.
שִׁלְטוֹן	(S)	mächtig, Machthaber.
שַׁלֶּטֶת*		mächtig.
שְׁלִי*	(I)	Ruhe.
שִׁלְיָה*		Nachgeburt.
שָׁלֵיו, שָׁלֵיו		→ שָׁלֵו.
שַׁלִּיט		Machthaber, Gewalthaber; mächtig.
[שלים]	(Q)	Erfüllung, Vollendung → שלם (inf. q) o. שָׁלֵם (adj.).
שָׁלִישׁ I	(Q)	Jes 40,12; Ps 80,6 Drittelmaß.
שָׁלִישׁ* II		I Sam 18,6 dreisaitiges Musikinstrument.
שָׁלִישׁ III	(Q)	Adjutant.
שְׁלִישִׁי	(IQS)	dritter, Drittel; Gen 6,16 dritter Stock; I Sam 3,8 drittes Mal; I Sam 20,5 übermorgen.
שלך	(QS)	hi werfen; abwerfen; wegwerfen; verwerfen, verstoßen; umwerfen, stürzen. ho geworfen werden; hingeworfen werden; umgestürzt werden.
שָׁלָךְ		unreiner Vogel: Kormoran?, Reiher?, Pelikan?
שַׁלֶּכֶת I	(Q)	Fällen.
שַׁלֶּכֶת II		Name eines Tempeltores: Schallechet.
שלל	(QS)	q plündern; Rut 2,16 herausziehen. hitpo ausgeplündert werden, geplündert dastehen.
שָׁלָל	(QS)	Beute; Gewinn.
שלם	(IQST)	q heil, unversehrt bleiben; fertig, vollendet sein/werden; Frieden halten. pi Ersatz leisten; vergelten; erfüllen; I Reg 9,25 vollenden; Hi 8,6 wiederherstellen. pu vergolten werden; Vergeltung erhalten; erfüllt werden; Jes 42,19? hi vollenden; preisgeben (aram.); Frieden haben; Frieden machen, zum Frieden bringen. ho in Frieden leben.
שָׁלֵם I	(Q)	vollständig; unversehrt; friedlich.
שָׁלֵם II		n. l. Salem.

שָׁלֵם	(I)	→ שָׁלוֹם.
שֶׁלֶם	(Q)	Heilsopfer, Abschlussopfer.
שִׁלֵּם I		Vergeltung.
שִׁלֵּם II		n. pr. m. Schillem.
שִׁלֵּם		→ שָׁלוֹם.
שְׁלֹמֹה	(QS)	n. pr. m. Salomo.
[שלמה]	(I)	n. pr. f.
שִׁלֻּמָה, שלמות*	(Q)	Vergeltung. Erfüllung.
שְׁלֹמוֹת	(I)	n. pr. m. Schelomot.
שְׁלֹמִי		n. pr. m. Schelomi.
שַׁלְמַי	(I)	n. pr. m. Schalmai.
שִׁלֵּמִי		n. gent. Schillemiter.
שְׁלֻמִיאֵל		n. pr. m. Schelumiël.
שֶׁלֶמְיָה(וּ)	(I)	n. pr. m. Schelemja(hu).
שְׁלֹמִית		n. pr. m. u. f. Schelomit.
שַׁלְמַן	(I)	n. pr. m. Schalman.
שַׁלְמַנְאֶסֶר		n. pr. m. Salmanassar.
שַׁלְמֹנִים	(Q)	Geschenke, Bestechungen.
[שלמציון]	(Q)	n. pr. m.
שֵׁלָנִי	(Q)	n. gent. Schelaniter.
שִׁלֹנִי		→ שִׁילֹנִי.
שׁלף	(S)	q herausziehen, ausziehen.
שֶׁלֶף I		n. pr. m. Schelef.
[שלף II]	(Q)	brachliegendes Feld.
שׁלש	(I)	pi Dtn 19,3 in drei Teile teilen; I Sam 20,19 am dritten Tage tun; I Reg 18,34 zum dritten Mal tun. pu pt. dreifach; Gen 15,9 dreijährig.
שָׁלֹשׁ	(IQS)	drei.
שָׁלִישׁ		→ שָׁלִישׁ.
שֶׁלֶשׁ		n. pr. m. Schelesch.
שָׁלִשָׁה		n. terr. Schalischa.
שִׁלְשָׁה		n. pr. m. Schilscha.
שִׁלְשׁוֹם	(Q)	vorgestern.
[שלשיה]	(Q)	n. pr. m.
שִׁלֵּשִׁים		Nachkommen der dritten Generation, (Ur)enkel.

[שַׁלְשֶׁלֶת]	(Q)	Kette.
שִׁלְשׁוֹם		→ שִׁלְשׁוֹם.
שְׁאַלְתִּיאֵל		→ שְׁאַלְתִּיאֵל.
שָׁם	(IQS)	da, dort, dorthin; da, damals.
שֵׁם I	(IQS)	Name; Ansehen, Ruf; Nachruhm.
שֵׁם II	(IQS)	n. pr. m. Sem.
שַׁמָּא		n. pr. m. Schamma.
[שִׁמְאָב]	(I)	n. pr. m.
[שִׁמְאָבָד]	(I)	n. pr. m.
שֶׁמְאֶבֶר		n. pr. m. Schemeber.
שִׁמְאָה		n. pr. m. Schima.
שִׁמְאָם		n. pr. m. Schimam.
שַׁמְגַּר		n. pr. m. Samgar.
שׁמד	(QS)	ni vertilgt, ausgerottet werden; verheert, unbrauchbar gemacht werden. hi vertilgen, ausrotten; zerstören.
שֶׁמֶד*		n. pr. m. Schemed.
שָׁמָּה	(IT)	dorthin → שָׁם.
שַׁמָּה I	(Q)	Schauerliches, Entsetzliches; Entsetzen; Ps 46,9 Entsetzen erregende Taten.
שַׁמָּה II		n. pr. m. Schamma.
שַׁמְהוּת		n. pr. m. Schamhut.
שְׁמוּאֵל	(QS)	n. pr. m. Samuel.
שְׁמוֹנֶה		→ שְׁמֹנֶה.
שַׁמּוּעַ		n. pr. m. Schammua.
שְׁמוּעָה	(IQS)	Nachricht, Kunde; Offenbarung.
שָׁמוּר		n. pr. m. l. Ketib (I Chr 24,24) Schamur.
שַׁמּוֹת		n. pr. m. Schammot.
שׁמט	(Q)	q freigeben, loslassen, fallen lassen; sich selbst überlassen; erlassen. ni herabgestürzt werden. hi freigeben lassen.
שְׁמִטָּה	(Q)	Schulderlass.
שַׁמַּי		n. pr. m. Schammai.
שְׁמִידָע	(I)	n. pr. m. u. n. l. Schemida.

שְׁמִידָעִי		n. gent. Schemidaïter.
[שמיה]	(I)	n. pr.
שָׁמַיִם	(IQS)	Himmel.
שְׁמִינִי	(Q)	achter.
[שמיעה]	(Q)	Lehre, Überlieferung, Kunde.
שָׁמִיר I		Dorngestrüpp.
שָׁמִיר II		Diamant; Schmirgel; → auch צִפֹּרֶן.
שָׁמִיר III		n. l. Schamir.
שְׁמִירָמוֹת		n. pr. m. Schemiramot.
שַׁמְלַי		n. pr. m. Schamlai.
שמם	(QS)	q menschenleer, verödet sein; verlassen sein; schaudern, sich entsetzen. ni menschenleer gemacht werden, veröden; entsetzt werden. poel pt. zerschlagen, betäubt; Verwüster. hi menschenleer, verödet machen; verstören. ho inf. Verödung. hitpo erstaunt, bestürzt, erstarrt sein; Koh 7,16 sich zugrunde richten.
שָׁמֵם		menschenleer, verödet.
שְׁמָמָה	(Q)	Öde.
שִׁמָּמָה		Entsetzen.
שִׁמָּמוֹן		Grauen.
שמן		q fett werden/sein. hi fett machen > unempfindlich machen; Fett ansetzen.
שָׁמֵן*		fett.
שָׁמֵן	(Q)	fett.
שֶׁמֶן	(IQS)	Öl.
שְׁמֹנָה	(IQT)	acht.
שמע	(IQST)	q hören; anhören, erhören; gehorchen; verstehen; Dtn 1,16 verhören; II Sam 14,17 unterscheiden. ni gehört, angehört, erhört, vernommen werden; gehorsam sein/werden. pi aufbieten. hi hören lassen, verkündigen, ansagen, aufbieten; sich hören lassen.

שֶׁמַע		n. l. Schema.
שָׁמָע		n. pr. m. Schama.
שֵׁמַע I		Klang.
שֵׁמַע II	(I)	n. pr. m. Schema.
שֵׁמַע	(QS)	Nachricht, Kunde; Hören.
שֵׁמַע*		Gerücht, Kunde.
שִׁמְעָא		n. pr. m. Schima.
שִׁמְעָה	(Q)	n. pr. m. Schemaa.
שִׁמְעָה	(I)	→ שְׁמוּעָה.
שִׁמְעָה		n. pr. m. Schima.
שִׁמְעוֹן	(IQS)	n. pr. m., n. gent. Simeon.
שִׁמְעוֹנִי		→ שִׁמְעֹנִי.
שִׁמְעִי	(I)	n. pr. m. Schimi; n. gent. Schimiter.
שמעיו, שְׁמַעְיָה(וּ)	(I)	n. pr. m. Schemaja(hu).
שִׁמְעֹנִי		n. gent. Simeoniter.
שִׁמְעָת		n. pr. f. Schimat.
שִׁמְעָתִי*		n. gent. Schimatiter.
שֶׁמֶץ	(S)	Flüstern; ein wenig von etwas.
שִׁמְצָה		Gespött?
שמר	(IQS)	q hüten, bewachen; Acht geben, behüten; aufbewahren, zurückbehalten; beobachten, beachten, halten; Wache halten; verehren; in Verbindung mit einem anderen Verb: sorgfältig, genau. ni sich hüten; Hos 12,14 behütet werden. pi verehren. hitp sich hüten.
שֶׁמֶר I		Weinhefe; Bierhefe.
שֶׁמֶר II		n. pr. m. Schemer.
שֹׁמֵר		n. pr. f. Schomer.
שְׁמֻרָה*		Augenlid.
שְׁמֻרָה		Wache.
שִׁמְרוֹן		n. pr. m., n. l. Schimron.
שֹׁמְרוֹן	(IQ)	n. l., n. terr. Samaria.
שִׁמְרִי		n. pr. m. Schimri.
שמריו, שְׁמַרְיָה(וּ)	(I)	n. pr. m. Schemarja(hu).

שִׁמֻּרִים	(Q)	Nachtwache.
שִׁמְרִימוֹת		l. Qere (II Chr 17,8).
שִׁמְרִית		n. pr. f. Schimrit.
שִׁמְרֹן		→ שִׁמְרוֹן.
שִׁמְרֹנִי		n. gent. Schimroniter.
שִׁמְרֹנִים		n. gent. Samariter.
שִׁמְרָת		n. pr. m. Schimrat.
[שׁמשׁ]	(S)	pi (be)dienen.
שֶׁמֶשׁ	(IQS)	Sonne; Jes 38,8 Sonnenuhr.
שִׁמְשׁוֹן	(Q)	n. pr. m. Simson.
[שמשעזר]	(I)	n. pr. (m.).
שַׁמְשְׁרַי		n. pr. m. Schamscherai.
שֻׁמָתִי		n. gent. Schumatiter.
שֵׁן		→ שֵׁן(־)בֵּית.
שֵׁן	(QS)	Zahn; Elfenbein; Zinke; Zacke.
שׁנא		q leuchten. pi, pu → שׁנה.
שֵׁנָא	(Q)	Schlaf.
שִׁנְאָב I		n. pr. m. Schinab.
[שנאב] II	(Q)	Kanal?
שִׁנְאָן		Erhabenheit, Glanz? Sich wiederholender Tausender?
שֶׁנְאַצַּר		n. pr. m. Schenazzar.
שׁנה I	(IQS)	q sich wiederholen; zum zweiten Mal tun. ni wiederholt werden.
שׁנה II	(QS)	q sich ändern, verschieden sein. pi ändern, entstellen; sich verstellen; wechseln. pu sich verändern. hitp sich verkleiden.
שָׁנָה	(IQS)	Jahr.
שֵׁנָה	(QS)	Schlaf.
שֶׁנְהַבִּים		Elfenbein.
שָׁנִי	(QS)	karmesinrot.
שֵׁנִי	(I)	zweiter.
[שניבצר]	(Q)	n. pr. m.

שְׁנַיִם	(IQS)	zwei; zweifach.
שְׁנִינָה	(Q)	(scharfer) Spott, Spottwort.
שְׁנַמִּית		→ שׁוּנַמִּית.
שׁנן	(QS)	q schärfen. pi einschärfen. hitpo sich gestochen fühlen.
שׁנס		pi schürzen, umgürten.
שִׁנְעָר		n. terr. Sinear.
שְׁנָת		Schlaf.
שׁסה	(Q)	q plündern. pi plündern. poel ausplündern.
שׁסס		q plündern. ni geplündert werden.
שׁסע	(Q)	q gespalten sein. pi anreißen, zerreißen; I Sam 24,8 schelten.
שֶׁסַע	(Q)	Spalt.
שׁסף		pi in Stücke hauen?
שעה	(S)	q blicken, sehen; sich kümmern. ni angeblickt werden.
[שעה]	(Q)	n. f. Fels, Stein.
שְׁעָטָה*		Stampfen.
שַׁעַטְנֵז	(Q)	aus zweierlei Fäden gewirkt.
[שעיה*]	(S)	Vorhaben, Gespräch.
שֹׁעַל*	(Q)	hohle Hand; Handvoll.
[שעל]	(I)	n. pr.
שַׁעַלְבִים		n. l. Schaalbim.
שַׁעֲלַבִּין		n. l. Schaalabbin.
שַׁעַלְבֹנִי		n. gent. Schaalboniter.
שַׁעֲלִים		n. terr. Schaalim.
שׁען	(QS)	ni sich stützen, sich anlehnen; sich ausruhen.
שׁעע I	(QS)	q bestrichen, verklebt sein. hi verkleben. hitpalp verklebt sein.

שׁעע II	(Q)	*pilp* spielen, hätscheln.
		polp Jes 66,12 geschaukelt werden.
		hitpalp sich vergnügen.
שַׁעַף		n. pr. m. o. n. tr. Schaaf.
שׁער		q berechnen, berechnend sein.
שַׁעַר I	(QS)	Tor (*eines Lagers, einer Stadt, einer Burg u.a.*), Torgebäude.
שַׁעַר* II	(I)	Maß.
שֹׁעָר*		aufgeplatzt, schlecht.
שֹׁעֵר*		→ שׁוֹעֵר.
שַׁעֲרוּר*	(Q)	Grässliches.
שַׁעֲרוּרִי*		Grässliches.
שַׁעֲרוּרִיָּה	(Q)	Grässliches.
שְׁעַרְיָה	(I)	n. pr. m. Schearja.
שַׁעֲרַיִם		n. l. Schaarajim.
שַׁעַשְׁגַּז		n. pr. m. Schaaschgas.
שַׁעֲשׁוּעִים	(Q)	Ergötzen, Vergnügen.
[שׁפד]	(Q)	q aufspießen, durchbohren.
שׁפה		*ni pt.* kahl.
		pi ruhig, still sein.
		pu abgemagert sein, kahl werden.
שְׁפוֹ		n. pr. m. Schefo.
שְׁפוֹט		Strafgericht.
שְׁפוּפָם		n. pr. m. Schefufam.
שְׁפוּפָן		n. pr. m. Schefufan.
שְׁפוֹת		Quark.
שִׁפְחָה	(QS)	Sklavin; Magd.
שׁפט	(QS)	q entscheiden, schlichten; zum Recht verhelfen; richten, bestrafen; herrschen; *pt.* Richter, Herrscher.
		ni sich vor Gericht stellen; einen Rechtsstreit führen; Jes 66,16 Gericht halten.
שָׁפָט	(IQ)	n. pr. m. Schafat.
שֶׁפֶט*	(Q)	Strafgericht.
שְׁפַטְיָה(וּ)		n. pr. m. Schefatja(hu).
שִׁפְטָן	(I)	n. pr. m. Schiftan.

שְׁפִי I		kahler Hügel; Piste.
שְׁפִי II		n. pr. m. Schefi.
שְׁפִים		→ שָׁפָם.
שְׁפִיפֹן	(Q)	*Schlangenart*: Hornnatter?
שָׁפִיר		n. l. Schafir.
[שפירה]	(Q)	n. pr. f.
שׁפך	(QS)	q gießen, schütten; ausgießen, ausschütten; ergießen; aufschütten. ni ausgegossen, vergossen werden. pu ausgegossen werden; Ps 73,2 Schritte > zu Fall gebracht werden. hitp Hi 30,16 sich ergießen; Thr 2,12 vergossen werden; Thr 4,1 ausgeschüttet, hingegossen sein.
שֶׁפֶךְ		Aufschüttung.
שָׁפְכָה	(Q)	Harnröhre.
שׁפל	(QS)	q niedrig sein/werden; sich senken, niedersinken; gedemütigt werden, demütig sein; Koh 12,4 gedämpft sein. hi herunterholen; hinabstürzen; erniedrigen, demütigen; *in Verbindung mit einem anderen Verb*: herunter, tief hinab.
[שפל]	(I)	n. pr. m.
שָׁפָל	(QS)	niedrig, tief; gering; demütig.
שֵׁפֶל	(S)	Niedrigkeit.
שְׁפֵלָה		Unterland, Hügelland; n. l. Schefela.
שִׁפְלָה	(Q)	Niedrigkeit.
שִׁפְלוּת*		Hängenlassen.
שְׁפָם		n. l. Schefam.
שְׁפָם	(I)	n. pr. m. Schafam.
שֻׁפִּם		n. pr. m. Schuppim.
שֻׁפָמִי		n. gent. Schifmiter.
שָׁפָן I		Klippdachs, Klippschliefer.
שָׁפָן II	(I)	n. pr. m. Schafan.
שֶׁפַע I		Überfluss.
[שפע II]	(I)	n. pr. m.
שִׁפְעָה*	(Q)	Überfluss, Menge.

שִׁפְעִי		n. pr. m. Schifi.
שׁפר	(IQ)	q schön sein, gefallen. pi schön sein, gefallen.
[שׁפר]	(IQ)	gut, schön.
שֶׁפֶר* I	(Q)	Geweih.
שֶׁפֶר* II		n. l. Schefer.
שֹׁפֶר		→ שׁוֹפָר.
שִׁפְרָה I		Blanksein; Schönheit.
שִׁפְרָה II		n. pr. f. Schifra.
שַׁפְרִיר*		Prachtzelt? Thronteppich?
שׁפת		q setzen, stellen; bereitstellen.
שְׁפַתַּיִם		Ez 40,43 Gabelhaken?; Abstellplatten?; Ps 68,14 Hürden?; Packsattel?
[שׁפתן]	(I)	n. l.
שֶׁצֶף*	(Q)	Ergießen.
שׁקד I	(QS)	q wachsam sein, wachen; lauern; schlaflos sein.
שׁקד II		pu pt. mandelblütenförmig.
[שׁקד]	(QS)	Wachsamkeit.
שָׁקֵד	(Q)	Mandelbaum; Mandeln.
שׁקה	(QS)	ni l. Qere (Am 8,8). pu getränkt werden. hi trinken lassen, zu trinken geben, tränken; pt. → auch מַשְׁקֶה.
שִׁקּוּי	(Q)	Getränk; Labsal.
שִׁקּוּץ	(Q)	heidnisches Kultbild > Abscheuliches.
שׁקט	(IQS)	q ruhen, Ruhe haben; sich ruhig, untätig verhalten. hi Ruhe schaffen; sich ruhig verhalten; Ruhe haben.
שֶׁקֶט	(Q)	Ruhe.
[שׁקידה]	(S)	Aufmerksamkeit, Sorge.
שׁקל	(IQS)	q wägen; bezahlen; II Sam 14,26 wiegen. ni gewogen werden.
שֶׁקֶל	(IQ)	Gewichtseinheit: Schekel (11,424 g).
שִׁקְמָה*		Maulbeerfeigenbaum.

שׁקע		q versinken, zurücksinken, in sich zusammensinken. ni Am 8,8 Qere sinken. hi Ez 32,14 klar werden lassen; Hi 40,25 niederdrücken.
שְׁקַעֲרוּרָה*		Vertiefung.
שׁקף	(QS)	ni hinunterblicken. hi herunterblicken.
שֶׁקֶף		Rahmen?
שְׁקֻפִים		Fenster, Fensterrahmen?
שׁקץ	(Q)	pi zum Abscheu machen; verabscheuen.
שֶׁקֶץ I	(Q)	Abscheuliches, Greuel.
[שׁקץ II]	(I)	n. pr. m.
שִׁקּוּץ		→ שִׁקּוּץ.
שׁקק	(Q)	q sich stürzen, überfallen; Jes 29,8; Ps 107,9 ausgetrocknet. hitpalp sich überstürzen.
שׁקר	(Q)	q täuschen. pi täuschen, hintergehen; trügerisch handeln; brechen (Treue, Verpflichtung).
שֶׁקֶר	(QST)	Lüge, Trug, Täuschung; trügerisch; c. לְ auch umsonst.
שֹׁקֶת, שֶׁקֶת	(Q)	Tränkrinne.
שֵׁר I		→ שִׁירָה.
[שׁר II]	(S)	Fleisch?, → שְׁאֵר.
שֹׁר*		Nabelschnur; Nabelwulst.
שָׁרָב	(S)	Sonnenhitze.
שֵׁרֵבְיָה		n. pr. m. Scherebja.
שַׁרְבִיט*	(S)	Stab, Zepter.
שׂרה	(Q)	q loslassen. pi lösen.
שָׂרָה*		Jer 5,10 pl. von שׁוּרָה.
שָׁרוּחָן		n. l. Scharuhen.
שָׁרוֹן	(Q)	n. terr. Scharon.
שָׁרוֹנִי		n. gent. Scharoniter.
שְׁרוּקָה*		l. שְׁרֵקֹת (Jer 18,16).

שָׂרַי*		n. pr. m. Scharai.
שְׁרִיָה		Pfeil, Pfeilspitze.
שִׁרְיוֹן, שִׁרְיָן	(S)	Schuppenpanzer.
שָׂרִיר*	(Q)	Muskel, Sehne.
שְׁרִירוּת		→ שְׁרֵרוּת.
שְׁרִית		→ שְׁאֵרִית.
שְׁרֵמוֹת		l. Qere (Jer 31,40).
שָׁרַץ	(Q)	q wimmeln; zahllos sein.
שֶׁרֶץ	(Q)	Gewimmel; Kleingetier.
שָׁרַק		q pfeifen, zischen.
שְׁרֵקָה	(Q)	Pfeifen, Zischen.
שְׁרִקָה*		Flöten.
שָׁרָר		n. pr. m. Scharar.
שֹׁרֵר		→ שׁוֹרֵר.
שְׁרֵרוּת	(Q)	Festigkeit, Verstocktheit.
שׁרשׁ	(QS)	pi entwurzeln. pu entwurzelt werden. poel Wurzeln schlagen. poal festgewurzelt sein. hi Wurzel schlagen.
שֶׁרֶשׁ*		n. pr. m. Scheresch.
שֹׁרֶשׁ	(IQS)	Wurzel, Wurzelstock, Wurzeltrieb; Grundlage, Grund.
שַׁרְשׁוֹת		pl. von שַׁרְשְׁרָה.
שַׁרְשְׁרָה*	(Q)	Kette, Kettchen.
שׁרת	(QS)	pi dienen, bedienen; Dienst tun.
שָׁרֵת		Dienen, Dienst (kultisch).
שֵׁשׁ I	(IQS)	sechs.
שֵׁשׁ II		→ שַׁיִשׁ.
שֵׁשׁ III	(Q)	Leinen.
ששׁא, שאשׁא		pi gängeln.
שֵׁשְׁבַּצַּר		n. pr. m. Scheschbazzar.
ששׂה		→ שׂסה.
ששׁה		pi den sechsten Teil geben.
שָׁשַׁי		n. pr. m. Schaschai.

שֵׁשִׁי		l. Qere (Ez 16,13).
שֵׁשַׁי		n. pr. m. Scheschai.
שִׁשִּׁי	(IQ)	sechster; sechster Teil, Sechstel.
שֵׁשַׁךְ		n. l. Scheschach.
שֵׁשָׁן		n. pr. m. Scheschan.
שָׁשָׁק		n. pr. m. Schaschak.
שָׁשֵׁר		rote Farbe, Mennig.
[שׁת*]	(I)	Jahr.
שֵׁת I	(Q)	Gesäß; Ps 11,3 Grundlage.
שֵׁת II	(QS)	n. pr. m. Set.
שׁתה	(QST)	q trinken.
		ni getrunken werden.
שְׁתִי I		Gewebe.
שְׁתִי II		Koh 10,17 Trinken.
שְׁתִיָּה		Trinken, Trinkordnung.
שְׁתִיל*	(S)	Setzling.
שְׁתַּיִם	(S)	f. von שְׁנַיִם.
שׁתל		q pflanzen.
שֻׁתַלְחִי		n. gent. Schutalhiter.
שׁתם	(Q)	q pt. pass. aufgeschlossen? enthüllt?
שׁתן		(hi) → שִׁין.
שׁתע		q sich fürchten.
שׁתק		q zur Ruhe kommen.
שְׁתַר		n. pr. m. Schetar.
שׁתת		→ שׁית q.
שֵׁתֹת		→ שֵׁת.
[שׁותף]	(S)	Freund.

ת

תָּא	(Q)	Dienstzimmer.
תאב I		q begehren, verlangen.
תאב II		pi Am 6,8 verabscheuen.
תַּאֲבָה		Verlangen.

תָּאָה		pi bezeichnen, festsetzen.
תְּאוֹ	(Q)	Wildschaf?
תַּאֲוָה	(QS)	Verlangen, Begierde, Lust.
תְּאוֹמִים		→ תּוֹאֲמִם.
תַּאֲלָה, תְּאָלָה*		Fluch.
תאם	(Q)	hi Zwillinge gebären.
תֹּאֲמִים		→ תּוֹאֲמִם.
תְּאֵנָה	(IQ)	Feigenbaum; Feige.
תַּאֲנָה*		Brunst, Gier.
תֹּאֲנָה		Vorwand, Anlass.
תַּאֲנִיָּה		Traurigkeit.
תְּאֵנִים		Ez 24,12 text. corr.
תַּאֲנַת שִׁלֹה		n. l. Taanat-Silo.
תאר		q umbiegen, sich wenden. pi umreißen, vorzeichnen. pu sich erstrecken? umgebogen werden?
תֹּאַר	(QS)	Gestalt, stattliche Erscheinung.
תַּאֲרֵעַ		n. pr. m. Tarea.
תְּאַשּׁוּר	(Q)	Zypresse.
תֵּבָה	(Q)	Kasten, Arche.
תְּבוּאָה	(QS)	Ertrag.
תְּבוּנָה	(QS)	Einsicht, Geschicklichkeit.
תְּבוּסָה*		Zertretung > Untergang.
תָּבוֹר		n. l. Tabor.
תֶּבֶל	(Q)	schändliche Vermischung.
תֵּבֵל	(QS)	f. Festland, Erdkreis.
תֻּבַל		n. pr. m., n. gent. Tubal.
תַּבְלִית*	(Q)	Vernichtung.
תְּבַלֻּל		wer einen Fleck hat.
תֶּבֶן	(Q)	Häcksel.
תִּבְנִי		n. pr. m. Tibni.
תַּבְנִית	(QS)	Bild, Urbild, Abbild; Modell, Bauplan; etwas wie.
[תבע]	(Q)	Ausspruch.
תַּבְעֵרָה		n. l. Tabera.

תֵּבֵץ		n. l. Tebez.
תָּבֹר		→ תָּבוֹר.
[תִּגְאוֹלָת]	(Q)	Verunreinigung.
תִּגְלַת פְּלֶאֶסֶר, תִּ׳ פִּלְנְאֶסֶר, תִּ׳ פִּלְנֶסֶר, תִּ׳ פִּלֶסֶר		n. pr. m. Tiglat-Pileser.
תַּגְמוּל*	(S)	Wohltat.
[תגר]	(S)	hitp Handel treiben.
[תגר I]	(S)	Händler.
[תגר II]	(Q)	Rechtsstreit.
תִּגְרָה*	(Q)	Erregung, Streit.
תֹּגַרְמָה		n. pr. m. o. n. gent. Togarma.
תִּדְהָר		Baumart: Ulme? Esche?
תַּדְמֹר		n. l. Tadmor, Palmyra.
תִּדְעָל		n. pr. m. Tidal.
תֹּהוּ	(QS)	Öde, Wüste; Nichts; Jes 29,21 Nichtiges; Jes 45,19 umsonst.
תְּהוֹם	(QST)	Urflut, Urmeer, Meeresflut, (Ur-)Tiefe.
תְּהִלָּה	(QST)	Ruhm, Ruhmestat; Lobpreis, Lobgesang.
תָּהֳלָה		Irrtum.
תַּהֲלֻכֹת	(Q)	Festzug.
תַּהְפֻּכָה, תַּהְפּוּכָה*		pl. Verkehrtheit, Verkehrtes, Ränke.
תָּו	(Q)	Zeichen, Kennzeichen.
תּוֹא		→ תְּאוֹ.
תּוֹאֲמִם		Zwillinge; doppelt.
תּוּבַל		→ תֶּבַל.
תּוּבַל קַיִן		n. pr. m. Tubal-Kain.
תּוֹבָנָה*		l. Qere (Hi 26,12) → תְּבוּנָה.
תּוּגָה		Kummer.
תּוֹגַרְמָה		→ תֹּגַרְמָה.
תּוֹדָה	(Q)	Danklied, Dankopfer; Geständnis; Neh 12,31.38.40 Chor.
תוה I	(QS)	pi Kennzeichen machen. hi Kennzeichen machen.
תוה II		hi betrüben. kränken.

תּוֹחַ		n. pr. m. Toach, *vermutlich identisch mit* → תֹּחוּ.
תּוֹחֶלֶת, תוחלה	(QS)	Erwartung, Hoffnung.
[תוך]	(Q)	hi erlauben sich zu verbinden. hitpol verbunden werden mit jmd.
תָּוֶךְ	(IQS)	Mitte.
תּוֹכֵחָה		Züchtigung.
תּוֹכַחַת	(QS)	Zurechtweisung, Warnung, Vorhaltung; Entgegnung, Widerrede; Züchtigung; Vorwurf, Rüge.
תּוּכִיִּים		→ תֻּכִּיִּים.
[תול]	(I)	n. l.
תּוֹלָד	(I)	n. l. Tolad.
תּוֹלֵדוֹת*	(QS)	Nachkommen; Entstehungsgeschichte > Geschichte, Erzeugung, Geburtsfolge.
תּוֹלוֹן		n. pr. m. l. Q (I Chr 4,20) → תִּילוֹן Tilon.
תּוֹלֵל*		Peiniger?
תּוֹלָע I	(Q)	rotgefärbte Stoffe.
תּוֹלָע II		n. pr. m. Tola.
תּוֹלֵעָה	(QS)	Made, Wurm; Schildlaus; c. שָׁנִי karmesinfarbener Stoff, Karmesinfarbe.
תּוֹלָעִי		n. gent. Tolaïter.
תּוֹלַעַת	(S)	→ תּוֹלֵעָה.
[תומהים]	(T)	Wunder(bares).
תּוֹמִיךְ		Nf. von pt. q → תמך.
תּוֹמִם		→ תּוֹאֲמִם.
תּוֹעֵבָה	(QS)	Abscheuliches, Abscheu, abscheulicher Brauch.
תּוֹעָה	(Q)	Verwirrung; Verkehrtes.
[תועלה]	(S)	Nutzen, Gewinn.
תּוֹעָפוֹת	(QS)	Hörner, Spitzen; Bestes.
[תופלה]	(Q)	→ תפלה.
תּוֹצָאוֹת	(Q)	Ausgänge; Ausläufer, Ende; Auslaufen; *Ps 68,21* Ausweg; *Prov 4,23* Ursprung.
תָּוְקַהַת		n. pr. m. l. Qere (II Chr 34,22) Tokhat.
תּוֹקְעִים		Handschlag.
תּוּר	(QS)	q auskundschaften, erkunden, erforschen; *Num 15,39* umhergehen. hi auskundschaften lassen.

תּוֹר I	(Q)	Reihe; Gehänge.
תּוֹר II	(Q)	Turteltaube.
[תּוֹר III]	(S)	Schönheit.
תּוֹרָה	(QS)	Weisung, Unterweisung, Belehrung; Gesetz; Tora.
תּוּרָק		→ רִיק.
תּוֹשָׁב I	(Q)	Beisasse.
[תּוֹשָׁב II]	(I)	n. pr. (m.).
תּוּשִׁיָּה	(QS)	Gelingen, Erfolg; Umsicht.
תּוֹתָח		Keule, Knüppel.
תזז		hi abreißen.
[תזיז]	(Q)	Hornisse o. Wespe.
תַּזְנוּת*		unzüchtige Art; Hurerei.
תַּחְבֻּלוֹת	(QS)	Überlegungen; Steuerung, kluge Lenkung.
תֹּחוּ		n. pr. m. Tohu, vermutlich identisch mit → תּוֹחַ.
[תחום]	(IQ)	Grenze.
תַּחְכְּמֹנִי		n. gent. Tachkemoniter.
תַּחֲלֻאִים	(Q)	Krankheiten.
תְּחִלָּה	(QS)	Anfang.
[תחליף]	(S)	überlebend? Nachfolger.
תְּחִלַּת		→ תּוֹחֶלֶת.
תַּחְמָס		unreiner Vogel: Eule?
תַּחַן		n. pr. m. Tahan.
תְּחִנָּה I	(Q)	Flehen; Erbarmen.
תְּחִנָּה II	(IQ)	n. pr. m. Tehinna.
תַּחֲנוּן*	(QS)	Flehen.
תַּחֲנִי		n. gent. Tahaniter.
תַּחֲנֹת*		Lagerort?
תַּחְפְּנֵ(י)ס		n. pr. f. Tachpenes.
תַּחְפַּנְחֵס, תְּחַפְנְחֵס	(Q)	n. l. Tachpanhes.
תַּחְרָא		Lederpanzer.
[תחרה]	(S)	Hitze, Erregung.
תַּחְרֵעַ		n. pr. m. Tachrea.
תַּחַשׁ I		eine Lederart?

תַּחַשׁ II		n. pr. m. Tahasch.
תַּחַת I	(IQS)	Unteres > Standort; unterhalb, unter; an Stelle von, anstatt, für.
תַּחַת II		n. pr. m., n. l. Tahat.
תַּחְתּוֹן	(IQ)	Unterer.
תַּחְתִּי*	(QST)	Unterer, Unterster; Tiefe.
תַּחְתִּים חָדְשִׁי		n. l. Tachtim-Hodschi.
[תחתנה]	(I)	n. pr. m.
תִּיכוֹן, תִּיכֹן	(Q)	mittlerer.
תִּילוֹן*		n. pr. m. Tilon (1 Chr 4,20 Qere)?
תֵּימָא	(IQ)	n. pr. m., n. gent., n. terr. Tema.
תֵּימָן I	(QS)	Süden, Südgegend; Südwind.
תֵּימָן II		n. pr. m., n. gent., n. terr. Teman.
תֵּימְנִי		n. gent. Temniter.
תֵּימְנִי		n. gent. Temaniter.
תִּימָרָה*		Säule.
תִּיצִי		n. gent. Tiziter.
תִּירוֹשׁ	(QS)	Traubensaft, Most, Wein.
תִּרְיָא		n. pr. m. Tirja.
תִּירָס		n. pr. m. Tiras.
[תזרקוס]	(Q)	n. pr. m.
תִּירֹשׁ		→ תִּירוֹשׁ.
תַּיִשׁ	(Q)	Ziegenbock.
תֹּךְ, תּוֹךְ		Bedrückung.
תכה		pu ungedeutet.
[תכון]	(Q)	Maß, Norm, Entscheidung.
תְּכוּנָה		Einrichtung, Ausstattung; (Wohn-)Stätte.
תֻּכִּיִּים		exotische Tierart: Pfauen?, Paviane?
תְּכָכִים		pl. von תֹּךְ.
תִּכְלָה		Vollkommenheit.
תַּכְלִית	(Q)	Äußerstes, Letztes.
תְּכֵלֶת	(QS)	violette Purpurfäden, -stoffe.
[תכם]	(Q)	Schale (für Blut)?, Unflat?, Eingeweide?
תכן	(QS)	q prüfen. ni geprüft werden; in Ordnung, richtig sein.

		pi fest hinstellen; bemessen.
		pu pt. abgezählt, festgestellt.
תֹּכֶן I	(QS)	Quantum, Maß.
תֹּכֶן II		*n. l.* Tochen.
תָּכְנִית		Vorbild, Modell; Vollendung, Richtigkeit.
תַּכְרִיךְ		Mantel.
תֵּל	(IQ)	Schutthügel, Tell.
תֵּל אָבִיב		*n. l.* Tel-Abib.
תֵּל חַרְשָׁא		*n. l.* Tel-Harscha.
תֵּל מֶלַח		*n. l.* Tel-Melach.
תלא		*q* aufhängen; *Dtn 28,66 c.* לְ *u.* מִנֶּגֶד in Unsicherheit, Gefahr sein.
תַּלְאָבוֹת		Trockenheit, Dürre.
תְּלָאָה		Mühsal, Beschwerde.
תְּלַאשָׂר		*n. terr.* Telassar.
תִּלְבֹּשֶׁת		Bekleidung.
תִּלְּנַת פִּלְנְאֶסֶר, ת׳ פִּלְנֶסֶר		→ תִּגְלַת פִּלְאֶסֶר.
תלה	(QS)	*q* aufhängen.
		ni aufgehängt werden.
		pi aufhängen.
תָּלוּל		hoch(ragend).
[תלול]	(Q)	Murren.
תֶּלַח		*n. pr. m.* Telach.
תְּלִי*		Wehrgehänge (*Köcher und Pfeile*).
תלל		*hi* täuschen, hintergehen.
		ho getäuscht werden.
תֶּלֶם	(Q)	Ackerfurche.
[תלמוד]	(Q)	Lehre.
תַּלְמַי	(Q)	*n. pr. m.* Talmai.
תַּלְמִיד		Schüler.
תְּלֻנּוֹת* I	(Q)	Murren.
תלע		*pu pt.* in Scharlach gekleidet.
תַּלְפִּיּוֹת		Steinschichten.
תְּלַאשָׂר		→ תְּלַאשָׂר.

[תלש]	(Q)	*pi* ausreißen.
תַּלְתָּל*		Dattelrispe, Palmenwedel.
תָּם	(QS)	ganz, vollständig; fromm, recht, rechtschaffen; *Gen 25,27* friedlich; *Cant 5,2; 6,9 c. Sf.* mein Alles.
תֹּם	(Q)	Vollständigkeit, Ganzheit; Rechtschaffenheit, Arglosigkeit; *Hi 21,23* Vollkraft; *pl.* → תָּמִים.
תֵּמָא		→ תֵּימָא.
[תמה]	(S)	Wunder.
תָּמַהּ	(QS)	*q* staunen, anstaunen, erstaunen. *hi* staunen. *hitp* sich anstarren.
תָּמָּה*		Lauterkeit, Vollkommenheit, Frömmigkeit.
תִּמָּהוֹן	(Q)	Staunen, Verwirrung.
[תמהון]	(S)	→ תמחה.
תַּמּוּז		*n. d.* Tammuz.
תְּמוֹל		gestern, früher.
תְּמוּנָה		Gestalt, Abbild.
תְּמוּרָה, תמרה	(S)	Tausch, Eintausch, Vertauschtes.
תְּמוּתָה		Tod, Sterben.
תֶּמַח*	(S)	*n. pr. m.* Temach.
[תמחה]	(S)	Schmutz, Abwischung.
תָּמִיד	(QS)	Beständigkeit, Regelmäßigkeit; ständig, dauernd, regelmäßig.
תָּמִים	(QS)	vollständig; einwandfrei, vollkommen, untadelig; aufrichtig; unversehrt; *auch als Substantiv*.
תָּמִים	(Q)	*zus. c.* אוּרִים Losorakelmittel (*positiver Entscheid*).
תמך	(QS)	*q* ergreifen, halten, festhalten. *ni* festgehalten werden.
תְּמֹל		→ תְּמוֹל.
תמם	(IQST)	*q* vollständig, vollendet, fertig, zu Ende sein; verbraucht, vergangen sein; unsträflich, vollkommen sein. *hi* fertig machen, voll machen, vollenden; *Hi 22,3* unsträflich machen; *Ez 22,15* wegschaffen. *hitp* sich als redlich erweisen; *Jer 6,29* l. מֵאֵשׁ תַּחְתָּם.

תֵּמָן		→ תֵּימָן I.
תִּמְנָה	(Q)	n. l. Timna.
[תמנו]	(Q)	n. l. Timno.
תֵּמָנִי		→ תֵּימָנִי.
תִּמְנִי		n. gent. Timniter.
תִּמְנָע, תִּמְנַע	(Q)	n. pr. f., n. gent. Timna.
תֶּמֶס		Zerfließen.
תָּמָר I		Dattelpalme.
תָּמָר II	(Q)	n. pr. f., n. l. Tamar.
תֹּמֶר		Palme; Vogelscheuche.
תִּמֹרָה		Palmenornament.
תַּמְרוּק		Einreibung, Massage.
תַּמְרוּרִים I	(S)	Bitterkeit.
תַּמְרוּרִים II		Jer 31,21 Wegzeichen.
תַּן*		Schakal.
תנה		q ungedeutet. pi besingen? hi ungedeutet.
תְּנוּאָה*		Befremden, Anlass zum Befremden; Beschwerden.
תְּנוּבָה	(QS)	Ertrag.
תְּנוּךְ*	(Q)	Ohrläppchen.
תְּנוּמָה	(Q)	Schlummer.
תְּנוּפָה	(QS)	Heben; Weihung, Weihgabe.
תַּנּוּר	(QS)	Backofen.
תַּנְחוּם*	(Q)	Trost.
[תנחם]	(I)	n. pr. m.
תַּנְחֻמֶת		n. pr. m. Tanhumet.
תַּנִּים, תַּנִּין	(Q)	Meeresungeheuer, Meeresdrache; Schlange.
תִּנְשֶׁמֶת	(Q)	Lev 11,30 Chamäleon?; weiße Eule?
[תסבה]	(IQ)	Rotation; Rundgang; Verlauf.
תעב	(QS)	ni verabscheut werden. pi verabscheuen; Ez 16,25 zum Abscheu machen. hi abscheulich handeln.

תָּעָה	(QS)	q umherirren, sich verirren; taumeln, verwirrt sein; c. מִן abirren. ni irregeführt werden; taumeln. hi umherirren lassen, irreführen, verführen.
תֹּעוּ		n. pr. m. Tou.
תְּעוּדָה	(Q)	Bestätigung, Zeugnis, Bestimmung.
[תעות]	(Q)	Abirrung, Irrtum.
תֹּעִי		n. pr. m. Toï.
תְּעָלָה I	(Q)	Wassergraben, Wasserleitung, Kanal.
תְּעָלָה II	(S)	Fleischüberzug (bei heilender Wunde).
[תעלה]	(Q)	→ תּוֹעֵלָה.
תַּעֲלוּלִים		Willkür, Misshandlung.
תַּעֲלֻם*		l. תַּעֲלֻמָה (Hi 28,11).
תַּעֲלֻמָה*		Verborgenes, Geheimnis.
תַּעֲנוּג	(QS)	Behagen, Genuss; pl. auch Verwöhnung.
תַּעֲנִית*	(Q)	Kasteiung, Bußübung.
תַּעְנָךְ		n. l. Taanach.
תעע	(Q)	pilp spotten. hitpalp verspotten.
תַּעֲצֻמוֹת		Kraftfülle.
תַּעַר	(Q)	Messer; Scheide.
תַּעֲרוּבוֹת		c. בֶּן Geisel.
[תערבה]	(Q)	Vermischung.
תַּעְתֻּעִים		Gespött.
תֹּף I	(Q)	Handpauke, Handtrommel.
תֹּף* II		Ez 28,13 ungedeutet.
[תפארה]	(S)	→ תִּפְאֶרֶת.
תִּפְאֶרֶת	(QS)	Schmuck, Zier, Pracht; Ruhm, Ehre, Auszeichnung; Stolz.
תַּפּוּחַ I		Apfel; Apfelbaum.
תַּפּוּחַ II	(Q)	n. pr. m., n. l. Tappuach.
תְּפוּצָה, תְּפוֹצָה*		Zerstreuung?
תְּפִינִים*		uns.
תפל		hitp albern reden; o. l. תִּתְפַּתָּל (II Sam 22,27).
תָּפֵל I	(Q)	Tünche.

תָּפֵל II	(Q)	Fades, wertloses.
תֹּפֶל	(Q)	n. l. Tofel.
[תפלה]	(Q)	Frechheit.
תְּפִלָּה	(QS)	Gebet.
תִּפְלָה	(Q)	Haltloses; Anstößiges.
תִּפְלֶצֶת*		Grauen.
תִּפְסַח		n. l. Tifsach.
תפף	(Q)	q trommeln.
		poel schlagen.
תפר		q nähen.
		pi zusammenbinden.
תפש	(QS)	q fassen, ergreifen; handhaben, umgehen mit; einnehmen; Hab 2,19 einfassen; Prov 30,9 sich vergreifen.
		ni ergriffen, gefangen, eingenommen, besetzt werden.
		pi fangen.
תֹּפֶת I		Hi 17,6 Speichel.
תֹּפֶת II		n. l. Tofet; Opferstätte?
תָּפְתֶּה		l. תָּפְתָּה (Jes 30,33) → תֹּפֶת.
תָּקְהַת		n. pr. m. Tokhat.
תִּקְוָה* I		Jos 2,18.21 Schnur.
תִּקְוָה II	(QS)	Erwartung, Hoffnung.
תִּקְוָה III		n. pr. m. Tikwa.
[תקום]	(Q)	Kraft.
תְּקוּמָה		Standhalten.
תְּקוֹמֵם*		Gegner?
[תקון*]	(Q)	Basis.
תְּקוֹעַ		n. l. Tekoa.
תָּקוֹעַ		Horn?
תְּקוֹעִי		n. gent. Tekoïter.
[תקוף]	(QS)	Stärke, stark.
תְּקוּפָה*	(QS)	Wendepunkt, Wende.
[תקיעה*]	(I)	Blasen.
תַּקִּיף	(QS)	stark.

[תקל]	(S)	*ni* straucheln. *hi* straucheln lassen.
[תקלה]	(S)	Falle?
תקן	(QS)	*q* gerade werden. *pi* gerade richten; in gute Form bringen.
תקע	(Q)	*q* schlagen; aufschlagen; klatschen; Handschlag geben; stoßen; blasen. *ni* geblasen werden; *Hi 17,3* sich verbürgen.
תֵּקַע*		Blasen (*Horn*).
תקף	(Q)	*q* überwältigen.
תֹּקֶף		Kraft, Gewalt.
תֹּר I		→ תּוֹר I.
תֹּר II		→ תּוֹר II.
תַּרְאֲלָה		*n. l.* Tarala.
תַּרְבּוּת*	(Q)	Nachwuchs, Brut.
תַּרְבִּית	(Q)	Aufgeld, Wucherzins.
תרגם		*pt. pass.* übersetzt.
[תרגמן]	(Q)	Übersetzer.
תַּרְדֵּמָה	(Q)	Tiefschlaf, Betäubung.
תִּרְהָקָה		*n. pr. m.* Tirhaka.
[תרום]	(Q)	Opfer.
תְּרוּמָה	(QS)	Abgabe.
תְּרוּמִיָּה		Abgabe.
תְּרוּעָה	(QS)	Lärm, Lärmzeichen; Jubelgeschrei.
תְּרוּפָה	(S)	Heilmittel.
תִּרְזָה		*Baumart*: Steineiche.
תֶּרַח	(Q)	*n. pr. m.*, *n. l.* Terach.
תִּרְחֲנָה		*n. pr. m.* Tirhana.
תַּרְמָה	(Q)	Trug.
תַּרְמוֹת		*l.* Qere (Jer 14,14) → תַּרְמִית.
תַּרְמִית	(S)	Trug.
תֹּרֶן	(Q)	Signalstange; Mastbaum.
[תרנגול]	(Q)	Hahn.
תַּרְעֵלָה		Taumel.
תִּרְעָתִים		*n. gent.?* Tiratiter.

תְּרָפִים		Terafim (*Gottesbild*).
תִּרְצָה		*n. pr. f.*, *n. l.* Tirza.
תֶּרֶשׁ		*n. pr. m.* Teresch.
תַּרְשִׁישׁ I		*Edelstein*: Topas, Chrysolith.
תַּרְשִׁישׁ II	(*I*)	*n. pr. m.*, *n. l.*, *n. gent.* Tarsis.
תִּרְשָׁתָא		*Titel des pers. Statthalters*: Tirschate.
תַּרְתָּן		Heerführer.
תַּרְתָּק		*n. d.* Tartak.
תְּשׂוּמֶת*		Anvertrautes?, gemeinsamer Besitz?
תְּשָׁאָה*		Lärmen, Geschrei; Krachen.
תֹּשָׁב		→ תּוֹשָׁב.
[תשבוחה]	(*QST*)	Loblied.
[תשבחה*]		→ תשבוחה.
תִּשְׁבִּי		*n. gent.* Tischbiter.
תַּשְׁבֵּץ		Gewirktes.
תְּשׁוּבָה*	(*QS*)	Rückkehr; Erwiderung, Antwort.
תְּשֻׁוָה		*l.* תְּשֻׁאָה (*Hi 30,22*).
תְּשׁוּעָה	(*QS*)	Hilfe, Rettung, Heil.
תְּשׁוּקָה*	(*Q*)	Begehren, Verlangen.
תְּשׁוּרָה		Gabe?
תֻּשִׁיָּה		→ תּוּשִׁיָּה.
תְּשִׁיעִי	(*IQ*)	neunter.
[תשלומת]		→ תשלמת.
[תשלמת]	(*S*)	Vergeltung, Erstattung.
[תשניק]	(*S*)	Erstickung.
תֵּשַׁע	(*Q*)	neun.
תִּשְׁעִי	(*I*)	→ תְּשִׁיעִי.
[תשרי]	(*Q*)	Tischri (*Monatsname*).

Aramäischer Teil

א

אַב*	(QT)	Vater, Vorfahr.
אֵב*		Frucht.
אבד	(Q)	pe zugrunde gehen. (h)af umbringen, vernichten. ho vernichtet werden.
אֶבֶן	(QT)	f. Stein.
[אֲגַר*]	(T)	Lohn.
אִגְּרָא, אִגַּרְתָּה*	(Q)	f. Brief.
אֱדַיִן	(Q)	dann, darauf.
אֲדָר	(Q)	Adar (Monatsname, Februar/März).
אִדַּר*		Tenne.
אֲדַרְגָּזַר*		Ratgeber.
אַדְרַזְדָּא		adv. eifrig, gewissenhaft.
אֶדְרָע		Arm; Gewalt.
[אוֹ]	(QT)	oder.
אזא		→ אזה.
אֲזַדָּא	(Q)	kundgemacht, feststehend.
אזה		pe heizen.
אזל	(QT)	pe gehen, weggehen, schwinden.
אָח*	(QT)	Bruder.
[אֲחָה]	(QT)	Schwester.
אַחֲוָיָה*		inf. (h)af von חוה.
אֲחִידָה*		Rätsel.
[אֲחִיקַר]	(T)	n. pr. m.
אַחְמְתָא*	(QT)	n. l. Achmeta/Ekbatana.
אַחַר*	(Q)	nach, hinter.
אָחֳרִי*		f. eine andere.
אַחֲרִי		Ende.
אַחֲרֵין		adv. zuletzt.
אָחֳרָן	(T)	ein anderer.
אֲחַשְׁדַּרְפַּן*		Satrap.

אִילָן	(Q)	Baum.
אֵימְתָן*		schrecklich.
אִיתַי	(QT)	es gibt.
אכל	(QT)	*pe* essen, verschlingen, fressen.
אַל	(Q)	nicht.
אֱלָהּ	(QT)	Gott.
אֵלָה		l. Qere (*Esr 5,15*) diese.
אֵלֶּה	(Q)	diese.
אֲלוּ	(Q)	*Interj.*: sieh da!
[אֱלִיל]	(T)	Götzenbild, Götze.
אִלֵּין		jene.
אִלֵּךְ	(Q)	diese, jene.
אִלֵּן		→ אִלֵּין.
אֲלַף	(Q)	tausend.
[אֵם]	(QT)	Mutter.
אַמָּה*	(Q)	Elle.
אֻמָּה	(Q)	Volk, Nation.
אמן	(Q)	(h)*af* vertrauen; *pt. pass.* zuverlässig.
אמר	(QT)	*pe* sagen; befehlen.
אִמַּר*	(Q)	Lamm.
אֲנֵב*		→ אֵב.
אַנְבֵּהּ		אֵב *c. Sf.*
אֲנָה	(QT)	*c. sg. prn.* ich.
אִנּוּן, אִנִּין	(QT)	*f.* sie; jene.
אֱנוֹשׁ		→ אֱנָשׁ.
אֲנַחְנָא, אֲנַחְנָה	(QT)	*c. pl. prn.* wir.
אנס	(Q)	*pe* bedrängen, zwingen.
אֲנַף*	(QT)	Gesicht, Nase.
אֱנָשׁ	(QT)	Mensch, Mann; *coll.* Menschen, Menschheit.
[אנתה]	(QT)	Frau.
אַנְתְּ, אַנְתָּה	(QT)	*m. sg. prn.* du.
אַנְתּוּן	(QT)	*m. pl. prn.* ihr.
אֱסוּר	(Q)	Band, Fessel, Gefängnis.
אָסְנַפַּר		*n. pr. m.* Asnapar.

אָסְפַּרְנָא		adv. genau, pünktlich.
אֱסָר		Verbot.
[אסרחדון]	(T)	n. pr.
[אסרחריב]	(T)	n. pr.
אָע	(Q)	Holz, Balken.
אַף	(QT)	auch.
אֲפָרְסָי*		n. gent. Perser o. Beamtentitel; Bewohner der Stadt Sippar.
אֲפָרְסְכָי*		n. gent. Perser o. Beamtentitel.
אֲפַרְסַתְכָי*		Beamtentitel.
אַפְּתֹם		Vorratskammer?, endlich?, sicherlich?
אֶצְבַּע*	(Q)	Finger; Zehe.
אַרְבַּע	(QT)	vier.
אַרְגְּוָן*	(Q)	Purpur.
אֲרוּ	(QT)	Interj.: sieh da!
אֹרַח*	(QT)	Weg, Reise.
אַרְיֵה	(Q)	Löwe.
אַרְיוֹךְ	(Q)	n. pr. m. Arjoch.
אֲרִיךְ	(Q)	passend, geziemend, lang.
[ארך]	(Q)	pe lang sein.
אַרְכֻבָּה*	(Q)	Knie.
אַרְכָה	(Q)	Länge, Dauer.
אַרְכְּוָי*		n. gent. Arkewiter.
אֲרַע	(QT)	Erde.
אַרְעִי*	(Q)	Boden, unterer, unterster.
אֲרַק*		Erde.
[ארר]	(T)	pe pass. verfluchen.
[ארט]	(T)	n. terr. Ararat.
אַרְתַּחְשַׁסְתְּא, אַרְתַּחְשַׁשְׂתְּא		n. pr. m. Artaxerxes.
אֹשׁ*	(Q)	Fundament.
אֶשָּׁא	(Q)	Feuer.
אָשַׁף	(Q)	Beschwörer, Zauberer.
אֶשְׁרֻן*		Bauholz, Getäfel.
אֶשְׁתַּדּוּר		Aufruhr.

אִשְׁתִּיו		pe pf. von שתה c. א.
אָת*	(Q)	Zeichen.
אתה	(QT)	pe kommen. (h)af bringen; pass. gebracht werden.
אַתּוּן*		Ofen.
[אתור]	(QT)	n. l. Assur, Assyrien.
אִתַי		→ אִיתַי.
אֲתַר	(Q)	Spur; Ort.

ב

בְּ	(QT)	in, an; mit, durch; aus; über.
בְּאִישׁ*	(QT)	böse.
באשׁ	(Q)	pe c. עַל es missfällt; schlecht sein.
בָּאתַר	(QT)	→ בָּתַר nach.
בָּבֶל	(Q)	n. l. Babel.
בַּבְלִי*		n. gent. Babylonier.
[בדיל די]	(T)	wegen, weil.
בדר	(Q)	pa zerstreuen.
בְּהִילוּ		Eile.
בהל	(Q)	pa erschrecken. hitpe eilen, sich beeilen. hitpa erschreckt werden.
[בוז]	(T)	pe geringschätzig behandeln, verachten.
בטל		pe aufhören. pa hindern, abhalten; Einhalt gebieten.
בֵּין	(Q)	zwischen.
בִּינָה		Einsicht.
בִּירָה*		Festung.
[בית]	(Q)	pe übernachten.
בַּיִת	(QT)	Haus.
[בכה]	(T)	pe weinen.
בָּל		Herz, Sinn, Geist.
בלא	(Q)	pa aufreiben.
בֵּלְאשַׁצַּר		n. pr. m. Belsazzar, → בֵּלְשַׁאצַּר.

[בלה]	(Q)	→ בלא *pa.*
בְּלוֹ		Abgabe (*von Erträgen*).
בֵּלְטְשַׁאצַּר		*n. pr. m.* Belsazzar.
[בלע]	(T)	*pe* verschlingen, verschlucken.
בֵּלְשַׁאצַּר		*n. pr. m.* Belsazzar.
בנה	(QT)	*pe* bauen.
		hitpe gebaut werden.
בִּנְיָן		*pl. von* בַּר II.
בִּנְיָן*	(Q)	Gebäude.
בנס	(Q)	*pe* ärgerlich werden, zürnen.
		pa ärgerlich werden, zürnen.
בעא, בעה	(QT)	*pe* suchen, bitten, wollen.
		pa suchen.
בָּעוּ	(Q)	Bitte, Gebet.
בְּעֵל*	(Q)	Besitzer, Herr.
[בקד]	(T)	*pa* befehlen.
בִּקְעָה*	(Q)	Ebene.
בקר	(Q)	*pa* suchen, nachforschen.
		hitpa gesucht, nachgeforscht werden.
בַּר* I	(Q)	Feld.
בַּר II	(QT)	Sohn; *auch Bezeichnung der Zugehörigkeit.*
[ברה]	(QT)	*n. f.* Tochter.
ברך I		*pe* niederknien.
ברך II	(QT)	*pe pt. pass.* gepriesen.
		pa preisen.
בְּרַךְ*		Knie.
בְּרַם	(Q)	aber.
בְּשַׂר	(Q)	Fleisch.
[בת]	(Q)	Tochter.
בַּת*		*Flüssigkeitsmaß:* Bat (*zwischen 22 l und 45 l*).
בָּתַר	(T)	nach.

ג

גַּב*		Rücken o. Seite.
גֹּב	(Q)	Grube.
[גְּבָאֵל]	(T)	n. pr. m.
גְּבוּרָה*	(QT)	Kraft, Stärke; pl. kraftvolle Taten.
גְּבַר	(QT)	Mann.
גִּבָּר*		kräftiger Mann, Held.
גְּדָבָר*		Schatzmeister.
גדד	(Q)	pe umhauen, schneiden.
גַּו, גּוֹ(א)*	(QT)	Inneres.
גּוֹב		→ גֹּב.
גֵּוָה		Stolz.
גוח	(Q)	(h)af aufwühlen, hervorbrechen.
גִּזְבָּר*		Schatzmeister.
גזר	(T)	pe (zer)schneiden; beschließen, pt. pl. Astrologen, Wahrsager. peil (zer)schneiden. itpe, hitpe sich losreißen, losbrechen.
גזר	(QT)	pe beschließen, pt. pl. Astrologen, Wahrsager. itpe, hitpe sich losreißen, losbrechen.
גְּזֵרָה*		Entscheidung, Beschluss.
גִּיר*		Kalk.
גלא		→ גלה.
גַּלְגַּל*	(Q)	Rad.
גלה	(Q)	pe enthüllen, offenbaren. (h)af deportieren.
גָּלוּ*	(Q)	Deportation, Exil.
גְּלָל		coll. c. אֶבֶן bearbeitete Steine.
גמר	(Q)	pe zu Ende bringen, pt. pass. vollendet (Abkürzungsformel).
גְּנַז*		Schatz.
גַּף*		Flügel.
גְּרֶם*	(QT)	Körper, Gebein, Knochen.
גְּשֵׁם*	(Q)	Körper, Leichnam.

ד

דָּא	(QT)	f. diese.
דֹּב	(Q)	Bär.
דבח	(Q)	pe opfern.
דְּבַח*	(Q)	Schlachtopfer.
דבק	(QT)	pe an etwas haften, zusammenhalten. (h)af erreichen.
דִּבְרָה*	(Q)	Angelegenheit.
דְּהַב	(QT)	Gold.
דְּהָוֵא		l. דִּי־הוּא (Esr 4,9) das ist.
דוק		→ דקק.
דור	(Q)	pe wohnen.
[דור]	(T)	Menschenalter, Generation.
דּוּרָא		n. terr. Dura.
דוש	(Q)	pe zertreten.
דַּחֲוָה*		Musikinstrument?
דחל	(QT)	pe sich fürchten; pt. pass. furchtbar. pa erschrecken.
דִּי	(QT)	Genetivpartikel; Relativpartikel; dass, so dass, damit, weil, denn; Einleitung der direkten Rede.
דין	(Q)	pe Recht sprechen, richten.
דַּיָּן*	(Q)	Richter.
דִּין	(QT)	Recht; Gericht; Gerichtshof; Berechtigung.
דִּינָיֵא		n. gent.?
דֵּךְ, f. דָּךְ	(Q)	jener.
[דכי]	(T)	rein, makellos, unschuldig.
דִּכֵּן	(Q)	jener.
[דכר]	(T)	männlich.
דְּכַר*		Widder.
דִּכְרוֹן*	(Q)	Erinnerung, Protokoll, Edikt.
דִּכְרָן*	(Q)	Annalen; Gedenken.
דלק	(Q)	pe brennen.
דמה	(QT)	pe gleichen, ähnlich sein. pa glauben, vermuten.

דְּנָה, דֵן	(QT)	dieser.
דָּנִיֵּאל	(Q)	n. pr. m. Daniel.
[דִּקְלַת]	(T)	Tigris.
דקק	(Q)	pe zerschlagen. (h)af zermalmen.
דָּר	(Q)	Generation.
דָּרְיָוֶשׁ		n. pr. m. Darius.
דְּרָע*	(Q)	Arm.
דָּת	(Q)	Befehl, Gesetz, Erlass; die Tora.
דֶּתֶא*	(Q)	Gras.
דְּתָבַר*		Gesetzesverständiger, Richter.

ה

הֲ, הַ	(Q)	Fragepartikel.
הָא	(QT)	Interj.: siehe!
הֵא		so wie.
הַדָּבַר*	(Q)	hoher königlicher Beamter.
הַדָּם*		Glied, Stück.
הדר		pa verherrlichen, ehren.
הֲדַר*	(Q)	Herrlichkeit, Hoheit.
הוא, הוה, היה	(QT)	pe sein; werden; geschehen.
הוּא	(QT)	m. sg. prn. er; jener.
הוּךְ*		pe gehen, gelangen zu.
הִיא	(QT)	f. sg. prn. sie.
הֵיךְ		→ היכה.
[הֵיכָה]	(Q)	wie.
הֵיכַל*	(Q)	Palast; Tempel.
הלך	(Q)	pe gehen, gelangen. pa umhergehen. (h)af l. pa.
הֲלָךְ		Abgabe.
הִמּוֹ, הִמּוֹן	(Q)	m. pl. prn. sie.
הַמְונְכָא*		l. Qere Halskette.
[הַמַּרְכֹּל]	(T)	Schatzmeister.

[הַמַּרְכְּלִין]	(T)	Schatzmeisterei.
הֵן	(QT)	wenn, ob, falls.
הַנְזָקָה*		Nachteil.
הַצַּדָּא		→ צְדָא.
הַרְהֹר*		Traumgebilde.
הִתְבְּהָלָה		Eile.
הִתְנַדָּבוּ*		Spende.

ו

| וְ, וּ | (Q) | und, aber, auch. |

ז

זְבַן	(Q)	*pe* kaufen, *metaph.* Zeit gewinnen.
זְהִיר*	(Q)	vorsichtig.
זוּד		(h)*af* übermütig handeln.
זוּן		*hitpe* sich ernähren.
זוּעַ	(Q)	*pe* zittern, beben.
		(h)*af* zittern machen, beben machen.
זִיד		→ זוּד.
זִיו*	(Q)	Glanz; *pl.* Gesichtsfarbe.
זָכוּ	(Q)	Reinheit, Unschuld.
זְכַרְיָה		*n. pr. m.* Sacharja.
זְמַן	(Q)	*pa* (sich) versammeln.
		hitpe, hitpa (sich) verabreden, übereinkommen.
זְמַן, זְמָן	(QT)	Zeit; Zeitpunkt, -mal.
זְמָר*		Saitenspiel.
זַמָּר*		Sänger.
זַן*	(Q)	Art.
זְעֵיר*	(Q)	klein.
זְעַק	(Q)	*pe* schreien, rufen.
זְקַף		*pe pt. pass.* gepfählt, angeschlagen.

זְרֻבָּבֶל		n. pr. m. Serubbabel.
זֶרַע*	(QT)	Nachkommenschaft, Same.

ח

[חבה]	(Q)	*pe* sich verstecken. (h)*af* sich verstecken.
חֲבוּלָה		Verbrechen.
חבל	(Q)	*pa* verletzen; zerstören. *hitpa* zerstört werden, zugrunde gehen.
חֲבָל	(Q)	Verletzung, Schaden.
חֲבַר*	(Q)	Gefährte.
חַבְרָה*		Gefährtin, *pl.* die anderen.
חַגַּי		n. pr. m. Haggai.
חַד	(QT)	einer; eins; -mal; *Dan* 2,35 c. כְּ zusammen.
[חדא]	(QT)	→ חדה.
חֲדֵה*	(Q)	Brust.
[חדה]	(QT)	*pe* sich freuen. *pa* feiern.
חֶדְוָה	(QT)	Freude.
חֲדַת		neu.
חוא, חוה	(QT)	*pe, pa* kundtun. (h)*af* kundtun, (an)zeigen. *hitpa* erzählt werden.
חִוָּר		weiß.
[חור]	(Q)	n. pr. m.
חזה	(QT)	*pe* sehen, einsehen; *pt.* angemessen, üblich.
חֱזוּ, חֱזוּ*	(Q)	Gesicht, Vision; *Dan* 7,20 Aussehen.
חָזוֹת		Anblick, Sichtbarkeit.
חֲטִי		Sünde.
חַטָּיָא		Sündopfer.
חַי	(QT)	lebend; *pl.* Leben.
חיה	(QT)	*pe* leben. (h)*af* beleben.
חֵיוָה	(Q)	Tier; *coll.* Getier.

חִיט		*pe* o. (*h*)*af* ausbessern?
[חַיִּין]	(T)	Leben.
חַיִל	(Q)	Kraft, Stärke; Heer.
חַכִּים*	(Q)	weise; Weiser.
חָכְמָה	(Q)	Weisheit.
חֵלֶם	(Q)	Traum.
חלף	(Q)	*pe* vorübergehen.
[חלק]	(QT)	*pe* festlegen, verteilen.
חֲלָק	(Q)	Anteil; Los.
חֵמָה	(Q)	Zorn, Wut.
חֲמַר	(Q)	Wein.
[חמשין]	(T)	fünfzig.
חִנְטָה*	(Q)	Weizen.
חֲנֻכָּה*		Einweihung.
חנן	(Q)	*pe* sich erbarmen. *hitpa* flehen, beten.
חֲנַנְיָה		*n. pr. m.* Hananja.
חַסִּיר	(Q)	gering, minderwertig.
חסן		(*h*)*af* in Besitz nehmen, besitzen.
חֱסֵן*	(Q)	Macht.
חֲסַף	(Q)	Ton.
חצף		(*h*)*af pt.* streng.
חרב	(Q)	(*h*)*af* zerstören. *ho* zerstört, verwüstet werden.
חַרְטֹם	(Q)	Wahrsager, Magier.
חרך		*hitpa* versengt werden.
חֲרַץ*	(Q)	Hüfte, Lende.
[חררה]	(T)	Geschwür, weiße Schuppen.
חשב	(Q)	*pe* rechnen, achten, meinen.
חֲשׁוֹךְ*	(Q)	Finsternis.
חשח		*pe* nötig haben.
חַשְׁחָה*		Bedarf.
חַשְׁחוּ*		Bedarf.

חֲשַׁל	(Q)	*pe* zermalmen. *pa* planen.
חֲתַם	(QT)	*pe* versiegeln.

ט

טְאֵב		*pe* gut sein.
טָב	(QT)	gut.
טַבָּח*		Leibwächter.
[טוֹבִי]	(T)	n. pr. m.
טוּר	(QT)	Berg.
טְוָת		fastend, nüchtern.
טִין	(Q)	Lehm.
טַל*	(Q)	Tau.
טלל	(Q)	*pa* bedecken, beschatten. (h)*af* nisten; Schatten, Schutz aufsuchen.
[טמם]	(T)	*pe* o. *pa* verschließen, zuschütten.
טעם		*pa* zu essen geben.
טְעֵם	(Q)	Verstand; Befehl; Gutachten, Bericht; *Dan 5,2* Geschmack.
טְפַר*	(Q)	Nagel; Kralle.
טרד		*pe* vertreiben.
טַרְפְּלָא*		n. gent. Tarpeliter o. Beamtenklasse.

י

יבל	(Q)	(h)*af* bringen. *ša* → סבל.
[יבש]	(QT)	trocken.
יַבֶּשֶׁה*	(Q)	Erde.
יְגַר*		Steinhaufen.
יַד*	(QT)	Hand, Tatze; Macht.
ידא, ידה	(T)	(h)*af* preisen.

ידע	(QT)	*pe* wissen, kennen, erfahren, einsehen, verstehen; kund sein. (h)*af* mitteilen; *Esr 7,25* belehren.
יהב	(QT)	*pe* geben; *Dan 6,3* (Bericht) erstatten; *Esr 5,16* (Fundament) legen. *hitpe* gegeben werden; *Esr 6* bezahlt werden.
יְהוּד	(Q)	n. gent., n. terr. Juda, Judäer.
יְהוּדָי*	(Q)	n. gent. Jude.
יוֹם	(QT)	Tag.
יוֹצָדָק		n. pr. m. Jozadak.
יזב		ša → שֵׁיזִב.
יטב		*pe* gut sein, gefallen.
יכל	(QT)	*pe* können; überwältigen.
יָם*	(Q)	Meer.
יסף	(QT)	(h)*af* hinzufügen. *ho* hinzugefügt werden. *hitpa* hinzugefügt werden.
יעט		*pe* raten. *hitpe, itpa* sich beraten, Ratgeber.
יצא		ša → שֵׁיצִא.
יצב		*pa* genau erfahren.
יַצִּיב	(Q)	zuverlässig, gewiss; sicherlich!
[יצף]	(QT)	*pe* in Sorge sein.
יקד	(Q)	*pe* brennen.
יְקֵדָה*		Brennen.
יַקִּיר*	(QT)	schwierig; erlaucht.
יְקָר*	(Q)	Ehre, Würde.
יְרוּשְׁלֶם	(QT)	n. l. Jerusalem.
יְרַח*	(Q)	Monat.
יַרְכָה*		Oberschenkel, Hüfte.
[ירת]	(T)	*pe* (be)erben.
יִשְׂרָאֵל	(T)	n. gent. Israel.
יֵשׁוּעַ		n. pr. m. Jeschua.
יָת	(Q)	nota accusativi.

יְתַב	(QT)	*pe* sich setzen; wohnen. (h)*af* ansiedeln.
יַתִּיר	(Q)	außergewöhnlich; *adv.* sehr, überaus.

כ

כְּ	(QT)	wie, entsprechend, gemäß; ungefähr; *c. inf.* sobald als.
[כא]	(QT)	→ כָּה, כָּא.
[כבר]	(T)	längst, schon, immer.
כִּדְבָה		Lüge.
[כדי]	(T)	als.
כָּה, כָּא		hier.
כהל		*pe* können.
כָּהֵן*	(Q)	Priester.
כַּוָּה*		Fenster.
כּוֹרֶשׁ		*n. pr. m.* Cyrus.
[כחדא]	(QT)	gemeinsam.
[כחל]	(T)	*pe* bestreichen, salben.
כִּכַּר*		Gewichtseinheit: Talent (*zwischen 3000 und 3600 Schekel, zwischen 34 kg und 41 kg*).
כֹּל*	(QT)	ganz, jeder, alle.
[כלא, כלה]	(QT)	*pe*, (h)*af*, *hitpe* hindern, abhalten.
כלל		*šaf* vollenden, fertigstellen. *hištaf* vollendet werden.
[כמא, כמה]	(T)	wie; *auch Interj.*
כֵּן	(Q)	so.
כִּנְמָא		so.
כנש	(Q)	*pe* versammeln. *hitpa* sich versammeln.
כְּנָת*		Gefährte, Kollege.
כַּסְדָּי*		→ כַּשְׂדָּי.
כְּסַף	(QT)	Silber.
כְּעַן	(T)	nun, jetzt.
כְּעֶנֶת		und nun.

כְּעֶת		→ כְּעֲנֶת.
כפת	(Q)	pe gebunden werden. pa binden.
כֹּר*	(Q)	Hohlmaß: Kor (zwischen 220 l und 450 l).
כַּרְבְּלָה*		Mütze.
כרה		itpe bekümmert sein.
כָּרוֹז*		Herold.
כרז		(h)af öffentlich ausrufen.
כָּרְסֵא, כרסה*	(Q)	Sessel, Thron.
כַּשְׂדִּי	(Q)	n. gent. Chaldäer.
כתב	(Q)	pe schreiben.
כְּתָב	(QT)	Schrift; Urkunde; Vorschrift.
כְּתַל*	(Q)	Wand, Mauer.

ל

לְ	(QT)	zu, um zu, an, für, nach ... hin, gegen ... hin, nämlich, in Bezug; Zeichen des Genetivs, Dativs und Akkusativs.
לָא	(QT)	nicht.
לֵב*		Herz.
לְבַב*	(QT)	Herz.
לְבוּשׁ*	(Q)	Gewand.
לבש	(Q)	pe anziehen. (h)af bekleiden.
לָה		→ לָא.
לָהֵן I		deshalb.
לָהֵן II	(Q)	außer; aber, sondern.
לֵוִי*	(Q)	n. gent. Levit.
לְוָת*	(Q)	bei, zu.
[לחדא]	(QT)	sehr.
לְחֵם	(Q)	Speise, Mahl.
לְחֵנָה*		Konkubine.
לֵילֵי*	(QT)	Nacht.

[לְמָא]	(QT)	wozu?
לִשָּׁן	(Q)	Zunge, Sprache.

מ

מָא		→ מָה.
מְאָה	(Q)	hundert.
מֹאזְנָא*		Waage.
מֵאמַר*	(Q)	Wort; Befehl.
מָאן*	(Q)	Gefäß, Gerät.
מְגִלָּה	(Q)	Schriftrolle, Buchrolle.
מגר	(T)	pa stürzen, niederreißen.
מַדְבַּח*	(Q)	Altar.
מִדָּה		Abgabe, Steuer.
מְדוֹר*	(Q)	Wohnung.
מָדַי	(QT)	n. gent. Meder; n. l. Medien.
מְדִינָה*	(Q)	Provinz, Stadt.
מְדָר*		→ מְדוֹר.
מָה	(QT)	was?, das was; c. כְּ wie!; c. לְ damit nicht.
[מוֹם]	(T)	Eid, Schwur.
[מוּת]	(QT)	pe sterben. ho getötet werden.
מוֹת	(QT)	Tod, Todesstrafe.
מָזוֹן		Nahrung.
מחא, מחה	(Q)	pe schlagen. pa hindern. hitpe geschlagen werden (an den Pfahl).
מַחְלְקָה*		Abteilung.
מטא	(Q)	pe reichen, erreichen; gelangen; eintreten; c. עַל widerfahren.
מִישָׁאֵל	(Q)	n. pr. m. Mischael.
מֵישַׁךְ		n. pr. m. Meschach.
[מכתש]	(T)	Schlag, Plage.
מלא	(Q)	pe füllen. hitpe erfüllt werden.

מַלְאַךְ*	(QT)	Gesandter, Bote; Engel.
מִלָּה	(QT)	Wort; Sache, Angelegenheit.
מלח	(Q)	pe (Salz) essen, salzen.
מְלַח	(Q)	Salz.
מְלַךְ*	(Q)	Rat, Ratschlag.
מֶלֶךְ	(QT)	König.
מַלְכָּה*		Königinmutter.
מַלְכוּ	(Q)	Königsherrschaft, -würde; Königreich; Dan 6,5 Verwaltung.
מלל	(QT)	pa reden, sprechen.
מִן	(QT)	aus, von, seit, gemäß.
מַן	(QT)	wer?, wer.
מְנֵא		Gewichtseinheit: Mine (50 Schekel, 571,2 g).
[מנאן]	(T)	woher?
מִנְדָה		→ מִדָּה.
מַנְדַּע	(Q)	Wissen, Verstand.
מנה	(Q)	pe zählen. pa bestellen, einsetzen.
מִנְחָה	(Q)	Opfer; Opfergabe; Geschenk.
מִנְיָן*	(Q)	Zahl.
[מסכן]	(T)	arm, bedürftig; Armer.
מַעֲבָד*	(Q)	Werk, Tat.
מְעֵה*	(QT)	→ מעה, מְעַיִן.
מעה, מְעַיִן*	(QT)	Eingeweide, Bauch.
מֶעָל*		Untergang (Sonne).
מָרֵא, מרה*	(Q)	Herr.
מְרַד*		Empörung, Rebellion.
מָרָד*		aufrührerisch.
מרט		pe ausraufen.
[מררה]	(T)	Galle.
מֹשֶׁה	(Q)	n. pr. m. Mose.
מְשַׁח	(Q)	Öl.
מִשְׁכַּב*	(Q)	Lager, Bett.
מִשְׁכַּן*	(Q)	Wohnung.
מַשְׁר(וֹ)קִי*		Rohrpfeife.

[מִשְׁתּוֹ]	(T)	Hochzeitsfeier.
מִשְׁתֵּי־*	(QT)	Gelage.
מַתְּנָה־*	(Q)	Gabe, Geschenk.

נ

נבא		hitpa als Prophet auftreten, verkünden.
נְבוּאָה*		Prophezeiung.
נְבוּכַדְנֶצַּר	(Q)	n. pr. m. Nebukadnezar.
נְבִזְבָּה	(Q)	Geschenk.
נְבִיא*	(Q)	Prophet.
נֶבְרְשָׁה־*		Leuchter.
נגד	(Q)	pe fließen, strömen, ziehen.
נֶגֶד	(Q)	gegen, in der Richtung nach.
נֹגַהּ־*	(Q)	Helle.
נְגוֹ(א)		Bestandteil von n. pr. m. Abednego.
נדב	(Q)	hitpa willig sein; spenden; Esr 7,16 inf. Spende.
נִדְבָּךְ		Schicht, Lage.
נדד	(Q)	pe fliehen.
[נדן]	(T)	n. pr. m.
נִדְנֶה		Scheide; Körper?
נְהוֹר		→ נְהִיר.
נְהִיר־*		l. Qere (Dan 2,22) Licht.
נַהִירוּ	(Q)	Erleuchtung.
נְהַר	(Q)	Strom; oft Eufrat.
נוד	(Q)	pe fliehen.
נְוָלוּ		Abfall-, Trümmerhaufen.
[נון]	(QT)	Fisch.
נוּר	(Q)	Feuer.
נזק		pe zu Schaden kommen. (h)af schädigen.
נְחִיר		→ נְהִיר.
נְחָשׁ	(Q)	Kupfer, Bronze.

נְחַת	(QT)	*pe* herabsteigen. (h)*af* niederlegen, hinabbringen. *ho* gestürzt werden.
נְטַל	(QT)	*pe* erheben, aufheben, *pass.* aufgehoben werden.
נְטַר	(Q)	*pe* bewahren, beschützen.
נִיחוֹחַ*	(Q)	Räucheropfer.
[נִינוֵה]	(T)	n. l.
נְכַס, נְכֶס*	(Q)	Schatz, Geld.
נְמַר		Panther, Leopard.
[נסב]	(QT)	*pe*, (h)*af* nehmen; *pe pass.* genommen werden.
נסח		*hitpe* herausgerissen werden.
נְסַךְ	(Q)	*pa* darbringen, ausgießen. *hitpa* ausgegossen sein/werden.
נְסַךְ*		Trankopfer.
נְפַל	(QT)	(h)*af*, *pe* fallen, niederfallen; zufallen, obliegen.
נְפַק	(QT)	*pe* ausgehen; *Dan 2,13* erlassen werden. (h)*af* herausholen.
נִפְקָה*		Kosten, Ausgaben.
[נפת]	(T)	Leckerbissen.
[נפתלי]	(QT)	n. pr. m.
נִצְבָּה* I	(Q)	Pflanzung.
נִצְבָּה* II	(Q)	Härte.
נצח	(Q)	*hitpa* sich erheben, siegen, überlegen sein.
[נצל]	(Q)	(h)*af*, *pa* (er)retten, befreien.
נְקֵא		rein.
נקש	(Q)	*pe* schlagen.
נשׂא		*pe* nehmen, forttragen. *hitpa* sich gegen jmd. erheben.
נְשִׁין*		Frauen.
נִשְׁמָה*	(Q)	Lebensatem, Leben.
נְשַׁר	(Q)	Adler, Geier.
נִשְׁתְּוָן*		Brief, Dekret.
נְתִין*		Tempelsklave.

נתן	(QT)	pe geben.
נתר	(Q)	(h)af abstreifen, fallen.

ס

סַבְּכָא		→ שַׂבְּכָא.
סבל	(Q)	pe tragen. po aufrichten? darbringen? tragen?
סבר	(Q)	pe beabsichtigen.
סגד	(Q)	pe huldigen.
סָגָן*		Vorsteher, Statthalter.
סגר	(Q)	pe verschließen. pa schließen.
[סדר]	(T)	pa arrangieren, (an-)ordnen, aufstellen, in Ordnung bringen.
סוּמְפֹּנְיָה		musik. term. techn. Sackpfeife? Musikkapelle?
סוף	(Q)	pe sich erfüllen. pa ein Ende machen. (h)af vernichten.
סוֹף*	(Q)	Ende.
[סחר]	(T)	pe herumgehen, umherziehen.
[סחרה]	(T)	Einkreisen, Umzingeln.
[סטה, שטה]	(QT)	übertreten.
סלק	(QT)	pe hinaufgehen, -kommen. (h)af hinaufbringen. ho heraufgeholt werden.
[סם]	(QT)	Medizin.
סעד	(Q)	pa unterstützen.
סְפַר*	(Q)	Buch, Urkunde.
סָפַר*	(Q)	Schreiber, Sekretär.
סַרְבָּל*		Hose? Mantel?
סָרַךְ*		Minister.
סתר I	(Q)	pa verbergen, pt. pass. Verborgenes. hitpa verborgen sein.
סתר II		pe zerstören.

ע

עֲבַד	(QT)	*pe* tun, machen; befolgen; begehen, veranstalten; *pass.* gemacht werden. *hitpe* gemacht, ausgeführt werden.
עֲבֵד*	(Q)	Diener, Sklave, Knecht.
עֲבֵד נְגוֹ		*n. pr. m.* Abednego.
עֲבִידָה*	(Q)	Arbeit, Dienst; Verwaltung.
עֲבַר*	(Q)	jenseits.
עַד	(Q)	bis; bis dass; עַד־אָחֳרֵין bis schließlich; עַד־דִּבְרַת דִּי um deswillen, dass; עַד־כָּה bis hierher; עַד־כְּעַן bis jetzt; עַד־עִדָּן auf Zeit.
עֲדָה	(Q)	*pe, hitpe* gehen, kommen; vergehen, aufgehoben werden. *(h)af* wegnehmen, absetzen, entfernen, zum Gehen veranlassen.
עִדּוֹא		*n. pr. m.* Iddo.
עִדָּן*	(QT)	Zeit; Jahr.
[עדנא]	(T)	*n. pr.*
[עובד]	(T)	Tat, Handlung.
עוֹד	(QT)	noch.
עֲוָיָה*	(Q)	Vergehen, Sünde, Schuld.
[עולים]	(T)	junger Mann.
עוֹף	(Q)	Vogel; *coll.* Vögel.
עוּר	(Q)	Spreu.
עֵז*		Ziege.
עִזְקָה*	(QT)	Ring, Siegelring.
עֶזְרָא		*n. pr. m.* Esra.
עֲזַרְיָה	(T)	*n. pr. m.* Asarja.
עֵטָה	(Q)	Rat, Ratschlag.
עַיִן*	(T)	Auge.
עִיר	(Q)	Wachender, Wächter; Engel.
עַל	(QT)	auf, über, gegen, hin ... zu, betreffend, wegen.
עַל־דְּנָה		deshalb.
עַל־מָה		warum.
עֵלָּא	(Q)	oben, über.

עִלָּה		Vorwand.
עֲלָוָה*		Brandopfer.
עִלָּי*	(Q)	höchster.
עִלִּי, עלה*	(QT)	Obergemach.
[עליה]	(QT)	→ עִלִּי, עלה.
עֶלְיוֹן*	(Q)	Höchster.
[עלימה]	(T)	Mädchen.
עלל	(QT)	*pe* hineingehen. (h)*af* hineinführen. *ho* hineingeführt werden.
עָלַם	(QT)	ferne Zeit; Ewigkeit.
עֵלְמָי*	(Q)	*n. gent.* Elamiter.
עֲלַע*		Rippe.
עַם	(Q)	Volk.
עִם	(QT)	zusammen mit, bei.
עַמִּיק*	(Q)	tief, das Tiefe.
עֲמַר	(Q)	Wolle.
עַן*	(QT)	→ כְּעַן.
[עָן*]	(T)	Kleinvieh.
[ענאל]	(T)	*n. pr.*
ענה	(Q)	*pe* antworten; anheben (*im Sinne von Redebeginn*); reden.
עֲנֵה*	(Q)	elend, demütig.
עֲנָיִן		*pl. von* עֲנֵה.
עֲנָן*	(Q)	Wolke.
עֲנַף*	(Q)	Zweig.
עֲנָשׁ*	(Q)	Strafe (*Geld*), (Geld)buße.
עֲנֶת*		→ כְּעֶנֶת.
[עע]	(T)	Holz.
עֳפִי*	(Q)	Laub.
[עפר]	(T)	Staub, Erde.
עֲצִיב	(Q)	betrübt, ängstlich.
עקר		*pe* ausreißen. *itpe* ausgerissen werden.

עֲקַר*	(Q)	Wurzelstock.
		als prp.: ausser, neben; in Zusammenhang mit, zusammenhängend.
עָר*	(Q)	Widersacher.
ערב	(Q)	*pa* mischen.
		hitpa sich mischen.
עֲרָד*		Wildesel.
עַרְוָה*		Schande, Blöße.
[ערק]	(QT)	*pe* fliehen.
עֲשַׂב*	(Q)	*coll.* Kräuter, Gras.
עֲשַׂר	(Q)	zehn.
עֶשְׂרִין	(Q)	zwanzig.
עשת	(Q)	*pe* beabsichtigen.
עֲתִיד*	(Q)	bereit.
עַתִּיק*		alt.

פ

פוּם		→ פֻּם.
פֶּחָה*	(Q)	Statthalter.
פֶּחָר		Töpfer.
פְּטִישׁ*		*l.* Qere (Dan 3,21) ein Kleidungsstück.
[פטר]	(QT)	(h)*af.* wegbringen, befreien.
פלג	(Q)	*pa* teilen, verteilen, *pt. pass.* geteilt.
		pe trennen; *pass.* geteilt werden.
		hitpe sich teilen, geteilt werden.
		(h)*af* wegbringen, befreien.
פְּלַג*	(Q)	Hälfte.
פְּלֻגָּה*	(Q)	Abteilung, Gruppe.
פלח	(Q)	*pe* dienen, verehren.
פָּלְחָן*		Gottesdienst; Kult.
פֻּם, פוּם	(QT)	Mund; Mündung.
פַּס*	(Q)	Handfläche, Hand.
פְּסַנְטֵרִין		*Saiteninstrument*, Zither.
[פקד]	(T)	*pa*, (h)*af* auftragen, befehlen.

[פְּקוּד]	(QT)	Auftrag, Weisung, Gebot.
פַּרְזֶל	(Q)	Eisen.
פרס		*pe* zerteilt werden, (sich) absondern, (sich) trennen.
פְּרֵס, פְּרַס*		*Gewichtseinheit*: Halbmine?, Halbschekel?
פָּרַס	(Q)	*n. gent.* Perser; *n. terr.* Persien.
פַּרְסִי*		*n. gent.* Perser.
פרק	(Q)	*pe* tilgen; sich von etw. ablösen.
פרש	(Q)	*pe* (sich) absondern, (sich) trennen. *pa pt. pass.* getrennt.
פַּרְשֶׁגֶן*		Abschrift.
פשר	(Q)	*pe* deuten, erklären. *pa* deuten; lösen, schmelzen.
פְּשַׁר*	(Q)	Deutung, Erklärung.
פִּתְגָם	(Q)	Wort; Erlass; Bericht.
[פְּתוֹר]	(QT)	Tisch.
פתח	(Q)	*pe* öffnen; *pass.* geöffnet werden. *hitpe, hitpa* geöffnet werden.
פְּתָי*	(Q)	Breite.

צ

צבה	(Q)	*pe* wollen, begehren.
צְבוּ	(Q)	Sache.
צבע		*pa* benetzen, eintauchen. *hitpa* benetzt werden.
[צבע]	(Q)	farbiges, buntes Kleid.
צַד*		Seite, Flanke.
צְדָא		wahr, wirklich.
צִדְקָה	(QT)	Gerechtigkeit, Frömmigkeit, rechtes Handeln; Mildtätigkeit, Almosen.
צַוַּאר*	(T)	Hals.
[צוה]	(T)	wüst; dürre, öd.
[צור]	(QT)	Nacken.
צלה	(Q)	*pa* beten.

צְלַח	(Q)	*pe*, (*h*)*af* gut gehen, gut gehen lassen, Erfolg haben, vorankommen.
צְלֵם	(Q)	Bild, Standbild.
צְפִיר*		Bock.
צְפַר*	(Q)	Vogel.
[צריך]	(T)	bedürftig.

ק

קְבַל	(Q)	*pa* empfangen.
קֳבֵל	(QT)	vor, gegenüber, wegen; *c.* כָּל־ dementsprechend, daraufhin; כָּל־קֳבֵל דִּי gemäß der Tatsache, dass; weil; לָקֳבֵל vor, gegenüber, wegen, weil.
[קבר]	(QT)	*pe* begraben.
[קדוש]	(T)	heilig.
קַדִּישׁ	(QT)	heilig.
[קדם]	(T)	vor, vorn; im Angesicht von.
קֳדָם	(QT)	vor; *c.* מִן vor, von seiten.
קַדְמָה*	(Q)	frühere Zeit; *c.* מִן vorher, zuvor.
קַדְמָי*	(QT)	erster, früherer.
[קודם]	(T)	*c.* לְ vor, im Angesicht.
קוּם	(QT)	*pe* aufstehen; dastehen; bestehen. *pa* festsetzen, erlassen. (*h*)*af* aufstellen, aufrichten; einsetzen, verpflichten; erlassen. *ho* aufgestellt werden. *hitpa* feststehen.
קְטַל	(QT)	*pe* töten. *pa* töten. *hitpe* getötet werden. *hitpa* töten, umbringen.
קְטַר		Knoten > Gelenk, schwierige Aufgabe.
קַיִט	(Q)	Sommer.
קְיָם	(Q)	Verordnung.
קַיָּם		dauernd, beständig.

קַיתָר(וֹ)ס		l. Ketib Zither.
קָל	(Q)	Stimme, Klang.
קְנָא, קְנָה	(Q)	pe kaufen.
קְצַף	(Q)	pe ergrimmen, zürnen.
קְצַף	(Q)	Grimm, Zorn.
קְצַץ	(Q)	pa abhauen.
		hitpe abgehauen werden.
קְצָת*	(Q)	Ende; Teil.
קְרָא	(T)	pe rufen; lesen.
		hitpe gerufen werden.
קְרֵב	(QT)	pe herannahen, hinzutreten.
		pa darbringen.
		(h)af hinführen, darbringen.
קְרָב	(Q)	Krieg.
קִרְיָא, קִרְיָה	(QT)	Stadt.
[קָרִיב]	(T)	Verwandter.
קֶרֶן	(QT)	Horn (von Tieren und als Musikinstrument).
קְרַץ		Stück; c. אכל verleumden.
קְשֹׁט	(QT)	Wahrheit.
[קְשִׁיט]	(QT)	wahr, richtig.

ר

רֵאשׁ	(Q)	Kopf; Anfang.
רַב	(QT)	groß; Groß-, Ober-.
רבה	(Q)	pe groß werden, wachsen.
		pa groß machen, erhöhen.
רְבוּ	(QT)	Größe, Macht.
רִבּוֹ	(Q)	zehntausend.
רְבִיעִי*		vierter.
[רבע]	(T)	pe sich setzen, daliegen.
רַבְרְבָנִין, רַבְרְבִין*		Mächtige, Magnaten.
רנז	(Q)	pe, (h)af zürnen; zum Zorn reizen, erzürnen.
רְגַז	(Q)	Zorn.
רְגַל*	(QT)	f. Fuß.

רְגַשׁ	(Q)	(h)af herzulaufen?, hereinstürmen?, unruhig sein/werden?
רֵו*	(Q)	Aussehen.
רוּחַ	(QT)	Wind; Geist.
רוּם	(T)	*pe* sich erheben. *pol* preisen. (h)*af* erhöhen. *hitpol* sich erheben.
רוּם	(Q)	Höhe.
רָז	(Q)	Geheimnis.
רְחוּם		*n. pr. m.* Rehum.
רַחִיק*		fern.
[רחם]	(ST)	*pe* lieben.
רַחֲמִין	(Q)	Erbarmen, Barmherzigkeit.
רחץ	(Q)	*hitpe, hitpa* sich verlassen, vertrauen.
רֵיחַ		Geruch.
רמה	(Q)	*pe* werfen; hinsetzen; auferlegen. *hitpe* geworfen werden.
רְעוּ*	(Q)	Wille; Wohlgefallen.
[רעואל]	(QT)	*n. pr. m.*
רַעְיוֹן*	(Q)	Gedanke.
רַעֲנַן		wohl gedeihend.
רעע	(Q)	*pe* zerschmettern. *pa* zerschmettern.
[רפאל]	(QT)	*n. pr.*
רפס		*pe* zertreten.
רשׁם	(Q)	*pe* schreiben; *pass.* geschrieben werden.

שׂ

שָׂב*		Ältester.
שַׂבְּכָא		*dreieckiges Musikinstrument.*
שׂנא, שׂנה	(Q)	*pe* groß werden/sein. (h)*af* vermehren, vergrößern.
שַׂגִּי(א)	(T)	groß; viel; *adv.* sehr.

שָׂהֲדוּ*	(Q)	Zeugnis.
שְׂטַר		Seite.
שִׂיב		*pe* alt sein.
שִׂים	(Q)	*pe* setzen, legen; geben; einsetzen; Dan 3,12; 6,14 c. טְעֵם sich kümmern; *pass.* gesetzt, gestellt, gelegt werden. *hitpe* gelegt werden; gemacht, gegeben werden.
שׂכל	(Q)	*hitpa* betrachten, beobachten.
שָׂכְלְתָנוּ		Einsicht, Kenntnis.
שׂנא		*pe* hassen, feindlich sein.
שְׂעַר*		Haar.
[שׂרה]	(T)	n. pr. f.

שׁ

שׁאל	(QT)	*pe* bitten, verlangen; fragen.
שְׁאֵלָה*		Frage; Sache.
שְׁאַלְתִּיאֵל		n. pr. m. Schealtiël.
שְׁאָר*	(Q)	Rest, Übriges.
[שׁבה]	(QT)	*pe* gefangen nehmen.
[שׁבוע]	(QT)	Woche.
שׁבח	(QT)	*pa* loben, preisen.
שְׁבַט*	(Q)	Stamm.
[שׁבי]	(T)	Wegführung; Gefangenschaft; Gefangene.
שְׁבִיב*	(Q)	Flamme.
שְׁבַע*	(QT)	sieben.
שׁבק	(QT)	*pe* zurücklassen; lassen, gewähren lassen. *hitpe* überlassen werden.
שׁבשׁ	(Q)	*hitpa* verwirrt werden.
שֵׁגָל*		Gemahlin.
[שׁד]	(QT)	Dämon.
שׁדר		*hitpa* sich bemühen.
שַׁדְרַךְ		n. pr. m. Schadrach.
שׁוה	(QT)	*pe* gleich sein, *pass.* gleich gemacht werden. *pa* l. Qere (Dan 5,21) gleich machen; legen.

		(h)af legen.
		hitpa gemacht werden zu.
שׁוּר*	(QT)	Mauer.
שׁוּשַׁנְכָי*		n. gent. Susaniter.
שְׁחַת	(Q)	pe pt. pass. verdorben, schlecht; Schlechtes.
שֵׁיזִב	(QT)	retten, befreien.
[שֵׁיזְפָן]	(T)	Wirtschaftsprüfer, -minister.
שֵׁיצִיא	(Q)	vollenden o. nominal Untergang.
שְׁכַח	(QT)	(h)af finden; bekommen.
		hitpe gefunden werden; sich (be)finden.
שׁכלל		ša von כלל.
שְׁכֵן	(Q)	pe wohnen.
		pa wohnen lassen.
שְׁלֵה		ruhig, sorglos.
שָׁלָה		l. Qere (Dan 3,29).
שָׁלוּ		Nachlässigkeit; Irrtum.
שְׁלֵוָה*		Glück, Wohlergehen.
שְׁלַח		pe schicken, senden; Esr 6,12 wagen.
שְׁלֵט	(QT)	pe herrschen; Dan 6,25 sich bemächtigen.
		(h)af zum Herrn machen.
שָׁלְטָן	(Q)	Herrschaft, Macht, Reich.
שִׁלְטוֹן*		Beamter.
שַׁלִּיט	(Q)	mächtig; Beamter, Machthaber; c. ל u. Inf. es ist erlaubt.
שְׁלַם	(Q)	pe fertig sein.
		pa erfüllen, fertig sein/werden.
		hitpa entschädigen, einen Ausgleich herstellen.
		(h)af abliefern, preisgeben.
שְׁלָם	(QT)	Friede, Heil.
שֵׁם*	(QT)	Name.
שׁמד		(h)af vertilgen.
שְׁמַיִן*	(Q)	Himmel.
שְׁמַם	(Q)	itpol vor Schreck erstarren.
שׁמע	(QT)	pe hören.
		hitpa gehorchen.
שָׁמְרַיִן	(T)	n. l., n. terr. Samaria.

שְׁמַשׁ	(Q)	*pa* dienen.
שְׁמַשׁ*	(Q)	Sonne.
שִׁמְשַׁי		*n. pr. m.* Schimschai.
שֵׁן*	(Q)	*f.* Zahn.
שנה	(Q)	*pe* anders sein; verändert werden. *pa* verwandeln; *pt. pass.* verschieden; *Dan 3,28* übertreten. (*h*)*af* abändern; übertreten. *hitpa* sich ändern.
שְׁנָה* I	(QT)	Jahr.
שְׁנָה* II	(Q)	Schlaf.
שָׁעָה	(Q)	kurze Zeit, Augenblick; בַּהּ־שַׁעֲתָא/ה in eben dieser Stunde, sofort.
שפט	(Q)	*pe* richten.
שַׁפִּיר	(QT)	schön.
שפל	(Q)	(*h*)*af* erniedrigen.
שְׁפַל*	(Q)	niedrig.
שפר	(Q)	*pe* gefallen, schön sein.
שְׁפַרְפָר*		Morgendämmerung.
שָׁק*	(Q)	Schenkel, Bein, Fuß.
[שקה]	(T)	Herr der Getränke.
[שקר]	(T)	Lüge, Betrug, List.
שרה	(Q)	*pe* lösen; wohnen. *pa* beginnen. *hitpa* sich lösen. *hitpe* gelöst werden.
[שרו]	(QT)	Essen.
שֹׁרֶשׁ*	(Q)	Wurzel.
שְׁרֹשׁוּ		*l. Qere* (*Esr 7,26*) Verbannung, Ausschluss, Entwurzelung.
שֵׁשְׁבַּצַּר		*n. pr. m.* Scheschbazzar.
שֵׁת	(Q)	sechs.
שתה	(QT)	*pe* trinken.
שִׁתִּין		sechzig.
שְׁתַר בּוֹזְנַי*		*n. pr. m.* Schetar-Bosnai.

ת

תְּבַר	(Q)	*pe pt. pass.* zerbrechlich.
תְּדִיר*		Fortdauer; *c.* בְּ beständig.
תּוּב	(QT)	*pe* zurückkehren. (*h*)*af* zurückgeben, -schicken; antworten.
תּוַהּ		*pe* erstaunen, erschrecken.
תּוֹר*	(QT)	Rind, Stier.
תְּחוֹת	(Q)	unter.
תְּלַג	(Q)	Schnee.
תְּלִיתָי*		dritter.
תְּלָת	(Q)	drei.
תַּלְתָּא, תַּלְתִּי		dritter, Triumvir?
תְּלָתִין	(Q)	dreißig.
תְּמַהּ*	(Q)	Wunder, Staunen.
תַּמָּה	(Q)	da, dort.
[תמן]	(QT)	dort.
[תמנה]	(QT)	acht.
[תנא]	(T)	hier.
תִּנְיָן*	(QT)	zweiter.
תִּנְיָנוּת		zweites Mal.
[תנן]	(T)	(*h*)*af* rauchen, jmd. verbrennen.
תִּפְתָּי*		Polizeibeamter.
תַּקִּיף*	(Q)	stark, mächtig.
תְּקַל		*pe* wägen.
תְּקֵל	(Q)	Gewichtseinheit: Schekel (11,424 g).
תְּקַן	(Q)	*pe* fest sein. *pa* bereiten. *ho* wiedereingesetzt werden, fest sein/werden.
תְּקֵף	(QT)	*pe,* (*h*)*af,* hit*pa* stark sein/werden; besiegen; sich verhärten. *pa* in Kraft setzen.
תְּקָף*	(Q)	Stärke.
תְּקֹף*	(Q)	Stärke.
תְּרֵין	(QT)	zwei.

תְּרַע*	(QT)	Tür; Hof; Öffnung.
תָּרָע*		Torhüter.
תַּרְתֵּין		f. zwei.
תַּתְּנַי		n. pr. m. Tatnai.